权威·前沿·原创

皮书系列为
"十二五""十三五"国家重点图书出版规划项目

中国社会科学院创新工程学术出版项目

贵州蓝皮书
BLUE BOOK OF GUIZHOU

贵州社会发展报告
（2018）

ANNUAL REPORT ON SOCIAL DEVELOPMENT OF GUIZHOU
(2018)

主　编／王兴骥
副主编／高　刚　周芳苓

社会科学文献出版社
SOCIAL SCIENCES ACADEMIC PRESS（CHINA）

图书在版编目(CIP)数据

贵州社会发展报告.2018/王兴骥主编.--北京:社会科学文献出版社,2018.5
（贵州蓝皮书）
ISBN 978-7-5201-2466-9

Ⅰ.①贵… Ⅱ.①王… Ⅲ.①社会发展-研究报告-贵州-2018 Ⅳ.①D677.3

中国版本图书馆CIP数据核字（2018）第053410号

贵州蓝皮书
贵州社会发展报告（2018）

主　　编／王兴骥
副主编／高　刚　周芳苓

出版人／谢寿光
项目统筹／邓泳红　陈　颖
责任编辑／薛铭洁　祝　祺

出　　版／社会科学文献出版社·皮书出版分社（010）59367127
　　　　　地址：北京市北三环中路甲29号院华龙大厦　邮编：100029
　　　　　网址：www.ssap.com.cn
发　　行／市场营销中心（010）59367081　59367018
印　　装／三河市龙林印务有限公司

规　　格／开本：787mm×1092mm　1/16
　　　　　印张：25.5　字数：430千字
版　　次／2018年5月第1版　2018年5月第1次印刷
书　　号／ISBN 978-7-5201-2466-9
定　　价／98.00元

皮书序列号／PSN B-2010-166-1/12

本书如有印装质量问题，请与读者服务中心（010-59367028）联系

▲ 版权所有 翻印必究

《贵州蓝皮书·社会》编纂领导小组

组　长　吴大华　贵州省社会科学院院长、研究员

成　员　陈朝伦　中共贵州省委政策研究室副主任
　　　　　张绍新　贵州省政府经济发展研究中心副主任
　　　　　张美均　贵州省发展和改革委员会副主任
　　　　　邹志强　贵州省民政厅副厅长（正厅长级）
　　　　　王碧海　贵州省教育厅副厅长
　　　　　龚仲明　贵州省卫生和计划生育委员会副主任
　　　　　谢丹青　贵州省人力资源和社会保障厅副厅长
　　　　　姜刚杰　贵州省文化厅副厅长
　　　　　左　文　贵州省社会治安综治办专职副主任
　　　　　秦　川　贵州省新闻出版广电局副局长
　　　　　王建忠　贵州省体育局副局长

《贵州社会发展报告（2018）》编委会

主　编　王兴骥

副主编　高　刚　周芳苓

编　委　李　照　罗志琴　王晓然　张　印　罗忠勇
　　　　　虞其勇　鞠　科　龙超英　贾　昕　吴学伦
　　　　　赵　莹　杨　慧　林　苑　杜双燕　杨红英
　　　　　欧阳红

作　者（以文序排列）
　　　　　王兴骥　魏雪晶　赵奇剑　李建军　张　华
　　　　　梁盛平　张　劲　丁　胜　蒋楚麟　王国勇
　　　　　邹先菊　田维绪　林岚涛　程　锐　季　飞
　　　　　李　韦　吴水叶　沙　飒　王　娴　苍　璐
　　　　　马良灿　胡　雪　陈淇淇　金绍龙　王亚奇
　　　　　谢义琦　高　刚　方　海　刘玉连　周芳苓
　　　　　郭　飞　杨春香　杜双燕　牟鸿江　韩　燕
　　　　　朱　玲　黄太华　杨　梅　张　玲　陆卫群
　　　　　高圆圆　范绍丰　王武林　杜志婕　纪　庚
　　　　　张　新　程　华　张菲菲　林　苑　哈洪颖
　　　　　王　曼

主要编撰者简介

王兴骥 贵州省社会科学院城市经济研究所所长、研究员,省管专家,获省政府特殊津贴,省宣传文化系统"四个一批"人才,博士生导师,中国社会学会理事,贵州省社会学学会副会长。研究方向:社会学、民族学、地方历史与文化。主持国家社科基金课题"民族贫困地区建设社会主义新农村的制度统筹研究""跨省流动人口(流出地)卫生计生基本公共服务协调机制研究",民政部理论研究课题"社会管理创新视角下贵州基层民主自治建设研究",省长基金课题"贵州省城乡一体化的制度统筹研究",省社科规划自筹资金课题"贵州省黑社会性质组织形成的原因、危害及对策研究"等。出版学术专著《海龙屯与播州土司综合研究》《播州土司民间传说》《让公共财政的阳光普照新农村》,担任主编出版《长征路上的新长征》《红花映遵义》《美丽中国:城镇化与社会发展》《贵州社会发展报告》等十余部。发表文章30余篇(多篇被人大复印报刊资料全文转载)。多项研究成果分别获省部级优秀成果一等奖、二等奖和三等奖。

高 刚 贵州省社会科学院社会研究所副所长,研究员,以农村社会学为基本研究方向。先后主持完成贵州省社科规划课题、省长基金课题、省软科学课题各1项,作为核心成员参与完成国家和省部级以上课题多项。出版学术专著《社会治理的有形之手》《改造小农经济》,副主编著作4部,参编著作多部。公开发表论文30余篇,其中《政府主导型乡村治理改革需要优化》等3篇被人大复印报刊资料全文转载。科研成果《西部地区实现城乡协调发展的困境与出路》荣获国家"十一五"规划公众建议献策"一等奖",《西部地区"十二五"时期农业发展必须重视的几大问题及应对策略》荣获国家"十二五"规划公众建议献策"二等奖",《贵州省城市流浪人群的生存状态及其治理研究》荣获贵州省第十一次哲学社会科学科研成果"三等奖"。承担并完成的多项科研成果获得省委书记等主要领导的重要肯定性批示。

周芳苓 贵州民族大学社会学博士，贵州省社会科学院研究员，硕士生导师，贵州省宣传文化系统"四个一批"人才，贵州省社会学学会副秘书长。研究方向为应用社会学，主要从事社会结构与变迁、社会流动与分层、社会调查与分析、政策编制与评估等领域研究。曾主持完成国家社科基金课题1项、省社科规划课题9项、省部级课题4项、省领导圈示（指示）课题4项、省"十三五"规划前期研究重大项目等横向课题10余项，作为核心成员参与完成国家级、省部级课题30余项；独立出版学术专著2部，合著1部（执笔），执行主编、副主编著作6部，参编著作十余部；公开发表论文40余篇（多篇发表于全国重要期刊、中文核心期刊、CSSCI来源期刊，部分论文被人大复印报刊资料全文转载）。科研成果荣获贵州省哲学社会科学优秀成果一等奖1项、二等奖（联名）2项、三等奖（联名）1项，荣获全国优秀皮书报告奖三等奖1项，荣获中国社会学会优秀论文二等奖1项；承担完成的5项课题成果获得省委书记、省长等主要领导的重要肯定性批示，1项课题成果进入省委内参《领导关注》。

摘　要

本报告以中国共产党第十九次全国代表大会报告和习近平总书记在贵州代表团重要讲话精神为指导，深入、系统、科学地研究了2017年贵州省社会发展的重大问题和热点问题，对易地扶贫搬迁、大数据与舆情治理、人口发展与养老、改革开放等进行了专题研究。

报告指出，2017年贵州省社会发展取得显著成就：经济保持快速增长势头，连续五年年均增长10.9%，位居全国前两位；与全国差距进一步缩小，摆脱了人均GDP长期垫底的局面，实现了赶超进位的历史性跨越，贵州不再是贫穷的代名词。基础设施建设大踏步前进，西南交通枢纽地位全面巩固提升；率先在西部地区实现县县通高速公路；高速铁路从无到有，通行里程达到1214千米，形成贯通长三角、珠三角、京津冀和川渝滇的快速通道，贵州不再闭塞。脱贫战果持续扩大，春季攻势、夏季大比武和秋季攻势节节胜利，全年减少农村贫困人口120万人，组组通公路建成2.5万千米，易地扶贫搬迁76.3万人，实施产业扶贫项目1.5万个，257万人次享受"四重医疗保障"，完成20万户农村危房"危改""三改"，资助贫困家庭学生83万人。人民生活持续改善，城镇新增就业76.9万人，城镇、农村居民人均可支配收入年均分别增长8.7%和9.6%，劳动者报酬提高幅度全国第一，率先实现农村义务教育学生营养改善计划全覆盖，率先全面免除中职学生学费，率先实现医疗卫生"五个全覆盖"，文化体育事业和产业蓬勃发展，社会保障标准持续提高，群众获得感、幸福感、安全感明显增强。贵州社会发展进入新时代。

报告指出，由于历史欠账和发展基础等原因，贵州省社会发展存在着以下问题和短板：贫困人口多、贫困程度深、贫困发生率高的局面没有根本性的改变，脱贫攻坚任务艰巨；教育投入不够，城乡教育发展不均衡，人口素质不高，教育仍是全面建成小康的短板；城乡卫生资源不均衡，农村医疗卫生技术人员缺乏，医疗卫生水平与全国仍有较大差距；民政基础仍然薄弱，兜底保障功能仍不是太强；就业创业难度大，人才总量小、高层次人才缺乏；公共文化服务设施与全国相比仍有差距，公共文化服务体系满足人民群众需求仍不充分；保障改善民生、加强社会治理任务仍然繁重。

报告指出，2018年是贯彻党的十九大精神的开局之年，是改革开放40周年，是贵州省决战脱贫攻坚、决胜同步小康、实施"十三五"规划至关重要的一年。贵州将坚决打好精准脱贫攻坚战。按照"四好农村路"要求，组组通公路项目全部开工，建成通组硬化公路5万千米，92%的村民组通硬化路，深度贫困地区实现组组通。"四在农家·美丽乡村"小康行动计划项目贫困乡村全覆盖。大力加强龙头带农户，引进培育一批龙头企业，推广"龙头企业+合作社+农户"模式，推进村社合一，所有村建立合作社、所有贫困户加入合作社。推进教育医疗住房精准扶贫，高标准全员培训贫困劳动力，落实降低贫困人口住院起付线政策，提高贫困人口慢性病费用实际报销比例，扩大大病救治病种范围，医疗救助应助尽助，住房保障应保尽保。突破重点难点，启动实施农村贫困家庭收入三年倍增行动计划，贫困县农村居民人均可支配收入增速高于全省平均水平。坚持扶贫和扶志、扶智相结合，激发贫困群众内生动力。

全力推动保障和改善民生取得新突破。（1）促进就业创业，实施新一轮就业创业政策，加大困难群体就业帮扶，做好退役军人和化解过剩产能企业职工安置工作，促进高校毕业生就业创业。（2）办好公平优质教育，加强农村寄宿制学校标准化建设，推动普通高中学校改扩建，着力解决中小学生课外负担重、"择校热"等突出问题；推进职业教育质量提升计划，推动高校转型发展，制定实施儿童早期教育服务发展规划。（3）强化医疗卫生服务，完成基层医疗卫生服务能力三年提升计划，推进"百院大战"，推动远程医疗向重点学科、专科延伸，基本建成紧急医学救援体系。（4）实施食品安全放心工程和药品质量安全提升行动。（5）加强社会保障。（6）稳步提高城乡低保标准。（7）巩固提升城乡居民大病保险水平。（8）扩大工伤保险覆盖范围，出台工伤保险浮动费率实施办法。（9）加快发展文化体育等社会事业，建好省"非遗"博览馆等文化场馆，实施文化产业培育工程。（10）加强对未成年人、困境儿童、失独失能老人和农村"三留守"人员的关爱保护。

本报告由23篇研究报告组成，共分为六个部分，分别是总报告、改革开放篇、大数据与舆情治理篇、易地扶贫搬迁篇、人口发展与养老篇、附录。

Abstract

This study is guided by the spirit in the report of the 19th National Congress of the Communist Party of China and the speech to Guizhou delegation given by the CPC General Secretary Xi Jinping. It has deeply, systematically and scientifically studied the major issues and hotspot problems of social development in Guizhou Province in 2017. For example, it concludes special studies of the issues on the relocation of the poverty-stricken areas, big data and public opinion governance, population development and pensions of aged, and the reform and opening-up.

This study points out the remarkable achievements which Guizhou Province has made in social development in 2017: the economy maintains its rapid growth momentum with an average annual increase of 10.9% for five consecutive years and it ranks the first two places of the whole country; the gap between Guizhou and the rest provinces of the China has been further narrowed, and it also breaks away from being the bottom of per-capita GDP of the whole country for a long period and achieves a historic breakthrough. Guizhou is no longer a synonym of poverty. Infrastructure construction of Guizhou has stridden forward and its position of southwest transportation hub has been consolidated and upgraded in an all-round way. It has also been the first province in the west region of building highway in each county. High-speed railway has been built and its business mileage has been reached 1214km, forming a fast pass channel through the Yangtze River Delta, Pearl River Delta, Beijing – Tianjin – Hebei and Sichuan – Chongqing – Yunnan. Guizhou is no longer blocked. The fight against poverty continues to expand: the "spring offensive", the "summer contest" and the "fall offensive" of poverty alleviation have got a great success. In the whole year, we have reduced 1.2 million rural poor people throughout the year, and built 25,000 kilometers highways. Relocated 763,000 people from poverty areas, implemented 15,000 poverty alleviation projects, and made 2.57 million people to enjoy the "Quadruple Medical Security". We also helped 200,000 rural dilapidated buildings "rehabilitated" and "three

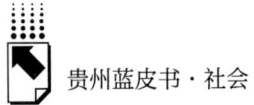

changed", and subsidized 830,000 poor students in families. People's living conditions have improved a lot. 760,000 new jobs have added in cities and towns. The average annual disposable income per capita of urban residents and rural residents increased 8.7% and 9.6% respectively. The increasing range of remuneration for workers has been the first place of China. Guizhou takes the lead in achieving the plans of full coverage of rural compulsory education student nutrition improvement, a comprehensive exemption tuition fees for secondary vocational students and the plan of "five full coverage" of medical and health. Cultural and sports industries have developed boomingly. Social security standard continues to improve and people significantly get an increased sense of happiness and security. The social development of Guizhou has entered a new era.

The study also points out that, due to historical debts, the development of the foundation and other reasons, there are the following problems and shortcomings in the social development in Guizhou Province: there is no fundamental change because of the huge amount of poor people, deep and high incidence of poverty and the task of getting rid of poverty is still arduous. Inadequate investment in education, unbalanced development of education in urban and rural areas caused poor population quality and education is still a short board for building a well-to-do society in an all-round way. Urban and rural health resources are not balanced, medical and health technical personnel are lacking in rural place. There is still a big gap between medical and health care of Guizhou and other provinces. The foundation of civil administration is still weak and the protection function is still not too strong. The difficulty of employment and entrepreneurship is huge and talents especially high-level talents are deficient. There is still a gap between public cultural service facilities and the whole country, and the public cultural service system and the needs of the people are still not sufficient. The task of ensuring the improvement of people's livelihood and strengthening social governance are still heavy.

The study points out, the year of 2018 is the first year of implementing the spirit of the 19th CPC National Congress and the 40th anniversary of the reform and opening up. It is also a crucial year for our province to tackle the problem of getting out of poverty, winning a living well-to-do society, and implementing the 13th Five - Year Plan. Guizhou will resolutely lay a solid fight off poverty and tackle tough battles. In accordance with the requirements of "Four Good Rural Road", we will establish all the project teams and road projects with 50, 000 km of hardened roads and 92% of villagers groups' hardened roads in the deeply poor areas. Make "Four Working Points in the Rural Place · Beautiful Countryside" action plan project fully covers all poor villages. Help farmers lead by strong enterprises, nurture a number of leading enterprises, promote the "leading enterprises + cooperatives + farmers" working model, promote the unity of village and community, make all villages to establish cooperatives, and all poor households to join cooperatives. Promote the precision poverty alleviation of education, medical management and housing, organize high standards of full training of the poor labor force, decrease hospital admission line of poverty, improve the actual proportion of reimbursement for the cost of chronic diseases for the poor population, and expand the serious illness treatment of disease range. Make each poor people owns the right of medical care and housing guarantee. Break through key issues and difficulties. Start to implement the three-year plan of double the income of rural poor families, and make the per capita disposable income of rural residents in poor counties grow faster than the provincial level. Adhere to the combination of helping the poor, ambitious and talent people and motivate endogenous power of poverty people.

Make efforts to get new breakthroughs on fully promoting security and improving people's livelihood. Promote employment and entrepreneurship. Implement a new round of policies on employment and entrepreneurship, increase employment assistance for disadvantaged groups, do a good job of resettling retiring military personnel and resolving the resettlement of workers in overcapacity enterprises, and promote the employment of college graduates. Establish fair and high-quality education, strengthen the standardization of boarding schools in rural areas, promote the reform and expansion of high schools, focus on solving the outstanding problems such as extracurricular burden on primary and middle school students, and hotspot issue of "Choosing a School." Promote the quality improvement plan of vocational education, promote the transformation and development of colleges and universities and formulate the implementation of early childhood education services development plan. Strengthen medical and health services, complete the three-year plan for improving grassroots medical and health services, promote the "Hundreds of Hospitals' Completion", promote the extension of telemedicine to key disciplines and specialties, and basically complete the emergency medical rescue system. Implement

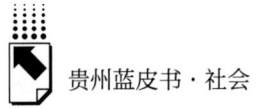

food safety projects and drug quality improving projects. Strengthen social security, and steadily raise the urban and rural minimum living standards. Consolidate and enhance the level of urban and rural residents' serious illness insurance, expand the coverage of industrial injury insurance, and take work-related injury insurance floating rate implementation measures. Speed up the development of social undertakings such as sports and culture, and build cultural venues such as the museum of natural history and the cultural industry cultivation project. Strengthen care and protection for minors, children in distress, the elderly who have lost their living abilities or families and the "three left behind" people in rural areas.

This study concludes 23 research reports which are divided into six sections—General Report, Social Poverty Alleviation and Relocation, Big Data and Public Opinion Governance, Population Development and Pensions, Reform and Opening up, and Big Events.

目 录

Ⅰ 总报告

B.1 从贫困奔向小康：2017～2018年贵州省社会发展形势分析与预测
………………………… 王兴骥 魏雪晶 赵奇剑 / 001
　一　2017年贵州省社会发展形势分析 ……………………………… / 002
　二　2017年贵州省社会发展存在问题分析 ………………………… / 009
　三　2018年贵州省社会发展形势预测 ……………………………… / 012

Ⅱ 改革开放篇

B.2 教育交流携手"一带一路"谱新篇
　　——贵州：中国-东盟教育交流回顾与展望
………………………………………………… 李建军 张　华 / 021
B.3 贵安新区"放、管、服"改革实践与探索 ……… 梁盛平 张　劲 / 031
B.4 贵州省高校新型智库建设研究 ………………………… 丁　胜 / 044
B.5 贵州省食品药品监管体制改革与发展研究 …………… 蒋楚麟 / 054
B.6 贵州高等学校学生消费分层现状调查
………………………………………… 王国勇 邹先菊 田维绪 / 074
B.7 贵州省近五年经济高速增长的动力研究 ………… 林岚涛 程　锐 / 091

Ⅲ 大数据与舆情治理篇

B.8 西部地方政府发展大数据产业的政策工具选择
　　——基于贵阳市42份文件的文本量化分析
　　………………………………………… 季　飞　李　韦　吴水叶 / 112

B.9 贵州省大数据舆情治理的机遇及变革路径……………… 沙　飒 / 129

B.10 网络舆情视角下贵州留守儿童问题研究 ……… 王　娴　苍　璐 / 143

Ⅳ 易地扶贫搬迁篇

B.11 易地扶贫搬迁移民社区社会变迁动态分析
　　——基于兴义市易地扶贫搬迁移民社区的实地考察
　　…………………… 马良灿　胡　雪　陈淇淇　金绍龙 / 157

B.12 易地扶贫搬迁居民的社会生态系统研究
　　——基于贵州省习水县安置点的调研 ……… 王亚奇　谢义琦 / 178

B.13 贵州省民政工作助力脱贫攻坚对策研究 ……… 高　刚　方　海 / 191

Ⅴ 人口发展与养老篇

B.14 2017年贵州省流动人口卫生计生基本服务管理研究
　　………………………………………………… 李跃华　王　涛 / 206

B.15 贵州省农民工家庭变迁的实证分析
　　………………… 刘玉连　周芳苓　郭　飞　杨春香 / 223

B.16 全面二孩时代老带孙生活研究报告 ……………………… 杜双燕 / 242

B.17 全面二孩政策下的母婴安全
　　………… 牟鸿江　韩　燕　朱　玲　黄太华　杨　梅　张　玲 / 260

B.18 贵州省老龄化进程与老龄人口健康研究 …………………… 陆卫群 / 279

B.19 贵州省失能老年人研究报告 …………………… 高圆圆 范绍丰 / 299

B.20 贵州省老年人精神文化生活状况研究
　　　　…………………………… 王武林 杜志婕 纪 庚 / 316

B.21 老年人养老方式选择意愿的研究
　　　——基于贵州省赤水市的调研 …………… 张 新 程 华 / 337

B.22 贵州省家庭暴力现状调查及防范对策研究
　　　　………………………………………… 张菲菲 林 苑 / 351

B.23 贵州社会力量参与社区矫正实践概况 ……………… 哈洪颖 / 364

Ⅵ 附录

B.24 2017年贵州社会发展大事记 ………………………… 王 曼 / 371

CONTENTS

I General Report

B.1 From a Poverty Society to a Well-off Society: An Analysis and
Forecast of Social Development in Guizhou Province from
2017 to 2018　　　　　　*Wang Xingji, Wei Xuejing and Zhao Qijian* / 001

  1. *Analysis on the social development situation of Guizhou Province
in 2017*　　　　　　　　　　　　　　　　　　　　　　　　　　/ 002

  2. *Analysis on the problems of social development in Guizhou Province
in 2017*　　　　　　　　　　　　　　　　　　　　　　　　　　/ 009

  3. *The forecast of the social development situation in Guizhou Province
in 2018*　　　　　　　　　　　　　　　　　　　　　　　　　　/ 012

II Reform and Opening up

B.2 New Chapter of Education Exchange in One Belt One Road
　　—*Guizhou: A Review and Prospect of Educational Exchanges
between China and ASEAN*　　　　　　*Li Jianjun, Zhang Hua* / 021

B.3 Reform Practice and Exploration of "Delegate Power, Combine
Management, Enhance Service" in Gui'an New Area
　　　　　　　　　　　　　　　　　　　Liang Shengping, Zhang Jin / 031

B.4 A Research on the Construction of New Type Think Tanks of
Colleges and Universities in Guizhou Province　　　*Ding Sheng* / 044
B.5 A Study on the Reform and Development of Food and Drug
Supervision System in Guizhou Province　　　*Jiang Chulin* / 054
B.6 A Survey on the Stratification of Student Consumption in
Colleges and Universities in Guizhou Province
　　　　　　　　Wang Guoyong, Zou Xianju and Tian Weixu / 074
B.7 A Study on the Motion of Guizhou Province's Rapid Economic
Growth in Recent Five Years　　　*Lin Lantao, Cheng Rui* / 091

Ⅲ   Big Data and Public Opinion Governance

B.8 Policy Choice of Local Governments in West Regions to Develop
Big Data Industry
　　—*Based on Quantitative Analysis of 42 Texts of*
　　　Guiyang City　　　*Ji Fei, Li Wei and Wu Shuiye* / 112
B.9 Opportunity and Reform Path of Big Data and Public Opinion
Goverance in Guizhou Province　　　*Sha Sa* / 129
B.10 A Study on the Problem of Left—behind Children in Guizhou:
From the Prospective of Internet Public Opinion
　　　　　　　　　　　　　　Wang Xian, Cang Lu / 143

Ⅳ   Relocation of the Poverty-stricken Areas

B.11 A Dynamic Analysis of Social Changes of Resettlement Poverty
Alleviation and Relocation Communities
　　—*A Fieldwork Based on Relocation of Indigenous Poverty*
　　　Alleviation Community in Xingyi City
　　　　　　Ma Liangcan, Hu Xue, Chen Qiqi and Jin Shaolong / 157

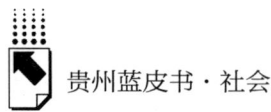
贵州蓝皮书·社会

B.12 A Study on Social Ecosystem of Relocated Residents in Poverty Alleviation
　　—Based on a Survey of Resettlement Sites in Xishui County of Guizhou Province　　*Wang Yaqi, Xie Yiqi* / 178

B.13 A Research on the Countermeasures of Striking Out Poverty Alleviation by Guizhou Government and People
　　　　　　　　　　　　　　　　Gao Gang, Fang Hai / 191

V Population Development and Pensions

B.14 Research on the basic service management of the floating population of Guizhou Province in 2017　　*Li Yuehua, Wang Tao* / 206

B.15 An Empirical Analysis of Changes in Guizhou Migrant Workers' Families
　　　Liu Yulian, Zhou Fangling, Guo Fei and Yang Chunxiang / 223

B.16 A Study of Life of the Old and Grandchild in the Two-Child Era
　　　　　　　　　　　　　　　　　　　　Du Shuangyan / 242

B.17 Maternal and Child Safety under the Two-Child Policy
　　Mou Hongjiang, Han Yan, Zhu Ling, Huang Taihua, Yang Mei and Zhang Ling / 260

B.18 A Study on Aging Process and Aged Population Health of Guizhou Province　　　　　　　　　　　　　*Lu Weiqun* / 279

B.19 A Study of Disabled Old People in Guizhou Province
　　　　　　　　　　　　　　　Gao Yuanyuan, Fan Shaofeng / 299

B.20 A Study on the Spiritual and Cultural Life of the Elderly People in Guizhou Province　　*Wang Wulin, Du Zhijie and Ji Geng* / 316

B.21 A Study on the Willingness of Old People to Choose Ways of the Pensions
　　—Based on the Research of Chishui City in Guizhou Province　　　　　　　　　　*Zhang Xin, Cheng Hua* / 337

B.22 A Survey of Domestic Violence and Preventive Measures in
Guizhou Province *Zhang Feifei, Lin Yuan* / 351

B.23 The General Situation of Participation in Community
Correction Practice in Guizhou *Ha Hongying* / 364

VI Appendix

B.24 Memorabilia of social development in Guizhou in 2017 *Wang Man* / 371

总 报 告

General Report

B.1
从贫困奔向小康：2017~2018年贵州省社会发展形势分析与预测

王兴骥　魏雪晶　赵奇剑

摘　要： 报告系统总结了2017年贵州省社会发展取得的成绩：经济快速发展，人民的获得感提升，农村居民人均可支配收入增速居全国第一，摆脱了人均GDP长期垫底的局面，贵州不再是贫穷的代名词；发展区位条件大幅改善，县县通高速以及高速铁路里程的不断增加、渝贵高铁的开通使贵州不再闭塞；民生事业不断改善，基本普及15年教育，医疗卫生服务体系实现"五个全面建成"，文化体育事业和产业蓬勃发展，社会保障标准持续提高，贵州社会发展进入新时代；报告深入分析了2017年社会发展存在的问题和短板：脱贫攻坚任务艰巨，教育仍是全面建成小康的短板，医疗卫生水平与全国仍

---

* 王兴骥，贵州省社会科学院城市经济研究所所长、研究员；魏雪晶、赵奇剑，贵州大学公共管理学院2016级研究生。

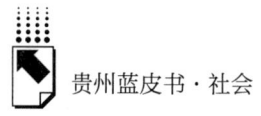

有较大差距,民政基础仍然薄弱,兜底功能仍不是太强,就业创业难度大,人才总量小、高层次人才缺乏,公共文化服务体系仍不健全;报告对2018年社会发展进行了分析预测。

关键词: 社会发展　小康　贵州

2017年贵州省以习近平新时代中国特色社会主义思想为指导,坚决贯彻落实中央和省委决策部署,经济社会发展呈现增速强劲、质量提升、民生改善的良好态势。

——经济增速持续强劲,不再全国垫底。地区生产总值、农业增加值、服务业增加值、建筑业增加值、电信业务总量五项指标增速居全国第一,固定资产投资、农村居民人均可支配收入两项指标增速居全国第二,其他主要指标增速稳居全国前列。人均GDP摆脱长期全国垫底的状况。

——基础设施建设大踏步前进,区位环境发生根本性转变。西南交通枢纽地位全面巩固提升,率先在西部地区实现县县通高速公路;高速铁路通行里程达到1214千米,形成贯通长三角、珠三角、京津冀和川渝滇的快速通道;通航机场市州全覆盖。

——惠民生促和谐,社会大局保持稳定。统筹推进"1+7"民生工程建设,持续办好"十件民生实事";基本普及15年教育,花溪大学城、清镇职教城基本建成;医疗卫生服务体系实现"五个全面建成";文化体育事业和产业蓬勃发展;社会保障标准持续提高;群体性事件、刑事案件持续下降;安全生产事故起数和死亡人数实现双降;信访维稳工作全面加强。

一　2017年贵州省社会发展形势分析

2017年贵州省以改善民生为第一工程,以人民共享发展成果为第一要务,全年城镇新增就业76.9万人,城镇、农村居民人均可支配收入分别增长8.7%和9.6%,劳动者报酬提高幅度居全国第一;提高社会保障标准,城镇保障性安居工程建成132万套,城乡居民基本医保政府补助标准提高到450

元,城镇、农村低保标准分别提高10%和15%;新增22个县(市、区)实现义务教育发展基本均衡,率先实现农村义务教育学生营养改善计划全覆盖,率先全面免除中职学生学费;医疗卫生服务体系实现"五个全面建成",率先实现医疗卫生"五个全覆盖";文化体育事业和产业蓬勃发展;群体性事件、刑事案件持续下降;安全生产事故起数和死亡人数实现双降;信访维稳工作全面加强,群众获得感、幸福感、安全感明显增强。

(一)全面实施精准扶贫精准脱贫基本方略,脱贫攻坚工作取得明显成效

脱贫攻坚的春季攻势、夏季大比武和秋季攻势节节胜利,脱贫战果持续扩大,全年共减少农村贫困人口120万人,组组通公路建成2.5万千米,易地扶贫搬迁76.3万人,实施产业扶贫项目1.5万个,257万人次享受"四重医疗保障",完成20万户农村危房"危改""三改",资助贫困家庭学生83万人。赤水市开创了依法治贫的模式,得到国务院扶贫办高度肯定,成为全省第一个摘掉贫困县帽子的城市。

全省大扶贫格局基本形成。按照全力扶贫、全面扶贫的要求,贵州省以东西部扶贫协作、中央单位定点扶贫、驻村帮扶和企业帮扶为着力点,广泛动员全社会力量参与脱贫攻坚,专项扶贫、行业扶贫、社会扶贫互为补充的大扶贫格局已基本形成。深入推进东西部扶贫协作,不断拓展合作领域,在经济协作、园区共建、职业教育、人才交流、引企入黔、文化旅游等领域开展合作与帮扶;深入推进中央单位定点扶贫,帮扶力度不断加大;深入推进驻村帮扶,全省共选派4.3万名干部组建8519个同步小康驻村工作队,对贫困村进行驻村帮扶,覆盖所有贫困村和党组织软弱涣散村;深入推进企业帮扶,调整新增6户国有企业帮扶6个重点贫困县,重点支持配合恒大集团无偿投入110亿元整市帮扶毕节市和万达集团投入15亿元整县帮扶丹寨县;积极推进民营企业"千企帮千村"精准扶贫行动,全省共有2438家民营企业结对帮扶2769个贫困村,实施帮扶项目4376个,投入资金177.9亿元,直接帮扶贫困人口58.3万人。

持续强化攻坚政策和资金保障,制定完善脱贫攻坚政策措施。先后出台了《2017年脱贫攻坚春季攻势行动令》《贵州省深度贫困地区脱贫攻坚行动方

案》《2017年脱贫攻坚秋季攻势行动令》《贵州省发展蔬菜产业助推脱贫攻坚三年行动方案（2017～2019年）》等13个脱贫攻坚三年行动方案，内容全面，涉及以农村"组组通"公路为重点的基础设施建设，以蔬菜、茶叶、生态家禽、食用菌和中药材为重点的产业扶贫，易地扶贫搬迁，教育医疗住房"三保障"等工作，进一步完善了贵州省脱贫攻坚"四梁八柱"的顶层设计，为打赢脱贫攻坚战提供了强有力的政策制度保障；大幅度增加财政投入，2017年，共争取中央财政专项扶贫资金75.4263亿元，比上年增加15.5844亿元，增幅为26%，资金总量及发展资金数额均排在全国第一位；金融扶贫深入推进。截至2017年8月底，全省农村信用社、村镇银行累计向23.39万建档立卡贫困户发放扶贫小额信用贷款108.85亿元。贫困县全部建立了扶贫小额信贷风险补偿机制，全省共注入风险补偿资金8.7亿元。

扶贫领域改革创新走在全国前列。健康扶贫实现新突破，全面落实"四重医疗保障"制度，不断扩大报销范围、提高补偿比例、降低补偿门槛、优化医保经办服务，切实减少和遏制因病致贫、因病返贫；脱贫考核实现新突破。修订完善《贵州省市县两级党委和政府脱贫攻坚成效考核办法》，引导市、县两级党委和政府集中精力抓脱贫攻坚；财政扶贫资金使用管理改革实现新突破。推行"负面清单"制，明确中央和省级财政专项扶贫资金不得用于"九个投向"外，只要是围绕培育和壮大贫困地区特色优势产业、改善小型公益性生产生活设施条件、增强贫困人口自我发展能力和抵御风险能力等方面，均可因地制宜确定使用范围；取消资金投向比例，让基层有更多资金使用自主权；"精准扶贫云"建设实现新突破，并走在全国前列，已初步实现巡查、警示、指挥、调度等功能；国家脱贫攻坚督查实现新突破。

（二）把教育摆在优先发展位置，扎实推进教育扶贫

办学条件改善计划扎实推进。新建、改扩建全面改薄项目1505所、建设面积510万平方米；新建、改扩建城镇义务教育学校项目42所、建设面积65万平方米；新建、改扩建幼儿园项目1137所、建设面积77万平方米；新建、改扩建普通高中学校项目165所、建设面积216万平方米。建设教师周转宿舍项目5580套。基本建成花溪大学城，累计竣工面积356万平方米，9所高校实

现入驻。加快推进清镇职教城建设，入驻职业院校19所，建成校舍300余万平方米，实现入驻师生10万余人。"新两基"工作扎实推进。督促指导并完成22个县义务教育基本均衡和24个县基本普及15年教育的相关督导工作。

教育精准扶贫扎实推进。压缩6%的行政经费用于教育精准扶贫，全省各级共压缩党政机关行政经费3.98亿元用于教育精准扶贫，着力抓好学生资助、学生营养改善计划、校农结合、教育帮扶等重点工作，扎实推进教育精准扶贫工作，教育脱贫攻坚工作取得阶段性成果，形成了从学前教育到研究生阶段完整的学生资助政策体系，实现了农村建档立卡贫困学生"精准资助、应助尽助"，提高了学生资助的时效性、精准性，有效地解了贫困学生就读费用的燃眉之急。

农村学前教育儿童营养改善计划实现66个贫困县全覆盖。继续深入推进实施农村学前教育儿童营养改善计划，82个县9100所农村学前教育机构75.53万儿童受益，实现66个贫困县农村学前教育机构全覆盖。年省、市、县三级财政投入农村学前教育儿童营养改善计划补助资金达4.53亿元。

高等教育内涵发展有效推进，大力推进贵州特色的一流大学和一流学科建设。重点支持贵州大学创建世界一流学科和国内一流大学。引导和支持各高校按照"一校一策"原则实施一流大学建设。立项建设9个国内一流学科、15个区域内一流学科和4个区域内一流培育学科。

现代职业教育发展格局进一步构建。推进职业教育服务脱贫攻坚，针对14个深度贫困县和20个极贫乡镇，组织13所优质职业院校开办精准脱贫班，动员贫困学生入学就读，为同步小康最困难县和极贫乡镇开设脱贫致富直通车。推进职业教育人才培养质量提升计划，继续实施中高职院校"内涵建设"和"质量提升"工程，推进社区教育试点工作。

教师队伍建设切实加强，继续实施"特岗计划"，全省共招聘8466名特岗教师并到岗任教。实施"国培计划"，选派208名农村中小学校长、幼儿园园长赴东部城市挂职学习。

（三）坚持把人民健康放在首位，卫生计生工作取得新成绩、实现新突破

医疗卫生五个全面建成：全面建成全省乡镇卫生院（含政府办社区卫生

服务中心）远程医疗体系，全面建成全省乡镇卫生院（含政府办社区卫生服务中心）规范化数字预防接种门诊，全面建成全省县级以上公立医院统一预约挂号平台，全面建成省、市、县三级医药监管平台，全面建成全民健康信息基础平台。

深入开展健康扶贫助力脱贫攻坚，实施农村贫困人口"四重医疗保障"制度，全面实施慢性病兜底保障机制，将36种疾病纳入农村贫困人口慢性病医疗救助范围，对慢性病治疗医药费用进行专项医疗扶助；大力实施农村贫困人口大病专项救治。

（四）社会保障制度运行平稳，就业局势保持总体稳定

社会保障水平稳步提高。全省新增参保人数稳步增加，截至8月底，全省职工基本养老保险、城乡居民基本养老保险、城镇基本医疗保险、失业保险、工伤保险和生育保险参保人数分别为569.42万人、1722.05万人、984.23万人、225.44万人、320.72万人和296.64万人。保障余额提高，调整增加99.28万名企业退休人员基本养老金，月人均增加145元，调整后月人均基本养老金为2391元；调整增加37.34万名机关事业单位退休人员基本养老金，月人均增加240元，调整后月人均基本养老金为4146元。职工和城镇居民基本医疗保险政策范围内平均报销比例分别达到81%和70%，最高支付限额分别达到40万元和30万元，城镇居民基本医疗保险和新型农村合作医疗政府补助由人均120元提高至人均380元。失业保险金标准提高至1176元。调整工伤职工伤残津贴、生活护理费和供养亲属抚恤金标准。目前，一至六级伤残津贴分别为2284元、2167元、2051元、1935元、1818元和1664元；供养亲属抚恤金分别为配偶951元、其他亲属758元；生活完全不能自理、大部分不能自理、部分不能自理生活护理费分别为2212.25元、1769.8元、1327.35元。

就业局势保持总体稳定。狠抓就业创业政策落地见效。先后制定出台了《贵州省2017年就业工作要点》《贵州省就业补助资金管理暂行办法》《2017年贵州省城镇新增就业考核办法》等文件，进一步丰富完善就业创业政策体系。加大就业创业政策落实力度，积极兑现就业补助资金，充分发挥政策促进就业创业效应。2017年中央和省级财政共筹集就业补助资金13.25亿元，截至9月底共使用就业补助资金9.38亿元。

精准推进就业扶贫助力脱贫攻坚。组织发动就业扶贫脱贫春季攻势,全省促进贫困劳动力就业创业16.1万人。多渠道做好易地扶贫搬迁就业创业帮扶,目前帮助已搬迁的易地扶贫搬迁户劳动力实现就业创业10.79万人,其中就业10.47万人,创业0.32万人;为正在搬迁的易地搬迁劳动力提供就业岗位14.44万个。

多渠道促进高校毕业生就业。重启"三支一扶"计划,并通过推进高校毕业生就业创业促进计划、加大对困难高校毕业生的就业援助、组织开展校园招聘活动、支持高校毕业生创新创业等多种方式,促进贵州省高校毕业生就业实现稳中向好。2017年,贵州省普通高校毕业生共有158822人,截至8月31日,全省高校毕业生初次就业率为90.89%,比去年提高0.01%。上半年,共有2852名高校毕业生实现创业,带动9106人就业。

2017年1~9月,全省实现城镇新增就业61.49万人,年底完成75万人以上;失业人员再就业12.23万人,年底完成13万人以上;就业困难人员就业6.7万人,年底完成7万人以上;农村劳动力转移就业77.16万人。公益性岗位在岗人数6.41万人。全省城镇登记失业率为3.26%。

人才队伍建设稳步推进。人才体制改革不断深化。围绕贯彻落实《中共贵州省委关于深化人才发展体制机制改革推进守底线走新路奔小康的实施意见》(黔党发〔2017〕8号)精神,继续推进聘任制公务员试点工作。积极推进人力资源市场建设,制定出台了《贵州省关于进一步加快人力资源服务业发展的意见》(黔人领发〔2017〕4号)。提高国际人才资源竞争力水平,制定《贵州省海外人才工作站管理暂行办法》(黔人社厅发〔2017〕15号)。推进职称制度、博士后管理制度改革,形成"贵州省关于深化职称制度改革的实施意见(征求意见稿)""贵州省关于改革完善博士后制度的实施意见(征求意见稿)",目前正按程序报审。

人才引进质量大幅提升。举办第五届人博会,现场引进高层次人才和急需紧缺人才8319人。其中博士及副高职称以上815人,硕士6834人。首次举办"海内外百名博士后贵州行"活动,引进清华大学、北京大学、中国科学院等博士后138人,为在黔100多个项目提供智力服务,助推科技成果转化,促进产业转型升级。引进外国专家项目16项、出国(境)培训项目34项,共引进外国人才96人次。

劳动关系保持和谐稳定。加强劳动关系协调，强化对化解过剩产能职工分流安置中劳动关系处理的监督指导，指导企业全面实行劳动合同制度，大力推进工资集体协商，探索推进构建和谐劳动关系综合试验区建设；着力开展治欠保支专项行动，全面实施治理拖欠农民工工资问题的"1+8"系列配套文件，推动设立农民工工资支付专用账户，通过大数据平台对农民工进行实名制管理和工资发放实时监控。2017年1~8月，共为18.07万人次劳动者（其中农民工17.6万人）追发被拖欠工资等34.98亿元（其中农民工工资34.24亿元）。

（五）加强信息化建设，切实发挥民政的兜底作用

全省民政系统牢固树立和贯彻落实新发展理念及"民政为民、民政爱民"理念，突出供给侧结构性改革主线，坚持"守住底线、突出重点、完善制度、引导舆论"工作思路，大力推进民政法治化、信息化、标准化、社会化、专业化建设，努力推进民政事业改革发展取得新突破。城乡低保平均标准分别提高到561元/月和3580元/年，分别增长10%和15%；强力推进养老服务业发展，筹建省养老服务产业发展基金和省养老产业发展投资有限公司，构建支撑养老服务业发展平台；全面落实优抚安置政策，进一步深入落实对复员退伍军人的帮扶解困工作；大力加强基层基础民政工作，基层政权建设进一步加强和巩固；全力推进殡葬、救助站、留守儿童等社会事务管理工作，社会治理创新工作取得新进展。

围绕实施脱贫攻坚战，强力推进民政精准兜底保障脱贫。农村低保制度与扶贫开发政策衔接更加有效，建立民政部门与扶贫部门入户核查、民主评议、乡镇审核"三共同"机制，实现遭遇突发性、临时性、紧迫性困难群众全覆盖，人均救助水平达2131元，较上年提高631元，加强医疗救助与城乡居民大病保险有效衔接，全省252.2万人（次）困难群众享受医疗救助，支出资金6.8亿元；实施留守儿童关爱救助保护"春季攻势"行动，落实家庭监护责任，2017年留守儿童减少到56.7万人。围绕实施大数据战略行动，强力推进民政信息化建设，45项民生事务可通过网络办理，民政事务办理便民化水平进一步提高。

围绕全面深化改革，强力推进民政事业改革发展。深入开展行政审批改革，实施权力清单和责任清单动态管理，大力开展行政审批中介服务清理。实

施行政许可和行政处罚事项"双公示"制度，积极探索市场化方式推进养老服务业发展。

围绕完善社会治理体系，强力推进、加强和创新社会治理。大力落实城乡社区建设以奖代补政策，开展全国农村社区建设示范创建工作，着力打造一批管理有序、服务完善、文明祥和的农村社区建设示范点，为深化农村社区建设试点工作积累经验，全省城乡社区基层民主自治建设完善率达96.4%。

围绕以人民为中心的发展思想，强力推进提升民政基本公共服务能力。建成省级救灾物资储备库1个、市州级库6个、县级库35个，以省级库为中心、市州级库为骨干、县级库为补充的救灾物资储备体系日益完善。

（六）加强公共文化服务体系建设，文化自信显著提升

以实施精品工程为抓手，文艺出高原出高峰有新亮点。深入实施文化精品工程，话剧《此心光明》、花灯剧《盐道》、歌舞剧《多彩路遥》《多彩和鸣》、歌剧《天穹的歌谣》、黔剧《湄水长歌》、花灯剧《云上红梅》等接连推出，好评如潮，亮点频现。

以"补短板"为重点，现代公共文化服务体系建设有新作为。启动"贫困地区村文化活动室设备购置项目"，完成了89个乡镇公共电子阅览室提档升级和183个村级文化活动室数字文化驿站建设，为34个贫困县配置了流动文化车。启动贵州省图书馆贵安新区分馆建设、数字文化馆建设。省博物馆新馆开馆，成为弘扬贵州人文精神的重要平台、展示多彩贵州文化的重要窗口。

培育新兴文化产业，现代文化产业体系建设有新发展。大力培育新兴文化产业，积极创建国家级文化产业示范园区，着力推进文化创意产品开发。继续开展拉动城乡居民文化消费试点工作，在遵义实施"数字电视进农家""无线宽带进农家"、农村一元观影项目。

二 2017年贵州省社会发展存在问题分析

在贵州省社会发展取得显著成绩的同时，社会发展不平衡不充分的问题还比较突出，面临的挑战也比较多。主要是贫困人口多、贫困面大，决战脱贫攻

坚、决胜同步小康任务仍然繁重；城镇化发展滞后，制约发展的体制机制障碍还不同程度存在，深化改革开放、加快创新发展任务仍然繁重；群众在就业、教育、医疗、养老等方面还有不少困难，安全生产、污染防治、网络安全等领域还有不少难题，保障改善民生、加强社会治理任务仍然繁重。

（一）作为全国贫困人口最多、贫困程度最深的省份，脱贫攻坚任务艰巨

2017年制定的贫困县退出计划未能完成；扶贫产业发展依然薄弱，扶贫产业规模化、产业化发展滞后，缺乏对产业扶贫的系统谋划，贫困村产业大多为当年脱贫的"短平快"项目，支撑长远持续增收的产业项目较少，加上项目推进慢，扶贫产业规模小、链条短，项目覆盖贫困户比例不高，与精准扶贫因户施策有差距；极贫乡（镇）基金使用进度慢；贫困群众内生动力不足，有的地方为脱贫而脱贫，只注重短期效益，不注重提高贫困人口自我发展能力，存在贫困群众"一股（股份化）了之""一兜（兜底保障）了之"和扶贫资金使用"一发了之"的倾向；部分贫困群众安于现状，主动脱贫意识不强，单纯依靠外界帮扶被动脱贫，"等靠要"思想严重。同时，还存在争当贫困户、争要扶贫政策，以及隐瞒收入、隐瞒住房等不良现象。

（二）教育仍是贵州省社会发展的最大短板

教育资源总量仍然不足，幼儿园的数量、规模还不能满足基本普及学前教育的需要；城镇学校"大班额"现象严重，义务教育巩固率、高等教育毛入学率、具有大专以上文化程度人口的比例均低于全国平均水平。办学保障水平偏低。办学条件差，基础教育、职业教育的生均校舍建筑面积、生均教学仪器设备值、生均图书册数和每百名学生拥有计算机台数等指标都低于全国平均水平，其中普通初中和中等职业学校生均校舍面积、生均教学仪器设备值处于全国挂末位置。教育经费投入不足，中、高职生均拨款政策标准远远低于东部沿海地区和重庆、湖南等周边省区市。教师队伍整体素质不高，结构性矛盾突出，高水平教师数量偏少，部分学科教师数量不足，"双师"型教师比例偏低。高层次人才紧缺。贵州省高层次领军人才不足，标志性成果匮乏。

（三）历史欠账较多，卫生计生事业改革发展的任务艰巨

医疗卫生服务总量不足、结构不合理、分布不均衡、供给主体单一等问题比较突出；贵州省传染病、慢性病、职业病依然易发多发。全省肺结核、病毒性肝炎、手足口病等传染病发病率居高不下，高血压、糖尿病等慢性病发病人数不断上升。人口老龄化带来的医疗、护理、康复等不断增长的健康服务需求存在较大缺口。部分领域医药卫生体制改革进展缓慢。公立医院综合改革还不够深入，现代医院管理制度亟待完善。医保支付方式改革力度还不够大，基本医疗保障统筹层次和抗风险能力亟待提升。药品流通环节多、价格虚高问题比较突出。

（四）社会保障水平与全国仍有差距，就业创业仍存在相当困难

就业资金紧张，培训、创业资金支持困难。农村青壮年职业技能培训的针对性有待加强，全员培训工作压力大，公共就业服务水平有待提高；人才发展体制机制改革涉及面宽，需要多部门间的协同推进，有的部门改革缺乏力度，不敢打破现有制度枷锁和利益藩篱，导致政策难以落实。部分改革任务需要根据中央和国家相关部门提出的改革任务来推进落实，但国家层面的顶层设计未能及时出台，也对贵州省相关的改革任务进度产生一定影响；收入分配方面仍然存在地区行业群体之间差距较大、劳动等要素参与分配的制度不完善、工资决定机制和正常增长机制不健全、政府对工资收入分配的监督指导调节手段不完备等问题；随着全省经济转型和利益关系进一步调整，经济领域的矛盾和风险进一步向劳动关系领域传导，因降低工资、欠薪欠保、部分裁员等问题引发的各类劳动关系矛盾纠纷增多，维护劳动者合法权益工作难度不断增大。

（五）民政的社会精准保障兜底能力亟待进一步强化

农村低保与扶贫开发两项制度衔接不够精准，医疗救助资金供需日益突出，社会救助资源统筹层次不高、力度不强，分散化、碎片化救助局面仍未得到根本改变；养老服务业发展亟待进一步加快，养老资源布局不合理，城乡区域养老服务业发展不平衡问题突出，重机构养老、轻居家社区养老现象普遍存在，养老产品不全、服务功能单一，缺乏老人急需的精神慰藉、文化娱乐、健

康养生等服务,扶持社会力量发展养老服务的投融资、用地、税费减免等优惠政策落实不到位;防灾减灾体制机制改革亟待进一步加强,灾害救助整体水平有待提高,防灾减灾救灾能力建设有待加强;优抚安置体系亟待进一步健全,退役士兵安置难、优抚政策法规落实难、高素质兵员征集难等问题日益突出。

(六)文化产品和服务供给不足

人民群众日益增长的精神文化需求与文化产品供给不足的矛盾更加凸显,公共文化服务基础设施不够,省级文化阵地缺失,演出场地短缺,艺术人才培训场地短缺,制约了为群众有效提供更多更好的演艺服务;文化改革创新意识不强,管理和服务等体制机制、手段方法面临诸多挑战和问题;艺术精品打造力度不大,创作生产的优秀剧目少、精品更少。文化底子和基础比较薄弱,投入有限,艺术专业人才匮乏,成为制约艺术精品打造的瓶颈。

三 2018年贵州省社会发展形势预测

2018年贵州进入了新时代,贵州省社会结构和社会矛盾发生了根本变化,体现在如下方面。

对外开放程度大幅提高。"三言两语"一直是贵州人心中的痛,是贵州贫穷、落后、闭塞、不开放的代名词。随着贵州省交通设施建设取得重大突破,高铁实现历史性突破,贵广高铁、沪昆高铁、渝贵高铁通车运营,高速铁路实现"零"的突破,高铁里程超过1000千米,贵州进入高速时代,与珠三角、长三角、成渝地区和京津冀地区快速连接,全面打通与东部发达地区的快速通道。高速公路实现县县通,成为西部地区第1个县县通高速公路的省份,与珠江三角洲、北部湾经济区、成渝经济区、长株潭城市群、滇中经济区等实现互联互通。交通条件的改善使贵州省的区位条件发生了根本性改变,从发展的边缘迈向了前沿。全面深化改革开放,体制机制不断健全完善,贵州省开放平台建设跃上新台阶,内生动力显著增强,发展活力空前释放。国家相继批准设立贵安新区和建设国家大数据综合试验区、生态文明试验区、内陆开放型经济试验区,在政策、资金、项目、改革试点等方面给予大力倾斜,为贵州改革发展注入了强大动力。

城乡居民生活水平不断提升。全省深入实施"城乡居民收入倍增计划",城乡居民收入较快增长。贵州省居民消费结构已从生存型、温饱型走向小康型、富裕型,消费结构越来越呈现出现代社会消费结构的趋高级化重要特征。2017年全省城镇常住居民人均可支配收入、农村常住居民人均可支配收入分别为29070元和8867元。城乡居民收入比达到3.2∶1。生活质量明显提高。城乡居民家庭家用电器升级换代加快,家用电脑、空调等一些多功能和智能型的高档家庭设备逐渐普及,普通家庭耐用消费品数量增多、档次提升。2016年全省每百户城镇居民家庭拥有家用汽车33.52辆,拥有空调30.85台,拥有移动电话247.53部。2016年全省每百户农村居民家庭拥有电冰箱77.6台,拥有摩托车55.7辆,拥有移动电话240.6部。

精准扶贫精准脱贫成效显著。深入推进大扶贫战略行动,扎实开展脱贫攻坚的攻势行动,颁布《贵州省大扶贫条例》,实施"33668"扶贫攻坚行动计划,出台"1+10"精准扶贫文件。着力打赢基础设施建设硬仗、易地搬迁扶贫硬仗、产业扶贫硬仗、教育医疗住房"三保障"硬仗。脱贫攻坚成效显著。全省农村贫困人口下降到2017年的260万人左右,贫困发生率下降到2017年的8.0%左右。

人口素质大幅提升。教育投入稳步增加。从2013年起,全省每年压缩行政经费的5%用于加大教育事业投入力度,2016年一般公共预算支出中,教育支出为843.54亿元,占一般公共预算支出的比重由2012年的18.2%提高到19.8%。全面推行教育"9+3"计划。九年义务教育巩固率由2012年的78.6%提高到2016年的88.0%。实施中职学校"百校大战",在全国首批率先实施免费中职教育。各级教育入学率稳步提高。深入实施四项教育突破工程:学前教育突破工程、农村寄宿制学校建设突破工程、高中阶段教育突破工程、高等教育突破工程。2017年全省高等教育毛入学率为35.0%,高中阶段教育毛入学率为89.0%,学前三年毛入园率为87.0%。全省人口文化程度结构重心上移趋势加强,初中及以上文化程度人口占6岁及以上人口比重加快上升,占人口的57.6%;全省小学文化程度人口占6岁及以上人口比重加快下降,占34.7%。

民生投入逐年递增,百姓收入大幅增加。到2017年贵州省GDP增速连续5年保持在全国前三位,最显著的是贵州省公共财政支出结构的变化。贵州省坚持民生第一的理念，在全省2017年一般公共预算支出中，社会保障和就业支出500.19亿元，比上年增长36.2%；医疗卫生与计划生育支出439.49亿元，增长12.0%；教育支出903.51亿元，增长7.1%；扶贫支出203.26亿元，增长24.3%。率先实现农村义务教育学生营养改善计划全覆盖，率先全面免除中职学生学费，率先实现医疗卫生"五个全覆盖"，群众获得感、幸福感、安全感明显增强。2017年，城镇、农村居民人均可支配收入年均分别增长9.3%和11.4%，劳动者报酬提高幅度居全国第一。城乡收入比由4.4:1变化为3.2:1。

深入推进绿色发展，走向生态文明新时代。贵州省生态环境持续优化，以"绿"扮靓黔山秀水，将生态优势转化为经济优势，生态优先、绿色发展正在成为多彩贵州的主旋律。围绕做优生态这块长板，贵州坚持生态产业化、产业生态化，绿色经济"四型"产业占地区生产总值的比重达到33%。发出"多彩贵州拒绝污染"的时代强音，实施环保基础设施攻坚行动，加强重点流域及重点行业治理，全面推行河长制，9个市（州）中心城市集中式饮用水源水质达标率稳定在100%，空气质量保持优良。

2018年是贯彻党的十九大精神的开局之年，是改革开放40周年，是决战脱贫攻坚、决胜同步小康、实施"十三五"规划至关重要的一年，也是我国进入新时代的第一年。贵州省将在解放思想上有新进步、在改革开放上有新突破、在后发赶超上有新成效、在全面建成小康社会进程中有新跨越；践行人民至上，以人民为中心的宗旨，不断增进民生福祉，让人民群众最大程度分享改革发展成果。

1. 切实打好精准脱贫攻坚战

按照"四好农村路"要求，组组通公路项目全部开工，建成通组硬化公路5万千米，92%的村民组通硬化路，深度贫困地区实现组组通。"四在农家·美丽乡村"小康行动计划项目贫困乡村全覆盖。易地扶贫搬迁入住76万人。大力调结构上规模，打造一批一县一业全产业链项目示范县，每个县有1个主导产业基金项目落地，把食用菌、蔬菜、畜禽、茶叶等农产品做成大产业、大品牌，经济作物占种植业比重提高到65%以上、生态畜牧业产值占农业总产值比重提高到26%以上；大力拓市场扩销售，完善冷链物流网络，把农产品卖出去、卖得好；大力加强龙头带农户，引进培育一批龙头企业，推广

皮书系列

2018年

智库成果出版与传播平台

社会科学文献出版社
SOCIAL SCIENCES ACADEMIC PRESS (CHINA)

社长致辞

蓦然回首，皮书的专业化历程已经走过了二十年。20年来从一个出版社的学术产品名称到媒体热词再到智库成果研创及传播平台，皮书以专业化为主线，进行了系列化、市场化、品牌化、数字化、国际化、平台化的运作，实现了跨越式的发展。特别是在党的十八大以后，以习近平总书记为核心的党中央高度重视新型智库建设，皮书也迎来了长足的发展，总品种达到600余种，经过专业评审机制、淘汰机制遴选，目前，每年稳定出版近400个品种。"皮书"已经成为中国新型智库建设的抓手，成为国际国内社会各界快速、便捷地了解真实中国的最佳窗口。

20年孜孜以求，"皮书"始终将自己的研究视野与经济社会发展中的前沿热点问题紧密相连。600个研究领域，3万多位分布于800余个研究机构的专家学者参与了研创写作。皮书数据库中共收录了15万篇专业报告，50余万张数据图表，合计30亿字，每年报告下载量近80万次。皮书为中国学术与社会发展实践的结合提供了一个激荡智力、传播思想的入口，皮书作者们用学术的话语、客观翔实的数据谱写出了中国故事壮丽的篇章。

20年跬步千里，"皮书"始终将自己的发展与时代赋予的使命与责任紧紧相连。每年百余场新闻发布会，10万余次中外媒体报道，中、英、俄、日、韩等12个语种共同出版。皮书所具有的凝聚力正在形成一种无形的力量，吸引着社会各界关注中国的发展，参与中国的发展，它是我们向世界传递中国声音、总结中国经验、争取中国国际话语权最主要的平台。

皮书这一系列成就的取得，得益于中国改革开放的伟大时代，离不开来自中国社会科学院、新闻出版广电总局、全国哲学社会科学规划办公室等主管部门的大力支持和帮助，也离不开皮书研创者和出版者的共同努力。他们与皮书的故事创造了皮书的历史，他们对皮书的拳拳之心将继续谱写皮书的未来！

现在，"皮书"品牌已经进入了快速成长的青壮年时期。全方位进行规范化管理，树立中国的学术出版标准；不断提升皮书的内容质量和影响力，搭建起中国智库产品和智库建设的交流服务平台和国际传播平台；发布各类皮书指数，并使之成为中国指数，让中国智库的声音响彻世界舞台，为人类的发展做出中国的贡献——这是皮书未来发展的图景。作为"皮书"这个概念的提出者，"皮书"从一般图书到系列图书和品牌图书，最终成为智库研究和社会科学应用对策研究的知识服务和成果推广平台这整个过程的操盘者，我相信，这也是每一位皮书人执着追求的目标。

"当代中国正经历着我国历史上最为广泛而深刻的社会变革，也正在进行着人类历史上最为宏大而独特的实践创新。这种前无古人的伟大实践，必将给理论创造、学术繁荣提供强大动力和广阔空间。"

在这个需要思想而且一定能够产生思想的时代，皮书的研创出版一定能创造出新的更大的辉煌！

社会科学文献出版社社长
中国社会学会秘书长

2017年11月

社会科学文献出版社简介

社会科学文献出版社（以下简称"社科文献出版社"）成立于1985年，是直属于中国社会科学院的人文社会科学学术出版机构。成立至今，社科文献出版社始终依托中国社会科学院和国内外人文社会科学界丰厚的学术出版和专家学者资源，坚持"创社科经典，出传世文献"的出版理念、"权威、前沿、原创"的产品定位以及学术成果和智库成果出版的专业化、数字化、国际化、市场化的经营道路。

社科文献出版社是中国新闻出版业转型与文化体制改革的先行者。积极探索文化体制改革的先进方向和现代企业经营决策机制，社科文献出版社先后荣获"全国文化体制改革工作先进单位"、中国出版政府奖·先进出版单位奖、中国社会科学院先进集体、全国科普工作先进集体等荣誉称号。多人次荣获"第十届韬奋出版奖""全国新闻出版行业领军人才""数字出版先进人物""北京市新闻出版广电行业领军人才"等称号。

社科文献出版社是中国人文社会科学学术出版的大社名社，也是以皮书为代表的智库成果出版的专业强社。年出版图书2000余种，其中皮书400余种，出版新书字数5.5亿字，承印与发行中国社科院院属期刊72种，先后创立了皮书系列、列国志、中国史话、社科文献学术译库、社科文献学术文库、甲骨文书系等一大批既有学术影响又有市场价值的品牌，确立了在社会学、近代史、苏东问题研究等专业学科及领域出版的领先地位。图书多次荣获中国出版政府奖、"三个一百"原创图书出版工程、"五个'一'工程奖"、"大众喜爱的50种图书"等奖项，在中央国家机关"强素质·做表率"读书活动中，入选图书品种数位居各大出版社之首。

社科文献出版社是中国学术出版规范与标准的倡议者与制定者，代表全国50多家出版社发起实施学术著作出版规范的倡议，承担学术著作规范国家标准的起草工作，率先编撰完成《皮书手册》对皮书品牌进行规范化管理，并在此基础上推出中国版芝加哥手册——《社科文献出版社学术出版手册》。

社科文献出版社是中国数字出版的引领者，拥有皮书数据库、列国志数据库、"一带一路"数据库、减贫数据库、集刊数据库等4大产品线11个数据库产品，机构用户达1300余家，海外用户百余家，荣获"数字出版转型示范单位""新闻出版标准化先进单位""专业数字内容资源知识服务模式试点企业标准化示范单位"等称号。

社科文献出版社是中国学术出版走出去的践行者。社科文献出版社海外图书出版与学术合作业务遍及全球40余个国家和地区，并于2016年成立俄罗斯分社，累计输出图书500余种，涉及近120个语种，累计获得国家社科基金中华学术外译项目资助76种、"丝路书香工程"项目资助60种、中国图书对外推广计划项目资助71种以及经典中国国际出版工程资助28种，被五部委联合认定为"2015-2016年度国家文化出口重点企业"。

如今，社科文献出版社完全靠自身积累拥有固定资产3.6亿元，年收入3亿元，设置了七大出版分社、六大专业部门，成立了皮书研究院和博士后科研工作站，培养了一支近400人的高素质与高效率的编辑、出版、营销和国际推广队伍，为未来成为学术出版的大社、名社、强社，成为文化体制改革与文化企业转型发展的排头兵奠定了坚实的基础。

 宏观经济类　　皮书系列重点推荐

宏观经济类

经济蓝皮书
2018年中国经济形势分析与预测

李平/主编　2017年12月出版　定价：89.00元

◆ 本书为总理基金项目，由著名经济学家李扬领衔，联合中国社会科学院等数十家科研机构、国家部委和高等院校的专家共同撰写，系统分析了2017年的中国经济形势并预测2018年中国经济运行情况。

城市蓝皮书
中国城市发展报告No.11

潘家华　单菁菁/主编　2018年9月出版　估价：99.00元

◆ 本书是由中国社会科学院城市发展与环境研究中心编著的，多角度、全方位地立体展示了中国城市的发展状况，并对中国城市的未来发展提出了许多建议。该书有强烈的时代感，对中国城市发展实践有重要的参考价值。

人口与劳动绿皮书
中国人口与劳动问题报告No.19

张车伟/主编　2018年10月出版　估价：99.00元

◆ 本书为中国社会科学院人口与劳动经济研究所主编的年度报告，对当前中国人口与劳动形势做了比较全面和系统的深入讨论，为研究中国人口与劳动问题提供了一个专业性的视角。

宏观经济类・区域经济类

中国省域竞争力蓝皮书
中国省域经济综合竞争力发展报告（2017～2018）
李建平　李闽榕　高燕京/主编　2018年5月出版　估价：198.00元

◆ 本书融多学科的理论为一体，深入追踪研究了省域经济发展与中国国家竞争力的内在关系，为提升中国省域经济综合竞争力提供有价值的决策依据。

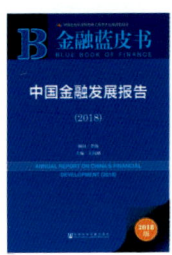

金融蓝皮书
中国金融发展报告（2018）
王国刚/主编　2018年2月出版　估价：99.00元

◆ 本书由中国社会科学院金融研究所组织编写，概括和分析了2017年中国金融发展和运行中的各方面情况，研讨和评论了2017年发生的主要金融事件，有利于读者了解掌握2017年中国的金融状况，把握2018年中国金融的走势。

区域经济类

京津冀蓝皮书
京津冀发展报告（2018）
祝合良　叶堂林　张贵祥/等著　2018年6月出版　估价：99.00元

◆ 本书遵循问题导向与目标导向相结合、统计数据分析与大数据分析相结合、纵向分析和长期监测与结构分析和综合监测相结合等原则，对京津冀协同发展新形势与新进展进行测度与评价。

 社会政法类 皮书系列 重点推荐

社会政法类

社会蓝皮书
2018年中国社会形势分析与预测

李培林　陈光金　张翼 / 主编　2017年12月出版　定价：89.00元

◆ 本书由中国社会科学院社会学研究所组织研究机构专家、高校学者和政府研究人员撰写，聚焦当下社会热点，对2017年中国社会发展的各个方面内容进行了权威解读，同时对2018年社会形势发展趋势进行了预测。

法治蓝皮书
中国法治发展报告 No.16（2018）

李林　田禾 / 主编　2018年3月出版　估价：118.00元

◆ 本年度法治蓝皮书回顾总结了2017年度中国法治发展取得的成就和存在的不足，对中国政府、司法、检务透明度进行了跟踪调研，并对2018年中国法治发展形势进行了预测和展望。

教育蓝皮书
中国教育发展报告（2018）

杨东平 / 主编　2018年4月出版　估价：99.00元

◆ 本书重点关注了2017年教育领域的热点，资料翔实，分析有据，既有专题研究，又有实践案例，从多角度对2017年教育改革和实践进行了分析和研究。

皮书系列　重点推荐　社会政法类

社会体制蓝皮书
中国社会体制改革报告 No.6（2018）
龚维斌 / 主编　2018 年 3 月出版　估价：99.00 元

◆ 本书由国家行政学院社会治理研究中心和北京师范大学中国社会管理研究院共同组织编写，主要对 2017 年社会体制改革情况进行回顾和总结，对 2018 年的改革走向进行分析，提出相关政策建议。

社会心态蓝皮书
中国社会心态研究报告（2018）
王俊秀　杨宜音 / 主编　2018 年 12 月出版　估价：99.00 元

◆ 本书是中国社会科学院社会学研究所社会心理研究中心"社会心态蓝皮书课题组"的年度研究成果，运用社会心理学、社会学、经济学、传播学等多种学科的方法进行了调查和研究，对于目前中国社会心态状况有较广泛和深入的揭示。

华侨华人蓝皮书
华侨华人研究报告（2018）
贾益民 / 主编　2018 年 1 月出版　估价：139.00 元

◆ 本书关注华侨华人生产与生活的方方面面。华侨华人是中国建设 21 世纪海上丝绸之路的重要中介者、推动者和参与者。本书旨在全面调研华侨华人，提供最新涉侨动态、理论研究成果和政策建议。

民族发展蓝皮书
中国民族发展报告（2018）
王延中 / 主编　2018 年 10 月出版　估价：188.00 元

◆ 本书从民族学人类学视角，研究近年来少数民族和民族地区的发展情况，展示民族地区经济、政治、文化、社会和生态文明"五位一体"建设取得的辉煌成就和面临的困难挑战，为深刻理解中央民族工作会议精神、加快民族地区全面建成小康社会进程提供了实证材料。

 产业经济类·行业及其他类　皮书系列重点推荐

产业经济类

房地产蓝皮书
中国房地产发展报告 No.15（2018）

李春华　王业强 / 主编　2018 年 5 月出版　估价：99.00 元

◆ 2018 年《房地产蓝皮书》持续追踪中国房地产市场最新动态，深度剖析市场热点，展望 2018 年发展趋势，积极谋划应对策略。对 2017 年房地产市场的发展态势进行全面、综合的分析。

新能源汽车蓝皮书
中国新能源汽车产业发展报告（2018）

中国汽车技术研究中心　日产（中国）投资有限公司

东风汽车有限公司 / 编著　2018 年 8 月出版　估价：99.00 元

◆ 本书对中国 2017 年新能源汽车产业发展进行了全面系统的分析，并介绍了国外的发展经验。有助于相关机构、行业和社会公众等了解中国新能源汽车产业发展的最新动态，为政府部门出台新能源汽车产业相关政策法规、企业制定相关战略规划，提供必要的借鉴和参考。

行业及其他类

旅游绿皮书
2017～2018 年中国旅游发展分析与预测

中国社会科学院旅游研究中心 / 编　2018 年 2 月出版　估价：99.00 元

◆ 本书从政策、产业、市场、社会等多个角度勾画出 2017 年中国旅游发展全貌，剖析了其中的热点和核心问题，并就未来发展作出预测。

行业及其他类

民营医院蓝皮书

中国民营医院发展报告（2018）

薛晓林 / 主编　2018年1月出版　估价：99.00元

◆ 本书在梳理国家对社会办医的各种利好政策的前提下，对我国民营医疗发展现状、我国民营医院竞争力进行了分析，并结合我国医疗体制改革对民营医院的发展趋势、发展策略、战略规划等方面进行了预估。

会展蓝皮书

中外会展业动态评估研究报告（2018）

张敏 / 主编　2018年12月出版　估价：99.00元

◆ 本书回顾了2017年的会展业发展动态，结合"供给侧改革"、"互联网+"、"绿色经济"的新形势分析了我国展会的行业现状，并介绍了国外的发展经验，有助于行业和社会了解最新的展会业动态。

中国上市公司蓝皮书

中国上市公司发展报告（2018）

张平　王宏淼 / 主编　2018年9月出版　估价：99.00元

◆ 本书由中国社会科学院上市公司研究中心组织编写的，着力于全面、真实、客观反映当前中国上市公司财务状况和价值评估的综合性年度报告。本书详尽分析了2017年中国上市公司情况，特别是现实中暴露出的制度性、基础性问题，并对资本市场改革进行了探讨。

工业和信息化蓝皮书

人工智能发展报告（2017~2018）

尹丽波 / 主编　2018年6月出版　估价：99.00元

◆ 本书国家工业信息安全发展研究中心在对2017年全球人工智能技术和产业进行全面跟踪研究基础上形成的研究报告。该报告内容翔实、视角独特，具有较强的产业发展前瞻性和预测性，可为相关主管部门、行业协会、企业等全面了解人工智能发展形势以及进行科学决策提供参考。

 国际问题与全球治理类

皮书系列
重点推荐

国际问题与全球治理类

世界经济黄皮书

2018年世界经济形势分析与预测

张宇燕 / 主编　2018年1月出版　估价：99.00元

◆ 本书由中国社会科学院世界经济与政治研究所的研究团队撰写，分总论、国别与地区、专题、热点、世界经济统计与预测等五个部分，对2018年世界经济形势进行了分析。

国际城市蓝皮书

国际城市发展报告（2018）

屠启宇 / 主编　2018年2月出版　估价：99.00元

◆ 本书作者以上海社会科学院从事国际城市研究的学者团队为核心，汇集同济大学、华东师范大学、复旦大学、上海交通大学、南京大学、浙江大学相关城市研究专业学者。立足动态跟踪介绍国际城市发展时间中，最新出现的重大战略、重大理念、重大项目、重大报告和最佳案例。

非洲黄皮书

非洲发展报告 No.20（2017～2018）

张宏明 / 主编　2018年7月出版　估价：99.00元

◆ 本书是由中国社会科学院西亚非洲研究所组织编撰的非洲形势年度报告，比较全面、系统地分析了2017年非洲政治形势和热点问题，探讨了非洲经济形势和市场走向，剖析了大国对非洲关系的新动向；此外，还介绍了国内非洲研究的新成果。

国别类

美国蓝皮书
美国研究报告（2018）

郑秉文 黄平 / 主编　2018 年 5 月出版　估价：99.00 元

◆ 本书是由中国社会科学院美国研究所主持完成的研究成果，它回顾了美国 2017 年的经济、政治形势与外交战略，对美国内政外交发生的重大事件及重要政策进行了较为全面的回顾和梳理。

德国蓝皮书
德国发展报告（2018）

郑春荣 / 主编　2018 年 6 月出版　估价：99.00 元

◆ 本报告由同济大学德国研究所组织编撰，由该领域的专家学者对德国的政治、经济、社会文化、外交等方面的形势发展情况，进行全面的阐述与分析。

俄罗斯黄皮书
俄罗斯发展报告（2018）

李永全 / 编著　2018 年 6 月出版　估价：99.00 元

◆ 本书系统介绍了 2017 年俄罗斯经济政治情况，并对 2016 年该地区发生的焦点、热点问题进行了分析与回顾；在此基础上，对该地区 2018 年的发展前景进行了预测。

皮书系列 重点推荐

 文化传媒类

文化传媒类

新媒体蓝皮书

中国新媒体发展报告 No.9（2018）

唐绪军 / 主编　2018 年 6 月出版　估价：99.00 元

◆ 本书是由中国社会科学院新闻与传播研究所组织编写的关于新媒体发展的最新年度报告，旨在全面分析中国新媒体的发展现状，解读新媒体的发展趋势，探析新媒体的深刻影响。

移动互联网蓝皮书

中国移动互联网发展报告（2018）

余清楚 / 主编　2018 年 6 月出版　估价：99.00 元

◆ 本书着眼于对 2017 年度中国移动互联网的发展情况做深入解析，对未来发展趋势进行预测，力求从不同视角、不同层面全面剖析中国移动互联网发展的现状、年度突破及热点趋势等。

文化蓝皮书

中国文化消费需求景气评价报告（2018）

王亚南 / 主编　2018 年 2 月出版　估价：99.00 元

◆ 本书首创全国文化发展量化检测评价体系，也是至今全国唯一的文化民生量化检测评价体系，对于检验全国及各地"以人民为中心"的文化发展具有首创意义。

地方发展类

北京蓝皮书
北京经济发展报告（2017～2018）

杨松/主编　2018年6月出版　估价：99.00元

◆ 本书对2017年北京市经济发展的整体形势进行了系统性的分析与回顾，并对2018年经济形势走势进行了预测与研判，聚焦北京市经济社会发展中的全局性、战略性和关键领域的重点问题，运用定量和定性分析相结合的方法，对北京市经济社会发展的现状、问题、成因进行了深入分析，提出了可操作性的对策建议。

温州蓝皮书
2018年温州经济社会形势分析与预测

蒋儒标　王春光　金浩/主编　2018年4月出版　估价：99.00元

◆ 本书是中共温州市委党校和中国社会科学院社会学研究所合作推出的第十一本温州蓝皮书，由来自党校、政府部门、科研机构、高校的专家、学者共同撰写的2017年温州区域发展形势的最新研究成果。

黑龙江蓝皮书
黑龙江社会发展报告（2018）

王爱丽/主编　2018年6月出版　估价：99.00元

◆ 本书以千份随机抽样问卷调查和专题研究为依据，运用社会学理论框架和分析方法，从专家和学者的独特视角，对2017年黑龙江省关系民生的问题进行广泛的调研与分析，并对2017年黑龙江省诸多社会热点和焦点问题进行了有益的探索。这些研究不仅可以为政府部门更加全面深入了解省情、科学制定决策提供智力支持，同时也可以为广大读者认识、了解、关注黑龙江社会发展提供理性思考。

宏观经济类

皮书系列 2018全品种 · 宏观经济类

城市蓝皮书
中国城市发展报告（No.11）
著(编)者：潘家华 单菁菁
2018年9月出版 / 估价：99.00元
PSN B-2007-091-1/1

城乡一体化蓝皮书
中国城乡一体化发展报告（2018）
著(编)者：付崇兰
2018年9月出版 / 估价：99.00元
PSN B-2011-226-1/2

城镇化蓝皮书
中国新型城镇化健康发展报告（2018）
著(编)者：张占斌
2018年8月出版 / 估价：99.00元
PSN B-2014-396-1/1

创新蓝皮书
创新型国家建设报告（2018~2019）
著(编)者：詹正茂
2018年12月出版 / 估价：99.00元
PSN B-2009-140-1/1

低碳发展蓝皮书
中国低碳发展报告（2018）
著(编)者：张希良 齐晔
2018年6月出版 / 估价：99.00元
PSN B-2011-223-1/1

低碳经济蓝皮书
中国低碳经济发展报告（2018）
著(编)者：薛进军 赵忠秀
2018年11月出版 / 估价：99.00元
PSN B-2011-194-1/1

发展和改革蓝皮书
中国经济发展和体制改革报告No.9
著(编)者：邹东涛 王再文
2018年1月出版 / 估价：99.00元
PSN B-2008-122-1/1

国家创新蓝皮书
中国创新发展报告（2017）
著(编)者：陈劲 2018年3月出版 / 估价：99.00元
PSN B-2014-370-1/1

金融蓝皮书
中国金融发展报告（2018）
著(编)者：王国刚
2018年2月出版 / 估价：99.00元
PSN B-2004-031-1/7

经济蓝皮书
2018年中国经济形势分析与预测
著(编)者：李平 2017年12月出版 / 定价：89.00元
PSN B-1996-001-1/1

经济蓝皮书春季号
2018年中国经济前景分析
著(编)者：李扬 2018年5月出版 / 估价：99.00元
PSN B-1999-008-1/1

经济蓝皮书夏季号
中国经济增长报告（2017~2018）
著(编)者：李扬 2018年9月出版 / 估价：99.00元
PSN B-2010-176-1/1

经济信息绿皮书
中国与世界经济发展报告（2018）
著(编)者：杜平
2017年12月出版 / 估价：99.00元
PSN G-2003-023-1/1

农村绿皮书
中国农村经济形势分析与预测（2017~2018）
著(编)者：魏后凯 黄秉信
2018年4月出版 / 估价：99.00元
PSN G-1998-003-1/1

人口与劳动绿皮书
中国人口与劳动问题报告No.19
著(编)者：张车伟 2018年11月出版 / 估价：99.00元
PSN G-2000-012-1/1

新型城镇化蓝皮书
新型城镇化发展报告（2017）
著(编)者：李伟 宋敏 沈体雁
2018年3月出版 / 估价：99.00元
PSN B-2005-038-1/1

中国省域竞争力蓝皮书
中国省域经济综合竞争力发展报告（2016~2017）
著(编)者：李建平 李闽榕 高燕京
2018年2月出版 / 估价：198.00元
PSN B-2007-088-1/1

中小城市绿皮书
中国中小城市发展报告（2018）
著(编)者：中国城市经济学会中小城市经济发展委员会
中国城镇化促进会中小城市发展委员会
《中国中小城市发展报告》编纂委员会
中小城市发展战略研究院
2018年11月出版 / 估价：128.00元
PSN G-2010-161-1/1

皮书系列 2018全品种
区域经济类 · 社会政法类

区域经济类

东北蓝皮书
中国东北地区发展报告（2018）
著(编)者：姜晓秋　2018年11月出版 / 估价：99.00元
PSN B-2006-067-1/1

金融蓝皮书
中国金融中心发展报告（2017~2018）
著(编)者：王力　黄育华　2018年11月出版 / 估价：99.00元
PSN B-2011-186-6/7

京津冀蓝皮书
京津冀发展报告（2018）
著(编)者：祝合良　叶堂林　张贵祥
2018年6月出版 / 估价：99.00元
PSN B-2012-262-1/1

西北蓝皮书
中国西北发展报告（2018）
著(编)者：任宗哲　白宽犁　王建康
2018年4月出版 / 估价：99.00元
PSN B-2012-261-1/1

西部蓝皮书
中国西部发展报告（2018）
著(编)者：璋勇　任保平　2018年8月出版 / 估价：99.00元
PSN B-2005-039-1/1

长江经济带产业蓝皮书
长江经济带产业发展报告（2018）
著(编)者：吴传清　2018年11月出版 / 估价：128.00元
PSN B-2017-666-1/1

长江经济带蓝皮书
长江经济带发展报告（2017~2018）
著(编)者：王振　2018年11月出版 / 估价：99.00元
PSN B-2016-575-1/1

长江中游城市群蓝皮书
长江中游城市群新型城镇化与产业协同发展报告（2018）
著(编)者：杨刚强　2018年11月出版 / 估价：99.00元
PSN B-2016-578-1/1

长三角蓝皮书
2017年创新融合发展的长三角
著(编)者：刘飞跃　2018年3月出版 / 估价：99.00元
PSN B-2005-038-1/1

长株潭城市群蓝皮书
长株潭城市群发展报告（2017）
著(编)者：张萍　朱有志　2018年1月出版 / 估价：99.00元
PSN B-2008-109-1/1

中部竞争力蓝皮书
中国中部经济社会竞争力报告（2018）
著(编)者：教育部人文社会科学重点研究基地南昌大学中国中部经济社会发展研究中心
2018年12月出版 / 估价：99.00元
PSN B-2012-276-1/1

中部蓝皮书
中国中部地区发展报告（2018）
著(编)者：宋亚平　2018年12月出版 / 估价：99.00元
PSN B-2007-089-1/1

区域蓝皮书
中国区域经济发展报告（2017~2018）
著(编)者：赵弘　2018年5月出版 / 估价：99.00元
PSN B-2004-034-1/1

中三角蓝皮书
长江中游城市群发展报告（2018）
著(编)者：秦尊文　2018年9月出版 / 估价：99.00元
PSN B-2014-417-1/1

中原蓝皮书
中原经济区发展报告（2018）
著(编)者：李英杰　2018年6月出版 / 估价：99.00元
PSN B-2011-192-1/1

珠三角流通蓝皮书
珠三角商圈发展研究报告（2018）
著(编)者：王先庆　林至颖　2018年7月出版 / 估价：99.00元
PSN B-2012-292-1/1

社会政法类

北京蓝皮书
中国社区发展报告（2017~2018）
著(编)者：于燕燕　2018年9月出版 / 估价：99.00元
PSN B-2007-083-5/8

殡葬绿皮书
中国殡葬事业发展报告（2017~2018）
著(编)者：李伯森　2018年4月出版 / 估价：158.00元
PSN G-2010-180-1/1

城市管理蓝皮书
中国城市管理报告（2017-2018）
著(编)者：刘林　刘承水　2018年5月出版 / 估价：158.00元
PSN B-2013-336-1/1

城市生活质量蓝皮书
中国城市生活质量报告（2017）
著(编)者：张连城　张平　杨春学　郎丽华
2018年2月出版 / 估价：99.00元
PSN B-2013-326-1/1

皮书系列 2018全品种 — 社会政法类

城市政府能力蓝皮书
中国城市政府公共服务能力评估报告（2018）
著（编）者：何艳玲　2018年4月出版／估价：99.00元
PSN B-2013-338-1/1

创业蓝皮书
中国创业发展研究报告（2017~2018）
著（编）者：黄群慧　赵卫星　钟宏武
2018年11月出版／估价：99.00元
PSN B-2016-577-1/1

慈善蓝皮书
中国慈善发展报告（2018）
著（编）者：杨团　2018年6月出版／估价：99.00元
PSN B-2009-142-1/1

党建蓝皮书
党的建设研究报告No.2（2018）
著（编）者：崔建民　陈东平　2018年1月出版／估价：99.00元
PSN B-2016-523-1/1

地方法治蓝皮书
中国地方法治发展报告No.3（2018）
著（编）者：李林　田禾　2018年3月出版／估价：118.00元
PSN B-2015-442-1/1

电子政务蓝皮书
中国电子政务发展报告（2018）
著（编）者：李季　2018年8月出版／估价：99.00元
PSN B-2003-022-1/1

法治蓝皮书
中国法治发展报告No.16（2018）
著（编）者：吕艳滨　2018年3月出版／估价：118.00元
PSN B-2004-027-1/3

法治蓝皮书
中国法院信息化发展报告No.2（2018）
著（编）者：李林　田禾　2018年2月出版／估价：108.00元
PSN B-2017-604-3/3

法治政府蓝皮书
中国法治政府发展报告（2018）
著（编）者：中国政法大学法治政府研究院
2018年4月出版／估价：99.00元
PSN B-2015-502-1/2

法治政府蓝皮书
中国法治政府评估报告（2018）
著（编）者：中国政法大学法治政府研究院
2018年9月出版／估价：168.00元
PSN B-2016-576-2/2

反腐倡廉蓝皮书
中国反腐倡廉建设报告No.8
著（编）者：张英伟　2018年12月出版／估价：99.00元
PSN B-2012-259-1/1

扶贫蓝皮书
中国扶贫开发报告（2018）
著（编）者：李培林　魏后凯　2018年12月出版／估价：128.00元
PSN B-2016-599-1/1

妇女发展蓝皮书
中国妇女发展报告No.6
著（编）者：王金玲　2018年9月出版／估价：158.00元
PSN B-2006-069-1/1

妇女教育蓝皮书
中国妇女教育发展报告No.3
著（编）者：张李玺　2018年10月出版／估价：99.00元
PSN B-2008-121-1/1

妇女绿皮书
2018年：中国性别平等与妇女发展报告
著（编）者：谭琳　2018年12月出版／估价：99.00元
PSN G-2006-073-1/1

公共安全蓝皮书
中国城市公共安全发展报告（2017~2018）
著（编）者：黄育华　杨文明　赵建辉
2018年6月出版／估价：99.00元
PSN B-2017-628-1/1

公共服务蓝皮书
中国城市基本公共服务力评价（2018）
著（编）者：钟君　刘志昌　吴正杲
2018年12月出版／估价：99.00元
PSN B-2011-214-1/1

公民科学素质蓝皮书
中国公民科学素质报告（2017~2018）
著（编）者：李群　陈雄　马宗文
2018年1月出版／估价：99.00元
PSN B-2014-379-1/1

公益蓝皮书
中国公益慈善发展报告（2016）
著（编）者：朱健刚　胡小军　2018年2月出版／估价：99.00元
PSN B-2012-283-1/1

国际人才蓝皮书
中国国际移民报告（2018）
著（编）者：王辉耀　2018年2月出版／估价：99.00元
PSN B-2012-304-3/4

国际人才蓝皮书
中国留学发展报告（2018）No.7
著（编）者：王辉耀　苗绿　2018年12月出版／估价：99.00元
PSN B-2012-244-2/4

海洋社会蓝皮书
中国海洋社会发展报告（2017）
著（编）者：崔凤　宋宁而　2018年3月出版／估价：99.00元
PSN B-2015-478-1/1

行政改革蓝皮书
中国行政体制改革报告No.7（2018）
著（编）者：魏礼群　2018年6月出版／估价：99.00元
PSN B-2011-231-1/1

华侨华人蓝皮书
华侨华人研究报告（2017）
著（编）者：贾益民　2018年1月出版／估价：139.00元
PSN B-2011-204-1/1

皮书系列 2018全品种

社会政法类

环境竞争力绿皮书
中国省域环境竞争力发展报告（2018）
著(编)者：李建平 李闽榕 王金南
2018年11月出版 / 估价：198.00元
PSN G-2010-165-1/1

环境绿皮书
中国环境发展报告（2017~2018）
著(编)者：李波   2018年4月出版 / 估价：99.00元
PSN G-2006-048-1/1

家庭蓝皮书
中国"创建幸福家庭活动"评估报告（2018）
著(编)者：国务院发展研究中心"创建幸福家庭活动评估"课题组
2018年12月出版 / 估价：99.00元
PSN B-2015-508-1/1

健康城市蓝皮书
中国健康城市建设研究报告（2018）
著(编)者：王鸿春 盛继洪   2018年12月出版 / 估价：99.00元
PSN B-2016-564-2/2

健康中国蓝皮书
社区首诊与健康中国分析报告（2018）
著(编)者：高和荣 杨叔禹 姜杰
2018年4月出版 / 估价：99.00元
PSN B-2017-611-1/1

教师蓝皮书
中国中小学教师发展报告（2017）
著(编)者：曾晓东 鱼霞   2018年6月出版 / 估价：99.00元
PSN B-2012-289-1/1

教育扶贫蓝皮书
中国教育扶贫报告（2018）
著(编)者：司树杰 王文静 李兴洲
2018年12月出版 / 估价：99.00元
PSN B-2016-590-1/1

教育蓝皮书
中国教育发展报告（2018）
著(编)者：杨东平   2018年4月出版 / 估价：99.00元
PSN B-2006-047-1/1

金融法治建设蓝皮书
中国金融法治建设年度报告（2015~2016）
著(编)者：朱小黄   2018年6月出版 / 估价：99.00元
PSN B-2017-633-1/1

京津冀教育蓝皮书
京津冀教育发展研究报告（2017~2018）
著(编)者：方中雄   2018年4月出版 / 估价：99.00元
PSN B-2017-608-1/1

就业蓝皮书
2018年中国本科生就业报告
著(编)者：麦可思研究院   2018年6月出版 / 估价：99.00元
PSN B-2009-146-1/2

就业蓝皮书
2018年中国高职高专生就业报告
著(编)者：麦可思研究院   2018年6月出版 / 估价：99.00元
PSN B-2015-472-2/2

科学教育蓝皮书
中国科学教育发展报告（2018）
著(编)者：王康友   2018年10月出版 / 估价：99.00元
PSN B-2015-487-1/1

劳动保障蓝皮书
中国劳动保障发展报告（2018）
著(编)者：刘燕斌   2018年9月出版 / 估价：158.00元
PSN B-2014-415-1/1

老龄蓝皮书
中国老年宜居环境发展报告（2017）
著(编)者：党俊武 周燕珉   2018年1月出版 / 估价：99.00元
PSN B-2013-320-1/1

连片特困区蓝皮书
中国连片特困区发展报告（2017~2018）
著(编)者：游俊 冷志明 丁建军
2018年4月出版 / 估价：99.00元
PSN B-2013-321-1/1

流动儿童蓝皮书
中国流动儿童教育发展报告（2017）
著(编)者：杨东平   2018年1月出版 / 估价：99.00元
PSN B-2017-600-1/1

民调蓝皮书
中国民生调查报告（2018）
著(编)者：谢耘耕   2018年12月出版 / 估价：99.00元
PSN B-2014-398-1/1

民族发展蓝皮书
中国民族发展报告（2018）
著(编)者：王延中   2018年10月出版 / 估价：188.00元
PSN B-2006-070-1/1

女性生活蓝皮书
中国女性生活状况报告No.12（2018）
著(编)者：韩湘景   2018年7月出版 / 估价：99.00元
PSN B-2006-071-1/1

汽车社会蓝皮书
中国汽车社会发展报告（2017~2018）
著(编)者：王俊秀   2018年1月出版 / 估价：99.00元
PSN B-2011-224-1/1

青年蓝皮书
中国青年发展报告（2018）No.3
著(编)者：廉思   2018年4月出版 / 估价：99.00元
PSN B-2013-333-1/1

青少年蓝皮书
中国未成年人互联网运用报告（2017~2018）
著(编)者：李为民 李文革 沈杰
2018年11月出版 / 估价：99.00元
PSN B-2010-156-1/1

社会政法类 — 皮书系列 2018全品种

人权蓝皮书
中国人权事业发展报告No.8（2018）
著（编）者：李君如　2018年9月出版／估价：99.00元
PSN B-2011-215-1/1

社会保障绿皮书
中国社会保障发展报告No.9（2018）
著（编）者：王延中　2018年1月出版／估价：99.00元
PSN G-2001-014-1/1

社会风险评估蓝皮书
风险评估与危机预警报告（2017~2018）
著（编）者：唐钧　2018年8月出版／估价：99.00元
PSN B-2012-293-1/1

社会工作蓝皮书
中国社会工作发展报告（2016~2017）
著（编）者：民政部社会工作研究中心
2018年8月出版／估价：99.00元
PSN B-2009-141-1/1

社会管理蓝皮书
中国社会管理创新报告No.6
著（编）者：连玉明　2018年11月出版／估价：99.00元
PSN B-2012-300-1/1

社会蓝皮书
2018年中国社会形势分析与预测
著（编）者：李培林　陈光金　张翼
2017年12月出版／定价：89.00元
PSN B-1998-002-1/1

社会体制蓝皮书
中国社会体制改革报告No.6（2018）
著（编）者：龚维斌　2018年3月出版／估价：99.00元
PSN B-2013-330-1/1

社会心态蓝皮书
中国社会心态研究报告（2018）
著（编）者：王俊秀　2018年12月出版／估价：99.00元
PSN B-2011-199-1/1

社会组织蓝皮书
中国社会组织报告（2017-2018）
著（编）者：黄晓勇　2018年1月出版／估价：99.00元
PSN B-2008-118-1/2

社会组织蓝皮书
中国社会组织评估发展报告（2018）
著（编）者：徐家良　2018年12月出版／估价：99.00元
PSN B-2013-366-2/2

生态城市绿皮书
中国生态城市建设发展报告（2018）
著（编）者：刘举科　孙伟平　胡文臻
2018年9月出版／估价：158.00元
PSN G-2012-269-1/1

生态文明绿皮书
中国省域生态文明建设评价报告（ECI 2018）
著（编）者：严耕　2018年12月出版／估价：99.00元
PSN G-2010-170-1/1

退休生活蓝皮书
中国城市居民退休生活质量指数报告（2017）
著（编）者：杨一帆　2018年5月出版／估价：99.00元
PSN B-2017-618-1/1

危机管理蓝皮书
中国危机管理报告（2018）
著（编）者：文学国　范正青
2018年8月出版／估价：99.00元
PSN B-2010-171-1/1

学会蓝皮书
2018年中国学会发展报告
著（编）者：麦可思研究院
2018年12月出版／估价：99.00元
PSN B-2016-597-1/1

医改蓝皮书
中国医药卫生体制改革报告（2017~2018）
著（编）者：文学国　房志武
2018年11月出版／估价：99.00元
PSN B-2014-432-1/1

应急管理蓝皮书
中国应急管理报告（2018）
著（编）者：宋英华　2018年9月出版／估价：99.00元
PSN B-2016-562-1/1

政府绩效评估蓝皮书
中国地方政府绩效评估报告No.2
著（编）者：贠杰　2018年12月出版／估价：99.00元
PSN B-2017-672-1/1

政治参与蓝皮书
中国政治参与报告（2018）
著（编）者：房宁　2018年8月出版／估价：128.00元
PSN B-2011-200-1/1

政治文化蓝皮书
中国政治文化报告（2018）
著（编）者：邢元敏　魏大鹏　龚克
2018年8月出版／估价：128.00元
PSN B-2017-615-1/1

中国传统村落蓝皮书
中国传统村落保护现状报告（2018）
著（编）者：胡彬彬　李向军　王晓波
2018年12月出版／估价：99.00元
PSN B-2017-663-1/1

中国农村妇女发展蓝皮书
农村流动女性城市生活发展报告（2018）
著（编）者：谢丽华　2018年12月出版／估价：99.00元
PSN B-2014-434-1/1

宗教蓝皮书
中国宗教报告（2017）
著（编）者：邱永辉　2018年8月出版／估价：99.00元
PSN B-2008-117-1/1

产业经济类

保健蓝皮书
中国保健服务产业发展报告 No.2
著(编)者：中国保健协会　中共中央党校
2018年7月出版 / 估价：198.00元
PSN B-2012-272-3/3

保健蓝皮书
中国保健食品产业发展报告 No.2
著(编)者：中国保健协会
　　　　中国社会科学院食品药品产业发展与监管研究中心
2018年8月出版 / 估价：198.00元
PSN B-2012-271-2/3

保健蓝皮书
中国保健用品产业发展报告 No.2
著(编)者：中国保健协会
　　　　国务院国有资产监督管理委员会研究中心
2018年3月出版 / 估价：198.00元
PSN B-2012-270-1/3

保险蓝皮书
中国保险业竞争力报告（2018）
著(编)者：保监会　2018年12月出版 / 估价：99.00元
PSN B-2013-311-1/1

冰雪蓝皮书
中国冰上运动产业发展报告（2018）
著(编)者：孙承华　杨占武　刘戈　张鸿俊
2018年9月出版 / 估价：99.00元
PSN B-2017-648-3/3

冰雪蓝皮书
中国滑雪产业发展报告（2018）
著(编)者：孙承华　伍斌　魏庆华　张鸿俊
2018年9月出版 / 估价：99.00元
PSN B-2016-559-1/3

餐饮产业蓝皮书
中国餐饮产业发展报告（2018）
著(编)者：邢颖
2018年6月出版 / 估价：99.00元
PSN B-2009-151-1/1

茶业蓝皮书
中国茶产业发展报告（2018）
著(编)者：杨江帆　李闽榕
2018年10月出版 / 估价：99.00元
PSN B-2010-164-1/1

产业安全蓝皮书
中国文化产业安全报告（2018）
著(编)者：北京印刷学院文化产业安全研究院
2018年12月出版 / 估价：99.00元
PSN B-2014-378-12/14

产业安全蓝皮书
中国新媒体产业安全报告（2016~2017）
著(编)者：肖丽　2018年6月出版 / 估价：99.00元
PSN B-2015-500-14/14

产业安全蓝皮书
中国出版传媒产业安全报告（2017~2018）
著(编)者：北京印刷学院文化产业安全研究院
2018年3月出版 / 估价：99.00元
PSN B-2014-384-13/14

产业蓝皮书
中国产业竞争力报告（2018）No.8
著(编)者：张其仔　2018年12月出版 / 估价：168.00元
PSN B-2010-175-1/1

动力电池蓝皮书
中国新能源汽车动力电池产业发展报告（2018）
著(编)者：中国汽车技术研究中心
2018年8月出版 / 估价：99.00元
PSN B-2017-639-1/1

杜仲产业绿皮书
中国杜仲橡胶资源与产业发展报告（2017~2018）
著(编)者：杜红岩　胡文臻　俞锐
2018年1月出版 / 估价：99.00元
PSN G-2013-350-1/1

房地产蓝皮书
中国房地产发展报告No.15（2018）
著(编)者：李春华　王业强
2018年5月出版 / 估价：99.00元
PSN B-2004-028-1/1

服务外包蓝皮书
中国服务外包产业发展报告（2017~2018）
著(编)者：王晓红　刘德军
2018年6月出版 / 估价：99.00元
PSN B-2013-331-2/2

服务外包蓝皮书
中国服务外包竞争力报告（2017~2018）
著(编)者：刘春生　王力　黄育华
2018年12月出版 / 估价：99.00元
PSN B-2011-216-1/2

工业和信息化蓝皮书
世界信息技术产业发展报告（2017~2018）
著(编)者：尹丽波　2018年6月出版 / 估价：99.00元
PSN B-2015-449-2/6

工业和信息化蓝皮书
战略性新兴产业发展报告（2017~2018）
著(编)者：尹丽波　2018年6月出版 / 估价：99.00元
PSN B-2015-450-3/6

产业经济类

皮书系列 2018全品种

客车蓝皮书
中国客车产业发展报告（2017~2018）
著(编)者：姚蔚　2018年10月出版 / 估价：99.00元
PSN B-2013-361-1/1

流通蓝皮书
中国商业发展报告（2018~2019）
著(编)者：王雪峰　林诗慧
2018年7月出版 / 估价：99.00元
PSN B-2009-152-1/2

能源蓝皮书
中国能源发展报告（2018）
著(编)者：崔民选　王军生　陈义和
2018年12月出版 / 估价：99.00元
PSN B-2006-049-1/1

农产品流通蓝皮书
中国农产品流通产业发展报告（2017）
著(编)者：贾敬敦　张东科　张玉玺　张鹏毅　周伟
2018年1月出版 / 估价：99.00元
PSN B-2012-288-1/1

汽车工业蓝皮书
中国汽车工业发展年度报告（2018）
著(编)者：中国汽车工业协会
　　　　　中国汽车技术研究中心
　　　　　丰田汽车公司
2018年5月出版 / 估价：168.00元
PSN B-2015-463-1/2

汽车工业蓝皮书
中国汽车零部件产业发展报告（2017~2018）
著(编)者：中国汽车工业协会
　　　　　中国汽车工程研究院深圳市沃特玛电池有限公司
2018年9月出版 / 估价：99.00元
PSN B-2016-515-2/2

汽车蓝皮书
中国汽车产业发展报告（2018）
著(编)者：中国汽车工程学会
　　　　　大众汽车集团（中国）
2018年11月出版 / 估价：99.00元
PSN B-2008-124-1/1

世界茶业蓝皮书
世界茶业发展报告（2018）
著(编)者：李闽榕　冯廷佺
2018年5月出版 / 估价：168.00元
PSN B-2017-619-1/1

世界能源蓝皮书
世界能源发展报告（2018）
著(编)者：黄晓勇　2018年6月出版 / 估价：168.00元
PSN B-2013-349-1/1

体育蓝皮书
国家体育产业基地发展报告（2016~2017）
著(编)者：李颖川　2018年4月出版 / 估价：168.00元
PSN B-2017-609-5/5

体育蓝皮书
中国体育产业发展报告（2018）
著(编)者：阮伟　钟秉枢
2018年12月出版 / 估价：99.00元
PSN B-2010-179-1/5

文化金融蓝皮书
中国文化金融发展报告（2018）
著(编)者：杨涛　金巍
2018年5月出版 / 估价：99.00元
PSN B-2017-610-1/1

新能源汽车蓝皮书
中国新能源汽车产业发展报告（2018）
著(编)者：中国汽车技术研究中心
　　　　　日产（中国）投资有限公司
　　　　　东风汽车有限公司
2018年8月出版 / 估价：99.00元
PSN B-2013-347-1/1

薏仁米产业蓝皮书
中国薏仁米产业发展报告No.2（2018）
著(编)者：李发耀　石明　秦礼康
2018年8月出版 / 估价：99.00元
PSN B-2017-645-1/1

邮轮绿皮书
中国邮轮产业发展报告（2018）
著(编)者：汪泓　2018年10月出版 / 估价：99.00元
PSN G-2014-419-1/1

智能养老蓝皮书
中国智能养老产业发展报告（2018）
著(编)者：朱勇　2018年10月出版 / 估价：99.00元
PSN B-2015-488-1/1

中国节能汽车蓝皮书
中国节能汽车发展报告（2017~2018）
著(编)者：中国汽车工程研究院股份有限公司
2018年9月出版 / 估价：99.00元
PSN B-2016-565-1/1

中国陶瓷产业蓝皮书
中国陶瓷产业发展报告（2018）
著(编)者：左和平　黄速建
2018年10月出版 / 估价：99.00元
PSN B-2016-573-1/1

装备制造业蓝皮书
中国装备制造业发展报告（2018）
著(编)者：徐东华　2018年12月出版 / 估价：118.00元
PSN B-2015-505-1/1

皮书系列 2018全品种 — 行业及其他类

行业及其他类

"三农"互联网金融蓝皮书
中国"三农"互联网金融发展报告(2018)
著(编)者：李勇坚 王弢
2018年8月出版 / 估价：99.00元
PSN B-2016-560-1/1

SUV蓝皮书
中国SUV市场发展报告(2017~2018)
著(编)者：靳军　2018年9月出版 / 估价：99.00元
PSN B-2016-571-1/1

冰雪蓝皮书
中国冬季奥运会发展报告(2018)
著(编)者：孙承华 伍斌 魏庆华 张鸿俊
2018年9月出版 / 估价：99.00元
PSN B-2017-647-2/3

彩票蓝皮书
中国彩票发展报告(2018)
著(编)者：益彩基金　2018年4月出版 / 估价：99.00元
PSN B-2015-462-1/1

测绘地理信息蓝皮书
测绘地理信息供给侧结构性改革研究报告(2018)
著(编)者：库热西·买合苏提
2018年12月出版 / 估价：168.00元
PSN B-2009-145-1/1

产权市场蓝皮书
中国产权市场发展报告(2017)
著(编)者：曹和平　2018年5月出版 / 估价：99.00元
PSN B-2009-147-1/1

城投蓝皮书
中国城投行业发展报告(2018)
著(编)者：华景斌
2018年11月出版 / 估价：300.00元
PSN B-2016-514-1/1

大数据蓝皮书
中国大数据发展报告(No.2)
著(编)者：连玉明　2018年5月出版 / 估价：99.00元
PSN B-2017-620-1/1

大数据应用蓝皮书
中国大数据应用发展报告No.2(2018)
著(编)者：陈军君　2018年8月出版 / 估价：99.00元
PSN B-2017-644-1/1

对外投资与风险蓝皮书
中国对外直接投资与国家风险报告(2018)
著(编)者：中债资信评估有限责任公司
　　　　　中国社会科学院世界经济与政治研究所
2018年4月出版 / 估价：189.00元
PSN B-2017-606-1/1

工业和信息化蓝皮书
人工智能发展报告(2017~2018)
著(编)者：尹丽波　2018年6月出版 / 估价：99.00元
PSN B-2015-448-1/6

工业和信息化蓝皮书
世界智慧城市发展报告(2017~2018)
著(编)者：尹丽波　2018年6月出版 / 估价：99.00元
PSN B-2017-624-6/6

工业和信息化蓝皮书
世界网络安全发展报告(2017~2018)
著(编)者：尹丽波　2018年6月出版 / 估价：99.00元
PSN B-2015-452-5/6

工业和信息化蓝皮书
世界信息化发展报告(2017~2018)
著(编)者：尹丽波　2018年6月出版 / 估价：99.00元
PSN B-2015-451-4/6

工业设计蓝皮书
中国工业设计发展报告(2018)
著(编)者：王晓红 于炜 张立群　2018年9月出版 / 估价：168.00元
PSN B-2014-420-1/1

公共关系蓝皮书
中国公共关系发展报告(2018)
著(编)者：柳斌杰　2018年11月出版 / 估价：99.00元
PSN B-2016-579-1/1

管理蓝皮书
中国管理发展报告(2018)
著(编)者：张晓东　2018年10月出版 / 估价：99.00元
PSN B-2014-416-1/1

海关发展蓝皮书
中国海关发展前沿报告(2018)
著(编)者：干春晖　2018年6月出版 / 估价：99.00元
PSN B-2017-616-1/1

互联网医疗蓝皮书
中国互联网健康医疗发展报告(2018)
著(编)者：芮晓武　2018年6月出版 / 估价：99.00元
PSN B-2016-567-1/1

黄金市场蓝皮书
中国商业银行黄金业务发展报告(2017~2018)
著(编)者：平安银行　2018年3月出版 / 估价：99.00元
PSN B-2016-524-1/1

会展蓝皮书
中外会展业动态评估研究报告(2018)
著(编)者：张敏 任中峰 聂鑫焱 牛盼强
2018年12月出版 / 估价：99.00元
PSN B-2013-327-1/1

基金会蓝皮书
中国基金会发展报告(2017~2018)
著(编)者：中国基金会发展报告课题组
2018年4月出版 / 估价：99.00元
PSN B-2013-368-1/1

基金会绿皮书
中国基金会发展独立研究报告(2018)
著(编)者：基金会中心网　中央民族大学基金会研究中心
2018年6月出版 / 估价：99.00元
PSN G-2011-213-1/1

行业及其他类

皮书系列
2018全品种

基金会透明度蓝皮书
中国基金会透明度发展研究报告（2018）
著（编）者：基金会中心网
　　　　　清华大学廉政与治理研究中心
2018年9月出版 / 估价：99.00元
PSN B-2013-339-1/1

建筑装饰蓝皮书
中国建筑装饰行业发展报告（2018）
著（编）者：葛道顺 刘晓一
2018年10月出版 / 估价：198.00元
PSN B-2016-553-1/1

金融监管蓝皮书
中国金融监管报告（2018）
著（编）者：胡滨 2018年5月出版 / 估价：99.00元
PSN B-2012-281-1/1

金融蓝皮书
中国互联网金融行业分析与评估（2018~2019）
著（编）者：黄国平 伍旭川 2018年12月出版 / 估价：99.00元
PSN B-2016-585-7/7

金融科技蓝皮书
中国金融科技发展报告（2018）
著（编）者：李扬 孙国峰 2018年10月出版 / 估价：99.00元
PSN B-2014-374-1/1

金融信息服务蓝皮书
中国金融信息服务发展报告（2018）
著（编）者：李平 2018年5月出版 / 估价：99.00元
PSN B-2017-621-1/1

京津冀金融蓝皮书
京津冀金融发展报告（2018）
著（编）者：王爱俭 王璟怡 2018年10月出版 / 估价：99.00元
PSN B-2016-527-1/1

科普蓝皮书
国家科普能力发展报告（2018）
著（编）者：王康友 2018年5月出版 / 估价：138.00元
PSN B-2017-632-4/4

科普蓝皮书
中国基层科普发展报告（2017~2018）
著（编）者：赵立新 陈玲 2018年9月出版 / 估价：99.00元
PSN B-2016-568-3/4

科普蓝皮书
中国科普基础设施发展报告（2017~2018）
著（编）者：任福君 2018年6月出版 / 估价：99.00元
PSN B-2010-174-1/3

科普蓝皮书
中国科普人才发展报告（2017~2018）
著（编）者：郑念 任嵘嵘 2018年7月出版 / 估价：99.00元
PSN B-2016-512-2/4

科普能力蓝皮书
中国科普能力评价报告（2018~2019）
著（编）者：李富强 李群 2018年8月出版 / 估价：99.00元
PSN B-2016-555-1/1

临空经济蓝皮书
中国临空经济发展报告（2018）
著（编）者：连玉明 2018年9月出版 / 估价：99.00元
PSN B-2014-421-1/1

旅游安全蓝皮书
中国旅游安全报告（2018）
著（编）者：郑向敏 谢朝武 2018年5月出版 / 估价：158.00元
PSN B-2012-280-1/1

旅游绿皮书
2017~2018年中国旅游发展分析与预测
著（编）者：宋瑞 2018年2月出版 / 估价：99.00元
PSN G-2002-018-1/1

煤炭蓝皮书
中国煤炭工业发展报告（2018）
著（编）者：岳福斌 2018年12月出版 / 估价：99.00元
PSN B-2008-123-1/1

民营企业社会责任蓝皮书
中国民营企业社会责任报告（2018）
著（编）者：中华全国工商业联合会
2018年12月出版 / 估价：99.00元
PSN B-2015-510-1/1

民营医院蓝皮书
中国民营医院发展报告（2017）
著（编）者：薛晓林 2018年1月出版 / 估价：99.00元
PSN B-2012-299-1/1

闽商蓝皮书
闽商发展报告（2018）
著（编）者：李闽榕 王日根 林琛
2018年12月出版 / 估价：99.00元
PSN B-2012-298-1/1

农业应对气候变化蓝皮书
中国农业气象灾害及其灾损评估报告（No.3）
著（编）者：矫梅燕 2018年1月出版 / 估价：118.00元
PSN B-2014-413-1/1

品牌蓝皮书
中国品牌战略发展报告（2018）
著（编）者：汪同三 2018年10月出版 / 估价：99.00元
PSN B-2016-580-1/1

企业扶贫蓝皮书
中国企业扶贫研究报告（2018）
著（编）者：钟宏武 2018年12月出版 / 估价：99.00元
PSN B-2016-593-1/1

企业公益蓝皮书
中国企业公益研究报告（2018）
著（编）者：钟宏武 汪杰 黄晓娟
2018年12月出版 / 估价：99.00元
PSN B-2015-501-1/1

企业国际化蓝皮书
中国企业全球化报告（2018）
著（编）者：王辉耀 苗绿 2018年11月出版 / 估价：99.00元
PSN B-2014-427-1/1

皮书系列 2018全品种
行业及其他类

企业蓝皮书
中国企业绿色发展报告No.2（2018）
著(编)者：李红玉 朱光辉
2018年8月出版 / 估价：99.00元
PSN B-2015-481-2/2

企业社会责任蓝皮书
中资企业海外社会责任研究报告（2017~2018）
著(编)者：钟宏武 叶柳红 张蒽
2018年1月出版 / 估价：99.00元
PSN B-2017-603-2/2

企业社会责任蓝皮书
中国企业社会责任研究报告（2018）
著(编)者：黄群慧 钟宏武 张蒽 汪杰
2018年11月出版 / 估价：99.00元
PSN B-2009-149-1/2

汽车安全蓝皮书
中国汽车安全发展报告（2018）
著(编)者：中国汽车技术研究中心
2018年8月出版 / 估价：99.00元
PSN B-2014-385-1/1

汽车电子商务蓝皮书
中国汽车电子商务发展报告（2018）
著(编)者：中华全国工商业联合会汽车经销商商会
　　　　　北方工业大学
　　　　　北京易观智库网络科技有限公司
2018年10月出版 / 估价：158.00元
PSN B-2015-485-1/1

汽车知识产权蓝皮书
中国汽车产业知识产权发展报告（2018）
著(编)者：中国汽车工程研究院股份有限公司
　　　　　中国汽车工程学会
　　　　　重庆长安汽车股份有限公司
2018年12月出版 / 估价：99.00元
PSN B-2016-594-1/1

青少年体育蓝皮书
中国青少年体育发展报告（2017）
著(编)者：刘扶民 杨桦 2018年1月出版 / 估价：99.00元
PSN B-2015-482-1/1

区块链蓝皮书
中国区块链发展报告（2018）
著(编)者：李伟 2018年9月出版 / 估价：99.00元
PSN B-2017-649-1/1

群众体育蓝皮书
中国群众体育发展报告（2017）
著(编)者：刘国永 戴健 2018年5月出版 / 估价：99.00元
PSN B-2014-411-1/3

群众体育蓝皮书
中国社会体育指导员发展报告（2018）
著(编)者：刘国永 王欢 2018年4月出版 / 估价：99.00元
PSN B-2016-520-3/3

人力资源蓝皮书
中国人力资源发展报告（2018）
著(编)者：余兴安 2018年11月出版 / 估价：99.00元
PSN B-2012-287-1/1

融资租赁蓝皮书
中国融资租赁业发展报告（2017~2018）
著(编)者：李光荣 王力 2018年8月出版 / 估价：99.00元
PSN B-2015-443-1/1

商会蓝皮书
中国商会发展报告No.5（2017）
著(编)者：王钦敏 2018年7月出版 / 估价：99.00元
PSN B-2008-125-1/1

商务中心区蓝皮书
中国商务中心区发展报告No.4（2017~2018）
著(编)者：李国红 单菁菁 2018年9月出版 / 估价：99.00元
PSN B-2015-444-1/1

设计产业蓝皮书
中国创新设计发展报告（2018）
著(编)者：王晓红 张立群 于炜
2018年11月出版 / 估价：99.00元
PSN B-2016-581-2/2

社会责任管理蓝皮书
中国上市公司社会责任能力成熟度报告No.4（2018）
著(编)者：肖红军 王晓光 李伟阳
2018年12月出版 / 估价：99.00元
PSN B-2015-507-2/2

社会责任管理蓝皮书
中国企业公众透明度报告No.4（2017~2018）
著(编)者：黄速建 熊梦 王晓光 肖红军
2018年4月出版 / 估价：99.00元
PSN B-2015-440-1/2

食品药品蓝皮书
食品药品安全与监管政策研究报告（2016~2017）
著(编)者：唐民皓 2018年6月出版 / 估价：99.00元
PSN B-2009-129-1/1

输血服务蓝皮书
中国输血行业发展报告（2018）
著(编)者：孙俊 2018年12月出版 / 估价：99.00元
PSN B-2016-582-1/1

水利风景区蓝皮书
中国水利风景区发展报告（2018）
著(编)者：董建文 兰思仁
2018年10月出版 / 估价：99.00元
PSN B-2015-480-1/1

私募市场蓝皮书
中国私募股权市场发展报告（2017~2018）
著(编)者：曹和平 2018年12月出版 / 估价：99.00元
PSN B-2010-162-1/1

碳排放权交易蓝皮书
中国碳排放权交易报告（2018）
著(编)者：孙永平 2018年11月出版 / 估价：99.00元
PSN B-2017-652-1/1

碳市场蓝皮书
中国碳市场报告（2018）
著(编)者：定金彪 2018年11月出版 / 估价：99.00元
PSN B-2014-430-1/1

国别类

澳大利亚蓝皮书
澳大利亚发展报告（2017-2018）
著(编)者：孙有中 韩锋　2018年12月出版 / 估价：99.00元
PSN B-2016-587-1/1

巴西黄皮书
巴西发展报告（2017）
著(编)者：刘国枝　2018年5月出版 / 估价：99.00元
PSN Y-2017-614-1/1

德国蓝皮书
德国发展报告（2018）
著(编)者：郑春荣　2018年6月出版 / 估价：99.00元
PSN B-2012-278-1/1

俄罗斯黄皮书
俄罗斯发展报告（2018）
著(编)者：李永全　2018年6月出版 / 估价：99.00元
PSN Y-2006-061-1/1

韩国蓝皮书
韩国发展报告（2017）
著(编)者：牛林杰 刘宝全　2018年5月出版 / 估价：99.00元
PSN B-2010-155-1/1

加拿大蓝皮书
加拿大发展报告（2018）
著(编)者：唐小松　2018年9月出版 / 估价：99.00元
PSN B-2014-389-1/1

美国蓝皮书
美国研究报告（2018）
著(编)者：郑秉文 黄平　2018年5月出版 / 估价：99.00元
PSN B-2011-210-1/1

缅甸蓝皮书
缅甸国情报告（2017）
著(编)者：孔鹏 杨祥章　2018年1月出版 / 估价：99.00元
PSN B-2013-343-1/1

日本蓝皮书
日本研究报告（2018）
著(编)者：杨伯江　2018年6月出版 / 估价：99.00元
PSN B-2002-020-1/1

土耳其蓝皮书
土耳其发展报告（2018）
著(编)者：郭长刚 刘义　2018年9月出版 / 估价：99.00元
PSN B-2014-412-1/1

伊朗蓝皮书
伊朗发展报告（2017~2018）
著(编)者：冀开运　2018年10月 / 估价：99.00元
PSN B-2016-574-1/1

以色列蓝皮书
以色列发展报告（2018）
著(编)者：张倩红　2018年8月出版 / 估价：99.00元
PSN B-2015-483-1/1

印度蓝皮书
印度国情报告（2017）
著(编)者：吕昭义　2018年4月出版 / 估价：99.00元
PSN B-2012-241-1/1

英国蓝皮书
英国发展报告（2017~2018）
著(编)者：王展鹏　2018年12月出版 / 估价：99.00元
PSN B-2015-486-1/1

越南蓝皮书
越南国情报告（2018）
著(编)者：谢林城　2018年1月出版 / 估价：99.00元
PSN B-2006-056-1/1

泰国蓝皮书
泰国研究报告（2018）
著(编)者：庄国土 张禹东 刘文正
2018年10月出版 / 估价：99.00元
PSN B-2016-556-1/1

文化传媒类

"三农"舆情蓝皮书
中国"三农"网络舆情报告（2017~2018）
著(编)者：农业部信息中心
2018年6月出版 / 估价：99.00元
PSN B-2017-640-1/1

传媒竞争力蓝皮书
中国传媒国际竞争力研究报告（2018）
著(编)者：李本乾 刘强 王大可
2018年8月出版 / 估价：99.00元
PSN B-2013-356-1/1

传媒蓝皮书
中国传媒产业发展报告（2018）
著(编)者：崔保国　2018年5月出版 / 估价：99.00元
PSN B-2005-035-1/1

传媒投资蓝皮书
中国传媒投资发展报告（2018）
著(编)者：张向东 谭云明
2018年6月出版 / 估价：148.00元
PSN B-2015-474-1/1

国际问题与全球治理类

皮书系列 2018全品种

国际安全蓝皮书
中国国际安全研究报告（2018）
著（编）者：刘慧　　2018年7月出版 / 估价：99.00元
PSN B-2016-521-1/1

国际城市蓝皮书
国际城市发展报告（2018）
著（编）者：屠启宇　　2018年2月出版 / 估价：99.00元
PSN B-2012-260-1/1

国际形势黄皮书
全球政治与安全报告（2018）
著（编）者：张宇燕　　2018年1月出版 / 估价：99.00元
PSN Y-2001-016-1/1

公共外交蓝皮书
中国公共外交发展报告（2018）
著（编）者：赵启正 雷蔚真　　2018年4月出版 / 估价：99.00元
PSN B-2015-457-1/1

金砖国家黄皮书
金砖国家综合创新竞争力发展报告（2018）
著（编）者：赵新力 李闽榕 黄茂兴
2018年8月出版 / 估价：128.00元
PSN Y-2017-643-1/1

拉美黄皮书
拉丁美洲和加勒比发展报告（2017~2018）
著（编）者：袁东振　　2018年6月出版 / 估价：99.00元
PSN Y-1999-007-1/1

澜湄合作蓝皮书
澜沧江-湄公河合作发展报告（2018）
著（编）者：刘稚　　2018年9月出版 / 估价：99.00元
PSN B-2011-196-1/1

欧洲蓝皮书
欧洲发展报告（2017~2018）
著（编）者：黄平 周弘 程卫东
2018年6月出版 / 估价：99.00元
PSN B-1999-009-1/1

葡语国家蓝皮书
葡语国家发展报告（2016~2017）
著（编）者：王成安 张敏 刘金兰
2018年4月出版 / 估价：99.00元
PSN B-2015-503-1/2

葡语国家蓝皮书
中国与葡语国家关系发展报告·巴西（2016）
著（编）者：张曙光　　2018年8月出版 / 估价：99.00元
PSN B-2016-563-2/2

气候变化绿皮书
应对气候变化报告（2018）
著（编）者：王伟光 郑国光　　2018年11月出版 / 估价：99.00元
PSN G-2009-144-1/1

全球环境竞争力绿皮书
全球环境竞争力报告（2018）
著（编）者：李建平 李闽榕 王金南
2018年12月出版 / 估价：198.00元
PSN G-2013-363-1/1

全球信息社会蓝皮书
全球信息社会发展报告（2018）
著（编）者：丁波涛 唐涛　　2018年10月出版 / 估价：99.00元
PSN B-2017-665-1/1

日本经济蓝皮书
日本经济与中日经贸关系研究报告（2018）
著（编）者：张季风　　2018年6月出版 / 估价：99.00元
PSN B-2008-102-1/1

上海合作组织黄皮书
上海合作组织发展报告（2018）
著（编）者：李进峰　　2018年6月出版 / 估价：99.00元
PSN Y-2009-130-1/1

世界创新竞争力黄皮书
世界创新竞争力发展报告（2017）
著（编）者：李建平 李闽榕 赵新力
2018年1月出版 / 估价：168.00元
PSN Y-2013-318-1/1

世界经济黄皮书
2018年世界经济形势分析与预测
著（编）者：张宇燕　　2018年1月出版 / 估价：99.00元
PSN Y-1999-006-1/1

丝绸之路蓝皮书
丝绸之路经济带发展报告（2018）
著（编）者：任宗哲 白宽犁 谷孟宾
2018年1月出版 / 估价：99.00元
PSN B-2014-410-1/1

新兴经济体蓝皮书
金砖国家发展报告（2018）
著（编）者：林跃勤 周文　　2018年8月出版 / 估价：99.00元
PSN B-2011-195-1/1

亚太蓝皮书
亚太地区发展报告（2018）
著（编）者：李向阳　　2018年5月出版 / 估价：99.00元
PSN B-2001-015-1/1

印度洋地区蓝皮书
印度洋地区发展报告（2018）
著（编）者：汪戎　　2018年6月出版 / 估价：99.00元
PSN B-2013-334-1/1

渝新欧蓝皮书
渝新欧沿线国家发展报告（2018）
著（编）者：杨柏 黄森　　2018年6月出版 / 估价：99.00元
PSN B-2017-626-1/1

中阿蓝皮书
中国-阿拉伯国家经贸发展报告（2018）
著（编）者：张廉 段庆林 王林聪 杨巧红
2018年12月出版 / 估价：99.00元
PSN B-2016-598-1/1

中东黄皮书
中东发展报告No.20（2017~2018）
著（编）者：杨光　　2018年10月出版 / 估价：99.00元
PSN Y-1998-004-1/1

中亚黄皮书
中亚国家发展报告（2018）
著（编）者：孙力　　2018年6月出版 / 估价：99.00元
PSN Y-2012-238-1/1

中国新三板蓝皮书
中国新三板创新与发展报告（2018）
著（编）者：刘平安 闻召林
2018年8月出版 / 估价：158.00元
PSN B-2017-638-1/1

中医文化蓝皮书
北京中医药文化传播发展报告（2018）
著（编）者：毛嘉陵 2018年5月出版 / 估价：99.00元
PSN B-2015-468-1/2

中医文化蓝皮书
中国中医药文化传播发展报告（2018）
著（编）者：毛嘉陵 2018年7月出版 / 估价：99.00元
PSN B-2016-584-2/2

中医药蓝皮书
北京中医药知识产权发展报告No.2
著（编）者：汪洪 屠志涛 2018年4月出版 / 估价：168.00元
PSN B-2017-602-1/1

资本市场蓝皮书
中国场外交易市场发展报告（2016~2017）
著（编）者：高峦 2018年3月出版 / 估价：99.00元
PSN B-2009-153-1/1

资产管理蓝皮书
中国资产管理行业发展报告（2018）
著（编）者：郑智 2018年7月出版 / 估价：99.00元
PSN B-2014-407-2/2

资产证券化蓝皮书
中国资产证券化发展报告（2018）
著（编）者：纪志宏 2018年11月出版 / 估价：99.00元
PSN B-2017-660-1/1

自贸区蓝皮书
中国自贸区发展报告（2018）
著（编）者：王力 黄育华 2018年6月出版 / 估价：99.00元
PSN B-2016-558-1/1

国际问题与全球治理类

"一带一路"跨境通道蓝皮书
"一带一路"跨境通道建设研究报告（2018）
著（编）者：郭业洲 2018年8月出版 / 估价：99.00元
PSN B-2016-557-1/1

"一带一路"蓝皮书
"一带一路"建设发展报告（2018）
著（编）者：王晓泉 2018年6月出版 / 估价：99.00元
PSN B-2016-552-1/1

"一带一路"投资安全蓝皮书
中国"一带一路"投资与安全研究报告（2017~2018）
著（编）者：邹统钎 梁昊光 2018年4月出版 / 估价：99.00元
PSN B-2017-612-1/1

"一带一路"文化交流蓝皮书
中阿文化交流发展报告（2017）
著（编）者：王辉 2018年9月出版 / 估价：99.00元
PSN B-2017-655-1/1

G20国家创新竞争力黄皮书
二十国集团（G20）国家创新竞争力发展报告（2017~2018）
著（编）者：李建平 李闽榕 赵新力 周天勇
2018年7月出版 / 估价：168.00元
PSN Y-2011-229-1/1

阿拉伯黄皮书
阿拉伯发展报告（2016~2017）
著（编）者：罗林 2018年3月出版 / 估价：99.00元
PSN Y-2014-381-1/1

北部湾蓝皮书
泛北部湾合作发展报告（2017~2018）
著（编）者：吕余生 2018年12月出版 / 估价：99.00元
PSN B-2008-114-1/1

北极蓝皮书
北极地区发展报告（2017）
著（编）者：刘惠荣 2018年7月出版 / 估价：99.00元
PSN B-2017-634-1/1

大洋洲蓝皮书
大洋洲发展报告（2017~2018）
著（编）者：喻常森 2018年10月出版 / 估价：99.00元
PSN B-2013-341-1/1

东北亚区域合作蓝皮书
2017年"一带一路"倡议与东北亚区域合作
著（编）者：刘亚政 金美花
2018年5月出版 / 估价：99.00元
PSN B-2017-631-1/1

东盟黄皮书
东盟发展报告（2017）
著（编）者：杨晓强 庄国土
2018年5月出版 / 估价：99.00元
PSN Y-2012-303-1/1

东南亚蓝皮书
东南亚地区发展报告（2017~2018）
著（编）者：王勤 2018年12月出版 / 估价：99.00元
PSN B-2012-240-1/1

非洲黄皮书
非洲发展报告No.20（2017~2018）
著（编）者：张宏明 2018年7月出版 / 估价：99.00元
PSN Y-2012-239-1/1

非传统安全蓝皮书
中国非传统安全研究报告（2017~2018）
著（编）者：潇枫 罗中枢 2018年8月出版 / 估价：99.00元
PSN B-2012-273-1/1

行业及其他类 — 皮书系列 2018全品种

体育蓝皮书
中国公共体育服务发展报告（2018）
著(编)者：戴健　2018年12月出版 / 估价：99.00元
PSN B-2013-367-2/5

土地市场蓝皮书
中国农村土地市场发展报告（2017~2018）
著(编)者：李光荣　2018年3月出版 / 估价：99.00元
PSN B-2016-526-1/1

土地整治蓝皮书
中国土地整治发展研究报告（No.5）
著(编)者：国土资源部土地整治中心
2018年7月出版 / 估价：99.00元
PSN B-2014-401-1/1

土地政策蓝皮书
中国土地政策研究报告（2018）
著(编)者：高延利 李宪文　2017年12月出版 / 估价：99.00元
PSN B-2015-506-1/1

网络空间安全蓝皮书
中国网络空间安全发展报告（2018）
著(编)者：惠志斌 覃庆玲
2018年11月出版 / 估价：99.00元
PSN B-2015-466-1/1

文化志愿服务蓝皮书
中国文化志愿服务发展报告（2018）
著(编)者：张永新 良警宇　2018年11月出版 / 估价：128.00元
PSN B-2016-596-1/1

西部金融蓝皮书
中国西部金融发展报告（2017~2018）
著(编)者：李忠民　2018年8月出版 / 估价：99.00元
PSN B-2010-160-1/1

协会商会蓝皮书
中国行业协会商会发展报告（2017）
著(编)者：景朝阳 李勇　2018年4月出版 / 估价：99.00元
PSN B-2015-461-1/1

新三板蓝皮书
中国新三板市场发展报告（2018）
著(编)者：王力　2018年8月出版 / 估价：99.00元
PSN B-2016-533-1/1

信托市场蓝皮书
中国信托业市场报告（2017~2018）
著(编)者：用益金融信托研究院
2018年1月出版 / 估价：198.00元
PSN B-2014-371-1/1

信息化蓝皮书
中国信息化形势分析与预测（2017~2018）
著(编)者：周宏仁　2018年8月出版 / 估价：99.00元
PSN B-2010-168-1/1

信用蓝皮书
中国信用发展报告（2017~2018）
著(编)者：章政 田侃　2018年4月出版 / 估价：99.00元
PSN B-2013-328-1/1

休闲绿皮书
2017~2018年中国休闲发展报告
著(编)者：宋瑞　2018年7月出版 / 估价：99.00元
PSN G-2010-158-1/1

休闲体育蓝皮书
中国休闲体育发展报告（2017~2018）
著(编)者：李相如 钟秉枢
2018年10月出版 / 估价：99.00元
PSN B-2016-516-1/1

养老金融蓝皮书
中国养老金融发展报告（2018）
著(编)者：董克用 姚余栋
2018年9月出版 / 估价：99.00元
PSN B-2016-583-1/1

遥感监测绿皮书
中国可持续发展遥感监测报告（2017）
著(编)者：顾行发 汪克强 潘教峰 李闽榕 徐东华 王琦安
2018年6月出版 / 估价：298.00元
PSN B-2017-629-1/1

药品流通蓝皮书
中国药品流通行业发展报告（2018）
著(编)者：佘鲁林 温再兴
2018年7月出版 / 估价：198.00元
PSN B-2014-429-1/1

医疗器械蓝皮书
中国医疗器械行业发展报告（2018）
著(编)者：王宝亭 耿鸿武
2018年10月出版 / 估价：99.00元
PSN B-2017-661-1/1

医院蓝皮书
中国医院竞争力报告（2018）
著(编)者：庄一强 曾益新　2018年3月出版 / 估价：118.00元
PSN B-2016-528-1/1

瑜伽蓝皮书
中国瑜伽业发展报告（2017~2018）
著(编)者：张永建 徐华锋 朱泰余
2018年6月出版 / 估价：198.00元
PSN B-2017-625-1/1

债券市场蓝皮书
中国债券市场发展报告（2017~2018）
著(编)者：杨农　2018年10月出版 / 估价：99.00元
PSN B-2016-572-1/1

志愿服务蓝皮书
中国志愿服务发展报告（2018）
著(编)者：中国志愿服务联合会
2018年11月出版 / 估价：99.00元
PSN B-2017-664-1/1

中国上市公司蓝皮书
中国上市公司发展报告（2018）
著(编)者：张鹏 张平 黄胤英
2018年9月出版 / 估价：99.00元
PSN B-2014-414-1/1

文化传媒类 — 皮书系列 2018全品种

非物质文化遗产蓝皮书
中国非物质文化遗产发展报告（2018）
著(编)者：陈平　2018年5月出版／估价：128.00元
PSN B-2015-469-1/2

非物质文化遗产蓝皮书
中国非物质文化遗产保护发展报告（2018）
著(编)者：宋俊华　2018年10月出版／估价：128.00元
PSN B-2016-586-2/2

广电蓝皮书
中国广播电影电视发展报告（2018）
著(编)者：国家新闻出版广电总局发展研究中心
2018年7月出版／估价：99.00元
PSN B-2006-072-1/1

广告主蓝皮书
中国广告主营销传播趋势报告No.9
著(编)者：黄升民　杜国清　邵华冬 等
2018年10月出版／估价：158.00元
PSN B-2005-041-1/1

国际传播蓝皮书
中国国际传播发展报告（2018）
著(编)者：胡正荣　李继东　姬德强
2018年12月出版／估价：99.00元
PSN B-2014-408-1/1

国家形象蓝皮书
中国国家形象传播报告（2017）
著(编)者：张昆　2018年3月出版／估价：128.00元
PSN B-2017-605-1/1

互联网治理蓝皮书
中国网络社会治理研究报告（2018）
著(编)者：罗昕　支庭荣
2018年9月出版／估价：118.00元
PSN B-2017-653-1/1

纪录片蓝皮书
中国纪录片发展报告（2018）
著(编)者：何苏六　2018年10月出版／估价：99.00元
PSN B-2011-222-1/1

科学传播蓝皮书
中国科学传播报告（2016~2017）
著(编)者：詹正茂　2018年6月出版／估价：99.00元
PSN B-2008-120-1/1

两岸创意经济蓝皮书
两岸创意经济研究报告（2018）
著(编)者：罗昌智　董泽平
2018年10月出版／估价：99.00元
PSN B-2014-437-1/1

媒介与女性蓝皮书
中国媒介与女性发展报告（2017~2018）
著(编)者：刘利群　2018年5月出版／估价：99.00元
PSN B-2013-345-1/1

媒体融合蓝皮书
中国媒体融合发展报告（2017）
著(编)者：梅宁华　支庭荣　2018年1月出版／估价：99.00元
PSN B-2015-479-1/1

全球传媒蓝皮书
全球传媒发展报告（2017~2018）
著(编)者：胡正荣　李继东　2018年6月出版／估价：99.00元
PSN B-2012-237-1/1

少数民族非遗蓝皮书
中国少数民族非物质文化遗产发展报告（2018）
著(编)者：肖远平（彝）　柴立（满）
2018年10月出版／估价：118.00元
PSN B-2015-467-1/1

视听新媒体蓝皮书
中国视听新媒体发展报告（2018）
著(编)者：国家新闻出版广电总局发展研究中心
2018年7月出版／估价：118.00元
PSN B-2011-184-1/1

数字娱乐产业蓝皮书
中国动画产业发展报告（2018）
著(编)者：孙立军　孙平　牛兴侦
2018年10月出版／估价：99.00元
PSN B-2011-198-1/2

数字娱乐产业蓝皮书
中国游戏产业发展报告（2018）
著(编)者：孙立军　刘跃军
2018年10月出版／估价：99.00元
PSN B-2017-662-2/2

文化创新蓝皮书
中国文化创新报告（2017·No.8）
著(编)者：傅才武　2018年4月出版／估价：99.00元
PSN B-2009-143-1/1

文化建设蓝皮书
中国文化发展报告（2018）
著(编)者：江畅　孙伟平　戴茂堂
2018年5月出版／估价：99.00元
PSN B-2014-392-1/1

文化科技蓝皮书
文化科技创新发展报告（2018）
著(编)者：于平　李凤亮　2018年10月出版／估价：99.00元
PSN B-2013-342-1/1

文化蓝皮书
中国公共文化服务发展报告（2017~2018）
著(编)者：刘新成　张永新　张旭
2018年12月出版／估价：99.00元
PSN B-2007-093-2/10

文化蓝皮书
中国少数民族文化发展报告（2017~2018）
著(编)者：武翠英　张晓明　任乌晶
2018年9月出版／估价：99.00元
PSN B-2013-369-9/10

文化蓝皮书
中国文化产业供需协调检测报告（2018）
著(编)者：王亚南　2018年2月出版／估价：99.00元
PSN B-2013-323-8/10

皮书系列 2018全品种　文化传媒类 · 地方发展类-经济

文化蓝皮书
中国文化消费需求景气评价报告（2018）
著（编）者：王亚南　2018年2月出版 / 估价：99.00元
PSN B-2011-236-4/10

文化蓝皮书
中国公共文化投入增长测评报告（2018）
著（编）者：王亚南　2018年2月出版 / 估价：99.00元
PSN B-2014-435-10/10

文化品牌蓝皮书
中国文化品牌发展报告（2018）
著（编）者：欧阳友权　2018年5月出版 / 估价：99.00元
PSN B-2012-277-1/1

文化遗产蓝皮书
中国文化遗产事业发展报告（2017~2018）
著（编）者：苏杨　张颖岚　卓杰　白海峰　陈晨　陈叙图
2018年8月出版 / 估价：99.00元
PSN B-2008-119-1/1

文学蓝皮书
中国文情报告（2017~2018）
著（编）者：白烨　2018年5月出版 / 估价：99.00元
PSN B-2011-221-1/1

新媒体蓝皮书
中国新媒体发展报告No.9（2018）
著（编）者：唐绪军　2018年7月出版 / 估价：99.00元
PSN B-2010-169-1/1

新媒体社会责任蓝皮书
中国新媒体社会责任研究报告（2018）
著（编）者：钟瑛　2018年12月出版 / 估价：99.00元
PSN B-2014-423-1/1

移动互联网蓝皮书
中国移动互联网发展报告（2018）
著（编）者：余清楚　2018年6月出版 / 估价：99.00元
PSN B-2012-282-1/1

影视蓝皮书
中国影视产业发展报告（2018）
著（编）者：司若　陈鹏　陈锐　2018年4月出版 / 估价：99.00元
PSN B-2016-529-1/1

舆情蓝皮书
中国社会舆情与危机管理报告（2018）
著（编）者：谢耘耕　2018年9月出版 / 估价：138.00元
PSN B-2011-235-1/1

地方发展类-经济

澳门蓝皮书
澳门经济社会发展报告（2017~2018）
著（编）者：吴志良　郝雨凡　2018年7月出版 / 估价：99.00元
PSN B-2009-138-1/1

澳门绿皮书
澳门旅游休闲发展报告（2017~2018）
著（编）者：郝雨凡　林广志　2018年5月出版 / 估价：99.00元
PSN G-2017-617-1/1

北京蓝皮书
北京经济发展报告（2017~2018）
著（编）者：杨松　2018年6月出版 / 估价：99.00元
PSN B-2006-054-2/8

北京旅游绿皮书
北京旅游发展报告（2018）
著（编）者：北京旅游学会
2018年7月出版 / 估价：99.00元
PSN G-2012-301-1/1

北京体育蓝皮书
北京体育产业发展报告（2017~2018）
著（编）者：钟秉枢　陈杰　杨铁黎
2018年9月出版 / 估价：99.00元
PSN B-2015-475-1/1

滨海金融蓝皮书
滨海新区金融发展报告（2017）
著（编）者：王爱俭　李向前　2018年4月出版 / 估价：99.00元
PSN B-2014-424-1/1

城乡一体化蓝皮书
北京城乡一体化发展报告（2017~2018）
著（编）者：吴宝新　张宝秀　黄序
2018年5月出版 / 估价：99.00元
PSN B-2012-258-2/2

非公有制企业社会责任蓝皮书
北京非公有制企业社会责任报告（2018）
著（编）者：宋贵伦　冯培　2018年6月出版 / 估价：99.00元
PSN B-2017-613-1/1

福建旅游蓝皮书
福建省旅游产业发展现状研究（2017~2018）
著（编）者：陈敏华　黄远水
2018年12月出版 / 估价：128.00元
PSN B-2016-591-1/1

福建自贸区蓝皮书
中国（福建）自由贸易试验区发展报告（2017~2018）
著（编）者：黄茂兴　2018年4月出版 / 估价：118.00元
PSN B-2016-531-1/1

甘肃蓝皮书
甘肃经济发展分析与预测（2018）
著（编）者：安文华　罗哲　2018年1月出版 / 估价：99.00元
PSN B-2013-312-1/6

甘肃蓝皮书
甘肃商贸流通发展报告（2018）
著（编）者：张应华　王福生　王晓芳
2018年1月出版 / 估价：99.00元
PSN B-2016-522-6/6

地方发展类-经济

甘肃蓝皮书
甘肃县域和农村发展报告（2018）
著（编）者：朱智文 包东红 王建兵
2018年1月出版 / 估价：99.00元
PSN B-2013-316-5/6

甘肃农业科技绿皮书
甘肃农业科技发展研究报告（2018）
著（编）者：魏胜文 乔德华 张东伟
2018年12月出版 / 估价：198.00元
PSN B-2016-592-1/1

巩义蓝皮书
巩义经济社会发展报告（2018）
著（编）者：丁同民 朱军 2018年4月出版 / 估价：99.00元
PSN B-2016-532-1/1

广东外经贸蓝皮书
广东对外经济贸易发展研究报告（2017~2018）
著（编）者：陈万灵 2018年6月出版 / 估价：99.00元
PSN B-2012-286-1/1

广西北部湾经济区蓝皮书
广西北部湾经济区开放开发报告（2017~2018）
著（编）者：广西壮族自治区北部湾经济区和东盟开放合作办公室
广西社会科学院
广西北部湾发展研究院
2018年2月出版 / 估价：99.00元
PSN B-2010-181-1/1

广州蓝皮书
广州城市国际化发展报告（2018）
著（编）者：张跃国 2018年8月出版 / 估价：99.00元
PSN B-2012-246-11/14

广州蓝皮书
中国广州城市建设与管理发展报告（2018）
著（编）者：张其学 陈小钢 王宏伟 2018年8月出版 / 估价：99.00元
PSN B-2007-087-4/14

广州蓝皮书
广州创新型城市发展报告（2018）
著（编）者：尹涛 2018年6月出版 / 估价：99.00元
PSN B-2012-247-12/14

广州蓝皮书
广州经济发展报告（2018）
著（编）者：张跃国 尹涛 2018年7月出版 / 估价：99.00元
PSN B-2005-040-1/14

广州蓝皮书
2018年中国广州经济形势分析与预测
著（编）者：魏明海 谢博能 李华
2018年6月出版 / 估价：99.00元
PSN B-2011-185-9/14

广州蓝皮书
中国广州科技创新发展报告（2018）
著（编）者：于欣伟 陈爽 邓佑满 2018年8月出版 / 估价：99.00元
PSN B-2006-065-2/14

广州蓝皮书
广州农村发展报告（2018）
著（编）者：朱名宏 2018年7月出版 / 估价：99.00元
PSN B-2010-167-8/14

广州蓝皮书
广州汽车产业发展报告（2018）
著（编）者：杨再高 冯兴亚 2018年7月出版 / 估价：99.00元
PSN B-2006-066-3/14

广州蓝皮书
广州商贸业发展报告（2018）
著（编）者：张跃国 陈杰 荀振英
2018年7月出版 / 估价：99.00元
PSN B-2012-245-10/14

贵阳蓝皮书
贵阳城市创新发展报告No.3（白云篇）
著（编）者：连玉明 2018年5月出版 / 估价：99.00元
PSN B-2015-491-3/10

贵阳蓝皮书
贵阳城市创新发展报告No.3（观山湖篇）
著（编）者：连玉明 2018年5月出版 / 估价：99.00元
PSN B-2015-497-9/10

贵阳蓝皮书
贵阳城市创新发展报告No.3（花溪篇）
著（编）者：连玉明 2018年5月出版 / 估价：99.00元
PSN B-2015-490-2/10

贵阳蓝皮书
贵阳城市创新发展报告No.3（开阳篇）
著（编）者：连玉明 2018年5月出版 / 估价：99.00元
PSN B-2015-492-4/10

贵阳蓝皮书
贵阳城市创新发展报告No.3（南明篇）
著（编）者：连玉明 2018年5月出版 / 估价：99.00元
PSN B-2015-496-8/10

贵阳蓝皮书
贵阳城市创新发展报告No.3（清镇篇）
著（编）者：连玉明 2018年5月出版 / 估价：99.00元
PSN B-2015-489-1/10

贵阳蓝皮书
贵阳城市创新发展报告No.3（乌当篇）
著（编）者：连玉明 2018年5月出版 / 估价：99.00元
PSN B-2015-495-7/10

贵阳蓝皮书
贵阳城市创新发展报告No.3（息烽篇）
著（编）者：连玉明 2018年5月出版 / 估价：99.00元
PSN B-2015-493-5/10

贵阳蓝皮书
贵阳城市创新发展报告No.3（修文篇）
著（编）者：连玉明 2018年5月出版 / 估价：99.00元
PSN B-2015-494-6/10

贵阳蓝皮书
贵阳城市创新发展报告No.3（云岩篇）
著（编）者：连玉明 2018年5月出版 / 估价：99.00元
PSN B-2015-498-10/10

贵州房地产蓝皮书
贵州房地产发展报告No.5（2018）
著（编）者：武廷方 2018年7月出版 / 估价：99.00元
PSN B-2014-426-1/1

皮书系列 2018全品种
地方发展类-经济

贵州蓝皮书
贵州册亨经济社会发展报告（2018）
著(编)者：黄德林　　2018年3月出版　估价：99.00元
PSN B-2016-525-8/9

贵州蓝皮书
贵州地理标志产业发展报告（2018）
著(编)者：李发耀　黄其松　　2018年8月出版　估价：99.00元
PSN B-2017-646-10/10

贵州蓝皮书
贵安新区发展报告（2017~2018）
著(编)者：马长青　吴大华　　2018年6月出版　估价：99.00元
PSN B-2015-459-4/10

贵州蓝皮书
贵州国家级开放创新平台发展报告（2017~2018）
著(编)者：申晓庆　吴大华　季泓
2018年11月出版　估价：99.00元
PSN B-2016-518-7/10

贵州蓝皮书
贵州国有企业社会责任发展报告（2017~2018）
著(编)者：郭丽　　2018年12月出版　估价：99.00元
PSN B-2015-511-6/10

贵州蓝皮书
贵州民航业发展报告（2017）
著(编)者：申振东　吴大华　　2018年1月出版　估价：99.00元
PSN B-2015-471-5/10

贵州蓝皮书
贵州民营经济发展报告（2017）
著(编)者：杨静　吴大华　　2018年3月出版　估价：99.00元
PSN B-2016-530-9/9

杭州都市圈蓝皮书
杭州都市圈发展报告（2018）
著(编)者：沈翔　戚建国　　2018年5月出版　估价：128.00元
PSN B-2012-302-1/1

河北经济蓝皮书
河北省经济发展报告（2018）
著(编)者：马树强　金浩　张贵　　2018年4月出版　估价：99.00元
PSN B-2014-380-1/1

河北蓝皮书
河北经济社会发展报告（2018）
著(编)者：康振海　　2018年1月出版　估价：99.00元
PSN B-2014-372-1/3

河北蓝皮书
京津冀协同发展报告（2018）
著(编)者：陈璐　　2018年1月出版　估价：99.00元
PSN B-2017-601-2/3

河南经济蓝皮书
2018年河南经济形势分析与预测
著(编)者：王世炎　　2018年3月出版　估价：99.00元
PSN B-2007-086-1/1

河南蓝皮书
河南城市发展报告（2018）
著(编)者：张占仓　王建国　　2018年5月出版　估价：99.00元
PSN B-2009-131-3/9

河南蓝皮书
河南工业发展报告（2018）
著(编)者：张占仓　　2018年5月出版　估价：99.00元
PSN B-2013-317-5/9

河南蓝皮书
河南金融发展报告（2018）
著(编)者：喻新安　谷建全
2018年6月出版　估价：99.00元
PSN B-2014-390-7/9

河南蓝皮书
河南经济发展报告（2018）
著(编)者：张占仓　完世伟
2018年4月出版　估价：99.00元
PSN B-2010-157-4/9

河南蓝皮书
河南能源发展报告（2018）
著(编)者：国网河南省电力公司经济技术研究院
　　　　　河南省社会科学院
2018年3月出版　估价：99.00元
PSN B-2017-607-9/9

河南商务蓝皮书
河南商务发展报告（2018）
著(编)者：焦锦淼　穆荣国　　2018年5月出版　估价：99.00元
PSN B-2014-399-1/1

河南双创蓝皮书
河南创新创业发展报告（2018）
著(编)者：喻新安　杨雪梅　　2018年8月出版　估价：99.00元
PSN B-2017-641-1/1

黑龙江蓝皮书
黑龙江经济发展报告（2018）
著(编)者：朱宇　　2018年1月出版　估价：99.00元
PSN B-2011-190-2/2

湖南城市蓝皮书
区域城市群整合
著(编)者：童中贤　韩未名　　2018年12月出版　估价：99.00元
PSN B-2006-064-1/1

湖南蓝皮书
湖南城乡一体化发展报告（2018）
著(编)者：陈文胜　王文强　陆福兴
2018年8月出版　估价：99.00元
PSN B-2015-477-8/8

湖南蓝皮书
2018年湖南电子政务发展报告
著(编)者：梁志峰　　2018年5月出版　估价：128.00元
PSN B-2014-394-6/8

湖南蓝皮书
2018年湖南经济发展报告
著(编)者：卞鹰　　2018年5月出版　估价：128.00元
PSN B-2011-207-2/8

湖南蓝皮书
2016年湖南经济展望
著(编)者：梁志峰　　2018年5月出版　估价：128.00元
PSN B-2011-206-1/8

地方发展类-经济

皮书系列 2018全品种

湖南蓝皮书
2018年湖南县域经济社会发展报告
著(编)者:梁志峰　2018年5月出版 / 估价:128.00元
PSN B-2014-395-7/8

湖南县域绿皮书
湖南县域发展报告（No.5）
著(编)者:袁准 周小毛 黎仁寅
2018年3月出版 / 估价:99.00元
PSN G-2012-274-1/1

沪港蓝皮书
沪港发展报告（2018）
著(编)者:尤安山　2018年9月出版 / 估价:99.00元
PSN B-2013-362-1/1

吉林蓝皮书
2018年吉林经济社会形势分析与预测
著(编)者:邵汉明　2017年12月出版 / 估价:99.00元
PSN B-2013-319-1/1

吉林省城市竞争力蓝皮书
吉林省城市竞争力报告（2018~2019）
著(编)者:崔岳春 张磊　2018年12月出版 / 估价:99.00元
PSN B-2016-513-1/1

济源蓝皮书
济源经济社会发展报告（2018）
著(编)者:喻新安　2018年4月出版 / 估价:99.00元
PSN B-2014-387-1/1

江苏蓝皮书
2018年江苏经济发展分析与展望
著(编)者:王庆五 吴先满　2018年7月出版 / 估价:128.00元
PSN B-2017-635-1/3

江西蓝皮书
江西经济社会发展报告（2018）
著(编)者:陈石俊 龚建文　2018年10月出版 / 估价:128.00元
PSN B-2015-484-1/2

江西蓝皮书
江西设区市发展报告（2018）
著(编)者:姜玮 梁勇　2018年10月出版 / 估价:99.00元
PSN B-2016-517-2/2

经济特区蓝皮书
中国经济特区发展报告（2017）
著(编)者:陶一桃　2018年1月出版 / 估价:99.00元
PSN B-2009-139-1/1

辽宁蓝皮书
2018年辽宁经济社会形势分析与预测
著(编)者:梁启东 魏红江　2018年6月出版 / 估价:99.00元
PSN B-2006-053-1/1

民族经济蓝皮书
中国民族地区经济发展报告（2018）
著(编)者:李曦辉　2018年7月出版 / 估价:99.00元
PSN B-2017-630-1/1

南宁蓝皮书
南宁经济发展报告（2018）
著(编)者:胡建华　2018年9月出版 / 估价:99.00元
PSN B-2016-569-2/3

浦东新区蓝皮书
上海浦东经济发展报告（2018）
著(编)者:沈开艳 周奇　2018年2月出版 / 估价:99.00元
PSN B-2011-225-1/1

青海蓝皮书
2018年青海经济社会形势分析与预测
著(编)者:陈玮　2017年12月出版 / 估价:99.00元
PSN B-2012-275-1/2

山东蓝皮书
山东经济形势分析与预测（2018）
著(编)者:李广杰　2018年7月出版 / 估价:99.00元
PSN B-2014-404-1/5

山东蓝皮书
山东省普惠金融发展报告（2018）
著(编)者:齐鲁财富网
2018年9月出版 / 估价:99.00元
PSN B2017-676-5/5

山西蓝皮书
山西资源型经济转型发展报告（2018）
著(编)者:李志强　2018年7月出版 / 估价:99.00元
PSN B-2011-197-1/1

陕西蓝皮书
陕西经济发展报告（2018）
著(编)者:任宗哲 白宽犁 裴成荣
2018年1月出版 / 估价:99.00元
PSN B-2009-135-1/6

陕西蓝皮书
陕西精准脱贫研究报告（2018）
著(编)者:任宗哲 白宽犁 王建康
2018年6月出版 / 估价:99.00元
PSN B-2017-623-6/6

上海蓝皮书
上海经济发展报告（2018）
著(编)者:沈开艳
2018年2月出版 / 估价:99.00元
PSN B-2006-057-1/7

上海蓝皮书
上海资源环境发展报告（2018）
著(编)者:周冯琦 汤庆合
2018年2月出版 / 估价:99.00元
PSN B-2006-060-4/7

上饶蓝皮书
上饶发展报告（2016~2017）
著(编)者:廖其志　2018年3月出版 / 估价:128.00元
PSN B-2014-377-1/1

深圳蓝皮书
深圳经济发展报告（2018）
著(编)者:张晓儒　2018年6月出版 / 估价:99.00元
PSN B-2008-112-3/7

四川蓝皮书
四川城镇化发展报告（2018）
著(编)者:侯水平 陈炜
2018年4月出版 / 估价:99.00元
PSN B-2015-456-7/7

皮书系列 2018全品种 　　地方发展类-经济 · 地方发展类-社会

四川蓝皮书
2018年四川经济形势分析与预测
著(编)者：杨钢　2018年1月出版 / 估价：99.00元
PSN B-2007-098-2/7

四川蓝皮书
四川企业社会责任研究报告（2017~2018）
著(编)者：侯水平　盛毅　2018年5月出版 / 估价：99.00元
PSN B-2014-386-4/7

四川蓝皮书
四川生态建设报告（2018）
著(编)者：李晟之　2018年5月出版 / 估价：99.00元
PSN B-2015-455-6/7

体育蓝皮书
上海体育产业发展报告（2017~2018）
著(编)者：张林　黄海燕　2018年10月出版 / 估价：99.00元
PSN B-2015-454-4/5

体育蓝皮书
长三角地区体育产业发展报告（2017~2018）
著(编)者：张林　2018年4月出版 / 估价：99.00元
PSN B-2015-453-3/5

天津金融蓝皮书
天津金融发展报告（2018）
著(编)者：王爱俭　孔德昌　2018年3月出版 / 估价：99.00元
PSN B-2014-418-1/1

图们江区域合作蓝皮书
图们江区域合作发展报告（2018）
著(编)者：李铁　2018年6月出版 / 估价：99.00元
PSN B-2015-464-1/1

温州蓝皮书
2018年温州经济社会形势分析与预测
著(编)者：蒋儒标　王春光　金浩
2018年4月出版 / 估价：99.00元
PSN B-2008-105-1/1

西咸新区蓝皮书
西咸新区发展报告（2018）
著(编)者：李扬　王军
2018年6月出版 / 估价：99.00元
PSN B-2016-534-1/1

修武蓝皮书
修武经济社会发展报告（2018）
著(编)者：张占仓　袁凯声
2018年10月出版 / 估价：99.00元
PSN B-2017-651-1/1

偃师蓝皮书
偃师经济社会发展报告（2018）
著(编)者：张占仓　袁凯声　何武周
2018年7月出版 / 估价：99.00元
PSN B-2017-627-1/1

扬州蓝皮书
扬州经济社会发展报告（2018）
著(编)者：陈扬
2018年12月出版 / 估价：108.00元
PSN B-2011-191-1/1

长垣蓝皮书
长垣经济社会发展报告（2018）
著(编)者：张占仓　袁凯声　秦保建
2018年10月出版 / 估价：99.00元
PSN B-2017-654-1/1

遵义蓝皮书
遵义发展报告（2018）
著(编)者：邓彦　曾征　龚永育
2018年9月出版 / 估价：99.00元
PSN B-2014-433-1/1

地方发展类-社会

安徽蓝皮书
安徽社会发展报告（2018）
著(编)者：程桦　2018年4月出版 / 估价：99.00元
PSN B-2013-325-1/1

安徽社会建设蓝皮书
安徽社会建设分析报告（2017~2018）
著(编)者：黄家海　蔡宪
2018年11月出版 / 估价：99.00元
PSN B-2013-322-1/1

北京蓝皮书
北京公共服务发展报告（2017~2018）
著(编)者：施昌奎　2018年3月出版 / 估价：99.00元
PSN B-2008-103-7/8

北京蓝皮书
北京社会发展报告（2017~2018）
著(编)者：李伟东
2018年7月出版 / 估价：99.00元
PSN B-2006-055-3/8

北京蓝皮书
北京社会治理发展报告（2017~2018）
著(编)者：殷星辰　2018年7月出版 / 估价：99.00元
PSN B-2014-391-8/8

北京律师蓝皮书
北京律师发展报告 No.3（2018）
著(编)者：王隽　2018年12月出版 / 估价：99.00元
PSN B-2011-217-1/1

皮书系列 2018全品种

地方发展类-社会

北京人才蓝皮书
北京人才发展报告（2018）
著(编)者：敏华　2018年12月出版／估价：128.00元
PSN B-2011-201-1/1

北京社会心态蓝皮书
北京社会心态分析报告（2017~2018）
北京市社会心理服务促进中心
2018年10月出版／估价：99.00元
PSN B-2014-422-1/1

北京社会组织管理蓝皮书
北京社会组织发展与管理（2018）
著(编)者：黄江松
2018年4月出版／估价：99.00元
PSN B-2015-446-1/1

北京养老产业蓝皮书
北京居家养老发展报告（2018）
著(编)者：陆杰华　周明明
2018年8月出版／估价：99.00元
PSN B-2015-465-1/1

法治蓝皮书
四川依法治省年度报告No.4（2018）
著(编)者：李林　杨天宗　田禾
2018年3月出版／估价：118.00元
PSN B-2015-447-2/3

福建妇女发展蓝皮书
福建省妇女发展报告（2018）
著(编)者：刘群英　2018年11月出版／估价：99.00元
PSN B-2011-220-1/1

甘肃蓝皮书
甘肃社会发展分析与预测（2018）
著(编)者：安文华　包晓霞　谢增虎
2018年1月出版／估价：99.00元
PSN B-2013-313-2/6

广东蓝皮书
广东全面深化改革研究报告（2018）
著(编)者：周林生　涂成林
2018年12月出版／估价：99.00元
PSN B-2015-504-3/3

广东蓝皮书
广东社会工作发展报告（2018）
著(编)者：罗观翠　2018年6月出版／估价：99.00元
PSN B-2014-402-2/3

广州蓝皮书
广州青年发展报告（2018）
著(编)者：徐柳　张强
2018年8月出版／估价：99.00元
PSN B-2013-352-13/14

广州蓝皮书
广州社会保障发展报告（2018）
著(编)者：张跃国　2018年8月出版／估价：99.00元
PSN B-2014-425-14/14

广州蓝皮书
2018年中国广州社会形势分析与预测
著(编)者：张强　郭志勇　何镜清
2018年6月出版／估价：99.00元
PSN B-2008-110-5/14

贵州蓝皮书
贵州法治发展报告（2018）
著(编)者：吴大华　2018年5月出版／估价：99.00元
PSN B-2012-254-2/10

贵州蓝皮书
贵州人才发展报告（2017）
著(编)者：于杰　吴大华
2018年9月出版／估价：99.00元
PSN B-2014-382-3/10

贵州蓝皮书
贵州社会发展报告（2018）
著(编)者：王兴骥　2018年4月出版／估价：99.00元
PSN B-2010-166-1/10

杭州蓝皮书
杭州妇女发展报告（2018）
著(编)者：魏颖　2018年10月出版／估价：99.00元
PSN B-2014-403-1/1

河北蓝皮书
河北法治发展报告（2018）
著(编)者：康振海　2018年6月出版／估价：99.00元
PSN B-2017-622-3/3

河北食品药品安全蓝皮书
河北食品药品安全研究报告（2018）
著(编)者：丁锦霞　2018年10月出版／估价：99.00元
PSN B-2015-473-1/1

河南蓝皮书
河南法治发展报告（2018）
著(编)者：张林海　2018年7月出版／估价：99.00元
PSN B-2014-376-6/9

河南蓝皮书
2018年河南社会形势分析与预测
著(编)者：牛苏林　2018年5月出版／估价：99.00元
PSN B-2005-043-1/9

河南民办教育蓝皮书
河南民办教育发展报告（2018）
著(编)者：胡大白　2018年9月出版／估价：99.00元
PSN B-2017-642-1/1

黑龙江蓝皮书
黑龙江社会发展报告（2018）
著(编)者：谢宝禄　2018年1月出版／估价：99.00元
PSN B-2011-189-1/2

湖南蓝皮书
2018年湖南两型社会与生态文明建设报告
著(编)者：卞鹰　2018年5月出版／估价：128.00元
PSN B-2011-208-3/8

湖南蓝皮书
2018年湖南社会发展报告
著(编)者：卞鹰　2018年5月出版／估价：128.00元
PSN B-2014-393-5/8

健康城市蓝皮书
北京健康城市建设研究报告（2018）
著(编)者：王鸿春　盛继洪　2018年9月出版／估价：99.00元
PSN B-2015-460-1/2

33

皮书系列 2018全品种　地方发展类-社会 · 地方发展类-文化

江苏法治蓝皮书
江苏法治发展报告No.6（2017）
著(编)者：蔡道通 龚廷泰　2018年8月出版／估价：99.00元
PSN B-2012-290-1/1

江苏蓝皮书
2018年江苏社会发展分析与展望
著(编)者：王庆五 刘旺洪　2018年8月出版／估价：128.00元
PSN B-2017-636-2/3

南宁蓝皮书
南宁法治发展报告（2018）
著(编)者：杨维超　2018年12月出版／估价：99.00元
PSN B-2015-509-1/3

南宁蓝皮书
南宁社会发展报告（2018）
著(编)者：胡建华　2018年10月出版／估价：99.00元
PSN B-2016-570-3/3

内蒙古蓝皮书
内蒙古反腐倡廉建设报告 No.2
著(编)者：张志华　2018年6月出版／估价：99.00元
PSN B-2013-365-1/1

青海蓝皮书
2018年青海人才发展报告
著(编)者：王宇燕　2018年9月出版／估价：99.00元
PSN B-2017-650-2/2

青海生态文明建设蓝皮书
青海生态文明建设报告（2018）
著(编)者：张西明 高华　2018年12月出版／估价：99.00元
PSN B-2016-595-1/1

人口与健康蓝皮书
深圳人口与健康发展报告（2018）
著(编)者：陆杰华 傅崇辉　2018年11月出版／估价：99.00元
PSN B-2011-228-1/1

山东蓝皮书
山东社会形势分析与预测（2018）
著(编)者：李善峰　2018年6月出版／估价：99.00元
PSN B-2014-405-2/5

陕西蓝皮书
陕西社会发展报告（2018）
著(编)者：任宗哲 白宽犁 牛昉　2018年1月出版／估价：99.00元
PSN B-2009-136-2/6

上海蓝皮书
上海法治发展报告（2018）
著(编)者：叶必丰　2018年9月出版／估价：99.00元
PSN B-2012-296-6/7

上海蓝皮书
上海社会发展报告（2018）
著(编)者：杨雄 周海旺　2018年2月出版／估价：99.00元
PSN B-2006-058-2/7

社会建设蓝皮书
2018年北京社会建设分析报告
著(编)者：宋贵伦 冯虹　2018年9月出版／估价：99.00元
PSN B-2010-173-1/1

深圳蓝皮书
深圳法治发展报告（2018）
著(编)者：张骁儒　2018年6月出版／估价：99.00元
PSN B-2015-470-6/7

深圳蓝皮书
深圳劳动关系发展报告（2018）
著(编)者：汤庭芬　2018年8月出版／估价：99.00元
PSN B-2007-097-2/7

深圳蓝皮书
深圳社会治理与发展报告（2018）
著(编)者：张骁儒　2018年6月出版／估价：99.00元
PSN B-2008-113-4/7

生态安全绿皮书
甘肃国家生态安全屏障建设发展报告（2018）
著(编)者：刘举科 喜文华
2018年10月出版／估价：99.00元
PSN G-2017-659-1/1

顺义社会建设蓝皮书
北京市顺义区社会建设发展报告（2018）
著(编)者：王学武　2018年9月出版／估价：99.00元
PSN B-2017-658-1/1

四川蓝皮书
四川法治发展报告（2018）
著(编)者：郑泰安　2018年1月出版／估价：99.00元
PSN B-2015-441-5/7

四川蓝皮书
四川社会发展报告（2018）
著(编)者：李羚　2018年6月出版／估价：99.00元
PSN B-2008-127-3/7

云南社会治理蓝皮书
云南社会治理年度报告（2017）
著(编)者：晏雄 韩全芳
2018年5月出版／估价：99.00元
PSN B-2017-667-1/1

地方发展类-文化

北京传媒蓝皮书
北京新闻出版广电发展报告（2017~2018）
著(编)者：王志　2018年11月出版／估价：99.00元
PSN B-2016-588-1/1

北京蓝皮书
北京文化发展报告（2017~2018）
著(编)者：李建盛　2018年5月出版／估价：99.00元
PSN B-2007-082-4/8

地方发展类-文化

创意城市蓝皮书
北京文化创意产业发展报告（2018）
著(编)者：郭万超 张京成　2018年12月出版 / 估价：99.00元
PSN B-2012-263-1/7

创意城市蓝皮书
天津文化创意产业发展报告（2017~2018）
著(编)者：谢思全　2018年6月出版 / 估价：99.00元
PSN B-2016-536-7/7

创意城市蓝皮书
武汉文化创意产业发展报告（2018）
著(编)者：黄永林 陈汉桥　2018年12月出版 / 估价：99.00元
PSN B-2013-354-4/7

创意上海蓝皮书
上海文化创意产业发展报告（2017~2018）
著(编)者：王慧敏 王兴全　2018年8月出版 / 估价：99.00元
PSN B-2016-561-1/1

非物质文化遗产蓝皮书
广州市非物质文化遗产保护发展报告（2018）
著(编)者：宋俊华　2018年12月出版 / 估价：99.00元
PSN B-2016-589-1/1

甘肃蓝皮书
甘肃文化发展分析与预测（2018）
著(编)者：王俊莲 周小华　2018年1月出版 / 估价：99.00元
PSN B-2013-314-3/6

甘肃蓝皮书
甘肃舆情分析与预测（2018）
著(编)者：陈双梅 张谦元　2018年1月出版 / 估价：99.00元
PSN B-2013-315-4/6

广州蓝皮书
中国广州文化发展报告（2018）
著(编)者：屈哨兵 陆志强　2018年6月出版 / 估价：99.00元
PSN B-2009-134-7/14

广州蓝皮书
广州文化创意产业发展报告（2018）
著(编)者：徐咏虹　2018年7月出版 / 估价：99.00元
PSN B-2008-111-6/14

海淀蓝皮书
海淀区文化和科技融合发展报告（2018）
著(编)者：陈名杰 孟景伟　2018年5月出版 / 估价：99.00元
PSN B-2013-329-1/1

河南蓝皮书
河南文化发展报告（2018）
著(编)者：卫绍生　2018年7月出版 / 估价：99.00元
PSN B-2008-106-2/9

湖北文化产业蓝皮书
湖北省文化产业发展报告（2018）
著(编)者：黄晓华　2018年9月出版 / 估价：99.00元
PSN B-2017-656-1/1

湖北文化蓝皮书
湖北文化发展报告（2017~2018）
著(编)者：湖北大学高等人文研究院
　　　　　中华文化发展湖北省协同创新中心
2018年10月出版 / 估价：99.00元
PSN B-2016-566-1/1

江苏蓝皮书
2018年江苏文化发展分析与展望
著(编)者：王庆五 樊和平　2018年9月出版 / 估价：128.00元
PSN B-2017-637-3/3

江西文化蓝皮书
江西非物质文化遗产发展报告（2018）
著(编)者：张圣才 傅安平　2018年12月出版 / 估价：128.00元
PSN B-2015-499-1/1

洛阳蓝皮书
洛阳文化发展报告（2018）
著(编)者：刘福兴 陈启明　2018年7月出版 / 估价：99.00元
PSN B-2015-476-1/1

南京蓝皮书
南京文化发展报告（2018）
著(编)者：中共南京市委宣传部
2018年12月出版 / 估价：99.00元
PSN B-2014-439-1/1

宁波文化蓝皮书
宁波"一人一艺"全民艺术普及发展报告（2017）
著(编)者：张爱琴　2018年11月出版 / 估价：128.00元
PSN B-2017-668-1/1

山东蓝皮书
山东文化发展报告（2018）
著(编)者：涂可国　2018年5月出版 / 估价：99.00元
PSN B-2014-406-3/5

陕西蓝皮书
陕西文化发展报告（2018）
著(编)者：任宗哲 白宽犁 王长寿
2018年1月出版 / 估价：99.00元
PSN B-2009-137-3/6

上海蓝皮书
上海传媒发展报告（2018）
著(编)者：强荧 焦雨虹　2018年2月出版 / 估价：99.00元
PSN B-2012-295-5/7

上海蓝皮书
上海文学发展报告（2018）
著(编)者：陈圣来　2018年6月出版 / 估价：99.00元
PSN B-2012-297-7/7

上海蓝皮书
上海文化发展报告（2018）
著(编)者：荣跃明　2018年2月出版 / 估价：99.00元
PSN B-2006-059-3/7

深圳蓝皮书
深圳文化发展报告（2018）
著(编)者：张骁儒　2018年7月出版 / 估价：99.00元
PSN B-2016-554-7/7

四川蓝皮书
四川文化产业发展报告（2018）
著(编)者：向宝云 张立伟　2018年4月出版 / 估价：99.00元
PSN B-2006-074-1/7

郑州蓝皮书
2018年郑州文化发展报告
著(编)者：王哲　2018年9月出版 / 估价：99.00元
PSN B-2008-107-1/1

社会科学文献出版社　皮书系列

❖ 皮书起源 ❖

"皮书"起源于十七、十八世纪的英国,主要指官方或社会组织正式发表的重要文件或报告,多以"白皮书"命名。在中国,"皮书"这一概念被社会广泛接受,并被成功运作、发展成为一种全新的出版形态,则源于中国社会科学院社会科学文献出版社。

❖ 皮书定义 ❖

皮书是对中国与世界发展状况和热点问题进行年度监测,以专业的角度、专家的视野和实证研究方法,针对某一领域或区域现状与发展态势展开分析和预测,具备原创性、实证性、专业性、连续性、前沿性、时效性等特点的公开出版物,由一系列权威研究报告组成。

❖ 皮书作者 ❖

皮书系列的作者以中国社会科学院、著名高校、地方社会科学院的研究人员为主,多为国内一流研究机构的权威专家学者,他们的看法和观点代表了学界对中国与世界的现实和未来最高水平的解读与分析。

❖ 皮书荣誉 ❖

皮书系列已成为社会科学文献出版社的著名图书品牌和中国社会科学院的知名学术品牌。2016年,皮书系列正式列入"十三五"国家重点出版规划项目;2013~2018年,重点皮书列入中国社会科学院承担的国家哲学社会科学创新工程项目;2018年,59种院外皮书使用"中国社会科学院创新工程学术出版项目"标识。

中国皮书网

（网址：www.pishu.cn）

发布皮书研创资讯，传播皮书精彩内容
引领皮书出版潮流，打造皮书服务平台

栏目设置

关于皮书：何谓皮书、皮书分类、皮书大事记、皮书荣誉、
　　　　　皮书出版第一人、皮书编辑部

最新资讯：通知公告、新闻动态、媒体聚焦、网站专题、视频直播、下载专区

皮书研创：皮书规范、皮书选题、皮书出版、皮书研究、研创团队

皮书评奖评价：指标体系、皮书评价、皮书评奖

互动专区：皮书说、社科数托邦、皮书微博、留言板

所获荣誉

2008年、2011年，中国皮书网均在全国新闻出版业网站荣誉评选中获得"最具商业价值网站"称号；

2012年，获得"出版业网站百强"称号。

网库合一

2014年，中国皮书网与皮书数据库端口合一，实现资源共享。

权威报告·一手数据·特色资源

皮书数据库
ANNUAL REPORT(YEARBOOK) DATABASE

当代中国经济与社会发展高端智库平台

所获荣誉

- 2016年，入选"'十三五'国家重点电子出版物出版规划骨干工程"
- 2015年，荣获"搜索中国正能量 点赞2015""创新中国科技创新奖"
- 2013年，荣获"中国出版政府奖·网络出版物奖"提名奖
- 连续多年荣获中国数字出版博览会"数字出版·优秀品牌"奖

成为会员

通过网址www.pishu.com.cn或使用手机扫描二维码进入皮书数据库网站，进行手机号码验证或邮箱验证即可成为皮书数据库会员（建议通过手机号码快速验证注册）。

会员福利

- 使用手机号码首次注册的会员，账号自动充值100元体验金，可直接购买和查看数据库内容（仅限使用手机号码快速注册）。
- 已注册用户购书后可免费获赠100元皮书数据库充值卡。刮开充值卡涂层获取充值密码，登录并进入"会员中心"—"在线充值"—"充值卡充值"，充值成功后即可购买和查看数据库内容。

数据库服务热线：400-008-6695 图书销售热线：010-59367070/7028
数据库服务QQ：2475522410   图书服务QQ：1265056568
数据库服务邮箱：database@ssap.cn 图书服务邮箱：duzhe@ssap.cn

更多信息请登录

皮书数据库
http://www.pishu.com.cn

中国皮书网
http://www.pishu.cn

皮书微博
http://weibo.com/pishu

皮书微信"皮书说"

请到当当、亚马逊、京东或各地书店购买，也可办理邮购

咨询/邮购电话：010-59367028 59367070
邮　　箱：duzhe@ssap.cn
邮购地址：北京市西城区北三环中路甲29号院3号楼
　　　　　华龙大厦13层读者服务中心
邮　　编：100029
银行户名：社会科学文献出版社
开户银行：中国工商银行北京北太平庄支行
账　　号：0200010019200365434

"龙头企业+合作社+农户"模式,推进村社合一,所有村建立合作社、所有贫困户加入合作社。推进教育医疗住房精准扶贫,高标准全员培训贫困劳动力,落实降低贫困人口住院起付线政策,提高贫困人口慢性病费用实际报销比例,扩大大病救治病种范围,医疗救助应助尽助,住房保障应保尽保。突破重点难点。按照国家标准力争实现16个贫困县摘帽、2500个贫困村退出。完善深度贫困地区支持政策,对病老残弱等所有特殊困难群体实施专项扶助。启动实施农村贫困家庭收入三年倍增行动计划,贫困县农村居民人均可支配收入增速高于全省平均水平。压紧压实责任。扎实开展脱贫攻坚作风建设年活动,逐级扣牢责任链任务链,加强驻村工作和党建扶贫,项目化推进东西部扶贫协作、定点帮扶和社会帮扶。坚持扶贫和扶志、扶智相结合,激发贫困群众内生动力。用好扶贫云、扶贫专线,加强扶贫资金监管,推进贫困县涉农资金全面实质性整合,开展扶贫领域腐败和作风问题专项治理,对弄虚作假、数字脱贫等行为"零容忍"。实施正向激励,解决后顾之忧,让干部在脱贫攻坚战场上建功立业。

2. 实施教育提升工程,基本建立惠及全民的现代教育体系

以教育精准扶贫脱贫为根本,提高教育服务经济社会能力。实施教育精准脱贫规划,全面完成"发展教育脱贫"任务。实施贫困家庭学生精准资助,继续落实建档立卡贫困户子女高中阶段学校"两助三免(补)"、普通高校"两助一免(补)",应助尽助;深化职教脱贫。加强职业院校基础能力建设,继续实施免费中职教育,深化产教融合,紧扣市场需求培养有工匠精神的现代技术技能型人才。着力推进对口帮扶。深化"省属院校帮百村"精准扶贫行动,增强贫困村发展后劲,助推加快脱贫进程。

以扩大优质教育资源供给为基础,切实提高办学保障水平。大力发展农村公办幼儿园,积极扶持普惠性民办幼儿园,建立城镇居民区配套建设幼儿园制度,加快建设广覆盖、保基本、兜底线、有质量的学前教育公共服务体系;推进义务教育学校标准化建设,重点实施标准化农村寄宿制学校和城镇义务教育学校,统筹推进城乡义务教育一体化改革发展;继续推进示范性高中评估创建,开展艺术、体育、科技、职业技术等方面的特色高中、综合高中建设试点;实施职业教育空间布局调整计划、标准化职业院校建设计划和示范性职业院校建设计划,优化结构、提高质量,聚焦脱贫、服务发展;继续扩大高等教

育资源,争取国家支持新设立2所本科院校、10所以上高职(专科)院校和新增博士学位授予单位1~3家、硕士学位授予单位3~5家。

以抓好内涵建设发展为重点,提高人才培养质量,加强师资队伍建设。全面落实乡村教师支持计划,继续大力实施"特岗计划""国培计划",建立乡村教师发展支持服务体系。加强优质师资队伍建设,加大急需紧缺人才引进力度,大力实施学术学科带头人、优秀青年创新人才和中小学百千万人才培养计划;推进一流大学和一流学科建设。推动有条件的高校和学科专业进入区域前列或接近全国一流水平。围绕贵州省大扶贫、大数据、大生态等重点领域,建成一批具有持续创新能力的区域特色优势、国内有影响的一流学科。

3. 千方百计确保就业稳定,加快覆盖城乡居民的社会保障体系建设

(1) 做大就业总量

进一步完善和实施新一轮积极就业政策,大力促进就业与大生态、大扶贫、大数据、大旅游、大健康的融合发展,推动共享经济等新经济形态加快发展,不断完善政策体系,实现培育消费新增长点和培育就业新增长点的协同推进,增强新经济带动创业就业能力。

做优创新创业。深入实施全民创业行动计划和"双百工程",加强创业服务和创业培训,在全社会形成鼓励创业、全民创业的良好社会氛围。积极培育创新创业公共服务平台,落实减税降费奖补政策,拓宽创业投融资渠道,努力打造"贵州创业生产线",畅通大众创业、创富通道,做实就业帮扶。

加大产业扶贫和劳务协作力度,拓宽贫困劳动力就业渠道,突出做好易地扶贫搬迁家庭劳动力就业帮扶。扎实推进化解过剩产能职工安置和高校毕业生就业创业促进计划,确保就业困难群体就业稳定。做强职业培训。

努力构建劳动者终身职业培训体系,大力实施全员培训计划,深入实施农民工技能提升培训——"春潮行动"、职教培训扶贫1户1人行动、高校毕业生万人创业培训等培训计划,不断提高培训的针对性和实效性,努力实现"培训一人、就业一个、脱贫一户;创业一人、带动一片、激励一方"。

做精就业服务,改进提升服务内容和方式,力争全省统一的劳动力培训就业信息化系统年底上线,健全政府购买基本公共就业服务机制,让群众享受更便捷、更高效的公共服务。

（2）努力完成扩面征缴目标任务

以非公有制经济组织、灵活就业人员为扩面征缴重点，扩大社会保险覆盖面。深化养老保险制度改革，进一步完善企业职工基本养老保险省级统筹制度，切实做好企业职工基本养老保险基金收支管理工作，引导和鼓励符合条件的用人单位建立企业年金制度。推进医疗保险制度建设，积极推进整合城乡居民基本医疗保险制度工作。推进基本医疗保险付费方式改革，进一步完善重特大疾病保障机制；继续巩固城乡居民大病保险工作，通过降低大病保险的起付线、提高医疗费用报销比例等措施实施精准支付，切实减轻困难群众患大病医疗费用负担。

全力实施社保扶贫。积极支持和引导符合条件的"八大员"及乡村医生按规定参加企业职工基本养老保险。在全省范围内逐步推广社保金融一体化平台建设，用科技手段解决城乡居民养老保险经办服务中的难题。适时适度提高城乡居民基本养老保险基础养老金标准。

（3）全面推进人才队伍建设

进一步落实好有关人才政策。结合贵州省产业发展需求和人才队伍建设实际，落实好资金扶持、职称评审、社会保障、配偶安置等方面的政策，努力形成政策落地的比较优势和组合优势，提高引才核心竞争力。建立重点联系单位机制，为重点联系单位实施精准服务，确保对象精准、措施精准、效果精准，提升人才工作的精准度和实效性。

积极探索柔性引才新方式。推动市场主体和科研机构探索共建博士后研究院，搭建产学研融合平台，更好地实现科技成果转化，提升科研单位、企业自主创新能力。努力打造全方位服务的"人才驿站"，推进人才"一站式"服务，丰富人才精神文化生活，解决人才实际困难；积极推动建立人力资源服务产业园，引进培育人才和人力资源中介机构、培训机构，促进人力资源产业集聚，推动形成人力资源产业链。

（4）着力构建和谐劳动关系

继续协调行业主管部门加大对工程建设项目在推行实名制管理、农民工工资专用账户、银行代发工资和设立维权信息告示牌等方面的监督力度。完善农民工实名制管理大数据平台，实现事中监控和事后监督。加强依法行政能力建设。加强基层劳动保障监察执法队伍建设，充实基层一线执法力量。加强劳动监察系统业务培训。落实"双随机、一公开"抽查机制。继续做好网络舆情跟踪，严肃查处恶意欠薪违法犯罪，及时有效化解风险。建立"两网化"管理工作考核指标体系，对各地劳动监察"两网化"管理工作进行全面考核，建立考核指标体系，并通报考核结果。

4. 实施健康贵州战略，全力确保医疗卫生五个全面建成

全力推进三年提升计划年度各项任务的完成。进一步巩固提升"五个全覆盖"工作成效；进一步强化基层人才培训培养，全面完成基层卫生技术人员学历提升招生工作，深入推进"百院大战"建设项目，全面提升基层服务能力。

全力确保"五个全面建成"。全面建成全省乡镇卫生院（含政府办社区卫生服务中心）远程医疗体系，全面建成全省乡镇卫生院（含政府办社区卫生服务中心）规范化数字预防接种门诊，全面建成全省县级以上公立医院统一预约挂号平台，全面建成全省医药监管平台，全面建成省、市、县三级人口健康信息基础平台，进一步加强全省医疗卫生服务体系建设。

大抓精准医疗扶贫。深入实施《贵州省进一步完善医疗保障机制助力脱贫攻坚三年行动方案（2017~2019年）》《贵州省提升基层医疗服务能力助力脱贫攻坚三年行动方案（2017~2019年）》《贵州省提升基层公共卫生服务能力助力脱贫攻坚三年行动方案（2017~2019年）》，进一步完善医疗保障机制，提升建档立卡农村贫困人口医疗保障水平，从根本上有效遏制因病致贫、因病返贫。

持续深化医药卫生体制改革。加快建立深化医改五项制度。全面推进公立医院综合改革，严格控制医疗费用不合理增长。深入落实《贵州省推进医疗联合体建设和发展实施方案》，加快推进多形式、多类型的医联体建设。全力确保完成新一轮药品公开招标采购。

5. 加强民政基础设施建设，切实提高民政的兜底保障能力

狠抓社会兜底保障脱贫攻坚。继续强化低保标准调整制定省级统筹力度，持续较大幅度提高城乡低保标准，确保民政兜底脱贫困难群众基本生活水平与全面小康社会相适应；深入推进低保规范化建设，扎实开展低保工作集中整治，着力发现问题、找准成因、自查自纠、堵塞漏洞，着眼长远、建章立制，全面构建科学规范的低保工作管理格局；进一步加强农村最低生活保障制度与扶贫开发政策有效衔接，努力实现政策标准衔接、对象认定衔接、管理服务衔

接、数据信息衔接,切实做到"应扶尽扶、应保尽保";深入推进新型社会救助体系建设,全面实施特困人员救助供养制度,认真落实医疗救助和临时救助政策,切实履行民政部门在社会保障兜底扶贫行动中的统筹职责,进一步加强社会救助制度之间、社会救助与社会保障政策之间的衔接配合,增强兜底扶贫整体合力,织密织牢保障困难群众基本生活的托底安全网。

狠抓养老服务业发展。推进居家社区养老服务、政府保障兜底型养老服务、社会化养老服务协调发展。建立健全居家社区养老政策体系,加强城乡养老公共服务基础设施建设,提高居家社区养老服务水平。推动农村特困人员供养服务机构服务设施和服务质量达标,改善设施条件、提升服务水平、增强护理功能。积极探索通过公建民营、委托经营、购买服务等方式实施公办托底型养老机构改革。以养老服务业发展基金为纽带,充分发挥财政资金引导放大效应,撬动社会资本进入养老市场。大力推动"互联网+养老"融合发展,构建居家养老服务信息平台、老年人居家呼叫服务系统和应急救援服务网络,建立智慧化居家养老服务新模式。年内新增养老床位1万张。

狠抓基层社会治理创新。大力开展全国农村社区建设实验区创建和以村民小组或自然村寨为单位的村民自治试点。规范完善村务监督委员会建设,进一步推动村级民主监督制度化、规范化、法制化发展。探索通过政府向村(居)购买服务等方式,将操作性强、与村(居)职能关联度高的事务,交由村(居)自治组织实施,促进群众受惠、村级受益、行政高效。

狠抓基本公共服务体系建设。提高优抚保障水平,建立科学规范的优抚待遇保障体系,完善优抚对象抚恤补助标准自然增长机制、优抚医疗保障制度、优抚对象住房保障机制以及优抚精细化管理机制。加强行政区划调整规划,积极稳妥有序地推进行政区划调整工作。着力优化城市市辖区规模结构。推进乡(镇)行政区划调整实行常态化管理。完善机制措施,动员、支持、鼓励社会力量积极参与基本公共服务建设,进一步落实政府购买社会组织服务政策,不断提高基本公共服务供给水平。

狠抓加强基层基础民政工作,推动民政事业实现改革发展新局面。进一步强化民政信息化建设,整合现有6个业务系统和新建15个业务系统。加强自然灾害综合信息和应急救助指挥平台。强化电子政务网推广应用,年底实现省、市、县三级民政部门全部接入电子政务外网,公文处理系统注册用户达到100%，2个工作日电子公文接收率达到100%，电子政务网在线率达到15%。强化民政法治化、标准化等基础建设。推进相关法律法规修订工作。加大民政"放、管、服"改革力度，深入推进"双随机、一公开"监管工作。

6. 构建覆盖城乡、便捷高效、保基本、促公平的现代公共文化服务体系

实施贫困地区公共数字文化服务提档升级项目，逐步实现贫困地区基本公共文化服务均等化、标准化。抓好中西部贫困地区"百县万村"村级综合文化服务中心示范工程和民族自治县村级综合文化服务中心覆盖工程。实现全省县级流动图书车、流动文化车全覆盖，贫困县县级公共图书馆、文化馆和乡镇综合文化站设施建设基本达标，全面提升基层公共文化服务效能。

实施文化精品工程。重点打造歌舞剧《多彩路遥》、话剧《此心光明》、花灯剧《花繁叶茂》《云上红梅》、黔剧《湄水长歌》、动漫儿童剧《黔龙飞梦》、音舞诗《乐雅·正集》、舞剧《蝴蝶妈妈》、京剧《龙场悟道》、杂技剧《大国酒魂》《万水千山》、歌舞剧《千年大歌》等新创作品，打磨提升一批精品剧目。

实施文化产业培育工程，大力培育新兴文化业态。加快推进文化广场项目建设和北京路影剧院改造工程。做强做大贵州文化演艺集团，指导转企国有院团走出社会效益优先、社会效益与经济效益相统一的新路子。加大对中小微文化企业扶持力度，继续实施县域文化产业发展"三个一"工程。指导文化文物试点单位抓好文化创意产品开发。推进上网服务行业、文化娱乐行业转型升级。加快发展以文化创意为核心，依托数字技术进行创作、生产、传播和服务的数字文化产业，培育形成文化产业发展新亮点。推进文化市场信用体系建设，强化文化市场监管，推进文化市场健康发展。

推进大文化与大扶贫、大生态、大数据、大旅游的战略对接和深度融合，在更宽广的领域发挥文化引领力。围绕文化与大扶贫深度融合，着力文化育民、文化励民、文化惠民、文化富民，实施文化扶贫行动计划，切实增强贫困人口的发展自信和内生动力。围绕文化与大数据深度融合，推进贵州特色文化云建设。围绕文化与大生态的深度融合，打造一批生态文化品牌，久久为功培育绿色文化，推动各族群众把生态文明理念转变成生态文明新时代的自觉行动。围绕文化与大旅游深度融合，打造提升一批特色小镇、传统村落、文化街区，提供更多有品质、有灵魂的文旅产品。

改革开放篇

Reform and Opening up

B.2
教育交流携手"一带一路"谱新篇

——贵州：中国-东盟教育交流回顾与展望

李建军　张　华*

摘　要： 由中华人民共和国外交部、教育部和贵州省人民政府共同主办的中国-东盟教育交流周已经在贵州成功举办了十届。教育交流周成效日益凸显，把贵州这样一个内陆省份与国家的"一带一路"倡议连接起来，大大地推动了贵州的教育及其他领域的对外开放，加快了贵州省的国际化步伐。夯实了与东盟国家及"一带一路"沿线国家睦邻友好的社会民意基础，拓展了与东盟的人文交流合作。教育交流周已经成为我国面向东盟国家教育、人文交流的重要阵地和特色品牌。

关键词： 中国-东盟　教育交流周

---

* 李建军，贵州师范大学校长，二级教授，博士，博士生导师；张华，贵州省教育厅中国-东盟教育交流周组委会秘书处处长，硕士，讲师。

中国－东盟的教育合作交流自2008年起，由中华人民共和国外交部、教育部和贵州省人民政府共同主办的中国－东盟教育交流周已成功在贵州举办了十届。在中国－东盟教育合作的大背景下，整合教育资源优势互补，建立校际教育合作平台，促进国际化人才培养，发展高等教育国际化，"立足东盟、辐射周边、面向世界"已经成为贵州高校国际化发展的共识。

一 中国－东盟教育交流周回顾

教育交流周举办十年来，来自中华人民共和国、东盟国家以及韩国、俄罗斯、澳大利亚、新西兰、瑞士等特邀伙伴国的参会单位近3000个，参会嘉宾包括来自国内外的政要、相关部委领导、外交使节、教育官员、大学校长、专家学者、青少年代表等，人数达15099人次。十届交流周的主题分别是："携手共创新世纪中国与东盟教育合作伙伴关系"（2008）、"携手共进、务实合作、互利共赢"（2009）、"合作共赢，和谐共生"（2010）、"走向更加务实有效的中国－东盟高等教育合作，打造开放创新的交流平台，推动贵州高校率先扩大对外开放"（2011）、"开放创新，务实合作"（2012）、"务实合作、和谐发展、共创繁荣"（2013）、"友邻相携，教育惠民"（2014）、"互学互鉴，福祉未来"（2015）、"教育优先，共圆梦想"（2016）、"十年教育同携手，一带一路谱新篇"（2017）。

交流周举办以来，得到中外国家领导人的高度重视。2015年6月，习近平总书记亲临贵州视察指导工作，要求贵州全方位扩大开放、加强同东盟的交流合作。国务院总理李克强在第17次中国－东盟（10+1）领导人会议上倡议与会各方"加大投入办好中国－东盟教育交流周"，并与老挝总理通伦·西苏里一同分别为第九届交流周致贺信，并在第19次中国－东盟（10+1）领导人会议暨中国－东盟建立对话关系25周年纪念峰会上高度赞扬第九届中国－东盟教育交流周和第二届中国－东盟教育部长圆桌会议成功举办。在举办的十次中国－东盟教育周活动中，中共中央政治局委员、国务院副总理刘延东三次出席开幕式并作主旨演讲，全国人大常委会原副委员长路甬祥，全国政协副主席马培华、刘晓峰，原国务委员戴秉国以及柬埔寨前副首相索安、印度尼西亚人类发展与文化统筹部长布安（副总理级）、泰国副总理巴津、老挝副总理宋赛·西潘敦先后出席交流周并高度赞扬交流周作为中国与东盟人文交流所发挥的重要作用。

贵州省充分利用中国-东盟教育交流周平台，主动加强与东盟国家的交流与合作。2016年4月，时任贵州省委书记、省人大常委会主任陈敏尔率团赴韩国、越南、柬埔寨举办第九届中国-东盟教育交流周——留学中国（贵州）教育展系列活动。2017年6月，时任贵州省委副书记、省长孙志刚率团赴印度尼西亚和柬埔寨，举办第十届中国-东盟教育交流周重要系列活动——2017留学中国（贵州）教育展和2017黔柬"牵手未来"大学校长高峰会系列活动。

二 中国-东盟教育交流周取得的成效

交流周的成功举办促进了中国-东盟教育交流合作，搭建了东盟各国及特邀伙伴国人文互通桥梁。十年来，各方政府、学校、企业等共签订了各类合作协议或合作备忘录1300余份，为中国与东盟开展以教育为主、涵盖诸多领域的合作奠定了坚实基础，为构建中国-东盟命运共同体、推动"一带一路"建设发挥了重要作用。

（一）有效助推"一带一路"建设

东盟国家是"一带一路"重要区域。2017年5月11日，在国务院新闻办公室关于"一带一路"沿线国家民心相通情况新闻发布会上，正式宣布将中国-东盟教育交流周列入"一带一路"民心相通项目，教育交流周成为"一带一路"倡议与各国交流的重要平台。

1. 推动交流，加强互信

中共中央政治局委员、国务院副总理刘延东于2010年出席第三届中国-东盟教育交流周时提出，要积极落实"中国-东盟双十万学生流动计划"①。截至2016年底，中国到东盟各国的留学生超4万人，东盟来华留学生超8万人。2016年第九届中国-东盟教育交流周期间，刘延东副总理倡议双方打造

---

① 即到2020年东盟来华留学生和中国到东盟的留学生都达到10万人左右。

"中国-东盟双十万学生流动计划升级版",实现双方学生流动总规模到2025年达到30万人次的目标。并宣布在交流周框架下由中国政府设立"中国-东盟海上丝绸之路奖学金",面向东盟十国提供1000个奖学金名额,且力度越来越大。2017年第十届交流周开幕式上,刘延东副总理宣布未来三年中国将向东盟十国提供不少于20000个中国政府奖学金的名额,支持东盟学生来华学习。

2. 推动学分互认,加强教育互动

中华人民共和国教育部与印度尼西亚教育部、泰国教育部分别签署了《关于教育领域合作的谅解备忘录》《关于相互承认高等教育学历和学位的协定》,从国家层面加强了与东盟国家教育合作,对后续与东盟各国开展务实合作在顶层设计的构建上奠定了良好基础。

3. 推动高层磋商,加强政策推动

中华人民共和国-东盟教育部长圆桌会议规定每隔五年举办一次,形成了中国-东盟在教育方面合作的良性机制化运作。2010年第三届中国-东盟教育交流周期间召开了第一届中国-东盟教育部长圆桌会议,形成了《中国-东盟教育部长圆桌会议·贵阳声明》,一致同意双方创新人文交流合作机制,建立双方高层磋商机制,全面推动教育、科技、文化、卫生、体育等人文领域的合作并使其制度化。2016年第九届中国-东盟教育交流周期间召开了第二届中国-东盟教育部长圆桌会议,一致通过《关于中国-东盟教育合作行动计划支持东盟教育工作计划(2016~2020)开展的联合公报》,就搭建合作平台、中国-东盟双向学生流动和语言文化交流、加强教师互访、加强职教合作、通过合作办学加强人才培养、推动学分学位互认、建立质量保障体系等达成共识。

4. 推动区域教育合作,提升培养人才层次

为落实时任国务院总理温家宝在2011年关于"设立职业教育培训中心,为东盟国家经济社会发展提供所需的人力资源"的重要指示精神,中华人民共和国外交部和教育部在中国-东盟教育交流周框架下先后联合批准了30家"中国-东盟教育培训中心"。另外,为加强新型智库建设和区域研究合作,教育部于2011年第四届交流周期间批准贵州大学、厦门大学、广西民族大学分别设立3个"中国-东盟研究中心"。

5. 服务"一带一路",搭建人文之桥

中国－东盟教育交流周立足教育、辐射其他人文合作领域。2016年第九届交流周期间成功举办了中国－印度尼西亚副总理级人文交流机制第二次会议。在会上,两国部长就在教育、科技、文化、卫生、媒体、旅游、青年、林业、能源、文物、交通等有关领域签署13份合作协议。自2016年起,中国－东盟教育交流周还专设"中国－东盟人文交流系列活动",到2017年已举办医学、文化、艺术、旅游等领域的活动,充分发挥了教育在各领域人才培养方面的基础性先导作用,延展了中国－东盟教育交流周人文合作平台的内涵,中国－东盟教育交流周成为"一带一路"对外交流的品牌板块。

(二)推动校际务实合作

1. 打造合作品牌,完善协作机制

通过中国－东盟教育交流周平台,先后建立了多个长效合作机制。中国9所理工科大学与东盟国家9所知名工科大学联合成立"中国－东盟工科大学联盟",双方就课程开放、人员流动、奖学金、双学位项目、信息共享达成合作共识;中国和东盟国家60个轨道交通类院校合作成立的"中国－东盟轨道交通教育培训联盟",各成员高校将建立轨道交通专业学历教育"立交桥",探索建立学分互认、学历互认、"校—企—校"教育合作新模式;建立中国－东盟职业技术教育与培训合作交流机制,成立"中国－东盟职教合作联盟",向中国和东盟职教院校提供服务;30家"中国－东盟职业培训中心"所在高校联合成立"中国－东盟教育培训联盟",整合各家高校资源,面向双方国家提供人才培养服务。

2. 推动校际联动,加强务实合作

交流周为中国和东盟各国知名高校校长共商务实合作搭建了平台,先后形成或发布了《第一届"中国－东盟教育交流周"大学校长论坛·贵阳声明》《第二届"中国－东盟教育交流周"大学校长论坛·会议纪要》《中国－东盟教育一体化:资历互认与质量保障研讨会共识》《中国－东盟教育与人才可持续发展倡议书》等,在充分利用交流周平台促进合作、扩大学生流动、加快学历学位互认、深化学术交流、加强青少年交流、增进人民相互理解和友谊等方面达成了共识。

（三）助力贵州对外开放

1. 提升贵州教育国际自信

自2008年以来，贵州省30多所高校与东盟国家院校建立了合作关系，开辟了"立足东盟、面向亚洲、辐射欧美"的高等教育对外开放道路。2014年贵州省启动了"千人海外留学计划"，公派留学生到国（境）外交流学习。在中国-东盟教育交流周平台的推动下，贵州省每年派出的千名学生中有10%~20%的学生前往东盟国家学习深造。与此同时，到贵州省的东盟留学生逐渐增多，2008年到贵州省的留学生共113人，其中东盟国家留学生仅有3人，占整个留学生总数的2.65%；到2016年，到贵州省的留学生达2178人，其中东盟国家留学生1528人，占全省留学生的70.16%，比2008年增长了509倍。招收留学生的贵州高校从2008年的2所增加到2017年的24所，实现了12倍的增长速度；其中招收留学生的高职高专院校从2008年的0所增加到8所，实现了从无到有的突破。双向留学工作取得的成绩凸显了交流周推动贵州教育对外开放的成效，提升了贵州教育走向世界的影响力和吸引力。

2. 推动贵州教育开放与合作

中国-东盟教育交流周的举办为贵州高等教育的对外开放提供了机会、开辟了渠道、引入了资源，帮助贵州教育融入了合作、取得了成效，以贵州高校为主导区域合作平台，帮助提升了贵州教育积极主动参与国际合作的能力。以中国-东盟教育交流周围平台，先后成立了"中国-东盟清镇职教中心""东盟留学生服务中心（中国·贵州）""中国-东盟思想库网络贵州基地""中国-柬埔寨幼儿教师培训中心""中国-东盟数学联盟""中国-东盟医学教育基地"等。与印度国家软件学院（NIIT）联合招收信息技术类本科生。与俄罗斯楚瓦什共和国共同建立的"楚瓦什国立师范大学-贵州师范大学汉语中心"在楚瓦什国立师范大学成立，开启了与"一带一路"沿线国家实质性合作。2015年8月3日，在中瑞建交65周年之际，由瑞士驻中国大使馆、教育部、贵州省人民政府、贵州师范大学合作创立的"瑞士研究中心"揭牌成立。

3. 国家部委对贵州教育的对外交流支持力度加大

在中国-东盟教育交流周平台推动下，整合团中央、商务部、宋庆龄基金会、国务院侨办等单位资源，丰富了中国-东盟教育交流周平台建设。2015

年,国务院侨办批准在贵州师范学院设立了贵州首个"华文教育基地"。2008年至今,中国-东盟教育交流周的举办帮助贵州争取到教育部、外交部等有关部门的项目倾斜和资金支持,获批中外合作办学机构2个、接受"中美人文交流奖学金"留学生培养院校1所、"中东欧学分生专项奖学金"留学生培养院校1所、招收港澳台学生的资格院校1所、新增招收中国政府奖学金外国留学生资格培养院校2所、海外孔子学院1所、国家汉语水平考试考点2个。尤其是考虑到贵州作为中国面向东盟开展教育合作的重要窗口,特批在贵州省设立了2个中国-东盟教育培训中心、1个教育部区域和国别研究培育基地-东盟研究中心、1个教育援外基地,并将"三不沿"的贵州纳入边境省区,批准边境省区中国政府奖学金自主招生计划高校1所。此外,外交部和教育部还通过亚洲区域专项合作资金、东盟合作资金、澜沧江-湄公河合作基金等项目资助支持贵州办好交流周。

4. "中国-东盟教育交流周"永久会址落户贵州

在国家领导人亲切关怀下,在各方共同努力下,交流周高规格的永久会址在贵州贵安新区落成,国家领导人在第十届交流周开幕式上揭牌。永久会址依托花溪大学城十余所高校,形成一个环境优美、设施先进、交通便利、人气旺盛的高等教育园区。同时,正在贵安新区配套建设了独具特色的"东盟风情小镇""瑞士风情小镇"。软件和硬件条件的逐步完善将使贵州成为我国面向东盟国家人文合作的重要窗口。

5. 拓展积累友好国家稳定人脉

随着中国-东盟教育交流周的品牌影响力的逐步扩大,吸引了越来越多的东盟国家官员、专家学者、企业家来黔交流合作。近年来,"东盟国家区域财长会议""中国-东盟高官会议""中菲南海问题双边磋商会议"等一批高规格国际会议先后在贵州举办,迎来了众多了解贵州、热爱贵州的东盟友好人士。"多彩贵州"的知名度、美誉度也伴随着交流周的发展不断提升。

(四)推进参与多元、多边发展

1. 丰富参与国别

2015年第八届中国-东盟教育交流周还创建了特邀伙伴国机制,邀请东盟以外的国家参与这个平台,先后特邀了瑞士、韩国、俄罗斯、澳大利亚、新西兰等国家参与，交流周的合作模式从中国和东盟的1+10拓展为1+10+N形式。这不仅延伸了交流周的平台内涵，也更好地服务区域人文交流合作，为中国和东盟及特邀伙伴国开展更广泛的国际教育交流、引进更多资源。2016年交流周期间，成功举办了"中国－东盟－瑞士山地文明与多元文化交流论坛"；瑞士驻华大使戴尚贤专程到贵州师范大学瑞士研究中心做学术报告。

2. 拓展与国际组织合作渠道

自2013年起，贵州省教育厅与"中国－东盟中心"（ACC）、"东南亚教育部长组织"（SEAMEO）建立了三方合作机制，每年轮流组织召开一次三方会议，共商当年交流周举办的相关事宜。在国际组织的推动下，中国－东盟教育交流周的国际影响力不断提升，服务区域共享人文发展的作用逐渐彰显。

3. 引入社会力量参与

交流周积极引入社会力量，尤其是企业的参与，推动教育服务企业、企业回馈教育发展，产教紧密结合和互动，共同推动中国与东盟交流与合作。比如，贵州海上丝绸之路投资有限公司（GIIC）利用在印度投资基础设施建设的平台与人脉，牵线搭桥促成了贵州高校与印度国家信息学院（NIIT）及安得拉邦多所大学的合作。

三 中国－东盟教育交流周未来展望

贵州省与东盟在教育领域的合作将进一步贯彻落实党的十九大精神，贯彻落实习近平总书记的有关重要指示、李克强总理的有关批示及刘延东副总理的讲话精神，结合国家层面及贵州层面对交流周的定位和要求，不断拓展和深化交流周合作领域和举办方式，切实提升交流周的功能和作用。进一步扩大合作、深化交流，不断推动与东盟各国在教育领域的全方位、多层次的交流，进一步加深双方的传统友谊，巩固、深化彼此战略合作伙伴关系，推动贵州教育国际化发展进程。

（一）加强顶层设计，夯实中国－东盟教育交流平台

制定"中国－东盟教育交流周远景规划"，通过交流周平台有计划、分步骤地实现与东盟各国在教育领域的全方位、多层次的交流，全方位提升人文交

流水平，夯实中国-东盟双方友好的民意基础和平台基础。

一是奋力打造"双平台"。继续深化交流周办会机制，以大生态、大旅游、大数据、大健康、大学城为重要内容，主动融入国家"一带一路"倡议，奋力将交流周打造成为中国与东盟国家间人文交流主要平台、"一带一路"民心相通的重要平台。

二是力争建成一"区"三"地"。未来5~10年，努力把贵州打造成中国-东盟教育辐射中心区、中国-东盟对外开放人才培养基地、东盟国家学生来华留学重要目的地、中国教育对外开放的新高地。

三是通过交流周平台拟开展中国-东盟国际教育研讨会暨中外大、中学合作对话，中国-东盟思想库网络文化合作工作会议，中国-东盟思想库网络基地联席会议，中国-东盟智慧旅游与旅游大数据高峰论坛，多彩贵州之旅-东盟国家教育交流贵州考察项目等；通过中国-东盟青少年携手论坛、足球比赛、定向越野比赛、电子竞技、汉语听写大赛、演讲比赛、辩论赛、东盟大学生旅游形象大使选拔等活动增加中国与东盟青少年之间人文交流。利用教育平台增进文化互信共融，带动旅游，促进经济。

（二）聚焦互联互通，拓宽双方教育合作渠道

通过交流周大力推进"五通"：加强教育政策的沟通，助力教育合作渠道畅通，促进中国-东盟语言互通，推动学历学位认证的标准连通，推进中国-东盟民心相通。构建一个政策交流机制，拓展语言学习的交换项目。继续扩大交流周国际影响力，不断增加1+10+N的数量，将中国与东盟国家间的交流合作扩展延伸至"一带一路"国家和地区。根据双方需求，下一步拟增设"一带一路"沿线国家非通用语种专业或培训基地、开办贵州高校"第二外语泰语学习"选修课、开设东盟本土汉语教师来华培训项目等。

（三）服务"一带一路"，加强重点领域人才培养

交流周将针对经济社会发展与"一带一路"合作的需要，制定重点人才培养合作计划，推动双方的高校、职业学校等机构的教育资源共享。培养更多互相熟悉语言、国际关系、经贸、金融、能源、医学、文化遗产、人工智能、大数据、交通运输、海洋科学、生态保护等重点合作领域急需的复合型人才。

注重培养青年的国际视野，使双方更多的人才既精通专业知识又懂得对方国家语言文化，为拓展"一带一路"的合作厚植民意基础、提供人才支撑。下一步将根据东盟国家需求，发挥贵州高校的学科优势，拟开展"一带一路"人才培养校企联盟、中国-东盟大数据教育与人才培养研讨会、中国-东盟农业产业化研讨会、中国-东盟生物与医药学研讨会、中国-东盟教育交流周职教博览会、中国-东盟轨道交通教育师资培训、招收法学专业本科层次东盟留学生、招收东盟法律专业硕士、开设中国和老挝现代农业新技术推广培训班等。

（四）深化战略对接，促进高校和智库的合作

深化国别区域研究，建设一批东盟国家的政府智库、研究中心，积极向政府建言献策。积极向教育部申请针对东盟的国别或区域研究中心；进一步开展加强中泰文化研究中心建设，申请设立老挝研究所、设立东盟教育研究中心，与泰国博仁大学共建"中泰教育中心"等项目，充分发挥好交流周作为中国与东盟国家间人文交流主要平台功能，以"云上丝路"大数据平台为载体，以深化大生态、大旅游、大健康、多彩贵州民族文化等人文交流为重要内容，服务"一带一路"倡议，立足东盟，辐射全球，推动教育、旅游等人文交流合作。

（五）加强内涵发展，推进办会成果实质转化

进一步完善组委会秘书处工作职能，建立良性内部协调机制，建立稳定、精干的核心团队，建立与东盟各国政府和区域国际组织的协调联系机制，充分调动东盟国家和东盟秘书处的积极性。下一步，将选派贵州省教育系统外事干部到中国-东盟中心、东南亚教育部长组织等学习锻炼。拟与老挝苏发努冯大学开展"3+1"或"2+2"合作办学、与泰国四色菊大学开展"1+3"合作办学、与泰国北碧皇家大学开展中文本科"3+1"项目，拟建立马来西亚、老挝、柬埔寨本科人才培养基地。不断加强交流周成果设计、成果挖掘、成果拓展和成果落地工作，进一步提升交流周办会的规范性、示范性。"十年教育同携手，'一带一路'谱新篇"。继往开来，中国-东盟教育交流周必然会在"一带一路"建设中发挥更加重要的作用。

B.3
贵安新区"放、管、服"改革实践与探索

梁盛平 张 劲*

摘 要: 报告系统阐述了国家级新区——贵安新区"放、管、服"改革的历程和取得的成绩，分析了体制机制改革存在的问题，提出了下一步改革的对策建议。

关键词: 贵安新区 放管服 改革

2013年9月17日，习近平提出："全面深化改革是一项复杂的系统工程，可以说，改革是由问题倒逼而产生，又在不断解决问题中而深化。35年来，我们用改革的思维解决了党和国家事业发展中的一系列问题。"2017年10月18日，改革的系统性、整体性、协同性等内容写入党章，有利于不断开创改革发展的新局面。习近平总书记在党的十九大报告中指出：只有社会主义才能救中国，只有改革开放才能发展中国、发展社会主义、发展马克思主义；坚决破除一切不合时宜的思想观念和体制机制弊端，突破利益固化的藩篱，激发全社会创造力和发展活力，坚持全面深化改革；全面深化改革总目标是完善和发展中国特色社会主义制度、推进国家治理体系和治理能力现代化；全面深化改革已取得重大突破，推出一千五百多项改革举措，重要领域和关键环节改革取得突破性进展，主要领域改革主体框架基本确立。同时，在深化机构和行政体制改革中强调：转变政府职能，深化简政放权，创新监管方式，增强政府公信

---

* 梁盛平，贵安新区发展研究中心（改革办）副主任，贵安生态文明国际研究院执行院长，经济学博士后；张劲，贵安生态文明国际研究院硕士。

力和执行力,建设人民满意的服务型政府,在省市县对职能相近的党政机关探索合并设立或合署办公,推进政事分开、事企分开、管办分开。

习近平总书记指出,2018年将迎来改革开放40周年,改革的担子越挑越重,要坚持一把手抓改革,以实际行动迎接改革开放40周年。改革开放是决定当代中国命运的关键一招,中华民族伟大复兴必将在改革开放的进程中得以实现,过去几年来,改革已经大有作为,新征程上改革仍大有可为。习近平总书记还强调,改革最为关键的是,无论改什么、改到哪一步,坚持党对改革的集中统一领导不能变,完善和发展中国特色社会主义制度、推进国家治理体系和治理能力现代化的总目标不能变,坚持以人民为中心的改革价值取向不能变,坚定不移将改革进行到底。自2013年12月30到2017年8月,以习近平同志为核心的党中央高度重视生态文明体制改革,中央全面深化改革领导小组共召开会议38次,审议200多个文件,通过督察抓"见实效"、敢于"断腕"抓"牛鼻子"、以人民为中心抓"获得感"。

2015年6月17日,习近平总书记视察贵安新区指出,中央提出把贵安新区建设成为西部地区重要经济增长极、内陆开放型经济新高地、生态文明示范区,定位和期望值都很高,务必精心谋划、精心打造。习近平强调,新区的规划和建设,一定要高端化、绿色化、集约化,不能降格以求,项目要科学论证,经得起历史检验。2017年10月19日,习近平总书记参加党的十九大贵州代表团讨论时强调,希望贵州的同志们全面贯彻落实党的十九大精神,大力培育和弘扬团结奋进、拼搏创新、苦干实干、后发赶超的精神。贵安新区认真学习贯彻党的十八大以来各中全会和十九人精神,秉承"改革思维推工作,项目办法抓改革"的理念,项目"四明确,六把关";改革"有方法,见实效",不断健全改革体制机制,认真贯彻落实行政许可法,不断深化"放管服"改革。

一 贵安新区发展概况

2011年,在研究黔中经济区的规划中,时任贵州省委书记栗战书和时任省长赵克志首次提出贵安新区的概念。

2012年初,《关于进一步促进贵州经济社会又好又快发展的若干意见》(国发〔2012〕2号)提出,把贵安新区建设成为内陆开放型经济示范区。

《西部大开发十二五规划》中明确,把贵安新区建设成为黔中经济区最富活力的增长极。

2013年,贵州省人民政府正式上报设立贵安新区。

2014年1月6日,国务院印发了《国务院关于同意设立贵州贵安新区的批复》(国函〔2014〕3号)同意设立国家级新区——贵州贵安新区。

2014年6月19日,贵州省人民政府正式做出批复,原则同意《贵安新区总体规划(2013~2030年)》。根据批复,贵安新区发展规模为:到2020年,贵安新区城镇人口达到90万人左右,城镇建设用地控制在94.5平方千米左右;到2030年,城镇人口达到200万人左右,城镇建设用地控制在220平方千米左右。

2015年,贵安新区被列为第二批国家新型城镇化综合试点地区。

2016年5月,贵安新区成为国务院首批双创"区域示范基地"。

2017年7月,贵安新区成为全国首批也是西南地区唯一一个获准开展绿色金融改革创新的国家级试验区。

贵安新区为西部大开发的六大新区之一,中国第八个国家级新区,位于黔中经济区核心地带,区位优势明显,地势相对平坦,人文生态环境良好,发展潜力巨大,具备加快发展的条件和实力。全国19个国家级新区中,贵安新区是唯一一个被赋予建设生态文明示范区使命的新区,也是西南地区唯一一个获准开展绿色金融改革创新的国家级试验区。

从国家设立新区的空间布局来看,19个新区分别分布于我国东(8个)、中(2个)、西(6个)、东北部地区(3个);其总规划面积为22396.41平方千米,东部地区占比50.93%为最多,东部地区的常住人口(万人)和GDP(亿元)总量均远远超过其他地区,分别为55.99%和69.65%。2017年,新区以占全国0.197%的土地面积,承载2654.8万人口和3.9225万亿元地区生产总值。

与其他新区相比,贵安新区还存在产业核心竞争力不强、要素集约优化度不高、特色风貌创新不明显、体制机制改革不彻底等问题,结合贵安新区发展基础较弱、中心城市所处发展阶段以及跨两个城市的体制综合判断,贵安新区的构建难以如同浦东、滨海、两江、天府、雄安等新区一样出现立竿见影的效果,但贵安新区在生态文明建设和产业经济快速发展方面取得了显著成效。

贵安新区自成立以来，获批国家大数据产业发展集聚区、国家服务贸易创新发展试点、国家相对集中行政许可权试点、国家绿色数据中心试点、国家海绵城市建设试点、国家新型城镇化综合试点、全国首批"双创"示范基地、国家美丽乡村标准化建设试点、国家行政执法三项制度改革试点、国家绿色金融改革创新试验区等重大试点试验；贵安综合保税区封关运行，中国－东盟教育交流周、文旅博览会、国家级新区绿色发展论坛永久落户新区。

2016年，国务院、省政府相继发文提出当前"放管服"改革工作要点，新区在认真贯彻落实中央领导讲话和有关文件精神的同时，结合新区实际，在"放管服"改革中做了大量卓有成效的工作。通过改革探索，目前贵安新区已走出行政审批"一章审批、一网审管、一单规范"和政务服务"一号申请、一窗受理、一网通办"的典型经验模式，工作得到国家总理李克强及省委原书记陈敏尔、现任省委书记孙志刚等中央和省委、省政府有关领导肯定。

新区独特的自然条件与地理状况，使当地的经济格局具有地域特色，经济发展同时面临机遇与困难。新区政府紧密结合贵安新区和贵州的资源禀赋、生态环境特点，契合发展阶段性特征，找准自身定位，践行习近平同志在贵安新区视察时的指示精神，做到"精心谋划，精心打造，做到集约化、高端化、绿色化，不降格以求"。

二 贵安新区管理体制与机制的完善

（一）贵安体制

贵安新区实行"统分结合"的管理体制。"统"，即成立了由省政府主要领导担任组长、有关省领导担任副组长的贵安新区规划建设领导小组，负责决定贵安新区规划建设的重大方针政策，统筹协调解决规划建设中的重大问题。"分"，即贵安新区党工委、管委会作为贵州省委、省政府派出正厅级机构，行使市一级经济社会事务管理职权，全面管理贵安新区直管区经济社会各项事务，统筹协调新区规划建设工作；贵阳市、安顺市承担新区非直管区所辖区域的具体开发建设事宜。

（二）贵安机制

贵安新区直管区探索实行"新区+乡镇"的两级扁平化管理机制和大部门制，新区党工委、管委会内设工作机构仅13个，共88个编制。2015年8月15日，新区在大部门扁平化行政管理体制创新的基础上再次发力，同步挂牌成立行政审批局和市场监管局、综合执法局，标志着新区"一颗印章管审批、一个部门管市场、一支队伍管执法"的体制正式运行。

三 贵安新区管理体制"放管服"的深化

李克强在6月13日全国深化简政放权、放管结合、优化服务改革电视电话会议上强调紧扣重点不断深化"放管服"改革，坚持不懈推动政府职能转变。始终抓住"放管服"改革这一"牛鼻子"，坚韧不拔地推进政府职能转变。这是一场深刻的"刀刃向内"的自我革命。最大限度减少审批，多措并举加强监管，不断创新优化服务。"放管服"改革已进入攻坚期和深水区，不断把"放管服"改革推向纵深，促进经济社会持续健康发展。

"放"即减权先行，降低市场准入门槛；"管"即强化监管，促进市场公平竞争；"服"即优化服务，推进办事效率提升。"放管服"改革，重点是做到五个"为"：一要为促进就业创业降门槛；二要为各类市场主体减负担，落实今年已出台的使企业减负1万亿元的措施；三要为激发有效投资拓空间，落实95%以上外商投资项目实行备案管理；四要为公平营商创条件；五要为群众办事生活增便利。

（一）"放"：减权先行，降低市场准入门槛，提出"三个一"

率先成立行政审批局，已集中行使行政许可权达95%，审批提速80%以上。通过取消、备案、合并等方式将331项行政许可精简为92项，其中取消67项，成为审批项目最少的新区。率先探索取消办证，改为备案、自主办证、承诺办证、证照合发、严格准入等"六个一批""证照分离"改革，50项与企业密切联系的行政许可先行试点，有效解决"准入不准营"等难题。率先开展投资项目审批40天全流程试点，从准入、用地、规划、施工、验收和审

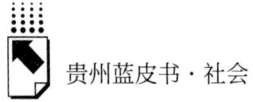

批方式等方面提出了19项试点措施，相对法定时限提速85%以上。

1."一章审批"，办理时限大幅缩短

推行"审批局外无审批、行政审批一枚章"，构建职责分工合理、相互制约协调的行政运行新体制。一是一枚印章优审批。2015年8月，贵安新区成立行政审批局，把新区内设机构涉及项目、建设、商务、交通等领域95%的行政许可集中划转至行政审批局，取消67项，下放乡镇11项，并将保留的331项行政审批事项精简为92项。实行相对集中审批，审批提速80%。探索投资项目40天全流程审批，对投资项目采取"单一接口"受理、两个阶段发证、"先建后验"试点、代办用地手续、园区项目直落地等措施，将投资项目审批时限在法定时限基础上压缩85%以上，最快可在25个工作日办结。二是审管分离强监管。从制度层面加强规范，出台"审管分离"实施办法等10余项制度，从权责界定、衔接机制、监督管理等方面对审管分离细化明确。实现行政审批和行业监管既相对分离又相互制约、相互促进，推动政府职能从"严进宽管轻服务"向"宽进严管重服务"转变。例如，原住建部门颁发"建设施工许可证"，现统一由行政审批局发证，住建部门集中强化行业监管，推动施工质量不断提高。三是探索"证照分离"改革新模式。在实施"多证合一、一照一码""一址多照"、电子营业执照等商事制度改革新举措同时，探索实施取消办证，改为备案、自主办证、承诺办证、证照合发、严格准入等"证照分离"改革新模式。目前，共办理"证照分离"事项351件，其中"严格准入"类业务253户、"自主办证"类业务47户、"证照合发"类业务26户、"承诺办证"类业务15户、受理"改为备案"类业务10户，减轻群众、企业办事负担。

2."一网审管"，审核过程全程透明

新区构建审批云、监管云、监督云、招商云、证照云、分析云"六朵云"平台，探索审管同步、公开透明、全程留痕新路径，实现对事前审批和事中事后监管的实时监控管理。一是审批云整合网上办事大厅、综合受理平台、审批服务系统和投资项目在线审批监管平台，实现一网流转、流程全面再造。二是监管云将监管工作统一纳入云平台管理，实现审批不监管信息的实时传递和对接，为部门开展协同监管、大数据监管等提供平台支撑。三是监督云对行政许可事前审批和事中事后监管服务工作进行全方位、全过程的监督管理，打造具有分级预警纠错等功能的"数据铁笼",对审批业务和审批人员行为进行双重监督,实现以数据管事管人。四是招商云为客商提供新区投资环境的三维展示平台,并向投资者主动推送审批手续办理信息,实现精准服务和数据分析。五是证照云实现与贵州省证照数据库的互联共享,凡已入库的信息,申请人在以后的办事中不再重复提交相关材料。六是分析云把审批服务于平台内产生的工作数据实时记录,并嵌入预警、督办、反馈等监督功能,对行政许可事前审批和事中事后监管进行数据化实时监控管理,实现了数据统计、融合分析、风险预警、监督制约等功能大数据化,实现人工监督向数据监督转变、事后监督向过程监督转变、被动监督向主动监督转变,推进审批服务效率不断提升。

3. "一单规范",解决群众、部门间信息不对称

率先探索编制审批服务事项权力清单和监管清单,实行"一单规范"管理,在操作层面上为群众办事和政府部门干事提供参照标准。一是审批标准清单,让权力不任性。把精简后的92项行政许可事项制定"标准清单",明确事项名称、权力来源、设定依据、受理部门、申请条件、申请材料、审批流程、审查标准、办理时限、特殊环节、收费标准及依据等内容,并对申请材料、审批流程、审查标准、特殊环节做了精准细化规范,对内规范管理让"政府有权不任性",对外精确指引模块化流水作业让群众明白办事。二是监管标准清单,让机制更透明。将保留、备案、取消及下放乡镇的四类170项行政许可事项,分别制定事中事后监管"标准清单",明确监管主体、监管对象、监管内容、监管措施、监管程序、年度监管计划及监管处理7项内容,对内推动部门强化监管责任,对外引导市场主体守法经营,打通行政审批和监管执法"最后一公里"。

(二)"管":强化监管,促进市场公平竞争,提出"五个一"

结合相对集中行政许可权工作开展,出台贵安新区"审管分离"实施办法,厘清审批监管职责。对170项审批事项逐项制定事中事后监管"标准清单",制定出台了贵安新区"双随机、一公开"工作细则,借助大数据构建了"市场监管贵安云",大力推进"五个一"监管改革。

"五个一",即一个部门管市场:整合工商、质监、食药监三局职能;一份清单定边界:采取"两单合一"模式(权力清单和责任清单合并,统称

"权责清单");一个平台促监管:以"四转三化"为目标,依托信息技术手段搭建市场监管贵安云,融合多部门数据,制定统一的信息数据标准规范和指标体系,建设一体化市场监管业务综合信息数据库;一条专线保民生:整合"12315""12365""12331"专线和非专线类投诉举报"一条热线、归口管理",及时调度处置重大突发事件,促进消费维权一体化;一次检查不惊扰:全面开展"双随机一公开"工作,出台《"双随机、一公开"实施细则》,建立了全局执法人员名录库和检查对象名录库,制定抽查事项清单19项。

(三)"服":优化服务,推进办事效率提升,提出"三个一"

大力推行"互联网+政务服务"。创新实施"一号申请、一窗受理、一网通办"政务服务改革,建成"六朵云"为一体的大数据云平台,率先出台《行政审批电子证照批文共享互认办法》。

1. "一号申请",变"群众跑腿"为"数据跑路"

贵安新区全面梳理涉及企业、群众办事的审批服务事项,建设企业公民电子证照库,构建以个人身份证号码、企业社会信用代码为唯一标识的共享体系。

按照"谁审批、谁生成"原则,群众、企业的办事资料,只要在政府部门提交过一次,即可自动关联到电子证照库中,下次到政府部门办理业务时,证照库自动将申请人基本信息和有关审批信息录入综合受理平台,实现"一次生成、多方复用,一库管理、互认共享",从源头上避免了重复提交材料。同时,依托贵州省统一建设的通用审批服务系统,推进制证系统、业务办理系统与电子证照库对接联通,实现电子证照、纸质证照同步签发,实现"群众奔波"向"信息服务"转变,"群众来回跑"向"部门协同办"转变。截至目前,新区政务服务大厅已通过"一号"申请调用身份证件17.75万次,生成并入库43种共9251份电子证照,实现了124个事项营业执照的调用校验。

2. "一窗受理",变"群众往返"为"部门协同"

为最大限度精简办事程序、减少办事环节、缩短办理时限,贵安新区在政务大厅设立综合受理窗口,把原本分散在新区17个部门303项审批服务事项全部整合到项目建设类、企业设立类、经营管理类、综合税务类等大类窗口,实行"一窗受理"。

实行"一窗受理",避免群众办一件事折返于多个部门、重复跑。综合窗口统一接件后,审批服务部门不再直接受理事项,而是负责后台审批工作,证照批文由出证窗口统一打印发放,受理事项全部录入审批服务系统,全流程接受电子监察,实行受理、审批、出证"三分离",杜绝体外循环,形成"前台综合受理、后台分类审批、统一窗口出件"的"车间式流水线"政务服务新模式。今年一季度,新区完成审批服务事项13.15万件,同比增长34%;办事平均等候时间从过去的30分钟缩短至5分钟,满意率从去年95.8%提升至99.5%。服务模式创新升级进一步激发了市场活力。改革实施以来,新增市场主体9906户、审批投资项目314个,分别是改革前的5.5倍、3.2倍。

3. "一网通办",变"被动受理"为"主动服务"

贵安新区依托贵州省网上办事大厅,开展电子签章试点,审批人员通过CA数字证书登录系统开展审批工作,形成申请、受理、审核、批准、办结、领证全流程电子化运行。

一是服务下沉,就近办理。将政务服务重心向基层延伸,将新区17家审批服务部门、4个乡镇、2个园区、90个村(社区)行政许可和公共服务事项全部纳入并实行联动审批,实现网上办事"一次认证、多点互联、一网通办"。结合群众需求,将高龄老人生活补贴等与群众密切相关事项下放到村(社区)服务站,让群众在家门口就能办事。二是渠道多样,便捷办理。借助信息化、智能化手段,研究定制智能化查询、填表、申报等自助设备,开发统一的手机申报App,逐步形成网上办事大厅、实体办事大厅、移动客户端、自助终端等多渠道、多形式相结合的政务服务一张网,大幅提高行政审批和公共服务的便捷性。三是个性服务,精准办理。审批服务云平台对许可事项事前审批和事中事后监管进行数据化实时监控管理,建立政务数据信息采集、归类、储存、分析、运用机制,实现跨层级、跨区域、跨部门政务数据交换共享。如,开展政务数据分析应用,向招商引资企业、办事群众精准提供个性化推送服务,从政府"端菜"向群众"点菜"转变。

(四)贵安新区"放管服"改革存在问题分析

1. 思想认识问题

一些部门同志对"放管服"改革工作的重要性认识不足,对国家"放管服"改革政策理解不深不透,存在不想改的思想,导致经管委会研究决定的改革措施未得到有效落实。

比如,新区"证照分离"改革试点方案明确将"物业服务企业三级资质"列为"自主办证"事项,但有关部门拒不执行,在业主单位参加项目招投标时仍将相关资质作为招投标前置条件,让改革政策成为"一纸空文"。在2017年1月12日,国务院明文取消了"物业服务企业二级及以下资质"核准事项。又如,一些监管部门习惯了以批代管,认为事项划转后就"一划了之、与其无关",对国家推行"双随机、一公开"监管制度理解执行不到位,导致一些许可事项办理后长期处于无人监管状态。由于监管缺失,新区驾驶培训、机动车维修、水上运输等方面无照经营现象严重,市场秩序混乱,安全隐患严重。再如,一些部门思想保守,对推进"互联网+政务服务"积极性不够,总以网络安全、申请材料复杂、证照不能邮寄等为理由,拒不推行审批事项网上办理。还有,乡镇对政务服务工作的重要性认识不足,一些乡镇甚至认为此项工作可有可无,在乡村政务服务人员配备、经费保障、业务管理等方面支持保障不力,让政务服务卡在"最后一公里"。

2. 责任担当问题

一些部门的同志总是照搬"法律法规规定"不落实改革措施,在改革创新上止步不前,担心出问题之后被追责,存在不敢改的思想顾虑。

比如,项目审批改革推进工作中存在"按规定办"的阻力较大,园区项目直落地、分阶段报建施工等无法落地,而这些改革在山东省,广州、杭州、常州等城市早已实施,并得到企业和社会一致好评。又如,按照中央和省的要求,要加快建立"宽进严管"的市场准入和监管制度。但新区"宽进"即事前审批改革较快,"严管"即事中事后监管改革较慢,"严管"滞后在一定程度上影响了"放权"的力度和效果。再如,规范审批中介服务一直是"放管服"改革的重要内容,但由于有关部门不理解、不支持,导致新区中介服务管理办法未能及时出台,新区开发建设的中介服务云平台迟迟不能上线运行。

3. 业务能力问题

由于一些部门对国务院、省政府出台的"放管服"改革文件精神学习研究不够,对相关改革措施"不以为然"或"不知所措",存在不会改的情况。

比如,一些部门在审批事项划转后,没有主动牵头制定或完善行业规划,导致审批事项在办理时没有执行标准无法办理,阻碍了市场主体发展(建设殡仪服务站、开展驾培、机动车维修审批等事项均无标准)。又如,新区开发建设了审管分离系统,但监管部门对系统应用不到位,也未提出具体的功能需求,导致审管信息互动不畅。多数监管部门没有将监管服务职能整合到政务大厅窗口,存在企业群众办事找不到门的情况。再如,一些部门未将事项纳入政务大厅统一受理、办理,对大厅窗口授权不充分,审批工作不规范,存在"体外循环、两头受理"现象,除行政审批局外,其他部门对审批服务系统使用不到位,审批工作未接受电子监察。还有,由于部门学习不够,一些国家明文取消或改变管理方式的事项,在新区未得到及时落实。国务院已取消"公章刻制审批",但有关部门仍以审批形式继续实施,增加了市场主体准入成本。

(五)推进贵安新区"放管服"改革的对策建议

1. 持续深化行政审批改革

一是深化"证照分离"改革试点,在2016年7月底前调整试点改革事项并印发工作方案,推出一批量大面广的"多证合一、证照合发"事项,强化改革方案执行监督,降低市场准入门槛,切实解决"准入不准营"问题。二是由行政审批局牵头,研究推进"双I审批"(诚信审批、智慧审批)改革试点,在2016年9月底前提出改革方案报管委会研究。年底前完成建筑行业企业资质管理、建筑安全"三类人员"考核管理、人防工程设计验收管理等试点改革,提高企业群众"获得感"。三是由行政审批局牵头,国土、规建、环保等部门配合,结合已出台的投资项目审批改革试点方案,推进分阶段报建施工、先建后验、项目直落地等改革举措落地,由规建局牵头推进图纸联合审查工作。四是由行政审批局牵头在2017年7月底前编制新区涉及审批的中介服务事项清单并向社会公布,凡未纳入清单的中介服务事项一律不得再作为行政审批的受理条件,同时抓紧出台新区审批中介服务机构管理办法,推进"中介服务云平台"上线运行。五是由各行业主管部门牵头,加强交通、殡葬等行业规划,尽快出台具体的政策标准,明确市场准入条件,营造"大众创业、万众创新"的良好氛围。

2. 着力加强事中事后监管

一是监管部门要严格执行新区"审管分离"实施办法,按照"谁审批、谁负责、谁主管、谁监管"的原则,加强审批事项事中事后监管,改变事中事后监管薄弱的现状。二是新区监管服务部门在2016年8月底前全部入驻政务大厅，整合窗口监管服务职能，将审管分离系统应用纳入新区政务服务考核内容，打造成集审批、监管、服务和监督于一体的对外实体服务平台。三是由市监管局牵头，其他监管部门配合，完善事中事后监管标准清单，建立随机抽查事项清单、检查对象名录库和执法检查人员名录库，制定随机抽查工作细则，全面推进"双随机一公开"监管机制落实，使随机抽查事项达到监管执法事项的70%以上。

3. 全面优化提升政务服务

一是由行政审批局（政务中心）牵头，不断完善政务大厅综合受理模式，实现受理、审批、出证三分离，审批、监管、服务三衔接。借建设市民中心契机，推进审批服务部门将行政许可、行政确认、行政给付、行政征收、其他权力事项和公共服务事项全部纳入政务大厅集中办理，真正实现"进一扇门、办全部事"。二是由行政审批局（政务中心）牵头，推进"一号一窗一网"改革模式升级，加快建设自然人、法人电子证照库，切实开展证照调用校验工作。政务大厅各入驻部门要积极配合，推进审批服务事项进驻实体大厅，切实开展网上申报、网上办理、在线反馈，提高新区"互联网+政服""大数据+政服"工作水平。三是各乡镇要尽快配齐乡镇政务服务中心工作人员，提高并明确村级代办员薪酬待遇。强化乡镇政务中心事项进驻和授权，及时梳理基层群众办事的难点和痛点，围绕劳动就业、社会保险、社会救助、扶贫脱贫等领域，为群众提供网上申报服务，打通联系服务群众"最后一米"。

四 贵安改革再思考

2015年，习近平提出"唯改革者进，唯创新者强，唯改革创新者胜"。习近平总书记强调，改革推到今天，比认识更重要的是决心，比方法更关键的是担当。贵安新区作为现阶段贵州省改革开放、引领区域发展的国家级新区，恰逢改革开放新的机遇，也面临巨大挑战。主要有以下几个方面挑战。

（一）改革范围不集中

目前主要明确行政许可权相对集中，但其他与许可事项紧密相关联的行政服务事项，如证明、认定等事项仍由原审批部门进行办理，对企业或个人而言，办理流程非但未简化反而更加复杂。这类事项能否与行政许可权一并集中，仍需进一步研究。

（二）改革不协调不同步

行政审批局没有对应的上级业务主管部门，具体工作中需与上级有关部门搞好对接，一定程度上增加了"条条"的难度。同时，有相当一部分国家部委或省部门自行开发的审批业务管理系统，从上至下封闭运作，相关事项不能实现顺利划转，划转后的类似事项行政审批局审批系统不能接入，在办理业务时存在"没有权限、多套系统、多个流程、多次录入"等问题。

（三）改革思想认识不足

不少试点地区普遍反映行政审批事项在集中划转过程中难度较大，一些职能部门认识不到位，以各种理由不愿把"手中权力划出去"。同时，多年来，政府部门习惯用审批代替监管，逐渐形成了"谁审批、谁监管"的思维和管理模式，行政许可权划转后原部门对"审管分离"改革认识不足，加之有些事项审批和监管权责难以明确界定，对一些监管工作存在"踢皮球"等现象。

（四）改革机构编制少

现各地市级行政编制60~100名，县级试点一般在40名左右，但普遍反映审批局"一人多岗""一人多专"，人员力量不足的问题突出。贵安新区内设机构编制基本在10个以内，集中划转审批事项不能参照其他地方"编随事走、人随编走"的方式同步配备审批人员，人员力量和业务水平一定程度上更加不能满足下一步工作需要。

（五）改革联动发展不够

直管区与非直管区联动发展缺少有力有效手段，急切需要互联互通道路、生态环境、产业项目互补等重大项目。

B.4
贵州省高校新型智库建设研究[*]

丁 胜[**]

摘 要： 报告分析了贵州省地方高校作为新型智库中的重要力量在智库建设中的积极作用，指出了地方高校智库存在决策服务力不足、智政通道不畅以及考核导向弱化等问题。提出了贵州省高校新型智库建设围绕"进体系、进平台、进云端"和"有通道、有导向和有支持"等方面加强建设的对策建议。

关键词： 贵州 高校智库 融入决策 新路径

贵州高校作为省内人才最为集中、学科最为齐备、学术最为活跃的地方，高校智库建设历经探索实践，已然进入起步到赶超阶段。"国之战略，贵州之需"为书写中国成就、彰显贵州价值和发挥高校智库作用提供了难得的机遇和条件。但同时也应看到，高校智库建设机遇与挑战并存，动力与压力同在。在省内来看，贵州党政智库在决策供给中居于主体地位，社科院智库处于辅助地位，高校智库游离于决策边缘，民间智库将在一定时期内处于起步和培育阶段；在全国来看，贵州智库在理论生成、话语建构、融入决策等方面声音较弱。身处云贵高原的贵州，新型智库总体上还处于有高原、无高峰的现状。但总体上，贵州新型智库在中央和省委战略部署下，依托顶层设计，聚焦哲学社会科学创新工程和智库联盟建设，在决策影响力、社会影响力、学术影响力、服务发展力和人才发展力等方面后劲正酣，正处于追赶到跨越的过渡阶段。

---

[*] 基金项目：贵州省社会科学院创新工程项目"贵州新型智库建设研究"（批准号为2017CXXT06）；中共贵州省委2017年重大专项调研课题"贵州高校新型智库建设研究"。
[**] 丁胜，贵州省社科院副研究员，中国社科院政治学所博士生，研究方向为政治学理论、政府治理。

一 贵州高校新型智库建设的主要做法与成效

中央提出建设具有中国特色新型智库以来,"智库"一时间成为官方和民间关注的热门词汇,智库建设也因此受到前所未有的重视,高校智库在此进程中不断得到加强。在中央部署下,贵州省委先后出台实施意见并专门安排部署智库建设问题,省教育厅结合中央、省委和教育部精神出台指导意见,为贵州高校新型智库建设提供了指导思想和制度保障。在此趋向中,一些高校有的放矢,围绕专业智库、特色智库、协同智库、智慧智库等加强建设,成效明显。

(一)依托优势资源,打造专业智库

贵州高校总体实力较弱,如果以学校作为整体单元进行智库建设,难免会分散有限资源和精力,在一定程度上影响教育教学主业。因此,依托优势学科打造专业性智库成为一些高校的首要选择,也是确保这些学科继续保持领先优势、不易被其他院校替代的重要手段。贵州财经大学依托优势学科成立了"贵州房地产研究院",每年定期出版《贵州房地产发展报告》,研究院已然成为全省房地产行业的权威性专业智库。贵州师范学院依托优势学科成立了"中国山地民族研究中心"和"贵州教育发展研究中心",两个中心积极开展相关研究并发挥咨政咨询作用,《深化"多彩贵州"文化品牌的内涵研究》等获得多位省领导肯定性批示。安顺学院依托屯堡文化研究优势成立了"贵州省屯堡文化研究中心",推出了一系列在贵州乃至全国有影响力的屯堡文化研究成果;在此基础上,安顺学院还积极响应全域旅游发展战略,成立屯堡文化传承与旅游发展协同创新中心,为屯堡文化的发扬和安顺的大旅游发展提供了重要智力支持。

(二)聚焦重点领域,打造特色智库

高校在地方决策信息获取方面存在迟滞或失真的情况,加之决策敏锐度、应用性研究较弱和学术显绩的考核导向,因此,高校智库一般难以与党政智库形成有效竞争。基于此,一些地方高校依托党政智库难以具备的学科优势、学术优势和人才优势等,立足地方重大战略部署和地方排他性文化等打造特色智库,取得明显成果。贵州民族大学围绕2020年全面小康重大战略部署,迅速

成立"国际减贫高端智库",与中国国际发展知识中心、省社科院以及地方政府等合作,为省委省政府提供决策参考,一些成果通过中国社会科学院《要报》《要报研究报告》《要报·领导干部参阅》等报送,获时任中央统战部部长杜青林、时任贵州省委书记栗战书肯定性批示。贵阳中医学院围绕大健康战略部署,成立"贵州省中医药(民族医药)产业发展研究中心",整合研究资源发挥咨政作用,"中心"成立以来,共主持研究各类课题近100项,金额达3204.9万元。安顺学院围绕大数据发展战略,成立"安顺市大数据研究院",通过开展大数据研究、人才培养和举办大数据论坛等,推进大数据技术的应用与创新,助力大数据产业在安顺地方经济社会发展中的引领作用。贵州轻工职业技术学院依托苗学研究基础,成立"贵州苗族文化研究协会",通过联合研究等方式,为将世居少数民族苗族文化研究打造成为学校优势学科和服务决策方面奠定了坚实基础。

(三)注重平台搭建,打造协同创新智库

高校是学术交流最为活跃的地方,也是学术资源最为集中的地方,将这些优势资源进行成果转化是高校新型智库建设的题中之意。党的十八大以来,贵州高校在成果转化平台、成果展示平台、成果报送平台,以及协同创新中心建设、省级人文社科基地建设、高校社科联建设等方面进行了探索,成效明显。遵义师范学院通过与政府和企事业单位合作、打造《智库发展报告》、在学报开辟"遵义师范学院智库"专题专栏、组织理论文章在党报党刊上发表等举措,积极发挥高校智库作用。安顺学院通过创办《智库专刊》《决策参考》等内参,主动融入地方决策咨询体系。与此同时,通过近几年的发展,贵州高校分别组建了近40家省级协同创新中心和省级人文社科研究基地,对围绕重大决策开展协同调查研究、整合资源开展重大学术攻关等发挥了重要作用,贵州的"学术共同体"建设日趋成型;与此同时,在贵州智库联盟工程指导下,各高校社科联正在积极组建进程中,为各高校融入省级平台、打造各具特色的新型智库打下了坚实基础。

(四)借助现代技术,打造智慧智库

贵州大数据发展战略的确立和实践的跟进,为高校智库的"资料库""专

家库""成果库"建设提供了理念和技术支撑,而"数据库"的共享性、及时性、便捷性等特征,为有效减少重复调查研究的时间成本、精力成本、物资成本以及服务决策滞后等问题提供了有力支撑,使高校智库变得聪明起来,影响力也与日俱增。贵州师范学院与贵阳市"非遗"中心合作共建的"贵阳市非物质文化遗产数据库"和"贵阳市非物质文化遗产协同创新·智造基地",使贵阳市非物质文化遗产保护变得动态和鲜活起来,有效发挥了高校智库在服务地方特色和服务决策需要中的作用。贵州医科大学秉承"大健康是目的,大数据是手段"的理念,筹建成立了"贵州省健康大数据协同创新中心",相关数据成为行业发展、健康生活以及决策需要的重要参考。遵义师范学院通过加强咨政信息数据库、资料库的建设,与政府、企事业单位开展合作研究,共同分享数据资料,拓展转化渠道,充分提升智库成果的社会效益和经济效益。

(五)探索考核导向机制,建设活力智库

高校是贵州省人才、学术和思想等最为集中和前沿的地方,激发现有资源的活力,需要围绕新型智库所蕴含的决策影响力、社会服务力、学术影响力、人才贡献力等核心指标设定考核标准,使之成为现有学术显绩为主的考核制度的有力补充或直接成为替代性考核标准,以此引导和激发高校智库建设。近两年,针对一些智库成果和社会贡献因不符合高校考核条款而得不到认可与重视、在职称评定中不被采纳以及影响人员积极性等实际问题,一些高校开始探索建立以智库指标为导向的科学、灵活的考核机制。贵州大学在2017年第三轮人事制度改革中,对高校智库研究成果评价机制进行创新,探索建立包括研究报告、咨询报告在内的科研成果多元评价体系,推进"代表性成果"的评价机制,完善科研人员的分类考核体系,激励广大智库研究者产出更多优秀成果。遵义师范学院通过建立决策咨询成果奖励机制,将符合智库建设的成果纳入年终考核和职称评定范围,有力激发了教职员工的智库建设热情。

二 贵州高校新型智库建设存在的主要问题

调研和统计发现,贵州高校智库建设冷热不均、虚实脱节的情况比较普遍,在极少数高校取得成效的同时,绝大多数高校新型智库建设仍然处于

"墙上计划"阶段,甚至一些高校对新型智库"一头雾水",明确表示不知道新型智库是什么。与此对应的是,高校在服务决策、舆论引导和学术影响等方面的贡献率依然不足,新型智库建设任重而道远。

(一)高校智库建设冷热不均,总体处于观望到起步阶段

2014年教育部出台《中国特色新型高校智库建设推进计划》以来,几年间从中央到地方都对包括高校在内的新型智库建设做出了部署和提出了要求,省教育厅作为高校业务主管部门对高校新型智库建设也出台了指导意见。但与此形成鲜明对比的是,各高校在落实上却出现重视和漠视两个极端。从调研院校情况来看,重视高校智库建设且成效比较明显的有贵州民族大学、贵州财经大学、贵州师范大学、遵义师范学院、贵阳中医学院、安顺学院、贵州师范学院、贵州医科大学等,比较可见,这些高校的优势专业或学科在领域内具有重要影响力,因此专业智库或特色智库建设成效较为明显;而其余高校,尤其是新建院校或职业院校,对高校智库建设重视度明显不足或者几乎没有概念,有的明确表示没有开展此项工作,给出的原因主要有:教育教学工作繁重、人才储备不足、没有专项资金安排以及考核激励机制缺失;以及省里缺乏明确的实施细则,评价机制、建设标准和管理方式不明确等。

(二)"智政通道"不畅,服务决策动力不足

高校智库对决策需求和民众诉求敏感度较弱,加上不能及时获取核心信息,导致研究出现滞后问题,有时无法给出决策所需要的对策建议。同时,高校智库成果缺乏输送和转化渠道,政府与高校之间的联系大部分还停留在订单合同的课题研究上,加上其间还存在教育主管部门这一"层级",因此服务决策有时出现供需不协调的情况,研究成果多而政府采纳少,以及对策研究热情减少等问题。比如安顺学院、贵州医科大学等明确提出当前的成果转化机制不完善,缺乏高效顺畅的报送渠道,研究成果除了提交上级部门参阅外,难以到达党委政府领导案头实现二次转化应用;同时认为有关政府决策机制不严格,专家参与决策未形成法定程序,邀请专家流于形式。

(三)偏重理论研究,应用研究较弱

中央意见明确指出,新型智库是以服务党和政府决策为宗旨,以政策研究

咨询为主攻方向的研究咨询机构。或者说，智库研究的重点指向战略性、现实性和决策性问题，但高校科研评价体系重学术显绩的情况比较明显，在职称评审、资格认定和绩效管理上主要还是看各级各类科研项目立项、论文发表、学术著作出版情况，教师的工资标准和晋升空间也直接挂钩于学术显绩。基于这种导向，大部分高校还是以学术研究为主，与决策需求相脱节，一些意见"纸上谈兵"痕迹较重，操作性较差。省电大、铜仁学院等明确表示，教职员工由于缺乏实践经验，一些应用研究成果学术性过强，难以适应决策需要。贵州工程职业技术学院等则坦言，鉴于学校建言献策渠道不畅，以及决策采用率较低和领导批示率较低的情况，教职员工缺乏"脚底板做学问"的热情，对需要花费大量时间精力完成而又难以预估成效，以及不能转化为出版文字的工作不感兴趣。

（四）平台搭建流于形式，联动机制尚未成型

中央的意见明确指出，新型智库虽然定位有所不同，但努力方向是形成具有中国特色的智库体系。在中央精神指导下，贵州明确通过实施"哲学社会科学创新工程"与打造"贵州新型智库联盟"来实现资源整合和构建贵州智库群的目的。高校智库作为新型智库中极为重要的一环，需要发挥自身优势搭建平台，也需要与党政智库、地方政府等合作拓展平台。但几年来，高校智库并未有效融入贵州智库体系，搭建的平台也还存在应景、孤立、单薄与级别低等问题。贵州师范大学等高校认为，贵州缺乏智库联盟（名义上有"贵州新型智库联盟"），缺乏实施需求导向的选题机制、信息沟通的交流机制、联合调查的合作机制、协同创新的研究机制、成果共享的转化应用机制，因此智库之间是隔离的，没有形成合力。贵州医科大学等高校则指出，学校现有的研究平台中高级别的平台较少，省级或者校级研究平台大多数是从事基础理论研究的平台，咨政能力薄弱，对社会贡献也不足，因此社会认可度低，要成为真正意义上的智库仍然任重而道远。

（五）资源配置有所不足，智库人才依然缺乏

高校都是非税收入单位，也是人才依附、智力依托和思想汇聚的地方，除非在影响力上有不可替代的地位而能自动吸取资源和关注，否则高校智库如果

没有专项经费和人才支撑，会很难被打造成为真正意义上的新型智库。当前来看，党委政府主要倚重党政智库提供决策参考，对高校智库的需求并非十分强烈。因此，高校智库建设大都是靠自己筹资或者从盘子里挤出资金给予一些项目性的支持。调研所到高校均不同程度反映科研专项资金不足的问题，传统本科院校专项科研经费均超过千万元，但占年度预算不超过10%，远远低于省直智库占比30%左右的比率，人均科研经费更是严重不足；而高职高专院校专项经费不足的问题尤其突出，比如毕节职业技术学院2017年专项科研经费30万元，占2017年年度预算的0.74%；黔西南职业技术学院30万元，只占2017年年度预算的0.16%。与此同时，传统本科院校虽然聚集了大量专业性人才，但对咨政类、实践性较强的研究较为排斥，融入决策力度有限；而高职高专院校人才缺乏状况普遍，难以有效推进智库建设。比如贵州航天职业技术学院467名教职员工中没有1个博士，电子信息职业技术学院388名教职员工中仅有博士1人等。

三 加强贵州高校新型智库建设的对策建议

按照党的十九大报告"加强中国特色新型智库建设"和"实现高等教育内涵式发展"的要求，结合省委新型智库建设的实施意见和教育部高校智库建设的推进计划，贵州高校新型智库建设应围绕"进体系、进平台、进云端"和"有通道、有导向和有支持"等方面谋篇布局，以实现将贵州高校打造成为支撑地方发展和引领话语体系建构的高端智库，进一步提升高校在战略研究、政策建言、人才培养、舆论引导和公共外交等方面的支撑作用。

（一）进体系：成立贵州省智库管理办公室，服务高校智库建设

新型智库是新时代中国特色社会主义思想的题中应有之义，也是推动国家治理体系和治理能力现代化、协商民主和依法治国等战略部署的重要主体。新型智库部署以来，各省市纷纷成立新型智库建设领导小组，宗旨是服务和整合资源，做大做强新型智库。贵州现有各类智库100家左右，如果以高校作为整体进行核算，全省智库包含的人数超过3万人、资金量达数十亿元、涉及的研究项目数千个，但目前来看，各自为政、头绪不清、重复研究和资源浪费的情

况也还存在，尚未形成分工协作做大做强的集群效应。因此，若想在全国智库系统特别是高端智库建设中占领具有影响力的一席之地，展示贵州理论界的话语权，必须搭建常设机构，成立"贵州省新型智库管理办公室"（简称智库办），接受省委宣传部领导和指导，专门负责统筹包括高校智库在内的全省智库合作与发展事宜，定期召开全省智库联席会议，研究解决智库发展中出现的问题，负责统筹社科人才队伍建设，编制全省特色新型智库建设发展规划等。智库办可设在省委宣传部，也可设在省社科院，为全额拨款事业编制。

（二）进云端：接轨"社科云"建设，充分实现智库信息的共通共享

2017年，经省委省政府批准，由省社科院组织实施的贵州"社科云"建设正式拉开序幕。"社科云"作为贵州大数据发展背景下的一次独创性实践，在全国范围内绝无仅有，其定位不仅是贵州电子政务云中的一朵，还是"云上贵州"的组成部分之一。"社科云"建设内容包括智库信息的采集、发布、交流、集成以及社会焦点问题即时响应等六大系统，数据采集发掘分析和数据共享两大平台，以及可以利用手机了解、回应和推送决策需求等信息的一个手机App；"社科云"建设重点包括新型智库专家库、研究成果库、生态文明数据库、经济运行数据库、扶贫工作调研数据库、财税金融数据库、民族文化田野调查数据库、民族法学研究基础资料数据库、地理标志资源数据库等内容，对实现智政之间、智库之间、智社之间和智企之间的信息交流、资源整合和成果转化等有重要意义。因此，高校智库布局接入"社科云"平台，可弥补调研数据缺失、供需信息滞后、通道不畅等方面的不足；通过云平台，实现自建数据库和外购数据库的共通共享，节约重复建设和资源浪费；通过云平台，提升高校决策影响力和社会影响力等。

（三）进平台：提升智库联盟内涵，延展创新工程范围

目前来看，贵州新型智库建设主要集中在"三个一"部署上，即一项工程（贵州省哲学社会科学创新工程）、一个联盟（贵州智库联盟）和一朵云（贵州"社科云"）上，而智库单位依据省委部署立足自身职责也在加强自身建设。总体上，贵州新型智库建设正走在顶层推动、单位调适到融合发展的路

上，正一步一步接近立起来到强起来的目标。但调研同时发现，智库建设也还存在"智库热"与"抢红包"的问题，"有高原无高峰"和研究"碎片化"的问题，"供给不足"和"供给过剩"并存的问题，"资源有限"与"肥水外流"的问题等；而高校对智库的建设由于没有实施细则或参考指标，兼顾思维比较重，理解较为片面化，还停留在搭台子、请名人、办论坛和做课题等方面。因此，加强贵州高校智库建设，在进"云平台"让资源活起来和聪明起来的基础上，一个联盟和一项工程的内涵和外延还应适当拓展。比如高校社科联建设不仅要有形式，还要有内容，同时还应形成全省性的制度化智库联席会议平台；创新工程也应适当拓展，不再拘泥于课题带动，比如针对高校优强学科、人才团队、现有平台和技术基础等给予重点扶持创新，实现优势最大化。

（四）有通道：搭建智政交流平台，实现成果及时转化

如前所述，党政智库是贵州省服务决策、服务发展和构筑意识形态话语阵地的重要主体，而高校则是基础理论研究、学术发展和对外形象展示的重要主体，二者各有优势。但单就新型智库建设的相关要求和目标而言，高校智库建设目前是存在不足的，主要体现在服务决策不足上，但也是大有可为的。调研中，很多院校指出，高校对省委省政府决策需求信息不敏感，对地方经济社会发展实际需求了解较弱，加上存在信息时滞和失真等问题，因此较难在第一时间、以第一手资料生产出高质量的决策需求成果，一些基于理论沉淀的优秀成果也因为通道不畅而难以第一时间送达领导或决策部门做参考。惯性使然，高校智库较少进入决策者视野，领导或决策部门也较少采纳高校智库提出的相关参考建议，一定程度上抑制了高校智库的发展。基于此，加强高校智库建设需要加强通道建设，利用云平台发布决策需求信息；贵州智库联盟定期或不定期进行信息交流，整合力量进行研究；贵州省智库管理办公室收集、筛选及报送成果，以期实现高校智库融入决策和服务发展的时效。

（五）有导向：出台整体发展规划，注重考核导向引领

毋庸置疑，高校主业是教书育人，但由于其学术积淀和人才集中的外溢效应，因此高校智库建设不仅是发挥优势提升影响的主动举措，也是适应新时代发展需要的主动作为。针对目前高校智库建设软、散、弱的现状，加强建设应

着重省级层面的规划引领和高校自身的考核导向。整体规划方面，以《关于加强贵州省新型智库建设的实施意见》《关于加强贵州高校新型智库建设的指导意见》为指导和蓝本，以特色学科、优势学科、战略学科和优强团队的培养和扶持为规划重点，专注打造高校高端智库。考核导向方面，改革高校现有学术成果一锤定音的考评指标体系，提升咨政成果、舆论引导成果、党政培训成果以及服务社会成果在职称评定和年度考核中的权重，完善教职员工的分类考核体系，切实支持、引导和激励高校学者潜心进行决策咨询研究。

（六）有支持：分类分层培育，专注重点领域扶持

智库建设是一项费时耗力的工作，短期内一般很难有明显的成效，也不会直接产生具体的经济效益，因此党政推动的决心往往取决于有形产业过滤后的余光扫视，尤其在当前党政智库一方独大甚至供给过剩的境况下，高校智库建设的必要性更显得不是十分急需。但事实上，高校作为哲学社会科学繁荣发展的重要部分，历史证明其智库建设意义重大，有时深刻影响甚至决定人类社会的发展进程，并且越来越成为国家可持续发展甚至后发赶超的强劲推力。比如美国哈佛大学费正清东亚研究中心，在各方扶持下，聚集和培养了费正清、孔飞力和杜赞奇等知名学者，他们的研究成果直接成为美国了解中国的窗口和制定对华政策的参考；比如新加坡国立大学东亚研究所，在新加坡副总理吴庆瑞亲自指导和参与下建立，吸引了王赓武、郑永年等知名学者，他们的研究成果成为新加坡对外政策的重要参考，一些建议在中国具有广泛的社会影响。由此可见，高校智库建设十分必要和紧迫，但鉴于资源稀缺的实际和凸显优势的需要，因此应结合高校情况进行针对性布局，对学校作为整体、智库挂靠系所或专业团队等不同类型的高校智库进行有的放矢的部署，重点是加强对高端人才、特色优强学科和专业团队的培育和扶持，为高校智库的智慧留存和闪耀创造条件。

B.5
贵州省食品药品监管体制改革与发展研究[*]

蒋楚麟[**]

摘　要： 贵州省全面深化食品药品监管体制改革围绕完善政策法规、监管体系建设、检测检验体系技术提升、聚焦重点领域和突出问题、监管重心基层倾斜、改革创新试点、能力建设提升以及服务精准扶贫和大健康战略八项工作展开，使此前分散的食品药品监管工作得到初步整合，监管模糊和空白地带以及有争议的问题得到实质性解决。分析了食品药品监管存在食药监形势依然严峻、基层监管力量薄弱、经费不足、协调困难，资源与信息需进一步整合和信息披露不足等问题。提出进一步完善食药监管理制度和标准体系，提升应急处置能力，加强信息化建设，改进信息披露和风险交流、强化信用体系建设、探索农村食药品安全监管和创新社会共治监管模式等对策建议。

关键词： 食品药品　监管体制改革　对策

2013年3月，党中央为了加强食品药品监督管理，提高食品药品安全质量水平，开启了新的一轮全面深化食品药品监管体制改革行动。贵州省相关改

---

[*] 本文系贵州省食品药品监督管理局委托项目部分研究成果。
[**] 蒋楚麟，北京师范大学社会发展与公共政策学院博士研究生，贵州省社会科学院城市经济研究所副研究员。

革行动顺势而发，在省委省政府的领导下于同年7月组建了新的食药监局，明确了农业、卫计、质监、工商、出入境检验检疫、城管、公安等相关部门职责。此前分散的食品药品监管工作得到初步整合，"九龙治水"的格局、监管模糊和空白地带以及有争议的问题也得到实质性解决。

围绕"保障人民健康"这一初心和使命，新组建的食药监局近5年来不断深化全省食品药品监管体制改革，以国务院（国发〔2012〕20号）和省政府（黔府办函〔2014〕103号）文件为指导，加强统筹协调，加快完善统一权威的监管体制，以切实保障人民群众的食品和用药安全。

一 贵州省食药监体制改革与发展情况

自2013年以来，省内各级党委政府对食品药品安全工作高度重视。政府工作报告每年对食品安全工作提出相应的要求，在机构组织建设、人员构成、能力建设等各方面都给予了极大支持；省政府每年专题听取食药监局关于食品药品安全的专题汇报，研究食品药品安全工作落实；同时，与各级政府签订目标责任书，并纳入各级政府每年工作的重要内容，例如纳入"十二五"重点规划和"十三五"规划。近5年来，收到省领导肯定性批示10余份。2013～2017年，省财政预算下达省食品药品监管资金45934.58万元，比2013年增长2.2倍，对保障贵州省食品药品安全起到积极作用。

贵州省食药监体制改革围绕着完善政策法规、监管体系建设、检测检验体系技术提升、聚焦重点领域和突出问题、监管重心基层倾斜、改革创新试点、能力建设提升以及服务精准扶贫和大健康战略八项工作展开，取得了一系列重要成果。

（一）相关政策法规进一步完善

省食药监局着力建立最严格的食品安全监管制度，强化地方立法，完成《贵州省食品安全条例》（以下简称《条例》）修订工作。作为最重要的立法工作，《条例》的修订于2015年列入省人大常委会立法工作计划。省食药监局成立了以局领导为组长的《条例》修订工作领导小组，制定了详细的修订工作实施方案。《条例》历经1年多的调研、论证及修改，于2017年1月5日经省人大常委会审议全票通过,并于同年5月1日正式实施。《条例》(2017版)的通过和实施是以法律形式稳固了监管体制改革成果,它明确了各级地方人民政府、各监管部门的工作职责和法律责任,将食品安全工作纳入政府年度工作目标考核,补充完善了全过程监管制度,将小餐饮登记及监管纳入地方法规,加强对重点区域(旅游景区)、高风险食品管理和对基层的监管(农村地区)等。为配合《条例》的执行,2017年3月起,省食药监局在全省范围内启动了为期3个月的《条例》宣贯工作,开展讲座10余期,宣贯人数1700余人次。通过宣贯,食品生产经营者加深对《条例》的认识和增强了诚实守信、依法生产经营的意识;同时,也强化监管人员对法规条款适用性的认识,进一步提升依法行政能力和水平。

此外,2013年后省食药监局还陆续出台或者修订了一系列政策和措施,包括《法律顾问室工作规则》《贵州省食品药品监督管理局听证规则(试行)》《贵州省食品药品监督管理局行政执法责任过错追究办法(试行)》《贵州省食品药品监督管理局行政执法公示制度》《贵州省食品药品监督管理局行政执法全过程记录制度》《行政案件审理委员会工作规则》《规范性文件备案审查工作规则》《贵州省食品药品监督管理局重大行政决策运行规则(试行)》《贵州省食品药品监督管理局自由裁量权适用规则及基准》等。这些政策措施,明确了贵州省食品药品监督工作的总体要求、发展方向、主要任务、保障措施、组织领导、运行规范等,为贵州省食品药品监督工作提供了制度保障。

(二)构建"八大体系"助推食品药品安全监管体系建设

2014年4月,省委全面深化改革领导小组增设了食品药品监管体制改革专题组,组建了全新的食品药品监督局。着力构建责任体系、标准体系、执法监管体系、应急处置体系、风险监测预警体系、社会共治体系、信息支撑体系、推动产业发展服务体系"八大体系",理顺了政府与政府之间、政府与部门之间、部门与部门之间责任关系、协作关系、监管关系。

构建责任体系,强化监管中的督查与问责,增强机构公信力。认真贯彻落实《国务院关于加强食品安全工作的决定》及《国务院关于地方改革完善食品药品监督管理体制的指导意见》文件精神,积极协调开展贵州省食品安全督导考评工作,严格落实食品安全责任(见图1)。

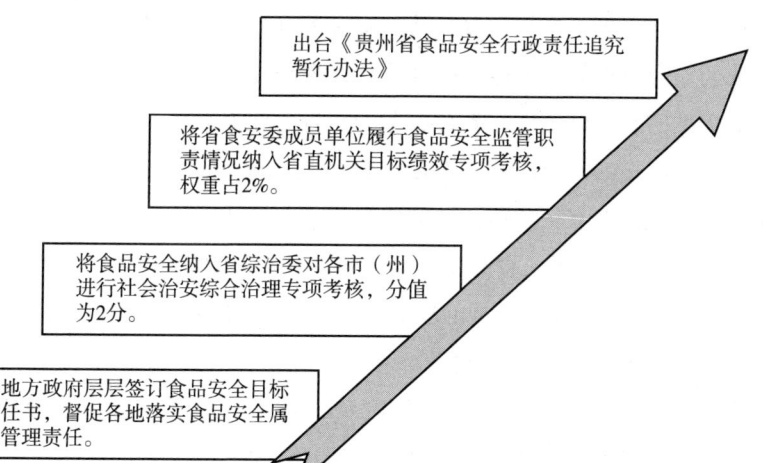

图 1　贵州省食药监局食品安全督导考评路线

资料来源：根据贵州省食品药品监督管理局提供材料编制。

积极以"回头看"、杀"回马枪"等方式开展飞行检查①。基本做到对全省 88 个县督查覆盖，走访 180 余个次基层分局，与 700 余名次基层干部面对面交流，召开各类座谈会 70 余次。督促指导各地积极开展"双随机一公开"监督检查工作。按照"属地管理，层层负责"的原则，将监管责任落实到具体部门、岗位和人员。各级食品监管人员统一配发执法记录仪，采集证据，确保监管公正、透明，同时对监管人员工作作风、态度和行为等实施监控。2014 年底，省食药监局代省政府拟定出台了《贵州省食品安全行政责任追究暂行办法》和《落实食品安全党政同责的意见》，加大行政问责力度，食品安全党政同责得到进一步加强。同时，加大监管信息公开力度。对日常监管中发现的违法违规行为、监督检查情况、产品抽验结果等监管信息及时公开，彰显监管公信力。

大力推动和加强标准体系的建设与宣贯工作。食药监局于 2015 年出台《关于大力推进科技标准工作的指导意见》，开创性明确食品药品科技标准的总体要求、重点任务、保障措施等内容，促进省食药监系统科技标准工作规范

---

①　飞行检查，是跟踪检查的一种方式，指事先不通知被检查部门实施的现场检查。

化建设。新列入多项贵州省食品药品安全地方标准,承担国家药典委员会下发的中成药通舒颗粒等5个标准提高行动计划和开展中药材、民族药材及饮片相关质量标准的制修订工作,省食药监局与省卫计委进一步强化了食品安全标准制定与监管工作的有效衔接。以参加食药监总局食品安全标准技能竞赛形式,组织全省系统内持有行政执法证的监管人员全员认真学习、掌握食品安全标准相关法律、法规和文件,食品安全标准理解、应用与实施有关问题等知识,提高各级监管人员对食品安全标准的理解和执行能力,推动食品安全标准贯彻实施。

不断强化执法监管体系建设。十八大以来,省食药监局以制度建设为抓手,不断加强依法行政系列规范的制定和修订。2013年法律顾问室的建立,提升了执法人员法治思维的前瞻性和敏锐性,有效减少因行政行为处理不当而引发的行政复议或涉访涉诉(见图2)。积极推进放管服改革,严格落实取消、下放、承接行政审批事项(见表1)。认真编制权力清单和责任清单目录,做到每个事项设定的法律依据准确恰当、有据可循和清单之外无权力,保证权责清单的合法性、时效性。规范执法文书、审批流程,确立统一的执法文书共49种标准式样,涵盖行政处罚立案、调查、决定、执行等环节。2014年,省食药监局进驻省政府政务服务中心,将原分属各业务处室的审批事项统一归属窗口审批,选派首席代表负责窗口工作,施行一站式服务模式,并积极推行"当场办结"机制,办结时限比以前缩短了50%。

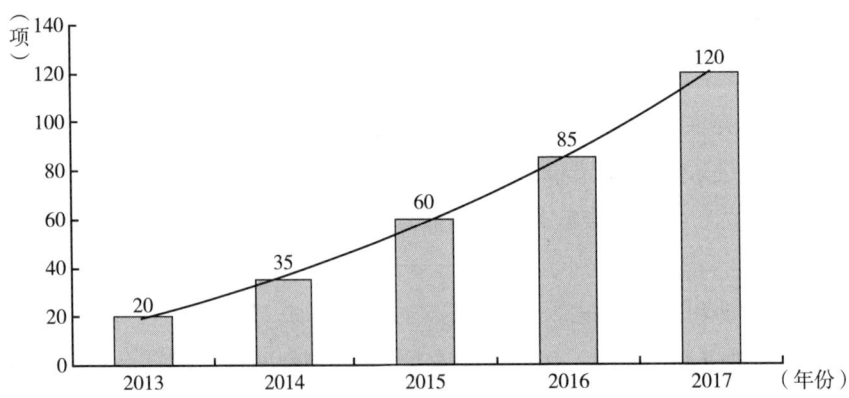

图2 法律顾问室完成法律事务咨询论证及合法性审查案件数(2013~2017年)

资料来源:根据贵州省食品药品监督管理局提供材料编制。

表1 贵州省食药局下放、取消行政许可事项数

单位：项

年份	下放行政许可事项	取消行政许可事项	取消其他类事项
2012	2	—	—
2013	2	1	—
2014	1	—	—
2015	1	—	—
2016	—	1	6
2017	—	2	1
合计	6	4	7

资料来源：根据贵州省食品药品监督管理局提供材料编制。

建立应急处置体系，积极搭建舆情监测平台，有效应对食品药品安全紧急事件。自2013年以来，省食药监局先后委托贵州日报社，省委网信办，多彩贵州网等单位搭建舆情监测平台，对涉及贵州的食品药品安全舆情信息进行24小时不间断的监测，分别编制舆情日报、快报、分析报告等资料，逐步加大了对食品药品安全舆情信息的应对处置力度（见表2）。2013~2017年，省食药监局接报处置食品安全突发事件131起，未接到药品安全突发事件信息（见表3）。大力推进全省食品药品安全突发事件应急演练活动。自2014年以来，全省共举办市（县）级食品药品安全应急演练92次，其中市级20次（实战演练15次，桌面推演5次），县级72次（实战60次，桌面推演12次）。演练活动的开展增强了省食药监局处置食品安全突发事件的应急处置能力，从而使其能够有效应对此类事件。

表2 2013~2017年省食药监局应对处置舆情信息数

	2013年	2014年	2015年	2016年	2017年	合计
应对处置舆情信息（起）	—	—	31	28	12	71

资料来源：根据贵州省食品药品监督管理局提供材料编制。

表3 2013~2017年省食药监局接报处置食品安全突发事件数及结果

	2013年	2014年	2015年	2016年	2017年	合计
食品安全突发事件（起）	31	28	12	22	38	131
涉及人数（人）	475	346	289	313	356	1779
死亡人数（人）	20	11	6	20	7	64

资料来源：根据贵州省食品药品监督管理局提供材料编制。

食品安全风险监测体系实现全域覆盖。全面落实省、市（州）、县（市、区）三级食品安全风险监测机构主体责任，统筹推进各项监测工作。2017年，中央转移支付和省市级已累计投入贵州省1.29亿资金用于食品安全风险监测和相关能力建设，部分市（州）政府亦投入了一定的配套经费，使省级和各市（州）疾控中心的实验室能力建设得到一定改善。目前，贵州省已建立了以省疾控中心和9个市（州）疾控中心为主、88个县（市、区）疾控中心为辅的食品安全风险监测检验网络，食品安全风险监测覆盖全省达100%。食源性疾病监测已覆盖全省88个县，建立监测哨点医院204家，并向乡村延伸，完成了以哨点医院和疾病预防控制中心为监测和报告主体的食源性疾病报告和预警体系建设，构建了以病例监测、事件报告、溯源调查为主要内容的三个系统，为及时发现贵州省食源性疾病暴发线索，提高食品安全隐患的早期识别、预警与防控能力打下坚实的基础。

构建社会共治体系，形成企业、政府、消费者和媒体严密高效、社会共治的食品安全治理体系，是解决食品安全问题的重要手段。加大对道德失范、诚信缺失企业的治理力度，增强企业的守法、责任和质量意识。积极引导企业加强以诚信为核心的企业文化建设，推动企业建立诚信长效机制。设立贵州省食品药品监督管理局投诉举报（信息）中心，全省目前已有4个市（州）设立了投诉举报机构，全面开通包括12331投诉举报电话、网站和微信等投诉举报渠道，并建立了相应的投诉举报机制。组建食品药品安全宣传教育中心，通过广泛开展食品药品安全宣传，提高公众食品安全自我保护能力。充分发挥新闻媒体舆论监督和道德约束作用，加大对诚信典型的正面宣传，及时曝光食品安全违法犯罪典型案件，让突破职业操守和道德底线的行为遭到全社会的谴责。充分调动消费者协会、食品安全特邀监督员的积极性，动员群众力量参与食品安全社会监管。跳出固有监管模式，变单一行政手段为法律、道德、市场等多措并举，让"企业更负责、监管更有效、协会更有力、媒体更客观、民众更理性"。

强化信息支持体系，智慧监管。2014年，"食品安全云"被列入贵州省委、省政府确定的大数据重点领域应用示范工程之一。目前，食品安全云涉及生产许可、经营许可、日常监督及"食安监"App这4个食品安全监管应用系统。截至2017年10月，生产/经营许可管理系统已经在贵州省全覆盖使用。食品生产许可系统发放证件3862个（含小作坊备案许可证），经营许可系统发放证照241114家，通过系统开展日常监管8209次，监督抽检26276次。日常监管系统录入全省3645家食品生产企业的档案信息，详细记录企业基本情况、产品质量安全状况及日常监督管理情况。食安监App的信息查询、结果计算和记录生成等功能不仅提升了执法效率，还实现了执法有痕化，把监管执法权力关进"数据铁笼"。目前在铜仁市、贵阳市和安顺市平坝县试点应用。截至2017年11月，"食品安全云"已积累了2.91亿条数据，其中，企业信息1744万条，检测数据15003万条，监管数据2194万条，标准法规知识数据417万条，舆情数据8989万条，构建了涵盖监管部门、企业、检验检测机构以及系统支撑的33个食品安全云应用业务系统。"食品安全云"技术和大数据的应用，得到充分的认可。2015年4月，《新闻联播》在重点时段，以"贵州、江苏：数据资源催生大产业"为题，介绍了贵州省"食品安全云"工程的相关情况；6月，"食品安全云"作为贵州省大数据产业重点领域应用示范工程"七朵云"首选案例，向习近平总书记汇报了建设情况。

推动产业发展服务体系，助推地方经济发展。在启动外省迁入白酒企业换证过程中，积极服务企业，为54家企业解决了实际问题，化解了历史遗留问题和社会矛盾。下放食品生产许可和延期，并压缩许可证办理的审批时限，大力推进了贵州省茶叶、酒类、特色食品及天然饮用水等食品产业的发展。响应国家"互联网+"战略部署，将药品流通线上线下电子商务模式伸延到农村，进一步推动贵州省药品流通产业健康有序发展。通过近两年的努力，各种类型的农村便民药店（柜）从0发展到6500余家。为积极引导制药企业新药开发和技术提升工作。省食药监局制定了专门工作方案，深入75家企业进行现场调研指导，开展一对一政策和技术指导，贵州省55家企业112个研发的新品种和技术提升品种上报国家食品药品监督管理局总局。省食药监局采取多种方式加大支持和推动贵州省医疗器械产业健康发展。目前已有多家具备产品优势的企业落户贵州，陆续填补了贵州省医疗器械高端产品的空白。2015年全省医疗器械生产产值仅为5亿元，2016年就实现了近20亿元。五年来，贵州医药产业活力迸发，战略性新兴产业的属性日益凸显，全省医药制造业保持了良好的发展态势（见表4、图3）。

表4　2012～2016年贵州省医药工业发展主要指标

年份	医药工业总产值（亿元）	同比增长率（%）	上亿元品种数（个）
2012	229.81	—	28
2013	301.46	31.2	36
2014	371.40	23.2	40
2015	381.30	2.7	45
2016	423.52	11.07	50

资料来源：根据贵州省食品药品监督管理局提供材料编制。

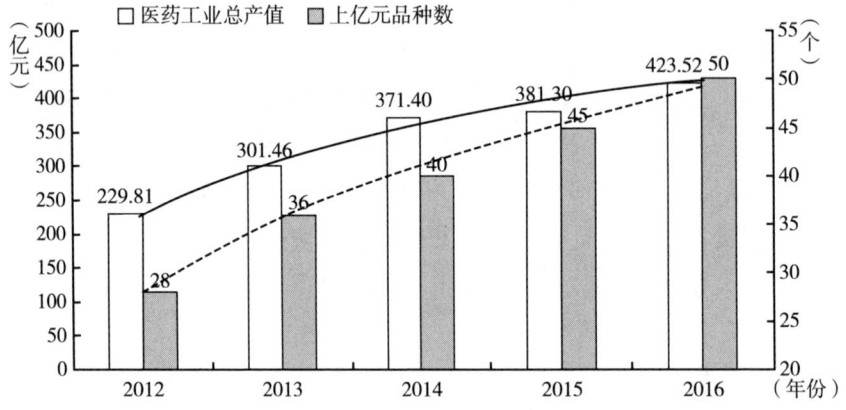

图3　贵州省医药工业发展主要指标（2012～2016年）

资料来源：根据贵州省食品药品监督管理局提供材料编制。

（三）逐步完善食品安全检验检测体系，为食品安全提供有力的技术保障

2016年4月按照省政府《关于改革完善食品检验检测体系的实施意见》，全面启动省、市、县、乡四级食品检验检测体系建设。通过成功搭建四级食品检验检测平台，较好地解决了重复建设、资源分散、利用率不高、配置不合理等问题，逐步建立健全统一、权威、高效的食品安全检验检测体系和运行管理机制，全省食品安全检验检测技术更先进、功能更齐全、服务更完善。省食药监局构建省级突出"高精尖"、市级满足"全覆盖"、县级达到"最基本"、乡级实现"最快速"的统一、权威、高效的食品检验检测体系，切实提高全省食品安全检验检测水平，为行政执法提供有力的技术支撑。2016年，成立了贵州省食品检

验检测所,结束了省食药监系统没有单独设立的食品检验检测机构的历史。

切实强化食品快速检测能力建设。党的十八大以来,利用中央投入专项资金10566万元,完成了贵州省88个县(市、区、特区)食品快速检验车及车载设备装备采购工作,提高了贵州省的食品药品检验检测能力。2014年,省食药监局接收省工商局配置于省流通环节食品安全检验中心(省分析测试研究院)的检验设备,实现了流通环节食品检验资源整合。2016年,投入资金414万元在全省所有的大型食品及食用农产品批发市场及重点区县建设了17个食用农产品市场监测点和1个禽类产品专业市场监测点,安排874万元专项资金为全省88个县全部配备快检设备,拨付106万元中央专项资金补助快检工作。2017年,再次投入510万元采购100套食品安全快检装备配发给全省各个县(区、开发区)局,实现县级层面100%全覆盖,初步搭建了覆盖全省的食用农产品销售环节质量安全快检体系,进一步加强了基层食品安全快速检测能力建设。

自2014年承担"国抽"任务以来,成立抽检监测领导小组,严格落实"四统一"工作机制,核查处置完成率、信息公开率均达100%,抽检监测整体工作排名均在全国前5名。2014～2017年不合格食品核查处置工作完成率均达100%(见表5、图4)。检验检测力度进一步加大。一是经费投入不断加大。2012年省级监督抽检经费为990万元,2017年投入省级监督抽检经费1340万元,经费投入较五年前增加35.35%。五年来共投入检测经费6700万元。二是抽检批次不断增多。2013至2017年共完成省级监督抽检46030批次,平均每年抽检9206批次。三是抽检范围不断扩大。根据职能调整和法律的相关规定,将食用农产品、保健食品纳入省级监督抽检范围,自2015年起开展网络食品抽检,2017年起开展进口食品抽检。

表5 2014～2017年完成国家总局转移地方食品安全抽检监测任务情况

年份	总局转移地方抽检监测任务(批次)	不合格或问题样品(批次)	不合格或问题样品率(%)	核查处置件数(件)
2014	2203	306	13.9	306
2015	2764	170	6.2	170
2016	4656	126	2.71	126
2017	4823	175	3.59	—

资料来源:根据贵州省食品药品监督管理局提供材料编制。

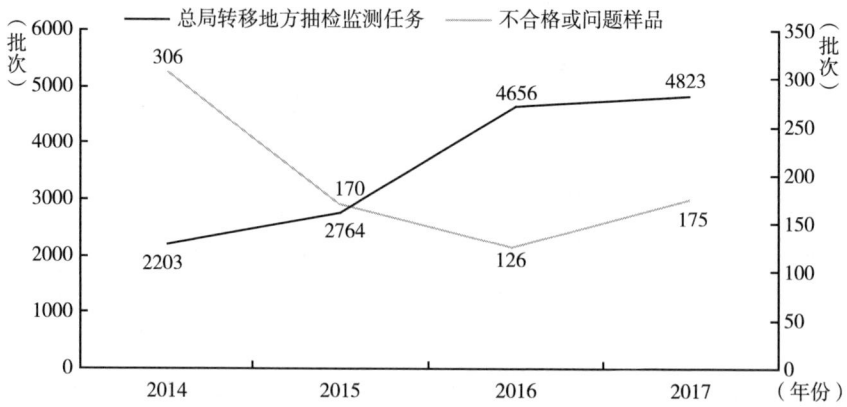

图4 完成国家总局转移地方食品安全抽检监测任务情况（2014~2017年）

资料来源：根据贵州省食品药品监督管理局提供材料编制。

（四）聚焦重点领域，着力解决突出问题

为了消除食品药品风险隐患，食药监局对重点区域、重要品种、重大活动、重要节假日、重点问题和重点企业加强监管。

食药监局以旅游景点、高速公路、校园周边、批发市场、农贸市场的食品安全为工作重心，深入开展"食之放心"专项行动，切实加大食品生产、销售、餐饮服务主体生产经营行为的监管力度和及时发现风险隐患。例如：2017年初，食药监局针对H7N9禽流感疫情在全省范围内组织开展了活禽交易市场的大排查工作，严格规范活禽交易市场经营行为，严厉查处违法生产经营活禽行为，严格落实"三个一措施"（一天一清洗消毒、一周一大扫除、一月一休市）。开展冷冻动物制品食品安全专项整治，严厉打击运输、经营过期及走私冷冻肉制品。还对其他重点食品乳制品、酒类、油辣椒、食用植物油、酱油、食醋、粽子、饮料进行重点检查。十八大以来，食品生产环节共抽检24534批次食品，合格23470批次，合格率为94.1%。针对"一非两超"（非法添加非食用物质、超范围超限量使用添加剂），严厉打击非法添加罂粟壳、苏丹红、柠檬黄、孔雀石绿等非食用物质违法犯罪行为。为省内开展各项重大活动的餐饮服务食品安全保驾护航，例如，2016阿里巴巴·贵州年货节、"2016、2017中国大数据产业峰会暨中国电子商务创新发展峰会""2016年云上贵州·大数

据招商引智再出发""外交部贵州全球推介暨冷餐招待会"等。

在医药方面，利用查处山东济南非法疫苗经营案件之机全面开展贵州省疫苗经营工作排查。对有疫苗经营资质的 20 家企业做了覆盖率 100% 的检查。检查了 26 种疫苗购进 650.11 万余支，销售 559.34 万余支，库存 80.97 万余支，未发现非法购进的疫苗。2017 年开展化妆品为主的专项整治行动，严查经营 "三无" 化妆品行为，全省共检查美容美发场所 4974 户。开展医疗器械为主的多个专项检查，包括避孕套质量安全管理、无菌和植入性医疗器械监督检查等 10 多个专项检查。

加强对重点企业的监管。对贵州茅台酒股份有限公司、贵阳南明老干妈风味食品有限责任公司等大型企业开展重点检查。党的十八大以来，食品生产环节共出动检查人员 30252 人次，检查生产企业 4086 家，生产小作坊 14092 家，发现风险隐患问题 2920 条。组织开展了对全省药品批发和零售企业专项整治，对全省 198 家药品批发企业 2013 年 7 月 1 以来药品法经营行为开展检查，并组织全省各地进行交叉执法检查，对 11030 医药零售企业进行检查，占药店总数的近 82.93%，其中撤销 GSP 证书 13 家、吊销药品经营许可 1 家、立案查处 19 家。

（五）食品药品监管重心向基层，尤其是向农村倾斜

2015 年 10 月，省人民政府印发《关于进一步加强基层食品安全监管工作的指导意见》，由此拉开了贵州省食品药品监管重心向基层农村倾斜的序幕。食药监局首先成立了农村食品安全治理工作领导小组，为贵州省农村食品安全治理工作提供组织保障。

深入开展农村食品安全治理 "扫雷" 行动。全省各级食品药品监管部门加强了对贵州省农村自办宴席的食品安全监督指导，2016 年共统计农村集体聚餐 75034 次，申报备案 70633 次，申报备案率 94%，备案指导率为 100%。同时，严格实行乡村流动厨师培训合格持证上岗，通过监督人员的指导，提高农民和乡村流动厨师食品安全意识和知识水平，大大减少了农村集体聚餐食物中毒事故的发生，2016 年全年无农村集体聚餐食品安全事故报告。起草了《贵州省农村集体聚餐食品安全指导管理办法》，规范贵州省农村集体聚餐行为，消除和减少食物安全事故隐患，切实保障农村广大群众的身体健康和生命安全。

实施"万家药店进乡村,安全用药到农户"行动,淡化了地理位置和基础设施等客观条件的影响;有效遏制一些不法分子利用农村群众药品安全意识不强的漏洞销售假劣药品,给农村药品安全带来巨大隐患的现象,切实解决了边远乡村老百姓"购药不安全"等问题。

2016年11月,国务院食安办第三督查组在贵州省督查农村食品安全治理工作期间,对贵州省认真落实国务院食安办有关工作部署和要求,工作扎实,方法创新,体系健全,农村食品安全形势总体稳中向好,取得阶段性进展,并将加强农村食品安全治理列为年度食品安全重点工作等措施给予充分肯定。

(六)积极开展改革创新试点,促进食品药品安全示范区(项目)建设

积极推进餐饮示范创建工作有序化、规范化和常态化。在创建工作中,省食药监局强化了各地的创建工作责任,明确工作任务指标,各市(州)2016年至少建成1个示范景区、1个示范乡镇、10个示范街和10家示范店。在推进餐饮示范创建工作规范化过程中,省食药监局规范了示范创建的评审程序,以确定省级餐饮食品安全示范单位。各地充分争取报刊、广播、电视和互联网等媒体的支持,采取多种形式,广泛宣传餐饮服务食品安全示范创建的作用和意义,及时宣传报道创建工作动态、进展和成效,及时总结和推广创建经验,营造了创建工作的浓厚舆论氛围。截至目前,贵州省共创建了雷山县等5个国家级餐饮食品安全示范县,六盘水钟山区等3个省级餐饮食品安全示范县(区),青岩古镇等106个省级餐饮示范景区(乡镇、街)和298家省级食品安全示范店。积极探索创新,扎实做好市(州)、县(区)、乡镇(街道、社区)食品示范"三级联创"工作。2016年12月底,省食品药品监管局对各个试点区域给予了共计1020万元经费补助。

开展医疗机构药品质量规范试点。从2015年开始,省食药监局指导毕节市局开展了医疗机构药品质量管理规范建设试点工作。毕节市食品药品监督管理局会同市卫生计生委制定试点标准,规范医疗机构药品质量管理,按照可操作性、实用性、覆盖全过程、衔接药品法规政策体系的原则,围绕使用药品质量安全和公众关心的突出问题,将医疗机构划分为县以上医院(含县级)、乡镇卫生院、卫生室(门诊部、诊所)三个类别。分别从药事管理机构与人员、

设施设备、采购与验收、储存与养护、药品调配与使用、制度与管理六个方面提出不同的药品质量管理要求，细化对基层医疗机构药品质量的监管。

（七）能力建设不断提升，人才队伍建设不断加强

为进一步加强基层监管人员能力建设，结合全省机构调整和职能转变，围绕基层人员监管能力提升，加大业务培训力度，通过省、市食药监局人员亲自示范、现场培训，进一步提升基层监管人员的业务能力和监管水平。党的十八大以来，先后组织召开了《食品安全法》《食品生产许可管理办法》《食品生产经营日常监督检查管理办法》等培训，共组织开展业务培训 21 期，累计培训全省食品监管人员 2200 余人次。

加强化妆品相关法律法规的学习，根据相关的法律法规和规范性文件，针对社会反映的热点问题，积极组织培训，尽快提高了化妆品流通监管能力。加强 GMP 认证能力建设工作。一是对照国家总局相关技术指南文件，完善工作程序，明确岗位职责，做好无菌药品 GMP 认证的承接工作；二是以承接无菌药品 GMP 认证为契机，加大培训力度，重点加强高风险品种监管人员的培训和配备，在全省系统内新增 85 名 GMP 检查员，努力实现监管能力与监管任务、产业发展相适应。近年来，省食药监局采取"送出去学、请进来教"的方式先后多次举办了"全省医疗器械监管能力培训班""全省医疗器械监管实务培训班""医疗器械生产质量管理规范检查员培训班""医疗器械监管骨干暨急需骨干人才培训班"等，对 2100 余人次监管人员进行了培训。同时，选派 90 余人次业务骨干参加了 20 余次国家局组织的医疗器械注册生产经营和使用监管培训班、医疗器械生产质量管理规范检查员和高级检查员培训班，进一步提高了专业化监管水平。健全和完善贵州省医疗器械产品注册技术审评专家库。在原有医疗器械产品注册技术审评专家库的基础上，评聘了来自临床医学、检验、影像医学、大专院校、科研机构、检测机构等部门的 99 名专家作为贵州省医疗器械产品注册技术审评专家，并对专家就医疗器械技术审评相关法规和程序、技术要求等进行了培训。

（八）服务精准扶贫和大健康两大战略

围绕省委、省政府的决策部署，省食药监局提出强化监管就是服务、监管

促进发展的理念,通过政策引导和技术指导,服务于精准扶贫和大健康发展。

服务精准扶贫战略。为深入贯彻落实贵州省委、省政府关于脱贫攻坚产业扶贫的决策部署,认真抓好食用农产品入市后质量安全监管,助力贵州省绿色农产品"泉涌"发展。省食药监局就贯彻和落实国家及省政府发展农村电商的战略部署,组织开展了专题调研,通过走访座谈等方式,进一步摸清贵州省农村电商发展现状和发展的瓶颈,制定出台了《服务农村电商发展维护网络食品安全的指导意见》,从立足监管职能高效服务农村电商发展和加大监管力度维护农村电商食品安全等方面提出了具体措施,确保农村电商产业健康有序发展。实施"万家药店进乡村,安全用药到农户"行动,帮助药品经营企业打通了农村市场,直接或间接扶持贫困群众,解决了边远乡村老百姓购药难、贵、远问题,减少了农村用药安全隐患。此项行动是食药监管部门贯彻落实省委、省政府脱贫攻坚和精准扶贫系列重大决策部署的重要举措之一。实现小作坊"井喷"式增长,有效带动就业脱贫。通过"主动"普查登记,让更多的小作坊穿上合法外衣,从幕后走向前台,实现"井喷"式增长。围绕供给侧结构性改革需求,对生产条件较好、有一定市场基础的小作坊进行帮扶升级改造,变成合法的食品生产企业,力争造就更多的"老干妈"式的企业,带动更多的贫困人口脱贫致富。

服务大健康战略。为响应省委、省政府提出的"发展医药大健康产业"战略,省食药监局结合《贵州省新医药产业发展规划(2014～2017年)》和《关于加快推进新医药产业发展的指导意见》,制定了《关于开展贵州省医药产业、健康养生产业发展工作要求》和《任务清单分解表》,并明确时间表、路线图、责任人。经统计,贵州省涉及仿制药一致性评价品种(国基药品种)197个批准文号,66个品种,32家药品生产企业;贵州百灵等4家企业开展了涉及30个批准文号仿制药一致性评价工作,另拟开展44个批准文号。支持贵州省民族药进入中国药典工作,筛选15个品种纳入国家标准提高行动计划,同时给予重点支持和帮扶;向国家药典委员会上报14个品种供审核,其中贵州百灵的银丹心脑通软胶囊等3种进入《中国药典》2015年版。大力促进贵州省新药及已获得自主知识产权的中药民族药发展,支持贵州百灵申报的化学新药"替芬泰"准备开展的Ⅱ期临床和批准贵州百灵糖尿病医院自主研发糖宁通络胶囊医院制剂在28家医疗机构使用。建立优势药物品种培育机制,结合贵州省的特点，遴选了20个治疗肿瘤、心脑血管等重大疾病的药物品种进行培育，建立"一品一策"档案，实施精准扶持；此外，还对全省66家企业的945个休眠药物品种进行分析，初步梳理出100个具有发展潜力的品种，通过产品评价提升等方式进行盘活。认真做好药品技术转让授权评估的准备工作，截至目前，共受理了药品技术转让申请112个，上报国家总局22个，获批准22个。

二 贵州省食品药品监管体制改革应对的挑战

随着贵州省食品药品监管体制改革进入深水区，新的监管体系处于运营磨合中，新的困难、更大的挑战不断涌现出来，食药监体制改革工作的长期性和艰巨性仍然并存。

（一）食品药品监管面临的形势依然严峻

全省有近30万个食品生产经营主体，多、小、散的特点突出。食品产业发展总体水平不高，集约化程度低，产业结构不合理，竞争力不强。行业准入门槛低，从业人员素质参差不齐。企业主体责任落实不够，守法意识、安全意识、道德诚信意识和卫生条件、质量控制水平普遍较差。此外，基层、农村地区存在较大的安全隐患。全省农村人口占62%，有集体用餐的学校食堂16596家。农村垃圾处理、清洁用水等设施不足，医疗卫生条件差，民族地区的饮食习惯（生食肉、血和采食野生菌）存在较大的安全隐患。2013年发生的食品安全事故有70%都发生在农村。与此同时，假冒伪劣、过期、不安全食品向"在意价格，忽视质量"的农村转移趋势比较明显。

（二）人员、能力与技术尚显不足，导致基层监管力量薄弱

机构改革前全省监管力量仅有2200余人，机构改革后全省监管力量加强力度不大。县、乡两级虽然设立了新的食品药品监管机构，但在人员配置上，普遍存在专业背景复杂、专业人员被分流、人才青黄不接等现象。县级市场监管局"三合一"整合后还处于磨合期，干部情绪波动，人心不稳也影响了监管工作。受人员编制等因素限制，保证每个乡镇都有食品安全监管派出机构难

度较大。食药监系统内检验检测机构也普遍存在基础设施相对薄弱、仪器设备装备不够完善、专业技术队伍素质不强、检验检测经费严重不足、各地检验能力参差不齐等突出问题。县级食药监系统内无检验检测机构,食品药品安全监管技术支撑亟须加强。

(三)经费不足成为制约推进改革工作的重要因素

食药监部门较长时间处于垂直管理,地方政府投入相对较少,导致食药监队伍建设、执法装备、检验检测能力、信息化建设等欠账较多。改革中,食品检验检测体系建设、安全风险监控、地方标准制(修)订、安全云建设、农产品质量安全追溯、示范创建试等几项重要工作不同程度地存在经费不足问题。以"食品安全云"工程为例,该项目的建设初期,由于省食药监局没有国家和省级专项信息化建设经费支持,主要依靠政府引导性资金和省分析测试研究院部分自筹资金推进,阻碍了此项工程的顺利推进。此外,还存在县级食品相关产品监管无工作经费,以及食品药品检验检测资金缺乏的严重问题。

(四)食品药品监管中仍存在协调困难,资源与信息需进一步整合

食品药品监管体制改革工作涉及部门多,触动利益面广,工作协调难度大,在一定程度上制约了改革工作的深入开展。而食品药品检验检测资源归属系统不同,出现过管理体制不顺、缺乏统一规划、重复抽检、检测结果不能互认互享等问题。原省、市工商质监部门食品监管信息系统仍需深度整合,各级食品药品监督管理局工作人员仍在使用原工商、质监部门食品监管信息系统开展工作,亟须建立统一完善的食品监管信息系统。在"食品安全云"建设中,系统已经完成前期工作,对于国家总局重点关注的监管系统及食品安全风险管理、预警分析等功能模块还未完全上线试运行,"食品安全云"技术支持单位进度有待加快。

(五)食品药品安全信息披露不足

一是政府自身信息公开不足,信息发布的效率不高。当前信息管理中,更强调政府内部部门之间的信息交流,对外向市场发布信息的途径和手段还有不足,尤其是向消费者披露信息较少。二是缺乏集中的信息发布平台,缺乏与消费者的互动交流。目前,仍然缺乏一个能够及时、完整、权威发布各类食品安

全问题的平台。信息发布的渠道和形式也比较单一，特别是在新的网络环境下，没有利用新的媒体传播形式及时发布权威信息，致使一些食品安全问题的谣言广泛传播。信息发布过程中，没有建立良好的与消费者互动交流的反馈机制。消费者获得信息支离破碎，难以客观评价身边的食品安全问题。

三 深化食品药品监管体制改革的对策

在党的十九大上，以习近平同志为核心的党中央提出了"健康中国"战略，把人民健康作为民族昌盛和国家富强的重要标志。这也是对食品药品监管工作提出了新的和更高的要求。按照这一要求，食药监局应进一步深化食品药品监管体制改革，让人民吃得放心，为人民群众提供全方位、全周期健康服务做出贡献。在现有成绩的基础上，食药监局应进一步克服困难与挑战，需要在以下方面继续发力。

（一）完善食品药品安全管理制度和构建科学合理的食品安全标准体系

指导基层乡镇建立相应的食品药品安全管理制度，规范管理工作和落实辖区责任。这些制度应包括：议事与会议、规范执法检查、监测评估、风险隐患排查、应急处置、信息沟通、举报奖励、宣教与培训、考核评价等。吸收各方专家和利益相关者对现行的食品药品标准进行研讨与深度整合，加强风险评估结果在标准制定中的应用。对标准的宣贯与培训深入到最基层监管人员，覆盖各类型和规模的食药品企业。

（二）提升食药监检测和应急处置能力建设

加强食药监检测和应急处置体系规划，突出体系建设，重点加强食药监局监督执法的技术支撑力量建设。统筹考虑地域分布和实际监管工作需要，加强各级食药监检测机构能力建设。在县级推进资源整合，建立食品安全综合检测中心，共享检验信息。加强专业人才队伍建设，完善考核和激励机制。强化检测机构资质认定，确保检测结果可靠、公正和具有公信力，提高检测机构在食药品安全应急事故中的响应能力。

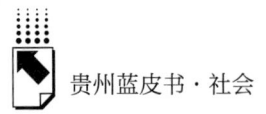

（三）继续加强食药品安全信息化建设，完善信息披露和风险交流制度

建立先进的食品安全信息管理手段和方便的信息交流途径，是实现"从农田到餐桌"整个食品供应链的安全控制目标的根本。食药品安全信息化体系建设亟须加强信息标准化建设，数据共享与分析机制，完善食药品安全信息平台、质量追溯系统，集生产、经营及消费单位统一的数据库，以充分发挥信息化手段在监管中的重要作用。构建一个权威和统一的信息平台发布信息，推进食品安全监管信息及时公开，以增强公众对食品药品安全的信心，提升监管部门的公信力。鼓励和引导各利益相关方参与风险交流活动。重视媒体对食药品安全的知识传播、风险隐患挖掘作用，加强各级政府风险交流能力建设，发挥专家主体在食品药品安全舆论中的导向作用。

（四）强化食药品安全信用体系建设

食药品作为一种信任品，社会信用建设是一种长效机制和一个新方向。建立健全食品安全监管信用档案，以形成信息采集、汇总、共享一体化，服务于政府、企业和消费者的内外环网络。推行企业信用积分制，建立失信企业"黑名单"，充分运用与发挥信用奖惩机制。大力加强食药品安全体系的宣传培训，增强全社会的信用意识。

（五）继续探索和改进农村市场食品药品安全监管

针对贵州农村地区食药品安全风险高和监管力量薄弱的地区，需要各级政府进一步探索改进农村食药品监管新途径，补齐监管的短板。各地县级政府需要加大农村市场的监管经费投入，提升检验检测能力；加强对重点区域（如城乡接合部）、传统节假日期间和高风险产品的安全监管，把住加工、流通、运输和消费各个环节；采取民众喜闻乐见的形式，向农村食药品经营业主宣传法律法规，强化自律意识，积极引导和督促农村的食品生产经营者规范经营。

（六）进一步完善社会共治监管模式

保障食品药品安全需要整个社会共同努力和推进。食药监局要做好实行社会共治的制度安排，要完善政策措施，强化激励约束机制；搭建平台桥梁，畅通公众参与渠道，完善管理服务机制；健全法律制度，让各类主体有法可依、有章可循；营造环境条件，加强食品安全宣传教育，引导公众积极、理性、合法、有序地参与食品安全社会管理。在方式上，变单一行政手段为法律、道德、市场等多种手段并举；动员全社会的力量，共同监督食品安全；全方位地宣传投诉举报奖励制度，鼓励公众投诉举报，畅通投诉渠道；有效地发挥行业协会、社会公众、新闻媒体等作用，凝聚维护食品安全的强大合力。

B.6
贵州高等学校学生消费分层现状调查

王国勇　邹先菊　田维绪*

摘　要： 参照耐用品指数，本文将贵州高校学生分为上层、中层和下层。经过分析，发现贵州高校学生在学习消费水平上总体偏低，各层相差不大，但饮食、服饰/化妆品，以及休闲消费水平各层之间差异显著；消费结构方面以饮食消费为主，其他项目各层学生之间存在差异；消费观念以节俭型和发展型为主。文章最后分析发现消费的商品/服务、消费时身边的朋友/同学是影响高校学生消费的主观因素，家庭所拥有的资本以及家庭环境是主要的客观因素。

关键词： 高校学生　消费分层　贵州省

消费是经济活动的重要一环，其也是人类创造精神文化、物质文化的目的，与此同时，消费也是人类自己完成生存和发展的可能。消费行为与丰富的社会现象是相互渗透、相互交织的，随着经济的发展、社会的进步，消费商品不仅可以给人们提供方便和舒适，同时，其还可以是我们对消费者进行建构意义、区分品味、划分阶层的基础。也就是说，"作为阶层划分的标准，消费本身具备最基本的分类指标的功能，即区分的功能"[①]。

经济的迅速发展，以及高校的扩招政策实施以来，中国高校学生的数量变

---

*　王国勇，政治学博士，贵州民族大学教授，博士生导师，研究方向为农村社会学、政治社会学；邹先菊，贵州民族大学硕士研究生，研究方向为政治社会学；田维绪，贵州民族大学副教授，博士研究生，研究方向为民族地区社会工作。

①　彭华民：《消费社会学》，北京师范大学出版社，2011，第228~231页。

得越来越多。随着社会工业化的发展,人们越来越处于一个消费社会中,处在消费社会中的消费者的消费习惯和消费层次也在发生变化。大学校园是社会的一个浓缩体,探究社会中存在的分层现象是否在校园中同样存在,高校学生们是否用自己认同的消费方式来体现自己的品位和个性,以及是否会因为处于不同的消费层次而与其他同学形成区隔逐渐进入学者们的研究领域。

社会分层从社会学创立以来就有研究。在这过程中,不同的学者对测量社会分层的维度提出了自己独到的见解,国外的比较经典的有马克思的"按生产资料的占有"、韦伯的"财富、声望、权力"、彼得·布劳等的职业分层、布迪厄的"文化分层"等维度。国内的主要有以职业、收入这两个指标为主流,如陆学艺教授根据职业将中国社会划分为"十大阶层"①。但是"在我国经济结构转型和体制转轨的过程中,由于分配领域中双轨制和隐性收入的广泛存在,职业和收入作为社会分层的主要指标具有很大的局限性,而消费结构成为更能反映真实情况的分层指标"②。作为社会分层的指标之一,消费分层反映的是不同层次的消费群体"对社会资源或社会价值物在占有量、获取机会和满足需求程度上的差异"③。

国内目前对消费分层的划分主要以恩格尔系数和李春玲的家庭耐用品指数④为参考,对于高校学生消费分层划分依据也不例外。高校学生因为有食堂,并且在高校周边的就餐消费相对来说比较便宜,此时,如果将恩格尔系数作为划分消费分层的标准,就容易产生富裕泡沫的现象,因此将恩格尔系数作为

---

① 陆学艺:《当代中国社会流动》,社会科学文献出版社,2004,第2~3页。
② 李培林、张翼:《消费分层:启动经济的一个重要视点》,《社会科学研究》2000年第2期,第33~34页。
③ 何小青:《消费伦理研究》,上海三联书店,2007,第236页。
④ 李春玲:《基于14种家庭耐用品的拥有量来计算家庭耐用品指数》,14种家庭耐用品被区分为四类,给予不同的分值。第一类包括彩电、冰箱和洗衣机,这是当前中国人认为的现代家庭生活所必需的、最起码的"三大件"家用电器,这"三大件"代表了最初级的现代生活方式;第二类包括电话、手机、组合音响、影碟机、空调机和微波炉,这几类家用电器代表了一种更丰富和更全面的现代生活方式,同时拥有第一类和第二类物品的家庭实现了基本的现代生活方式;第三类包括电脑、摄像机、钢琴和摩托车,这几件物品的价格明显比第一类和第二类高,它们代表了更高档次的现代生活方式;第四类是家用轿车,家用轿车比第三类物品更昂贵,它代表了最高水平的现代生活方式。家庭耐用品指数的计分方法是:拥有一件第一类或第二类物品为1分,拥有一件第三类物品为4分,拥有一件第四类物品(家用轿车)为12分。

划分高校学生的分层指标的适用性较低。而手机、电脑、房产以及机动车等耐用品的拥有程度可以在很大程度上反映高校学生生活质量与消费水平,并且人们对这些耐用品的价值判断相对一致,加上每个地区的售价相差不大,因此,本文认为,采用耐用品消费指数来作为划分高校学生分层的标准比较恰当。鉴于此,本文对耐用品指数的计算参考李春玲的计算方法,是根据贵州高校学生的耐用品的拥有情况进行计算而得出,并将该指数作为贵州高校学生消费分层的指标。

本文数据是贵州省"大学生消费状况实证研究"项目组子课题收集的问卷调查数据,样本的覆盖面为贵州九大地(州、市)州的37所高校,其中一本院校1所,二本院校16所,三本院校6所,高职高专院校14所,涉及各类本科和大专院校的高校学生,涵盖六大学科门类,共发放问卷700份,收回问卷683份。根据本研究的专题需要,本研究最终的问卷数为588份,有效比例为84%,有效比例达到社会调查的标准。

一 贵州高校学生消费分层的依据与特点

(一)调查样本的基本情况

从性别构成和是否为独生子女看,如表1所示,在调查样本中,男生的占比少于女生的占比,为42.0%,而女生的为58.0%,男女性别比例比较均衡,悬殊不是很大。

表1 调查样本高校学生的性别以及是否独生子女基本分布情况

性别	频数(次)	百分比(%)	是否独生子女	频数(次)	百分比(%)
男	247	42.0	是	120	20.4
女	341	58.0	否	468	79.6
合计	588	100.0	—	588	100.0

资料来源:贵州省"大学生消费状况实证研究"项目随机抽样调查数据。有效样本为588份。

在涉及是否为独生子女这个变量时,发现是否为独生子女的占比差别很大,具体为独生子女有120人,占比为20.4%;非独生子女为468人,占比为79.6%,独生子女的占比只达到样本的1/5。

从民族构成和居住地情况来看,省内学生的占比是省外学生的八倍,来自省内和省外的占比分别为88.2%和11.8%;来自城市/镇和农村的比例差不多各占一半,分别为51.9%和48.1%(见表2)。

表2 调查样本高校学生的生源地及居住地基本分布情况

生源地	频数(次)	百分比(%)	居住地	频数(次)	百分比(%)
省内	515	88.2	城市/镇	303	51.9
省外	69	11.8	农村	281	48.1
合计	584	100.0	—	584	100.0

资料来源:贵州省"大学生消费状况实证研究"项目随机抽样调查数据。有效样本为588份,缺失值为4。

据表3的统计数据显示,高校学生的父亲文化程度初中及以下的占70.0%,高中及中专的占17.5%,大专及以上的占12.4%。母亲初中及以下文化程度占比达到80.3%,高中及中专的占12.1%,大专及以上的占7.5%。可以看出,父亲的文化程度比母亲的文化程度要高些(如表3所示)。

表3 调查样本高校学生的父母亲文化程度基本情况

父亲文化程度	频数(次)	百分比(%)	母亲文化程度	频数(次)	百分比(%)
初中及以下	411	70.0	初中及以下	470	80.3
高中及中专	103	17.5	高中及中专	71	12.1
大专及以上	73	12.4	大专及以上	44	7.5
合计	587	100.0	—	585	100.0

资料来源:贵州省"大学生消费状况实证研究"项目随机抽样调查数据。有效样本为588份,缺失值分别为1和3。

在所调查的对象中,有11.6%的高校学生来自于一本院校,有67.2%的学生来自于二本院校,来自三本院校的学生占比为8.5%,高职高专的占12%。

通过表4所示的统计数据可以看出,高校学生父母亲的职业以社会底层为主,具体为:父亲处在社会高层的为12.8%、处在中层的为10.9、处在低层的为76.3%,而母亲处在社会高层的为7.3%、处在中层的为9.5%、处在低层的为83.1%。同父母的文化程度这个变量一样,父亲的职业所处的社会阶层稍高于母亲的职业社会阶层。

表4 调查样本高校学生的父母职业所处社会阶层基本情况

父亲职业所处阶层	频数(次)	百分比(%)	母亲职业所处社会阶层	频数(次)	百分比(%)
社会高层	75	12.8	社会高层	43	7.3
社会中层	64	10.9	社会中层	56	9.5
社会底层	447	76.3	社会底层	488	83.1
合计	586	100.0	—	587	100.0

资料来源：贵州省"大学生消费状况实证研究"项目随机抽样调查数据。有效样本为588份，缺失值分别为2份和1份。

（二）贵州高校学生消费分层的依据

本研究将12种耐用品划分为三类，并且赋予各类耐用品不同的值。第一类为手机、手表、台式电脑和笔记本电脑，这些物品是当前高校学生基本的校园生活方式；第二类为iPhone、iPad、金银首饰、数码照相或者摄像机、自行车或摩托车，这几样耐用品的拥有代表了消费水平更高，以及生活方式更加丰富；房产和机动车这类更昂贵的物品，其代表了高校学生生活层次更加富裕。耐用品指数的得分标准为：拥有第一类消费品中的一样，则加1分，因为这类物品是大学生生活的必需品；拥有第二类消费品中的一样，则加2分，这类物品是大学生生活更高水平的体现；拥有第三类消费品中的一样，则加4分，因为这类物品更昂贵，是大学生生活的最高水平的生活层次。

0~1分表示该生只拥有第一类物品中的一样甚至没有，这类学生处于消费的下层；2~7分表示该生拥有至少两样一类物品，至多拥有两到三样一类物品和一样二类物品，这类学生处于消费的中层；8分以上说明该生至少拥有一类物品、二类物品中的某一样，甚至拥有三类物品，这类学生处于消费的上层。表5列出了贵州省高校学生的耐用品指数得分的分组状况。

表5 贵州高校学生耐用品指数的得分情况

消费阶层	得分分组	人数(人)	百分比(%)
下层	0~1分	89	15.1
中层	2~7分	445	75.7
上层	8分及以上	54	9.2
合计	—	588	100.0

资料来源：贵州省"大学生消费状况实证研究"项目随机抽样调查数据。有效样本为588份。

耐用品指数得分为 0~1 分的高校学生占总样本的 15.1%，2~7 分的为 75.7%，8 分及以上的高校学生为 9.2%，高校学生的消费分层表现为两头窄中间宽。总体来看，依据耐用品指数，高校学生之间消费差异明显，消费分层现象较突出。本研究也将此分类标准同是否为学校认定的贫困生作卡方检验，发现与是否为学校认定的贫困生显著相关，这进一步说明，本划分方法对于高校学生的分层具有一定的解释力。

（三）贵州高校学生消费分层的特点

从上文我们可知高校学生的消费已经呈现出分层的特点。本文接下来主要从饮食、服饰/化妆品、休闲娱乐和学习四个维度对高校学生的消费特点进行分析，力图呈现高校学生消费分层的全貌。

1. 消费水平：中、下层消费水平相似，与上层差异较大

（1）学习消费水平各阶层间相似

高校学生最重要的角色就是学生，他们的主要任务是学习。因此，探讨高校学生在学习上的消费具有重要意义。从图 1 的统计数据可以看出，在学习这方面，所有高校学生中，44.4% 的学生每月的学习消费的水平在 200 元以下。有 26% 左右的在 200~299 元，300~399 元的占到 17%，400~499 元的为 12%。总体上来看，学生们花费在学习方面的费用普遍较低，接近半数的学生的花费在 200 元以下。每个消费阶层在学习方面的花费并没有明显的差别，和总体的分布较为一致。也就是说，高校学生每个月在学习上的费用在层间各层内保持较高一致性。

（2）饮食消费水平阶层差异显著

如图 2 所示，在"每个月在饮食方面的平均花费"这个问题的回答中发现：接近 33% 的高校学生每个月在饮食方面的花费在 400 元以下，也就意味着接近 1/3 的高校学生平均每天在饮食上的花费不到 15 元。而只有 10% 左右的高校学生的超过 700 元。

一周在学校食堂以外就餐的平均花费有 36% 在 50 元以下，50~99 元和 100~199 元的次之，均占到 28% 左右。处在下层的高校学生平均一周在食堂外的花费有半数的在 50 元以下，花费在 300 元以上的群体中，很少见他们的身影。而在高于 50 元的消费水平中，下层的高校学生的占比低于贵州省高校学生的平均水平。而处在中层的高校学生中，每周在食堂外就餐花费在 50 元至 99 元间的

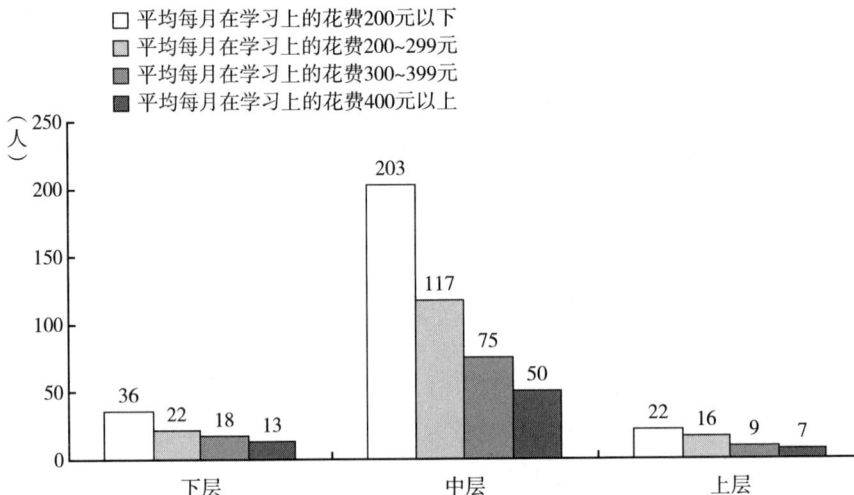

图1 高校学生各层与平均每月在学习上的花费情况

资料来源：贵州省"大学生消费状况实证研究"项目随机抽样调查数据。有效样本为588份。

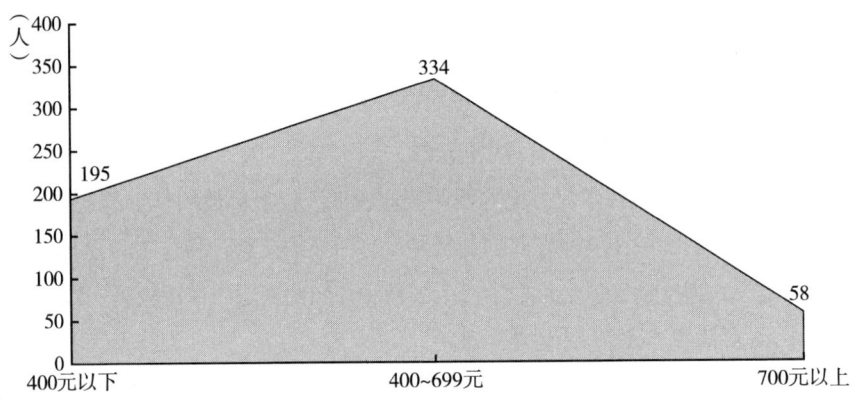

图2 高校学生每个月在饮食方面的平均花费情况

资料来源：贵州省"大学生消费状况实证研究"项目随机抽样调查数据。有效样本为588份，缺失值为1。

占比明显高于高校学生的占比，而在处300元以上的消费档次中，高校学生在中层的比例低过贵州省高校学生比例。在100元以下的平均水平低于高校学生的平均水平，而在100元以上的消费档次中，处于上层的高校学生超过平均水平，上层的高校学生每周在食堂外就餐花费大多数是在100~300元。综上所述，高校学生每周在食堂外就餐花费表现为层间不同，层内也异质的现象（见表6）。

表6　高校学生各层与一周在食堂外的花费交叉统计情况

单位：%、人

消费分层 \ 平均一周在食堂的花费	50元以下	50~99元	100~299元	300元以上	合计
下层	50.6(45)	25.8(23)	19.1(17)	4.5(4)	100.0(89)
中层	35.4(157)	30.9(137)	26.6(118)	7.2(32)	100.0(444)
上层	16.7(9)	9.3(5)	53.7(29)	20.4(11)	100.0(54)
合计	35.9(211)	28.1(165)	27.9(164)	8.0(47)	100.0(587)

资料来源：贵州省"大学生消费状况实证研究"项目随机抽样调查数据。有效样本为588份，缺失值为1。

（3）服饰/化妆品消费两极分化明显

在服饰/化妆品消费这方面，高校学生的消费水平的高低与高校学生所处的消费阶层有很大关系，呈现出每月在服饰/化妆品消费方面总体偏低，处在最底层的占比最多，并且各层之间的差距较大。在服饰/化妆品消费方面不仅在总体中存在着分层现象，并且属于同一层次的群体中，分层现象也较明显。处在下层和中层消费层次的高校学生中，其在服饰/化妆品上的消费水平多数都是处在100元以下，处在100~199元的次之，但总的来说，越往上，占比越少。但处在消费上层的高校学生中，在服饰/化妆品上的花费有将近11%的学生花费在300元以上，同一阶层在服饰/化妆品上的消费分层同总体在该方面的分层是一致的。具体情况见图3。

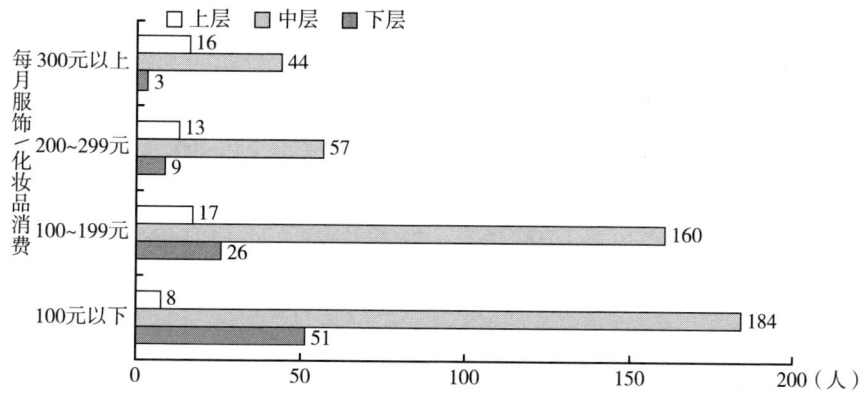

图3　高校学生消费分层与每月服饰/化妆品消费情况

资料来源：贵州省"大学生消费状况实证研究"项目随机抽样调查数据。有效样本为588份。

（4）休闲消费各层差异较大

高校学生的闲暇时间较多,他们有很多时间进行休闲娱乐活动。现代社会休闲方式有很多,其中,外出旅游、郊游不仅是一种比较好的闲暇方式,其还是高校学生有剩余资金去进行多样化消费的表现,因此,本文对高校学生的外出郊游活动做了分析。

大部分高校学生的每月外出郊游消费水平在100元以下,占到54%左右;外出郊游消费水平为0的高校学生中,下层阶层占比是最多的,为23.6%,高出平均水平5个百分点。上层学生中,有11.1%每月外出郊游费用为0元,33.3%的在100元以下。在200元以上的外出郊游这个变量值中,下层和中层高校学生的占比很少。高校学生平均每月外出旅游的消费在各层之间有明显差异,根据统计结果不难看出,处在消费上层的高校学生消费情况与中层和下层之间的学生消费情况差异明显（见表7）。

表7　高校学生消费分层与外出旅游、郊游消费情况

单位：%、人

消费分层 \ 外出旅游、郊游消费	0	100元以下	100～199元	200元以上	合计
下层	23.6(21)	50.6(45)	15.7(14)	10.1(9)	100.0(89)
中层	18.0(80)	57.8(257)	18.0(80)	6.3(28)	100.0(445)
上层	11.1(6)	33.3(18)	18.5(10)	37.0(20)	100.0(54)
合计	18.2(107)	54.4(320)	17.7(104)	9.7(57)	100.0(588)

资料来源：贵州省"大学生消费状况实证研究"项目随机抽样调查数据。有效样本为588份。

如表8所示,大部分高校学生的每月休闲娱乐的平均花费在100元以下,占到52%左右;在该项目上消费水平为0的高校学生中,下层占比是最多的,为21.3%,高出高校学生平均年水平10个百分点左右,上层学生中,每月在该项目上的花费为0元的一个都没有。据表8所示,各层高校学生每个月上网、卡拉OK、玩台球、看电影等的平均花费有显著性差异。

2.消费结构:饮食消费为主,其他项目各层存在差异

在消费结构方面,不管是什么层次的高校学生,将饮食放在第一位的同学的占比是最大的,达到76.5%;学习的次之,占比为13.0%。人们只有满足最基本的需要,才能发展更高层次的需要。虽然各层高校学生的消费都以饮食

为主，但是，有部分学生是以学习为主。在这三个层次的高校学生中，将学习放在第一位的学生中，下层高校学生的占比是最多的，如表9所示。

表8 高校学生消费分层与每个月休闲娱乐的平均花费情况

单位：%、人

消费分层 \ 每个月休闲娱乐的平均花费	0元	100元以下	101至200元	200元以上	合计
下层	21.3(19)	55.1(49)	16.9(15)	6.7(6)	100.0(89)
中层	12.3(54)	55.2(243)	24.8(109)	7.7(34)	100.0(440)
上层	0(0)	21.2(11)	44.2(23)	34.6(18)	100.0(52)
合计	12.6(73)	52.2(303)	25.3(147)	10(58)	100(581)

资料来源：贵州省"大学生消费状况实证研究"项目随机抽样调查数据。有效样本为588份，缺失值为7。

表9 各层高校学生首要的消费项目情况

单位：%、人

首要的消费项目 \ 层次	下层	中层	上层	合计
饮食	69.3(61)	79.2(350)	66.7(36)	76.5(447)
交通通信（电话/上网）	2.3(2)	1.8(8)	0	1.7(10)
日用品	2.3(2)	1.6(7)	1.9(1)	1.7(10)
学习费用（书籍/考证等）	20.5(18)	11.3(50)	14.8(8)	13.0(76)
购物（服装/化妆品/洗漱用品等）	1.1(1)	2.3(10)	9.3(5)	2.7(16)
烟酒、零食	1.1(1)	0.7(3)	1.9(1)	0.9(5)
谈恋爱	1.1(1)	0.2(1)	1.9(1)	0.5(3)
休闲娱乐（健身/旅游/KTV/酒吧等）	0	0.7(3)	3.7(2)	0.9(5)
人际交往/应酬	2.3(2)	2.3(10)	0	2.1(12)
合计	15.1(88)	75.7(442)	9.2(54)	100.0(584)

资料来源：贵州省"大学生消费状况实证研究"项目随机抽样调查数据。有效样本为588份，缺失值为4。

3. 消费观念：节俭型为主，其他类型观念存在差异

消费观念是消费者对消费生活的基本看法，其对人们的消费活动具有重要的评价及导向作用。本项目组的负责人田维绪副教授借助郑红娥划分消费观念类型的方法，将贵州高校学生消费观念分为节俭型、大众型、享受型、后代型、成就型、发展型及混合型。本研究将各层的数据和这7种类型消费观念进行分析，发现在各层高校学生中，以节俭型为主，但是下层的学生占比更多，达到40.4%，而上层的仅为29.6%。与此同时，下层的学生倾向于混合型、成就型以及大众型；中层学生更倾向于混合型、发展型以及大众型；而上层学生以发展型、混合型以及享受型为主。结果如图4所示。

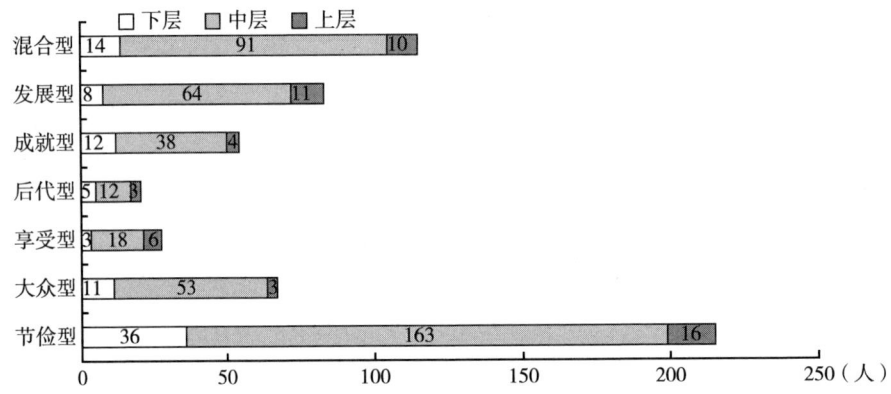

图4　高校学生消费分层与消费观念情况

资料来源：贵州省"大学生消费状况实证研究"项目随机抽样调查数据。有效样本为588份，缺失值为7。

本文接下来从饮食、服饰/化妆品这两个具体的消费项目上来分析高校学生在消费时的态度取向，以期从另一个侧面来更进一步说明不同阶层高校学生消费观念的差别。

（1）饮食态度表现为上层学生与中、下层差异明显

本文根据数据的情况，将饮食上的态度做了多选项交叉分析。在饮食态度上，下层学生中，73%的学生选择吃饱就行，接下来的选择是方便省事；中层学生中，同样的也是吃饱就行，但与下层学生不同，他们中，选择注重营养以及体现品位的占到一半，这与下层学生拉开了差距；上层学生中，排在第一位的是注重营养，接下来是体现品位，仅有31.5%的学生在饮食消费上的主要态度是吃饱就行。

（2）服饰消费首要态度为舒适方便，各层态度有所不同

在服饰消费态度上，各层学生之间有较大的不同。下层学生中，服饰消费的首选是舒适方便，这和中层学生是一样的，下层学生在进行服饰消费时，另一个考虑的因素是便宜保暖，他们较少追求款式；中层学生中，排名在前的也

是舒适方便和便宜保暖，但是，与下层学生有所不同，在追求款式这方面，中层学生比下层学生高了15个百分点；上层学生中，追求款式，是他们在进行服饰消费时的首要选择，款式过后才考虑是否舒适方便。

二 贵州高校学生消费分层的影响因素及表现

（一）影响因素

本文主要从主观和客观两方面来探讨贵州高校学生消费分层的影响因素。

1. 主观因素

在问卷中，设置了"平时在消费时容易受到哪些因素的影响（限选三项，并按重要性排序）"这道题，目的在于对测量高校学生消费时影响因素的自我评价。结果如表10所示，在第一重要影响因素中，排名前两位的是消费的商品/服务与当时身边的朋友/同学，分别为22.3%、20.9%；第二影响因素占比最高的前两位分别是需求满足的迫切程度、一贯的消费观念，分别为16.7%、13.5%；第三个影响因素排名前两位的是当时的心情、一贯的消费观念，分别为16.9%、13.7%。在调研过程中，也注意到，高校学生消费时消费环境/服务态度也是重要的影响因素之一，在三种影响因素中，均占有较大比例。

从表10可以看出，对高校学生消费的影响因素中，消费的商品/服务、传统的消费习惯、一贯的消费观念以及当时的心情这几种因素的合计超过半数，而这些因素都与高校学生自身密切相关。部分高校学生，因其存在一定的攀比心理，不管是通过向亲朋好友借钱或者是向私人贷款，其也要想方设法使自己的消费上一个档次，以此来实现自己攀比的行为。虽然他们通过这些方式使自己处于上层，但实际上其经济能力是与他的需求是矛盾的。这一点，在调查中也可得到证实，在问卷调查时，有30%的高校学生表示，他们在平时的消费生活中，其消费能力和消费需求之间是不均衡的关系，他们的消费能力很明显地不能满足他们各种各样的需求。

2. 客观因素

贵州高校学生的消费分层的现象是由多方面的因素造成的，但最主要的因素是他们接受社会化的最重要的两个主体，即家庭、同辈群体。

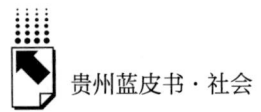

表10　高校学生自我评价在消费时受哪些因素影响（限选三项，并按重要性排序）

单位：%、人

消费影响因素＼自我评价	第一位	第二位	第三位
消费的商品/服务	22.3(128)	6.5(36)	6.1(32)
当时身边的朋友/同学	20.9(120)	9.5(53)	7.4(39)
广告/媒体宣传	5.9(34)	5.6(31)	3.2(17)
消费环境/服务态度	10.1(58)	13.7(76)	7.8(41)
传统消费习惯	4.4(25)	7.6(42)	4.2(22)
需求满足的急切程度	13.8(79)	16.7(93)	10.8(57)
一贯的消费观念	11.7(67)	13.5(75)	13.7(72)
消费水平/技能	3.3(19)	7.9(44)	7.2(38)
校园环境	0.7(4)	3.8(21)	4.2(22)
当时的心情	2.8(16)	8.6(48)	16.9(89)
家庭消费习惯	3.8(22)	5.2(29)	13.5(71)
消费流行趋势	0(0)	1.3(7)	4.9(26)
其他	0.2(1)	0.2(1)	0.2(1)
合计	100.0(573)	100.0(556)	100.0(527)

资料来源：贵州省"大学生消费状况实证研究"项目随机抽样调查数据。有效样本为588份，缺失值分别为15、32、61。

（1）家庭因素

通常而言，高校学生基本上是无收入群体，虽然他们中有些会做兼职来增加自己的经济来源。但是，很大一部分学生经济来源主要是父母，所以，不同的家庭情况和条件也对高校学生的消费分层有着不可忽视的影响。可以这样说，高校学生的消费分层是家庭消费分层的延伸。本文将高校学生的与家庭相关的变量，文化程度、职业、是否有兄弟姐妹同高校学生的消费分层做卡方检验，检测结果如表11所示。

表11　高校学生消费分层与家庭相关变量的卡方检验结果

变量名	值	df	渐进 Sig.（双侧）
父亲文化程度	65.554	4	0.000
母亲文化程度	64.535	4	0.000
母亲职业	40.261	4	0.000
父亲职业	51.569	4	0.000
是否独生子女	36.725	2	0.000
生源地（省内、省外）	9.091	2	0.011
什么时候离开父母独立生活	25.891	8	0.001

续表

变量名	值	df	渐进 Sig.（双侧）
家庭所在地社区类型	36.985	4	0.000
与父亲关系	7.001	6	0.321
与母亲关系	4.572	6	0.600
父母是否提出过要求或希望	9.075	2	0.011

资料来源：贵州省"大学生消费状况实证研究"项目随机抽样调查数据。有效样本为 588 份。

本文将高校学生的与家庭相关的变量高校学生的消费分层做卡方检验，结果表明与高校学生消费分层显著相关的因素有：父亲和母亲受教育的程度和职业、是否独生子女、生源地（省内、省外）、什么时候离开父母独立生活、家庭所在地社区的类型、父母是否提出过要求或希望。依据社会化理论，家庭是人一生中最重要的社会化主体，其对人产生的影响是程度最深和时间最久的，所以高校学生的消费习惯其实都有其家庭的影子。家庭所拥有的资本以及家庭环境，很大程度上影响了其为高校学生的消费水平提供的支持程度。家里有无兄弟姐妹也会影响高校学生的消费水平。在这些影响因素中，总体上家庭经济资本是高校学生的消费分层最重要的因素。但是在面子消费的问题上，家庭文化资本和经济资本共同发挥作用，超过了家庭经济资本和文化资本各自独立的影响。[①] 而在总体的消费水平方面和消费结构方面，对大学生消费起着重要因素的是家庭的文化资本。[②]

（2）同辈群体因素

有 21.3% 的高校学生认为身边的朋友、同学对他们消费的影响是最重要的。根据消费者身份认同理论，一般情况下，消费者会选择能对身份进行保持的消费行为。他们也会认可那些与他们身份具有同一性的消费行为，并且通过消费来对他人的身份进行识别。高校学生在潜意识里会对消费进行识别，认同与自己相似的同学，并且会自发地形成初级群体，在该群体内得到认同，产生

---

① 朱迪：《大学生消费不平等的实证研究：从消费文化的维度》，《兰州大学学报》（社会科学版）2014 年第 6 期，第 49～58 页。
② 常茜：《大学生消费行为的社会学研究——基于荆门大学本科生的调查》，西北农林科技大学硕士学位论文，2009。

具有较高一致性的消费行为和归属感。这种归属感的获得又使他们相互沟通相互依赖，与此同时，高校学生会调节自己的消费行为和消费观念去适应并顺从群体的消费观念，这反过来加强了他们对自己的消费习惯和理念，并且对群体外的同学不认同，甚至不理解。正如王宁所言："我们的认同支配了我们的消费；反过来，我们的消费又是认同的体现""消费在社会学意义上的重要作用之一就在于它既是用于建构认同的原材料，又是认同的体现和图表达"[1]。当高校学生阶层固化一旦形成，分层现象自然而然地就产生了。[2]

（二）影响表现

从数据统计结果可知，有75%的高校学生感到来自身边同学的消费压力，这一方面与高校学生自身的经济条件有关，另一方面，身边同学优越的生活条件也对他们产生一定的压力。这种压力一定程度上影响了他们的社会交往以及社会实践。大学学习期间，为了维持自己的生活，改善生活困境，下层学生们会采取兼职以及勤工助学等各种助学形式，这些都一定程度上占用了他们的学习时间，影响了他们的正常学业，使他们中的部分同学容易成为"多困生"。此外，因为身边同学的消费压力，会导致极少数的高校学生心理严重扭曲，使他们产生怪异的行为，甚至走极端。他们中的部分人会试图用违法的手段和方式摆脱经济上的困境，最终走上犯罪的道路，自暴自弃，堕落下去，比如近几年的裸贷事件。因此，消费分层的问题不仅影响高校学生的顺利、健康成长，也给高校甚至社会和谐带来很大影响。

此外，在被问到没有参加过专业以外（学历教育或职业资格证书考试等）培训学习的主要原因时，下层高校学生中有15.9%的表示是因为家庭条件不允许，中层学生中有接近12%的也是因为这个原因。由此看来，在中下层高校学生中，有一成多的学生不能进行更为多元的教育消费。根据统计结果也发现，下层的学生中，有53.2%的同学是使用同学的电脑上网，有15.6%的使用自己的电脑上网。高校学生中，拥有一台电脑是比较基本的生活方式，而在

---

[1] 王宁：《消费社会学》，社会科学文献出版社，2011。
[2] 邓力铭：《大学校园学生分层研究——以东北财经大学为例》，《东北财经大学学报》2009年第6期，第112~116页。

下层学生中，电脑的拥有率很少。在这个信息化、网络化的时代，这给他们的学习生活带来不便，使他们成为"多困生"。

为了增加自己的经济来源，补贴日用和积攒生活费、学费，有28%的下层高校学生经常出去勤工助学或打工。这无疑会占用他们学习的时间，使他们投入在学习上的精力较少，并且由于经常出去兼职，和同学的交流时间就较少。与此同时，在从来不参加院/系与班级活动的下层学生中，有20%的同学表示他们是因为怕花钱而不参与。这给他们的学习、社会交往带来一定程度的影响。

三　结语

随着社会转型，利益格局的不断分化和调整，社会分层的现象已经不足为奇。高校学生的消费的资金支持和消费观念主要是来自于家庭，他们的消费分层是社会分层在高校学生在中的一种映射，并且和家庭在另外指标体系的社会分层相互影响。同时，消费一方面是他们产生分层的原因，另一方面，也是他们分层之后的结果。在消费的互动环节中，学生们在消费舞台上呈现的是家庭以及作为个体的学生本身的表演。

在正视该社会现象的同时，要注意预防由阶层固化及其所产生的负面影响对高校学生的影响。因此，家庭应形成理性的消费文化，为子女营造一个合理的消费氛围。高校应该加强对高校学生的消费引导教育。同时，对于中层和下层的高校学生多提供职业技能的培训，使其不再靠简单的、无技术含量的兼职来增加生活费，对于上层高校学生进行理财教育，使其形成理性的消费习惯。高校也应该在分层意识方面做出努力，尽量使其弱化，比如尽量避免将寝室划为几个档次。高校学生自身应正视这种现象，因高校学生是个很特殊的群体，其还有很多的机会改变这种现象，他们处在社会化的重要阶段，可塑性很强，要努力提高自身的精神追求，养成合理的消费习惯，树立自己的消费观念，使身心得到良好的发展。

本研究的不足之处：首先在资料搜集方面，有的资料真实性和完整性得不到保证，给分析结果造成误差，这是本研究的难点。在资料分析方面，本文主要采用耐用品指数作为高校学生消费分层的划分依据，但是以该指数来作为分层标准并未得到学界的普遍认同，并且受制于笔者自身专业水平，研究有所局限，分析的深度存在不足。

参考文献

李强:《社会分层十讲》,社会科学文献出版社,2008。
王宁:《消费社会学》,社会科学文献出版社,2011。
常茜:《大学生消费行为的社会学研究——基于荆门大学本科生的调查》,西北农林科技大学硕士学位论文,2009。
邓力铭:《大学校园学生分层研究——以东北财经大学为例》,《东北财经大学学报》2009年第5期。
李春玲:《当代中国社会的消费分层》,《中山大学学报》(社会科学版)2007年第4期。
李培林、张翼:《消费分层:启动经济的一个重要视点》,《社会科学研究》2000年第2期。
李中明:《我国现阶段居民消费分层研究》,西南财经大学博士学位论文,2010。
林晓珊、张翼:《制度变迁与消费分层:消费不平等的一个分析视角》,《兰州大学学报》(社会科学版)2014年第1期。
任立明:《社会分层与消费分层》,《才智》2013年第19期。
孙百才:《国内大学生消费实证研究述评》,《当代教育与文化》2011年第1期。
田维绪、龙海燕:《贵州高校学生消费状况调查研究》,载《贵州社会发展报告(2016)》,社会科学文献出版社,2016。
杨丽佳、罗兆均:《消费分层:一个社会分层的重要维度——浅析名人广告中的社会分层》,《陕西:西安社会科学》2012年第2期。
朱迪:《大学生消费不平等的实证研究:从消费文化的维度》,《兰州大学学报》(社会科学版)2014年第6期。
陆学艺:《当代中国社会流动》,社会科学文献出版社,2004。
何小青:《消费伦理研究》,上海三联书店,2007。
彭华民:《消费社会学新论》,北京师范大学出版社,2011。

B.7
贵州省近五年经济高速增长的动力研究

林岚涛 程 锐*

摘　要： 通过对"十二五"以来贵州经济高速增长的全动力解读，利用全面的统计资料，分析梳理增长的内在成因，细致地总结贵州在投资、消费、净出口等方面的表现，横向对比与全国平均水平的异同，发现贵州不同于东部、有别于西部的特殊增长路径。运用系统数据分析给出结论认识：过去五年针对交通等基础设施的投资、针对城镇化带来的房地产"造城运动"是贵州省经济增长的主要支撑；同时，电子商务的发展和居民消费能力的增长，以及对于旅游、城市服务业等迅猛上升的需求，成为推动经济增长的又一有力支撑；不同于全国的是，净出口在2015年全国不景气的时段仍然构成对该省经济增长的一支力量。

关键词： 经济高速增长　贵州省　"十二五"以来　经济增长动力

过去五年，是我国深化改革的时期，改革的任务重、难度大。贵州省在国务院2号文件《国务院关于进一步促进贵州经济社会又好又快发展的若干意见》和"三化（工业化、城镇化、农业现代化）同步"的战略指导下，取得了主要经济指标增速连续五年高于全国、高于西部的优异成绩。本文拟从宏观经济的角度出发，将拉动经济增长的"三驾马车"——消费、投资、净出口

---

* 林岚涛，贵州大学教授；程锐，贵州大学2015级企业管理研究生。

作为主要的研究对象，分析其对贵州省经济快速增长的影响，对贵州省近五年经济快速发展的动力进行研究。

一 消费对贵州省经济的影响

消费作为经济增长的"三驾马车"之一，对于经济增长的导向和带动作用明显。我国"十二五"规划中明确提出转变经济发展方式，扩大内需，提高居民消费水平，使消费、投资、净出口协调发展。2017年1~2月贵州省经济运行情况报告显示，消费保持良好的增势，全省经济保持良好的发展态势。本文从《贵州统计年鉴2016》中提取"十二五"期间（2011~2015年）相关数据，从最终消费（支出法）、社会消费品零售总额、城乡居民消费支出三个层面衡量消费对贵州省经济增长GDP的拉动作用。

（一）数据分析

1. 最终消费

最终消费支出可以准确地描述消费需求状况，据国际货币基金组织测算，世界平均最终消费率为80%左右，一些欧美国家的最终消费率稳定在80%左右；而我国的最终消费率低于世界平均水平，说明我国的总体消费还存在很大的上升空间。

表1 贵州省"十二五"期间最终消费、最终消费率数据

单位：亿元，%

年 份	2011	2012	2013	2014	2015
最终消费	3438.71	3950.64	4535.82	5288.5	5957.73
GDP	5701.84	6852.2	8086.86	9266.39	10502.56
最终消费率	60.3	57.7	56.1	57.1	56.7
全国最终消费率	49.6	50.1	50.3	50.7	51.8

资料来源：《贵州省统计年鉴》。

由表1的数据分析可得，"十二五"期间，贵州省最终消费的年平均增速为15.21%，GDP的年均增速为18.13%，高于最终消费的年均增速。同时该数据也

反映了贵州省在最终消费额上升时最终消费率下降的原因。对比全国最终消费数据：我国整体的最终消费率呈现上升趋势，最终消费的增长率高于 GDP 的增长率。而贵州省的最终消费水平低于全国平均水平，还具有较大的提升空间。

表2 贵州省"十二五"期间最终消费各部分数据

单位：亿元，%

年份	城镇居民消费	农村居民消费	居民消费	政府消费	最终消费	GDP	最终消费率
2011	1658.27	908.51	2566.78	871.93	3438.71	5701.84	60.3
2012	1916.26	994.67	2910.93	1039.71	3950.64	6852.20	57.7
2013	2150.56	1182.14	3332.70	1203.12	4535.82	8086.86	56.1
2014	2564.84	1417.43	3982.27	1306.23	5288.5	9266.39	57.1
2015	2898.18	1632.70	4530.88	1426.85	5957.73	10502.56	56.7

资料来源：《贵州省统计年鉴》。

对表2、表3分析可得，"十二五"期间最终消费各项组成的绝对值都在增加，但最终消费率整体处于下降的趋势。其中，居民消费额占最终消费额的比重整体呈增长趋势，从 74.64% 增长到 76.05%；政府消费额占最终消费额的比重整体呈下降趋势，从 25.36% 降为 23.95%。针对城镇居民消费和农村居民消费而言，前者占居民消费的比重波动下降，由 64.61% 降为 63.97%；后者占居民消费呈波动上升，由 35.39% 增长为 36.03%。

表3 贵州省"十二五"期间最终消费各部分的比重

单位：%

年份	政府消费占最终消费比重	居民消费占最终消费比重	城镇居民消费占居民消费比重	农村居民消费占居民消费比重
2011	25.36	74.64	64.61	35.39
2012	26.32	73.68	65.83	34.17
2013	26.52	73.48	64.53	35.47
2014	24.70	75.30	64.41	35.59
2015	23.95	76.05	63.97	36.03

资料来源：《贵州省统计年鉴》。

再比较各部分的增长速度。

由图1可得出"十二五"期间各部分增长率与 GDP 的增长率波动变化：

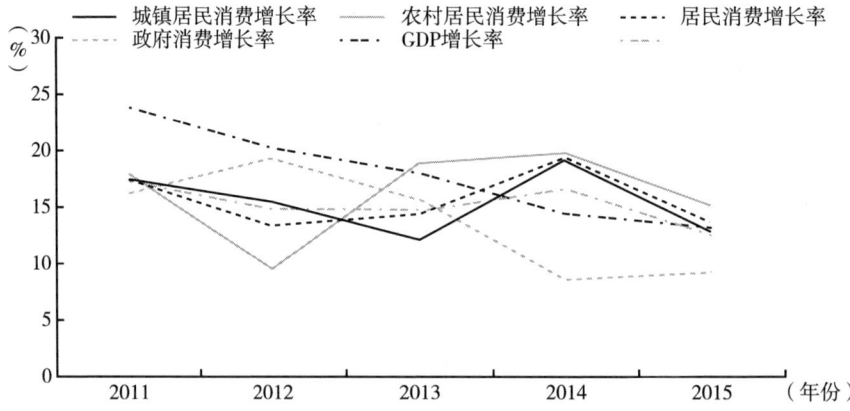

图 1　贵州省"十二五"期间最终消费各部分增长率与 GDP 增长率比较

资料来源:《贵州省统计年鉴》。

其中 2014 年，城镇居民消费增长率高于 GDP 增长率；2013~2015 年，农村居民消费增长率均高于 GDP 增长率；2011~2015 年，政府消费率均低于最终消费率。这期间，贵州省最终消费率整体下降，但投资率整体呈现上升趋势。

通过以上数据分析得出：政府消费占比的下降和政府消费增长率的减缓是贵州省最终消费率降低的主要原因。而政府消费支出对经济发展的影响不大，表明政府对公共服务的购买不够、民生问题存在欠账。在"十三五"时期，贵州省政府消费将进一步加大在社保、民生保障、农村地区教育、生态环境恢复、房地产去产能等方面的支出，其目的是保障公共服务的供应、推动经济增长。

在"十三五"的发展中，将进一步在"三去一降一补"等政策的引导下，加强对消费的刺激，进一步提高最终消费率，协调投资率和消费率的关系，保证贵州省经济的良性发展。同时，贵州省政府的惠民政策将进一步覆盖教育、农业、基本养老保险、住房等方面，进一步刺激城乡居民的消费水平的发展。

2. 社会消费品零售总额

社会消费品零售总额是指批发和零售业、住宿和餐饮业以及其他行业直接售给城乡居民和社会集团的消费品零售额，反映了通过各种商品流通渠道向居民和社会集团供应的生活消费品的总量。这一指标能够及时、大体地反映全社会总的消费状况。2016年，贵州省社会消费品零售总额3709亿元，同比增长13%，增速全国第二。现对"十二五"期间内社会消费品零售总额见表4。

表4 贵州省2010～2015年社会消费品零售总额

单位：亿元

年份		2010	2011	2012	2013	2014	2015
社会消费品零售总额		1531.64	1899.92	2266.27	2601.20	2936.85	3283.02
按区域分	城镇	1253.74	1561.07	1863.59	2148.26	2425.25	2711.57
	乡镇	277.90	338.85	402.68	452.94	511.60	571.45
按行业分	批发和零售业	1373.41	1710.15	2049.70	2370.95	2679.29	2991.84
	住宿和餐饮业	158.23	189.77	216.57	230.25	257.56	291.18

资料来源：《贵州省统计年鉴》。

通过以上数据分析，"十二五"期间，贵州省社会消费品零售总额从2010年的1531.64亿元增长到2015年的3283.02亿元，增长值为1751.38亿元，年均增长值为350.276亿元；增长率为114.35%，年均增长率为16.47%，比全国社会消费品零售总额年均增长高1.47个百分点。

按照经营单位所在区域分，贵州省城镇社会消费品零售总额从2010年的1253.74亿元增长到2015年的2711.57亿元，增长值为1457.83亿元，占总增长值的83.24%，年均增长值为291.566亿元；增长率为116.28%，年均增长率为16.68%，均高于社会消费品零售总额的增长率和年均增长率。乡镇社会消费品零售总额从2010年的277.90亿元增长到2015年的571.45亿元，增长值为293.55亿元，占总增长值的16.76%，年均增长值为58.71亿元；增长率为105.63%，年均增长率为15.51%，均低于社会消费品零售总额的增长率和年均增长率。由以上数据可知：城镇对于社会消费品的消费能力更强，且增长的动力更足，乡镇社会消费品零售额的基数小，存在巨大的发展空间。

按照行业区分，批发和零售业消费品零售总额从2010年的1373.41亿元增长到2015年的2991.84亿元，增长值为1618.43亿元，占总增长值的92.41%，年均增长值为323.686亿元；增长率为117.84%，年均增长率为16.85%，均高于社会消费品零售总额的增长率和年均增长率。住宿和餐饮业消费品零售总额从2010年的158.23亿元增长到2015年的291.18亿元，增长值为 132.95 亿元，占总增长值的 7.59%，年均增长值为 26.59 亿元；增长率为 84.02%，年均增长率为 12.97%，均低于社会消费品零售总额的增长率和年均增长率。由以上数据分析可知：批发和零售业消费的能力较强，增长动力足；住宿和餐饮业的基数较小，上升空间较大。

3. 城乡居民消费支出

城乡居民消费支出是城乡居民家庭用于日常生活的全部支出，反映了城乡居民实际消费水平的变化。居民消费支出的变化可以说明居民生活水平的提高和消费结构的变化。"十二五"期间贵州省城镇、农村常住居民的人均可支配收入、人均消费性支出情况见表5、图2。

表5 贵州省 2011~2015 年居民消费支出分类

单位：元，%

年份	城镇常住居民人均可支配收入	城镇常住居民人均消费性支出	城镇居民消费比	农村常住居民人均可支配收入	农村常驻居民人均生活消费支出	农村居民消费比
2011	16495.01	11352.88	68.83	4145.35	3455.76	83.36
2012	18700.51	12585.70	67.30	4753.00	3901.71	82.09
2013	20667.07	13702.87	66.30	5434.00	4740.18	87.23
2014	22548.21	15254.64	67.65	6671.22	5970.25	89.49
2015	24579.64	16914.20	68.81	7386.87	6644.93	89.96

资料来源：《贵州省统计年鉴》。

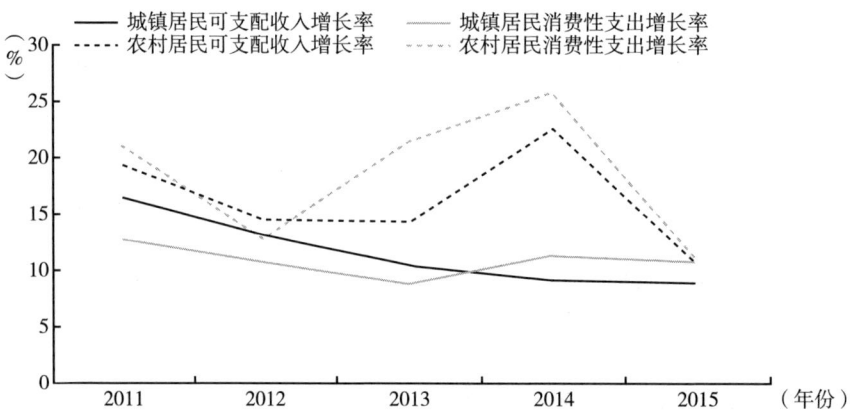

图2 贵州省 2011~2015 年城乡居民可支配收入与消费性支出增长率

资料来源：《贵州省统计年鉴》。

从表5、图2中可知,"十二五"期间,各项衡量指标的绝对值都有增加,城乡居民收入逐年提高。城镇居民消费性支出占可支配收入的比重从2011年的68.83%,先降后增加,2015年为68.81%。农村居民人均消费性支出额从2011年的3456元,增长为2015年的6645元,涨幅近一倍,消费性支出所占比重整体呈现增长趋势,从2011年的83.36%增长为2015年的89.96%。贵州省城乡人均可支配收入与消费性支出还低于全国平均水平。

无论是农村居民消费还是城镇居民消费,消费支出主要分为食品类支出、衣着类支出、居住类支出、家庭设备用品及服务类支出、医疗保健支出、交通通信类支出、教育文化娱乐支出、其他商品和服务支出9大类。贵州省城乡居民各类支出状况见表6。

表6 城镇居民各部分消费支出变化

单位:亿元,%

年份	2011	2012	2013	2014	2015
城镇居民消费性支出	11353.00	12586.00	13703.00	15255.00	16914.00
食品	4566.00	4993.00	4915.00	5320.00	5757.00
恩格尔系数	40.20	39.70	35.90	34.90	34.00
农村居民生活消费支出	3456.0	3902.0	4740.0	5970.0	6645.0
食品	1647.0	1741.0	2036.0	2489.0	2645.0
恩格尔系数	47.7	44.6	43.0	41.7	39.8

资料来源:《贵州省统计年鉴》。

根据以上数据可以看出,"十二五"期间,贵州省城乡居民恩格尔系数都呈下降趋势,这表明居民对食品价格的敏感性进一步降低,城乡居民消费水平提高。与全国平均水平(2015年,全国城镇居民恩格尔系数为29.73%,农村居民恩格尔系数为33.05%)相比,随着全面建成小康社会的目标达成,贵州省城乡居民恩格尔系数还将进一步下降。

(二)重点行业分析

"十二五"时期,贵州省努力拓展消费领域,积极培育新型消费模式,着力提高城乡居民收入,大力改善消费环境,消费市场规模持续扩大,消费水平稳步增长。贵州省委省政府先后制定并出台《贵州省扩大内需促进消费工作方案》《贵州省人民政府关于促进消费的指导意见》等文件和政策措施，促进内需扩大，提高消费对经济增长的贡献。同时，通过"政府搭台，企业唱戏"，开展展会促销和节庆促销活动，有效搭建平台，提升消费对经济增长的拉动力。"十二五"期间，贵州省消费对于经济增长的拉动主要通过社会保障水平提高、旅游业的发展、网络消费的发展来实现的。

1. 旅游业的发展

贵州旅游业作为第三产业的支柱性产业，发展势头迅猛，带动了餐饮、住宿、邮电通信和市域交通的发展。贵州省在"十二五"期间旅行社总数从2010年的260个发展到2015年的353个；旅游总人数由12913.02万人增长到2015年的37630.01万人，年均增长值为4943.378万人，增长率为191.41%，年均增长率为23.85%；旅游总收入由2010年的1061.23亿元增长到2015年的3500.46亿元，"十二五"时期增长了2439.23亿元，年均增长487.846亿元，增长率为230%，年均增长26.96%。

这样的快速发展有以下几个原因。

一是政府支持引导旅游业的快速发展。在"十二五"期间，贵州省政府颁布了《贵州省人民政府关于深化改革开放加快旅游业转型发展的若干意见》，同时，贵阳市委、市政府制定了涉及吃、住、行、游、购、娱六大要素的《贵阳市承办第九届贵州旅游产业发展大会城市综合提升行动计划》以及多项支持旅游业发展的政策，推动旅游业实现全面升级。同时为提升消费者对贵州旅游的满意度，各相关部门积极落实旅游基础设施的建设，积极引导旅游业的升级转型，推动观光型旅游业态充分向度假、休闲旅游转型升级。

二是贵州省交通事业的快速发展促进了旅游业的发展。"十二五"期间，贵州省交通基础建设有极大的提升。

2. 网络零售业的发展

网络消费平台建设快。贵州省打造淘宝贵州馆、京东贵州馆等电子商务综合平台，推进电子商务示范城市、示范基地建设，促进网购的发展。2014年，全省限额以上企业单位通过互联网实现商品销售额244.02亿元；2015年1~10月，全省限额以上企业单位通过互联网实现商品销售额423.49亿元，比上年同期增长96.8%。根据《中国电子商务发展指数报告》公布的数据，贵州省电子商务发展指数在 2014~2016 年发展迅速，在全国各省份中排名上升较快，这反映出贵州省在政策支持下，电子商务开始发挥后发优势。2015 年，贵州省电子商务发展指数排名第 19，成长指数排名第 1。

《贵州网络消费调查报告》显示，23.69% 的消费者网购消费接近日常消费的 10%、38.45% 的消费者网购消费占日常消费的 10%~30%，25.17% 的消费者网购消费占日常消费的 30%~50%，11% 的消费者网购消费占日常消费的 50%~70%，1.68% 的消费者网购消费占日常消费的 70% 以上。该报告揭示：中青年消费者为网络消费主要群体，94.34% 进行网络消费的消费者为 18~50 岁年龄段群体，79.48% 以上的消费者月均网络消费在 2000 元以内，网络消费需求侧潜力较大。2014 年贵州省电商交易规模 758 亿元，同比增长 132%，网络零售额达到 342 亿元，直接从业人员达到 3 万人，间接带动的就业人数近 6 万人。2015 年贵州省年交易额达到 1066 亿，同比增长 41%，增速超过了全国 14 个百分点。

贵州省电子商务的快速发展，是政策支持、通信基础设施建设和消费者主动作为的结果。2015 年 12 月，贵州省发布《贵州省加快农村电子商务发展实施方案》文件，通过培育市场主体、搭建发展平台、构建服务支撑人才支持体系等多项措施加快农村电子商务的发展。"黔货出山　电商先行"的口号显示着电子商务对贵州省农产品销售的渠道影响。"十二五"期间，《关于加快贵州省信息通信基础设施建议的意见》的落实对于贵州省电子商务发展提供了硬件条件。2017 年的信息通信基础设施三年会战攻坚会议中指出的"满格贵州　光网贵州　数聚贵州　宽带农村"等建设都取得了长足发展，"十三五"期间还将进一步提升贵州省信息基础设施水平，为经济增长提供强有力的保障和支持。

二　投资对贵州省经济的影响

从世界各国经济发展的经验来看，在工业化进程中随着消费结构和产业结构的逐步提升，固定资产投资对经济增长的贡献不断加大，从而引起投资率上升、消费率下降。我国正处于工业化和城市化加快发展的阶段，积累和资本形成对经济增长具有重要影响，投资拉动对经济增长的贡献特别巨大。

（一）数据分析

1. 资本形成总额

资本形成总额包括固定资本形成总额和存货增加两部分。其中，固定资本形成总额是指各核算单位在一定时期内获得的固定资产减去处置的固定资产的价值总额。

表7 贵州省与全国投资率比较（2010～2015年）

单位：%

年份	投资率		投资贡献率		投资拉动率	
	贵州省	全国	贵州省	全国	贵州省	全国
2010	55.96	47.9	—	—	—	—
2011	56.64	48	59.47	48.68	15.10	8.93
2012	60.77	47.2	81.28	39.88	23.54	4.51
2013	65.06	47.3	88.85	47.94	23.41	4.96
2014	65.98	46.8	72.31	41.11	11.72	3.46
2015	67.64	44.9	80.08	19.49	12.96	1.56

资料来源：《贵州省统计年鉴》。

由表7数据分析得出，在"十二五"期间贵州省投资率由2010年的55.96%增加至2015年的67.64%，与此同时，全国投资率正在下降，从47.9%下降至44.9%，投资贡献率从2011年的59.47%增长至2015年的80.08%，投资拉动率从2011年的15.10%减少到2015年的12.96%。这种反差是正常的，即贵州省的投资率、投资贡献率的发展趋势与全国的发展趋势相反。这说明就贵州省的发展情况而言，由于发展水平在全国落后，经济增长要求投资率快速增长，而个人人均储蓄存款余额小、投资贡献率低。

2. 全社会固定资产投资

全社会固定资产投资是统计概念，按管理渠道可以分为建设和改造投资、房地产开发投资以及其他投资。2017年上半年，贵州固定资产投资增速位居全国第二，从《贵州省统计年鉴》获取贵州省"十二五"期间的全社会固定资产投资总额及各增长率进行分析（见表8）。

表8 "十二五"期间贵州省全社会固定资产投资总额及增长率

年份	2010	2011	2012	2013	2014	2015
全社会固定资产投资（亿元）	3186.28	4234.44	5717.80	7373.60	9025.75	10945.54
固定资产投资增量（亿元）	—	1048.16	1483.36	1655.80	1652.15	1919.79
增长率（%）	—	32.90	35.03	28.96	22.41	21.27

资料来源：《贵州省统计年鉴》。

从表8中可以看到，2010年，贵州省全社会固定资产投资为3186.28亿元，而到2015年底，贵州省全社会固定资产投资总额达到10945.54亿元，总量增长达三倍以上。从增量上看，"十二五"期间贵州省全社会固定资产投资在2011~2012年、2014~2015年分别达到两次高峰期，其他时期缓中有升。从增长率方面来看，"十二五"期间平均增长率为29.5%。另外，从2013年后，贵州省全社会固定资产投资增长率低于30%，2015年最低，增长率仅为21.2%。根据《贵州省"十二五"规划纲要》中提出的"'十二五'期间全社会固定资产投资年均增长30%以上"数据要求相对照，这个目标基本实现，尽管"十二五"后期经济增速放缓，但与全国经济发展的大环境一致。

同时，由图3、图4可看出，贵州省的全社会固定资产投资总额的增长以及增长率远高于全国的全社会固定资产投资总额，贵州省的全社会固定资产投资增长率变化态势与全国也基本保持一致（见表9）。

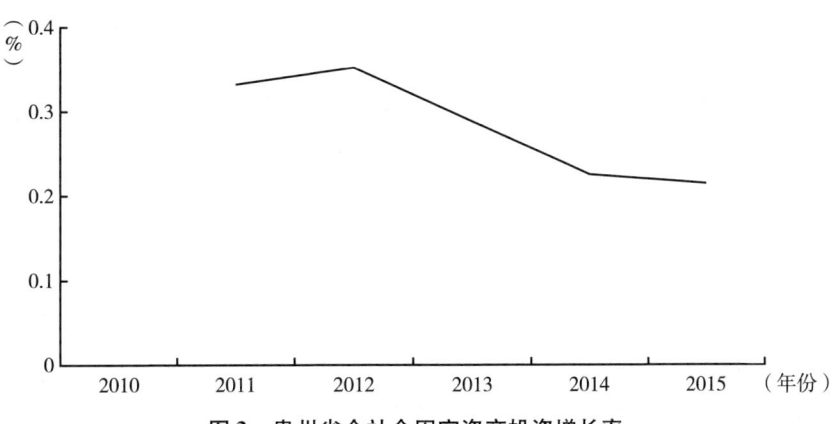

图3 贵州省全社会固定资产投资增长率

资料来源：《贵州省统计年鉴》。

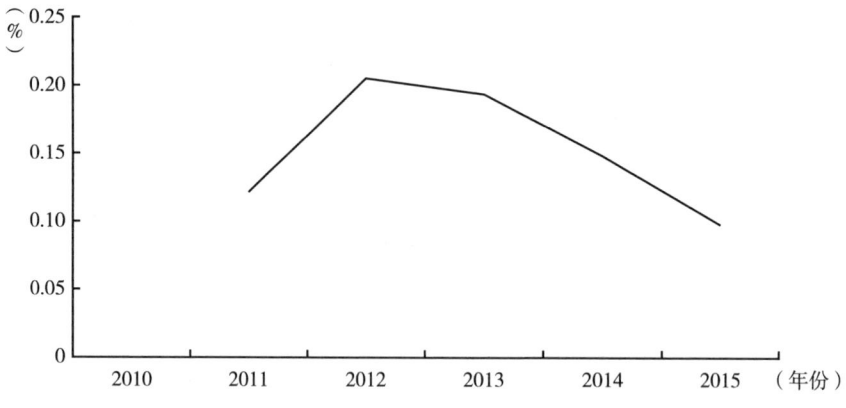

图4 全国全社会固定资产投资增长率

资料来源:《国家统计年鉴》。

表9 "十二五"期间全国全社会固定资产投资总额及增长率

年份	2010	2011	2012	2013	2014	2015
投资额(亿元)	278140.00	311485.10	374694.70	446294.10	512021.00	562000.00
增长率(%)	—	11.99	20.29	19.11	14.73	9.76

资料来源:《国家统计年鉴》。

总的来说,贵州的固定资产投资近年来增长迅速,但具体看,增量放缓,说明我们的固定资产投资正在进入转型期;且贵州省固定资产投资增长率变化与全国固定资产投资的增长率变化态势保持一致,但其增长率仍然远高于全国水平,说明贵州省的固定资产投资在经济增长中所占比重较高,而出口与消费的活力有待释放。

(1)贵州省固定资产投资的投资类型

分析贵州省全社会固定资产投资,需要先了解固定资产投资的投资类型。表10是从2011年到2015年贵州省在国家预算、国内贷款、利用外资、自筹资金和其他资金几方面所进行的投资。

从表10中可以看到,五年间,自筹资金的增长是最快的,是固定资产投资资金来源的主要贡献力量:从2011年的2555.43亿元增加到2015年的6346.87亿元。其次是其他资金的增加,增加量超过了一倍。自筹资金与其他

表10　贵州省"十二五"期间全社会固定资产投资类型

单位：亿元

年份	2011	2012	2013	2014	2015
资金来源合计	5150.89	6219.71	8199.43	9955.33	11349.07
国家预算资金	548.98	537.04	559.21	644.4	880.66
国内贷款	827.08	950.02	975.43	1183.18	1501.68
利用外资	14.72	11.49	14.19	27.76	16.59
自筹资金	2555.43	3263.76	4571.7	5704.03	6346.87
其他资金	1204.69	1457.41	2078.89	2395.96	2606.51

资料来源：《贵州省统计年鉴》。

资金均属于民间投资，有这样的结果得益于一系列鼓励社会投资尤其是民间资本投资政策措施的贯彻落实，如2011年贵州开始实行"民营经济三年倍增计划"，2013年10月《关于贯彻落实贵州省提高民营经济比重五年行动计划的实施意见》提出激活民间投资，优化发展环境，且以"5个100工程"为载体，推动民营经济快速发展。

从数据来看，民间投资的不断加大，对贵州省的经济增长做出的贡献在不断加大（见图5、图6）。

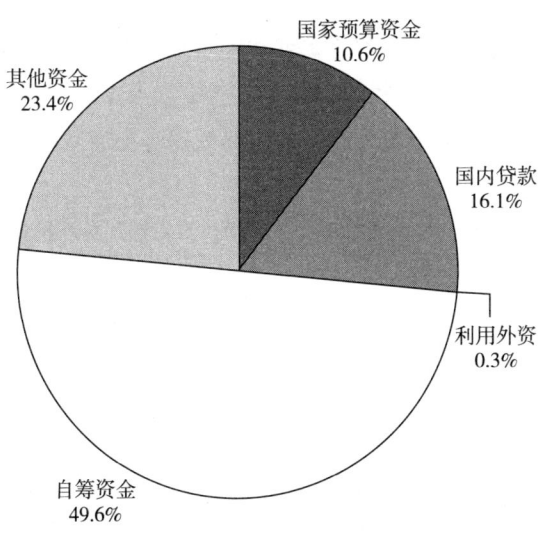

图5　贵州省2011年固定资产投资资金来源比重

资料来源：《贵州省统计年鉴》。

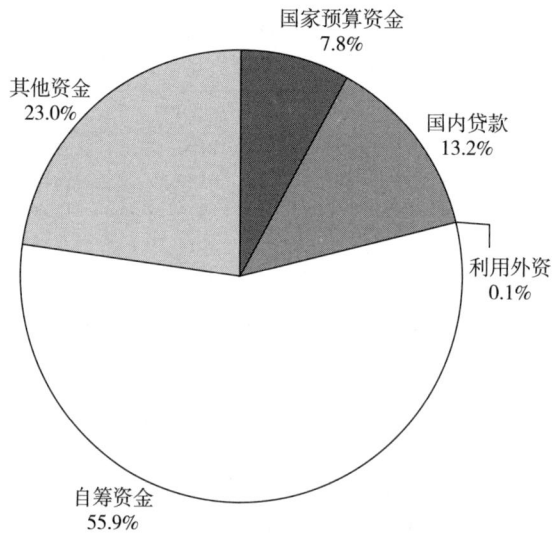

图6 贵州省2015年固定资产投资资金来源比重

资料来源：《贵州省统计年鉴》。

（2）贵州省的固定资产投资中三大领域的分配情况

由表11来看贵州省的固定资产投资中三大领域的分配情况，"十二五"期间，基础设施建设投资在贵州省全社会固定资产投资中的占比是最高的，从增量上来说，绝对数从2011年的投资1530.6亿元增长到2015年的4173.35亿元，增长近三倍，这得益于贵州省修建公路铁路等交通基础设施的政策导向。

表11 2011～2015年全省三大领域投资占固定资产投资比重

年份	基础设施投资		工业投资		房地产开发投资	
	绝对数（亿元）	占固定资产投资的比重(%)	绝对数（亿元）	占固定资产投资的比重(%)	绝对数（亿元）	占固定资产投资的比重(%)
2011	1530.60	38.0	1332.81	33.1	873.48	21.7
2012	1969.42	35.8	1614.00	29.3	1467.60	26.7
2013	2587.55	36.4	1950.07	27.5	1942.54	27.3
2014	3382.19	38.5	2337.81	26.6	2187.67	24.9
2015	4137.35	38.8	2746.22	25.7	2205.09	20.7

资料来源：2015年《贵州省国民经济与社会发展统计公报》。

工业投资在贵州省的全社会固定资产投资占比表现为下降趋势，但从总量上来说，"十二五"期间工业投资增加了一倍，而房地产开发投资在2012年后，绝对数增量减少，在全社会固定资产投资中的占比也在减少，在2015年，仅占固定资产投资的20.7%。

在2015年，三大领域共计完成投资8633.25亿元，占全省固定资产投资的比重为80.9%。其中，基础设施投资4137.35亿元，比上年增长22.3%；工业投资2746.22亿元，增长17.5%；房地产开发投资2205.09亿元，增长0.8%。2012~2015年全省基础设施投资年均增长29.1%，工业投资年均增长20.3%，房地产开发投资年均增长34.9%。

总的来说，贵州省的基础设施投资、工业投资和房地产开发投资对固定资产投资带动作用明显，其中房地产投资年均增长率最高。

（3）贵州省固定资产投资在三次产业中的表现

固定资产投资是贵州省经济增长的主要动力，从"十二五"贵州省固定资产投资在三次产业中的表现（见图7）。贵州省全社会固定资产投资在第三产业的投入是最多的，从2011年投资2750.75亿元上涨到2015年的7947.94亿元，增幅极大。同时，贵州省全社会固定资产投资在农业方面的投资增长幅度最小，在总体投资中占比很低。对第二产业的投资是缓中有升，但在总体投资中所占的比例仍然小于30%。

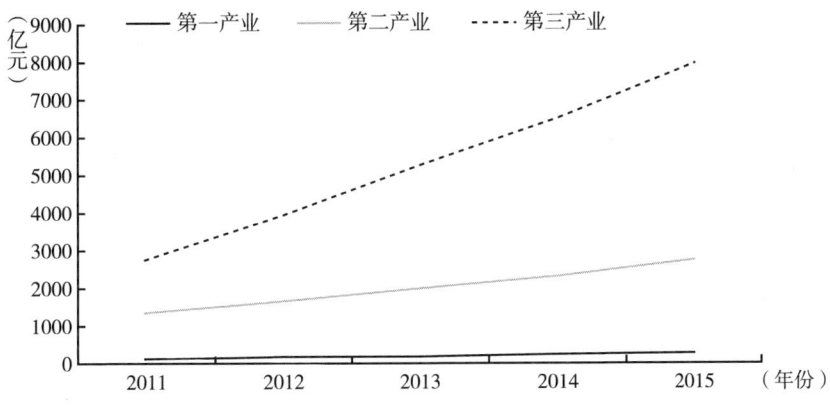

图7　贵州省"十二五"期间全社会固定资产投资发展趋势

资料来源：《贵州省统计年鉴》。

表12 贵州省2012~2016年三次产业固定资产投资情况

单位：亿元

年份	2012	2013	2014	2015	2016
第一产业	218.24	145.39	173.85	222.69	289.20
第二产业	2499.89	1953.00	2321.46	2728.9	3076.84
酒、饮料和精制茶制造业	163.8	182.35	215.57	258.3	276.51
医药制造业	41.66	55.78	69.26	87.84	109.76
第三产业	4878.06	5004.39	6283.09	7725.11	9563.13
交通运输、仓储和邮政业	1101.01	1291.52	1725.64	1917.02	2193.84
信息传输、软件和信息技术服务业	36.86	20.74	54.73	—	107.95
水利、环境和公共设施管理业	1240.01	947.92	1236.22	1713.69	2552.29

资料来源：据贵州省统计局官方统计信息整理。

表12反映了2012~2016年在三次产业中固定资产投资数额。总体来看，贵州省在茶产业、民族医药产业方面有政策倾斜，增长率较高，但是其绝对数的增长有限。而第三产业投资增长表现突出，主要在两大方面：一是交通运输、仓储和邮政业，占第三产业固定资产投资的22.94%；二是水利、环境和公共设施管理，占比26.69%，这二者对贵州省经济贡献较大。特别的，在2016年，贵州省在大生态相关的生态环保产业投资1420.46亿元，成为贵州经济的一个新增长点。

总的来说，贵州省全社会固定资产投资增长迅速，"十二五"时期贵州省累计完成固定资产投资36089.30亿元，2012~2015年年均增长29.5%，高于全国同期11.7个百分点，民间投资不断加大，随着一系列鼓励社会投资尤其是民间资本投资政策措施的贯彻落实，加之推广政府与社会资本合作（PPP模式），民间投资较快增长。在"十二五"期间，三大领域投资形成主力支撑，全省基础设施投资、工业投资和房地产开发投资对固定资产投资带动作用明显。

（二）具体领域分析

贵州省经济增长的动力研究，从投资来源来说，主要是民间投资的增长带动，从投资方向来说，主要是基础设施建设与房地产投资带来的增长动力。

1. 民间投资

民间投资是经济增长的源泉，在贵州省"十二五"期间，民间投资从统计意义上来说，增长近三倍。到2016年，民间投资占贵州省全社会固定资产投资的40%，增速明显，贵州省民间投资的增长主要在于三个方面的支持。

首先，民间投资政策利好。2011年贵州开始实行"民营经济三年倍增计划"，2013年10月《关于贯彻落实贵州省提高民营经济比重五年行动计划的实施意见》提出激活民间投资，优化发展环境；2015年6月，贵州印发了《省人民政府办公厅关于推广政府与社会资本合作模式的实施意见》；2016年，贵州省《关于促进民间投资健康发展若干政策措施》颁布，同年，贵州出台《支持贵州省地方金融机构"五个全覆盖"工程实施方案》，推动民间融资与民间投资的进一步整合。这些政策为民间投资增长创造了有利的政策环境。

其次，贵州交通环境的改变吸引了外来资本，促进了民间资本投入。从2010年开始贵州省对外连接的交通枢纽逐步投入使用，特别是贵广高铁的开通，以及贵阳到北京、上海等东部地区的高速铁路系统的建设，促进了本地资本与外来资本的结合；加上贵州出台的一系列明确加快推进铁路投融资体制改革，完善公路投融资模式，鼓励社会资本参与水运、民航基础设施建设等政策措施，促进了外来资本的投入。

最后，民间投资在生态环保领域、农业和水利工程领域、市政基础设施建设领域、能源设施领域、信息和民用空间基础设施领域和社会事业领域等重点领域的表现突出。随着PPP模式的推广运用，PPP模式投资项目范围包括供水、供气、供热、地下综合管廊、污水及垃圾处理等市政基础设施，公路、铁路、机场、城市轨道交通、物流仓储等交通设施等，民间资本的活力得到进一步释放。

2. 交通运输业

"十二五"期间，交通建设是贵州省投资建设的重点。到2015年9月底，贵州省铁路营业里程2829千米，其中高速铁路701千米，出省通道12个；到2017年底，沪昆、成贵、渝黔、贵阳枢纽环城线、铜仁至玉屏、安顺至六盘水等高速铁路及织金至毕节、织金至纳雍等普速铁路基本建成，贵州铁路里程达到4000千米以上，其中高速铁路达到1600千米以上。

贵州省交通基础设施投资增长的原因如下。

一是国家的政策引导。《关于进一步促进贵州经济社会又好又快发展的若干意见》（国发〔2012〕2号），提出贵州要坚持把交通基础设施放在优先位置，加快构建现代综合交通运输体系，打破交通瓶颈制约。之后贵州省就积极开展高速公路、水路和铁路的建设，努力打造地理空间上的互联互通。二是贵州省加大对投融资机制改革，充分利用国家倾斜政策和补助资金，采取捆绑融资、统贷统还的办法，为筹措公路建设资金找到新渠道；推进高速公路建设多业主制，充分调动各方积极性，实施省、地共建融资平台，促成了一批省高项目的建设；同时社会融资参与水运建设取得突破。三是进一步实现城镇化需要高效的交通；推动煤电磷、煤电铝、煤电钢、煤电化"四个一体化"，要改善交通条件，大力发展山区特色农业和旅游业必须有完善的交通。这种共识是促进交通投资增长的有利的社会环境。

3. 房地产行业

贵州"十二五"时期经济高速增长主要依靠的是基础设施建设和房地产为主的固定资产投资，之后，房地产投资仍然很高，在2016年，房地产占GDP比重排名中，贵州是全国第二名；在全国30个主要城市的房地产投资依赖度排名中，贵州排名第一。贵州省房地产业高速发展的原因，分析认为：

一是住房刚性需求和城镇化。这是贵州商品住宅开发投资和商业营业用房投资增长的主要原因。男女性别比失衡带来的婚房需求、城市化进程带来的农民进城现象及"失地换房产"现象带来了商品房和商业用房销量增长。二是投资渠道制约、气候生态资源吸引和发展利好等因素带来购买势头增长。三是本土资源的投资倾向于房地产等投资回报相对较快的行业，推动房地产投资的迅速发展。

三 净出口对贵州省经济的影响

在贵州省GDP持续高速增长的五年里，净出口作为拉动经济发展的"马车"之一，也发挥了巨大作用。通过提取《贵州统计年鉴2016——历年进出口总额、实际利用外资》和2010~2015年进出口总额的相关数据，计算出净出口总额（见表13、图8）。

表13　贵州省2010~2015年进出口情况表

单位：亿美元

指标	2010年	2011年	2012年	2013年	2014年	2015年
出口总额	19.20	29.85	49.52	68.86	93.97	99.49
进口总额	12.27	19.02	16.79	14.04	13.74	22.73
净出口	6.93	10.83	32.73	54.82	80.23	76.76
净出口年际增量(%)	—	3.90	21.90	22.09	25.41	-3.47

资料来源：《贵州省统计年鉴》。

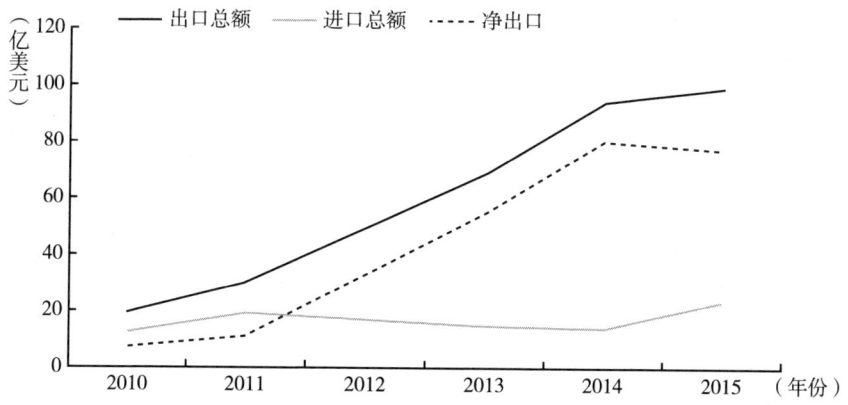

图8　贵州省2010~2015年进出口总额及净出口额亿美元

资料来源：《贵州省统计年鉴》。

2010~2015年，出口总额持续增长，并且增长速度较快，到2015年其增长速度才稍微减缓；而进口总额出现了先增后降再增的现象；由于出口总额的增长速度远远快于进口总额降低的速度，所以净出口的增长也较为迅速。

贵州省净出口对贵州省GDP增长的拉动，贡献率在2010~2014年总体呈上升趋势，由于2015年净出口增长速度相对减慢，其对GDP增长的贡献率也相对变小。

在2013年，贵州省进出口总额便已完成"十二五"80亿美元的规划目标，在全国进出口总额增速放缓的前四年里，贵州省依然保持了较快的增长，增速居全国的位次均保持在第4位。而2015年是我国外贸历史上极不寻常的一年，全国进出口总值3.96万亿美元，下降8%。但当年贵州进出口总值

0.012万亿美元，其中出口0.010万亿美元，进口0.002万亿美元，分别增长5.8%和65.42%。

四 贵州省经济持续增长的路径探讨

（一）消费角度

1. 进一步提高居民收入，增强消费能力

继续提高全省城镇低收入阶层的可支配收入，提高最低工资标准；增加全省农民收入；提高就业率。

2. 加快新农村建设，挖掘农村消费潜力

加大对农业基础设施建设的投入，用足用好国家惠农政策，提高农村居民的实际购买力；降低农村商品物流配送成本，提高农民的边际消费倾向，充分有效地释放农村居民消费潜力。

3. 积极发展电子商务，优化市场资源配置

依托互联网电子平台，支持本土电商企业做大做强，推动物流业和共享经济发展，鼓励网上销售、移动支付和多种新型消费模式发展。

（二）投资角度

1. 紧盯工业投资发展趋势

加大传统优势制造业与五大新兴产业等领域投资，采取有效措施，促进工业投资增长。

2. 抓好房地产去库存的新机遇

通过政策引导、金融支持、鼓励消费的原则，开发释放刚性需求和改善性需求，推动房地产二级市场发展、推动房地产下游产业链发展。

3. 鼓励和引导民间投资增长

进一步贯彻落实鼓励民间投资发展的各项政策措施，推进放管服改革，推进民间投资在更宽领域、更高层次发展。

贵州省近五年的高速发展与贵州省消费、投资的快速增长有直接的关系。其中，投资是贵州省经济增长的主要原因，基础设施建设的发展，房地产行业

的兴起，都为投资推动增长创造了巨大的可能。同时，消费增长迅速、发展空间很大，旅游业、零售业、服务业对 GDP 拉动明显。出口对增长也有贡献。下一步要进一步加大投资，在省域交通和市域交通等领域还有较大空间；提高消费能力，推进中小城镇发展，开发潜在购买能力。

参考文献

刘金全、王俏茹：《最终消费率与经济增长的非线性关系——基于 PSTR 模型的国际经验分析》，《国际经贸探索》2017 年第 3 期。

当代中国经济研究所：http：//www.hprc.org.cn/wxzl/wxysl/wnjj/diyigewnjh_1/201103/t20110316_153680_1.html。

潘成夫：《我国最终消费率与收入分配的实证分析》，《现代财经》（天津财经大学学报），2006 年第 7 期。

《关于进一步促进贵州经济社会又好又快发展的若干意见》（国发〔2012〕2 号）。

大数据与舆情治理篇
Big Data and Public Opinion Governance

B.8
西部地方政府发展大数据产业的政策工具选择*
——基于贵阳市42份文件的文本量化分析

季飞 李韦 吴水叶**

摘 要： 通过技术创新发展高新技术产业可以帮助欠发达地区实现跨越发展，政策工具是实现政策目标的手段和桥梁。利用Nvivo11软件对贵阳市发展大数据产业的42份文件作信息编码和文本量化分析。统计发现环境型、供给型政策工具使用较多，需求型政策工具使用相对较少，供给型政策工具的教育培训、环境型政策工具的法规管制、需求型政策工具的技

---

* 基金项目：国家社科基金项目"西部民族地区人力资本提升阻断贫困代际传递机制研究"（项目编号：16BMZ113）。

** 季飞，管理学博士，贵州大学公共管理学院副教授，主要从事公共政策研究；李韦，贵州大学公共管理学院硕士研究生，主要从事行政管理研究；吴水叶，贵州大学公共管理学院硕士研究生，主要从事行政管理研究。

术应用使用较多，产业的价值链环节注重研究创新和运用。研究认为西部地方政府发展大数据产业不仅要发挥比较优势，还要注重培育竞争优势，产业发展的政策工具选用要与产业的演化规律契合。

关键词： 大数据产业　政策工具　文本量化分析

大数据时代的到来，互联网成为基础设施，数据变成重要资源，这不仅意味着海量、多样、快速的数据处理和技术创新，更为重要的是改变了传统要素的组合方式。我国发布的《中共中央关于制定国民经济和社会发展第十三个五年规划的建议》也首次提出要推行国家大数据战略，拓展网络经济空间，推进数据资源开放共享，超前布局下一代互联网。地方政府在国家宏观政策鼓励下，纷纷制定地方政策发展大数据产业，试图通过产业的转型升级抢占下一轮经济发展制高点。

贵州省一直在寻找后发赶超的机遇和路径，省会贵阳市紧跟中央、省委省政府的创新驱动发展战略，制定了《贵阳市"十三五""互联网+"行动计划》等重要政策，力图抢抓新一轮科技革命与产业变革带来的机遇，推动互联网新技术、新模式、新理念与经济社会各领域全面融合，努力打造创新型中心城市，实现经济的跨越式发展。

一　政策工具的基本理论

政策工具是政策目标和政策执行效果的重要连接桥梁，选择合理的工具将有利于公共政策目标的实现，使政策目标由理想的蓝图变为现实。然而，公共政策制定者在制定政策、选用政策工具解决公共问题时，会面临纷繁复杂的政策工具。政策工具选用将直接影响政策实施的效果。因此，只有正确划分并选择合适的政策工具才能帮助政策制定者和执行者解决所面临的公共问题，从而达成政策预期目标。

（一）政策工具对大数据产业的作用方法

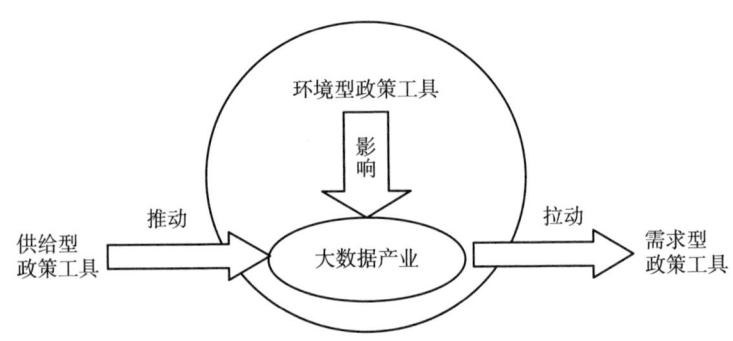

图1　政策工具对大数据产业的作用方法

通过对已有的研究成果和政策实践结果的借鉴，本文主要采用苏竣和陈劲两位学者对政策工具的分类，总结得出下面的政策工具分类（见表1）。

1. 供给型政策推动工具

供给型的政策工具是政府为推动大数据产业的发展，从人才、技术、资金、信息等方面的投入来保障大数据产业发展所需要的基本要素供给。[①] 供给型政策工具可细分为教育培训、信息支持、基础设施建设等方面。

表1　政策工具分类

供给面政策工具	环境面政策工具	需求面政策工具
教育培训	目标规划	公共技术采购
科技信息支持	金融支持	消费端补贴
科技基础设施建设	税收优惠	服务外包
科技资金投入	知识产权保护	贸易管制
公共服务	法规管制	海外机构管理
技术支持	鼓励创新	技术标准
		技术应用
		重大工程

---

① 张雅娴、苏竣：《技术创新政策工具及其在我国软件产业中的应用》，《科研管理》2011年第7期，第66~73页。

2. 环境型政策支撑工具

环境型的政策工具是政府为促进大数据的开发与应用，利用法规管制、财务金融、税收制度等措施对大数据产业的发展产生间接影响，并为其提供有利的发展环境。① 环境型政策工具又可细分为目标规划、税收优惠、法规管制等方面。

3. 需求型政策拉动工具

需求型政策工具更多地表现为政策对大数据产业的拉动力，指政府为拉动大数据的开发与应用，通过购买服务、对外承包等方式以减少市场的不确定性，以保障大数据产业有一个相对稳定的发展环境。② 需求型政策工具又可分为政府采购、服务外包、贸易管制等方面。

（二）Y 纬度：产业价值链纬度

大数据产业有其自身内在的规律和特点，因此在政策制定过程中应该考虑这些特征，对政策工具维度进行补充，以便全面、系统、客观地评价大数据产业政策。本文根据大数据产业自身内在的规律和特点，从产业价值链维度对政策工具维度进行补充。

产业价值链是以某项核心技术或工艺为基础，以提供能满足消费者某种需要的效用系统为目标的、具有相互衔接关系的集合，为观察产业发展提供了新的视角。③ 依据该概念思想，本文将大数据产业的价值链划分为研发、投资、产业化、应用与服务四个阶段。不同的政策对这四个阶段具有不同的效能。本文将这四个阶段的价值链活动简化为大数据政策分析框架的 Y 维度，如图 2 所示。

（三）二维分析框架的构建

将政策工具和大数据产业价值链相结合，形成了基于政策工具的大数据政策分析框架，如图 3 所示。

---

① 张雅娴、苏竣：《技术创新政策工具及其在我国软件产业中的应用》，《科研管理》2011 年第 7 期，第 66~73 页。

② 张雅娴、苏竣：《技术创新政策工具及其在我国软件产业中的应用》，《科研管理》2011 年第 7 期，第 66~73 页。

③ 潘成云：《解读产业价值链——兼析我国新兴产业价值链基本特征》，《当代财经》2001 年第 9 期，第 7~16 页；J. Utterback and N. Abertathy, A Dynamical Model of Process and Product Innovation, *Omega*. 1975, 3 (6): 639-656.

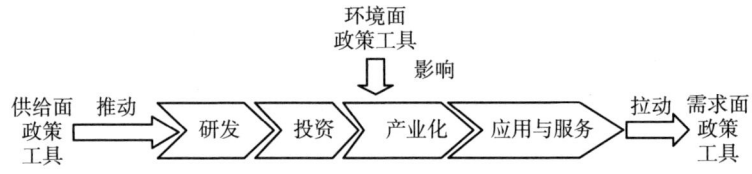

图2　政策工具对大数据产业的作用方法

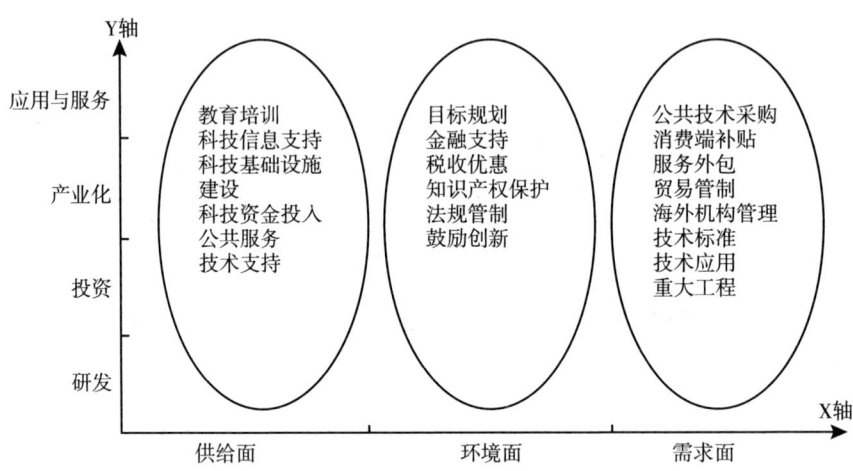

图3　大数据产业政策二维分析框架

二　研究目标及研究设计

虽然贵阳市出台了一系列促进大数据产业发展政策，由于政策工具的选择关系这些政策能否成功，能否实现其政策目标，关系贵阳市能否抓住大数据这一竞争优势。从政策工具选用的视角重新审视已出台的大数据产业发展政策，探究政策服务的侧重点，对推动大数据产业发展具有积极的理论意义和现实意义。案例基于政策工具理论的视角，重点探讨以下四个问题：一是贵阳市出台了哪些大数据产业发展政策？二是这些大数据政策采用了哪些政策工具，各自有什么作用？不同类型的大数据政策工具之间存在什么样的内在关系？三是怎样依据这种关联搭建起相对规范和完善的政策分析框架？其政策含义是什么？

四是运用基于政策工具理论的政策分析框架来剖析已有的大数据产业发展政策体系是否合理,并借此为地方政府制定大数据产业发展政策提供有效的政策指引。

(一)研究方法与样本

本研究采用内容分析法对政策文本进行编码,首先采用 ROST2.0 NAT 软件对政策文本的核心词频实施筛选,直接剔除词频低于5%的词汇以及关联词,然后确定文本的核心词。之后按照政策工具分类标准对文本进行定义和工具划分。接着运用 Nvivo11 软件对政策文本按照树节点、子节点进行政策工具类型和具体工具编码。

为了全面反映贵阳市大数据产业政策发展过程与现状,案例选取的大数据政策文本主要从贵州省、市政府相关部委网站搜集,既包括不同时期的各种办法、意见、条例、通知等文件,也包括各种指示报告、会议文件等内容。经过梳理和筛选,最终选取有效文本41份,如表2所示。

样本的分析类目包括"供给型""环境型""需求型""研发""投资""产业化"和"应用与服务"。在"供给型"类目下又包括"教育培训""科技信息支持""科技基础设施建设"等;在"环境型"类目下又包括"目标规划""金融支持""税收优惠"等;在"需求型"类目下又包括"公共技术采购""消费端补贴""服务外包"等。而分析单元则为大数据政策文本的有关条款。

表2 贵阳市大数据相关政策文本

编号	政策名称
1	《贵州省大数据产业发展应用规划纲要(2014~2020年)》
2	《贵阳市大数据产业行动计划》
3	《贵州省人民政府办公厅关于印发贵州省加快农村电子商务发展实施方案的通知》
4	《中共贵阳市委贵阳市人民政府关于加快大数据产业人才队伍建设的实施意见》
5	《贵阳向大数据人才伸出橄榄枝 大力建设人才队伍》
6	贵阳高新区打造中国西部众创园出台《创客十条》
7	《贵安新区关于鼓励入驻已建数据中心实施办法》
8	《贵阳大数据政策解读及发展历程回顾》

续表

编号	政策名称
9	《贵州大数据政策解读以及发展历程回顾》
10	《云岩区大数据人才培养计划实施方案》
11	《贵阳市大数据产业人才专业技术职务评审办法(试行)》
12	贵阳出台办法支持高校培养大数据人才
13	贵阳市《以大数据为引领打造创新型中心城市的十大保障机制》审议通过
14	贵阳市《以大数据为引领打造创新型中心城市的十大重点工程》审议通过
15	贵阳市《以大数据为引领打造创新型中心城市的十条改革措施》审议通过
16	贵阳市《以大数据为引领打造创新型中心城市监测评价指标体系》说明
17	贵阳市《以大数据为引领打造创新型中心城市的十大开放平台》审议通过
18	《中共贵阳市委关于以大数据为引领加快打造创新型中心城市的意见(讨论稿)》
19	贵阳高新区《关于以大数据为引领奋力打造创新型中心城市示范区的实施方案》
20	贵阳市发布《运用大数据管控、考核违法建筑的专项行动计划》
21	《贵安新区大数据港三年会战方案》
22	《贵阳出台"十三五""互联网+"行动计划》
23	《贵安新区关于推进大众创业万众创新若干政策措施》
24	《贵州省数字经济发展规划(2017~2020年)》
25	《大数据+产业深度融合2017年行动计划》
26	贵阳市印发《关于支持区块链发展和应用的若干政策措施(试行)》
27	《数字贵阳地理空间框架建设与使用管理办法》
28	《关于加快大数据产业发展应用若干政策的意见》
29	《贵安新区推进大数据产业发展三年行动计划(2015~2017)》
30	《贵安新区为建成国家大数据示范区挂出作战图》
31	《贵安云谷三年会战方案》
32	《贵阳国家高新区关于支持众创空间建设促进大众创新创业的政策措施》
33	《贵阳市大数据"十百千万"人才培养计划实施办法》
34	《贵阳市大数据综合治税推进工作方案》
35	《贵阳市政府数据共享开放条例》
36	《贵州省大数据发展管理局主要职责内设机构和人员编制规定》
37	《贵州省大数据发展应用促进条例》
38	《中共贵州省委贵州省人民政府关于推动数字经济加快发展的意见》
39	《贵州省政府办公厅印发贵州省新经济统计试点工作方案》
40	省政府办公厅印发《贵州省政务数据资源管理暂行办法》
41	《贵州省应急平台体系数据管理暂行办法》

（二）政策文本编码

本研究通过对政策文本的具体条款确定研究的政策工具之后，利用Nvivo11软件建立节点并对政策文本进行编码。具体研究过程为：首先，将贵阳市42份大数据产业相关政策文本全部导入Nvivo11软件，并建立供给型工具、环境型工具和需求型工具三个树节点；其次，在树节点下，根据以上对政策工具的具体分类依次建立子节点；最后，采用内容分析法对政策文本的具体条款进行逐行编码，将文本中出现的词语或句子归入相应节点之下。编码方式为'政策编号-具体条款'。当全部文本完成编码后，通过NVivo11软件对参考点的自动统计功能，最终形成294条编码（见表3）。由于文章篇幅有限，表3仅显示部分内容分析单元和编码。

表3 贵阳市大数据政策文本分析单元编码（部分）

编号	文本名称	内容分析单元	类型	工具名称	编码
1	贵州省大数据产业发展应用规划纲要（2014~2020）	a 建设大数据特色产业基地，大力推进智慧城市、网络金融、食品安全等领域的示范应用，带动大数据产业集聚发展	需求面	技术应用	1-1
		b 组织实施大数据关键技术产品产业化和大数据生产、转换、加工、展现平台及专用工具的产业化项目，大力发展基于大数据的生产性信息服务业，推动工业结构升级	需求面	技术应用	1-2
		c 支持建立和引进大数据研发中心、工程技术（研究）中心等技术创新和产业化机构	环境面	目标规划	1-3
		……	……	……	……
……	……	……	……	……	……
41	省政府办公厅印发《贵州省政务数据资源管理暂行办法》	a 第十条省大数据发展管理局负责制定贵州省政务数据资源目录编制工作指南	环境面	法规管制	41-1
		b 第三十三条省大数据发展管理局应当会同有关部门依法制定涉及本省政务数据资源管理的安全保障、风险评估制度	环境面	法规管制	41-2

续表

编号	文本名称	内容分析单元	类型	工具名称	编码
42	贵州省应急平台体系数据管理暂行办法	a第二十三条 抓好应急平台体系数据在队伍建设、资金保障、物资储备、应急装备、预案演练等应急管理常态工作中的应用,提高各类资源布局的合理性、配置的精准性、使用的科学性	环境面	目标规划	42-1
		b第三十二条 贵州省应急平台体系数据的采集传输、更新维护,以及数据库的建设、数据的使用等严格遵循数据信息管理、保密和安全有关法律法规规章和有关规定,确保数据安全	环境面	法规管制	42-2
		c第三十三条 各级政府、各部门和单位要制定具体有效的安全措施,抓细抓好涉密文件、资料、信息数据在采集、传输、存储等环节的落实,严防失泄密事件发生,确保国家秘密安全	环境面	法规管制	42-3

(三)政策工具使用情况统计与分析

1. 政策工具 X 维度的频数统计与分析

根据内容分析单元编码表,结合上文提到的具体分类方法,将294条编码归为了不同的政策工具类型,并分别计算出它们的频数分布。

表4 贵阳市大数据产业发展政策工具使用分布统计

工具类型	工具名称	编码	小计(项)	占比(%)
供给面	教育培训	1~4、2~15、2~16、4~1、4~2…	34	
	科技信息支持	1~7、1~19、25~25、25~26、25~28…	6	
	科技基础设施建设	2~2、18~1、18~14、2~5、21~10…	17	
	科技资金投入	2~6、2~20、2~22、2~23、2~24…	17	
	公共服务	2~1、15~7、18~17、21~11、22~3…	15	
	技术支持	1~20、2~13、18~15、18~16、18~24…	16	
合计			105	35.7

续表

工具类型	工具名称	编码	小计(项)	占比(%)
环境面	目标规划	1~3、1~6、1~15、2~21、8~1…	17	
	金融支持	1~17、2~8、2~9、2~10、2~11…	28	
	税收优惠	25~14、27~2、29~3、38~8、39~19	5	
	知识产权保护	25~16、28~1、32~9	3	
	法规管制	1~14、1~21、2~5、2~7、11~3…	40	
	鼓励创新	2~14、4~7、4~8、4~9、7~2…	26	
合计			119	40.5
需求面	公共技术采购	1~16、2~18、15~9、25~18、25~24…	6	
	消费端补贴	2~19、7~1	2	
	服务外包	1~5、1~18、2~3、2~17、8~2…	11	
	贸易管制	39~6	1	
	海外机构管理	21~7、25~29、25~30	3	
	技术标准	22~7、38~11、39~11	3	
	技术应用	1~1、1~2、2~4、3~1、18~3…	36	
	重大工程	1~8、1~9、1~10、1~11、1~12…	8	
合计			70	23.8

数据显示三种类型的工具使用有以下特征。

由表 4 可见,贵阳市的大数据政策涵盖了供给型、环境型、需求型政策工具。为大数据产业发展提供了全方位的鼓励和支持。从大数据政策工具分布的频数统计显示,在这三种工具中,供给型工具占比为 35.7%,环境型政策工具占政策工具使用总次数比例的 40.5%,需求型工具占比 23.8%,如图 4 所示。由此可见,贵阳市大数据产业政策对环境型政策工具使用较多,通过提供有利的政策环境,间接促进大数据产业的发展,不过总体来说,这一政策布局相对均衡,有利于贵阳市大数据产业的发展与应用。

其中,进一步分析三类政策工具的子项发现,在供给面政策中,教育培训共有 34 项,占供给面政策的 32.4%,如图 5 所示;在环境面政策中,法规管制为 40 项,占环境面政策的 33.6%,如图 6 所示;在需求面政策中,技术应用为 36 项,占需求面政策的 51.4%,如图 7 所示。由此可以看出,贵阳市政府在更多使用这 3 种政策工具。

总体来看,贵阳市政府对需求型政策工具的使用还有待加强,对大数据产

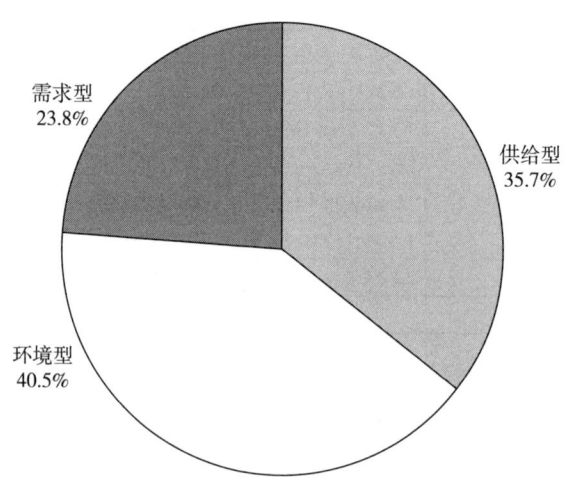

图4 贵阳市三类政策工具占比

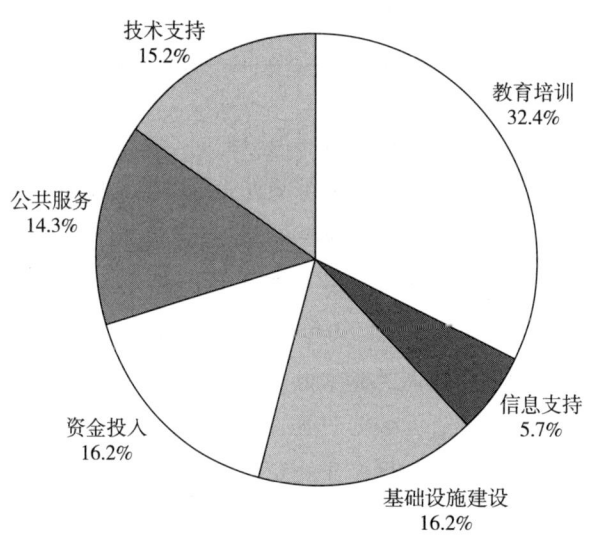

图5 贵阳市供给面政策工具

业发展的拉动力还不足。其中,贸易管制、消费端补贴在需求面政策工具中只分别占1.4%、2.9%。贸易管制偏少,会导致产业规模、市场化管理和防御机制不健全,不利于引导大数据产业的合理化发展;消费端补贴偏少,不利于

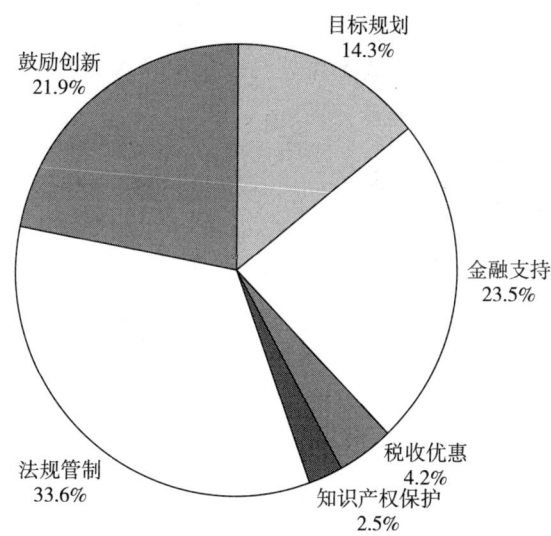

图 6 贵阳市环境面政策工具

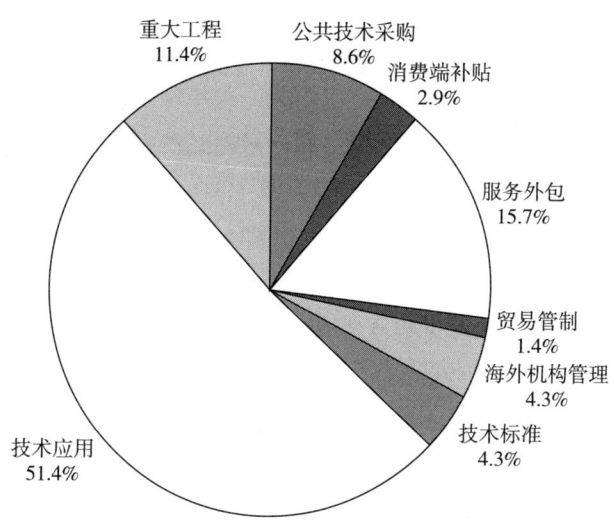

图 7 贵阳市需求面政策工具

拉动大数据产业的发展，容易使资源成本浪费，不能对资源进行合理配置。因此，在需求面政策工具中，贸易管制、消费端补贴、技术标准、海外机构管理等工具使用较少，为后续出台的政策预留了填补的空间。

2. 产业价值链的 Y 维度频数统计与分析

将上文已划分的产业价值链 Y 维度与政策工具 X 维度分类结合构建，得到如图 8 所示的分布统计二维表。

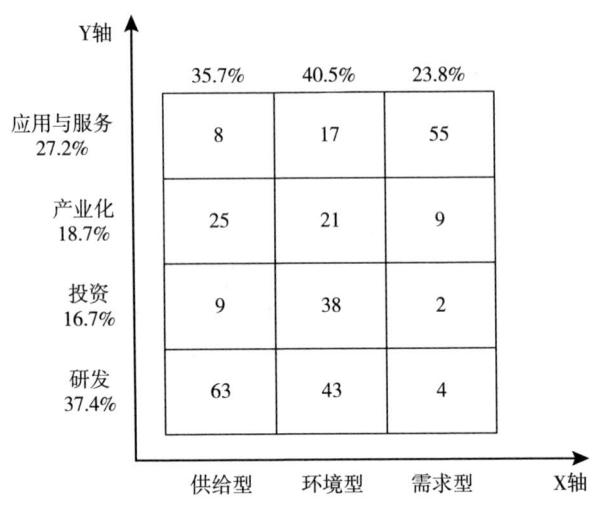

图 8　贵阳市政策工具使用情况统计与分析

由图 8 显现出 42 份大数据政策文本对大数据产业的发展提供了包括研发（37.4%）、投资（16.7%）、产业化（18.7%）、应用与服务（27.2%）四个阶段的全面干预。在这四个阶段，政策工具更多的是应用在大数据产业价值链的研发环节，然后是应用与服务和产业化环节，投资阶段政策工具应用相对较少。这说明贵阳市作为首个国家级大数据综合试验区，为加快大数据产业的发展和应用，注重对技术的研发与创新，通过产学研多方共投共建，集产业共性技术和成果转化、企业孵化、技术服务、人才培训交流于一体，以产业化应用为目的，推动贵阳市科技成果的产业落地，而在大数据产业上的投资还相对有所欠缺。

三　案例结论

1. 政策工具选用基本合理

由上文分析可知，环境型工具使用最多，供给型工具次之，需求型工具使用较少。环境型政策工具使用比重偏高，这体现了政府通过法规管制、金融支持等工具为贵阳市大数据的发展营造有利环境促进大数据产业的发展。但其中的税收优惠和知识产权的占比较低,表明地方政府的税收手段受制于中央政府,工具选择有限制;知识产权有商标、专利、版权和商业秘密等形式,地方政府可用的工具有限,有效的政策工具是研发投入和研发合作,但工具效用体现的周期较长,成本较高。

2. 政府对大数据发展的拉动力不足

需求型政策工具主要针对市场不确定性、行业不景气或面临风险时使用的一种保护性工具。就目前的状态分析,需求型政策工具占比最低,一方面说明市场发展态势较好,市场能自我循环净化。从需求型工具的结构看,技术运用工具占比较高(51.4%),说明在"互联网+"的大背景下,政府有建设数字政府的巨大需求,需要对现有的办公系统进行技术改造升级。另外,也说明政府的前瞻性考虑还不足,对技术标准、海外机构管理、贸易管制等工具还涉及不多,尤其公共技术采购(8.6%)和贸易管制(1.4%)工具的使用不足。其原因主要是还没有碰到类似的问题,反过来也说明整个行业发展还处于初级阶段。虽然西部地区还属于以技术学习为主的初创阶段,但是西部地区要立志高远,在这个领域要建立自己的技术标准和形成自己的一套话语体系,要建立自己的技术集成系统和技术标准。

3. 发展环境好,金融支持力度大,大数据人才短缺

环境型工具中法律法规建设占比33.6%,金融支持占比23.5%,说明政府重视大数据产业在贵阳市的良性发展,试图通过法律规制进行引导和规范;同时也在不断地加大金融支持力度,以此确保大数据产业在有利的环境中健康发展。此外,贵阳市也想通过加大对大数据技术的开发与应用,带动大数据产业的发展,促进技术在实际运用中的改善与创新,同时服务其他产业,形成大数据产业圈,实现生态链的多赢。数据显示供给型政策工具中教育培训工具占比32.4%,说明目前贵阳市大数据人才稀缺,政府想通过出台教育培训政策为大数据产业培养输送更多人才。

四 启示与讨论

大数据产业作为一种新兴技术密集型产业,具有促进经济发展、提升政府

服务管理能力、服务改善民生，培育壮大战略性新兴产业的作用。同时，新兴产业发展本身具有规律性，按照美国哈佛大学的阿伯纳西（N. Abernathy）麻省理工学院的厄特拜克（Jame M. Utterback）的产业创新动态过程模型Abernathy – Utterback 创新过程模型，简称传统的A – U 模型，将产业的发展划分为流动阶段、转换阶段、特定阶段，每个阶段的特征各不相同。[1] 因此，西部地区发展大数据产业需要根据产业发展阶段特征制定政策和选择政策工具，注重政策工具和发展阶段政策需求的匹配性。

（一）政策制定需利用好后发优势和比较优势

西部地区具有后发优势的空间，可以借鉴发达地区的学科技术、组织结构、管理经验和高科技人才等发展成果及资本，可以缩短探索和发展时间，发展速度会加快。在大数据产业发展的初创期（流动阶段），由于大数据产业发展还属于技术创新、还处于探索阶段，技术创新以非常规创新、毁灭性创新和变轨创新为支撑的技术突破，该阶段的主导性技术还没有确立。具备一定技术赶超能力的西部地区可以利用技术的同发优势结合自身的比较优势，集中优化资源要素在局部领域实现技术先动优势，借助技术突破实现产业的跨越式发展和弯道赶超。例如贵州有适宜的温度、稳定的地质结构、相对价格较低的电力资源等比较优势，借此发展大数据产业核心要素的数据储存基础支撑层，形成技术先动优势。

（二）政策规划要认清竞争力态势和后发劣势

产业发展竞争力主要受资金支持、技术创新、人力资本总量、制度建设、资源禀赋及市场拓展几个要素的影响，西部地区发展大数据产业除了资源禀赋外，其他几个要素都不占优。西部地区由于区位和历史原因也客观地存在后发劣势，主要表现为相对较落后的工业基础，信息化基础设施发展滞后，人的思想观念较陈旧等，这些因素都不利于新技术的引进和运用。此外，发展大数据产业无模板参照，产业发展风险较高。一般而言大数据产业的创新多为非常规

---

[1] J. Utterback and N. Abertathy, A Dynamical Model of Process and Product Innovation, *Omega*. 1975，3（6）：639 – 656.

创新、毁灭性创新和变轨式创新,这些创新的失败率偏高,其次大数据产业的投资额大且技术创新研发周期长,加之西部地区缺乏配套的学科体系和高端的研发人才,这些因素都会使整个产业发展存在很高的不确定性。上述因素都会降低整个产业的竞争力,所以产业发展的政策制定要加强环境型政策的供给,加大人才引进、金融服务等政策的建设力度。

(三)针对不同阶段使用好政策工具,打好组合拳

在产业发展的流动阶段(初期),政府可以通过资金投入、基础建设投入、信息提供、教育培训的政策工具供给扶持企业发展。就上文案例分析得出,供给型政策工具结构分布比较均衡,占总"政策工具箱"1/3的比重,这说明供给型政策在促进大数据的发展过程中扮演着重要的角色。在产业发展的转型阶段和特定阶段(中后期)可以逐步地减少供给型政策输出,重点转向需求型政策的供给和政策工具,主要关注贸易管制、海外机构管理、标准制定等配套。经验表明要实现产业的良性发展,必须打好政策组合拳,需求型政策、环境型政策、供给型政策都要共同发力。面对复杂的市场环境,单项的政策输出很难发挥政策效应,必须靠多种政策的叠加效应才能解决好产业发展的问题。当然,政府在产业的发展问题上,主要是做好环境营造,提供企业发展的制度环境和优质的公共服务,促进企业的发展。

(四)发挥需求型政策工具的带动性与辐射性作用

大数据产业的价值增长点是大数据产品的开发应用,通过对数据的发掘清洗找出数据的价值,然后与传统产品和服务捆绑销售实现增值,再通过数据产品的政用、民用、商用的开发运用加长大数据产业的产业链条。西部地区发展大数据产业的短板是缺乏核心技术单元,发达地区的行业领军企业和领军团队的短板是缺少将核心单元技术进行市场化的空间。西部地区可以充分利用市场份额大的优势参与国际国内的跨区域合作,利用制度型市场实现技术升级和跨越。所以,政府的政策规划要注重培育市场需求,加强需求端引导,开展行业应用示范,加快政府相关部门数据开放进度,引导和推动大数据行业应用试点示范项目开展。经验表明西部地区政府在需求型政策的政府采购和贸易管制政策工具往往运用不足,因而政府的政策制定须加强对贸易活动的有效管制,保

护好国家利益和人民的利益,并有效做实政府采购引导,将数据安全、数据分析和云服务等大数据服务纳入政府采购目录,安排专项资金支持政府采购,创造和满足内需,通过市场控制力来实现技术的集成和提升,进一步推动该地大数据产业的发展。因此,需求型政策工具的不断完善和补充是西部地区大数据产业发展政策工具供给的重点,通过制定技术标准和行业规则提供需求型政策满足行业发展需求。

(五)加大供给型政策的教育培训工具支持力度

弥补数据人才缺乏短板,加大人才培养的政策供给。一是发挥以市场换技术的功能,将国外的核心技术单元引入该地的系列产品中,逐步形成自己的技术团队。例如,通过鼓励区域内的大数据企业设立研发机构,以项目为载体,加强和阿里研究院、腾讯、百度等大数据研究机构的合作,吸引国内外的顶级专业人才和专业团队入驻该地进行技术攻关和技术创新实现核心技术单元合成。其次是培养大量的本土初级和中级数据应用人才。比如,对本土高校原有的计算机专业进行改造专业改造和调整,围绕商用、民用、政用市场需求修订人才培养方案和调整人才培养模式,促进产学研合作,培养复合型的大数据分析、挖掘和数据整合运用的专业人才。三是打破制度藩篱,实现教师和企业技术人员的双向流动,解决专业师资队伍短缺和质量提升问题。采取企业和高校协同创新的方式,聘任大数据园区企业的专业技术人员为老师,或是派送老师到数据企业学习,通过互派交流的方式培养打造师资团队。发挥东西部高校合作的制度优势,采取联合培养人才的方式缓解帅资不足的压力。

B.9
贵州省大数据舆情治理的机遇及变革路径

沙飒*

摘　要： 大数据为网络舆情治理带来了思维、技术、模式等方面的重大变革机遇，也对网络舆情治理提出了新的要求。在贵州实施"大数据"战略行动的背景下，应顺应大数据治理的需求，从思维观念、知识建设、人才建设、平台建设、体制建设等路径着手，提升大数据时代舆情管理的势能，挖掘大数据舆情治理的潜能，建立"大舆情"管理格局，强劲舆情管理工作的效能。通过变革网络舆情治理模式，提升网络舆情整体导控水平，推动网络治理创新，打造更加良好的网络舆论生态。

关键词： 大数据　网络舆情　治理

随着互联网进入大数据时代，网络舆情在信息体量、样本采集、数据形态、表现复杂性、信息关联性等方面都发生了巨大变化，网络舆情数据已无法用常规软件工具进行抓取、管理和处理，舆情信息收集研判的方式面临挑战与机遇，网络舆情治理的理念、方法以及治理体系的构建面临变革。

首先，要从海量信息中收集、分析、研判舆情信息，需要通过大数据的深度挖掘、计算、数据处理加工技术，分析数据关联性，使舆情数据采集从样本转向全体，舆情主体的范围和深度都大大拓展，采集到的数据更完整地记录和

---

* 沙飒，贵州省社会科学院传媒与舆情研究所社科信息部主任，副研究员。

反映网民心态和诉求,更准确地映射社情民意。其次,大数据突破了传统数据时代对个案的因果关注,转向整体掌控内容及关系,更为重视挖掘数据间的相关性,将所有相关信息如舆情类别、舆情走势、网民情绪变化等转化为标准数据,通过建构数据模型进行计算分析,能够推断舆情背后隐藏的社会关系、网民的政治倾向、意愿诉求等,推测舆情走向和趋势,由被动响应向主动预测提前部署转变。因此,无论是党委政府、业界还是学界等都越来越重视运用大数据的方法对网络舆情进行分析、研究和应用,以求顺应互联网发展趋势,推动舆情治理的创新。

一 大数据时代网络舆情治理的机遇

在网络治理已经成为社会治理重要组成部分的今天,网络舆情管理不再局限于分析研判网络舆情事件,回应引导网民言论,而必须立足于治理角度,在对网络舆情信息进行有效、及时、准确的收集研判的前提下,掌握舆情发生发展规律,把握网络与现实社会的相互影响,预防网络舆情事件演变为公共事件,实现网上网下联动共治。大数据技术为这种转型提供了可能和动力。

大数据为舆情治理带来的新机遇主要体现在以下"四个转变"。

(一)由抽取样本向掌握全信息数据转变

传统的网络舆情信息是针对重点网络站点进行数据采样,或是根据流量大小进行抽样调查,所采集的舆情关联数据是样本信息,信息规模小,数据量有限,一般为有结构或类结构数据,数据标准不一,数据库结构单一,样本分析并不能保证结果的准确性。

大数据技术突破传统舆情监测技术瓶颈,全天候自动搜索并采集全目标样本,为全面分析舆情走向提供基础。在大数据环境下,利用一系列飞速发展的新技术和新工具,能够实现从单个数据节点分析,到对海量信息进行解构与重构,网络舆情监测由节点转向网络,测量、计算各节点之间的关系,构建相关模型和技术方法,为网络治理提供更加丰富的技术手段。通过运用大数据技术,舆情分析的结果更加客观可靠。

(二)由追求舆情因果向把控舆情关联转变

传统网络舆情监测研判,受制于数据库的缺乏和计算分析能力,往往只关注有关舆情事件的信息和反响,无法深化分析网民心理的变化和舆情背后存在的社会关系、社会影响;只观察得到显性的舆论局势变化,无法察看冰山之下的舆论演变。大数据突破了传统数据分析的简单化、片面化、静态化的思维,引入全局化和关联化的思维模式,使网络舆情研判分析更为全面深入,并为舆情预测打下基础。

网络数据实际上是组成网络的人的特征、行为、偏好、社会关系等痕迹的记录,大数据于网络舆情最关键的技术就是对舆情数据信息进行关联,不再单纯寻找舆情发展的因果逻辑,而更多地寻找相关联的衍生数据,拓展舆情监测、分析、处置视角,为舆情预测提供基础,也拓展了舆情分析研究的应用。

(三)由定性推断舆情向定量计算舆情转变

舆情量化是大数据发挥价值的条件。网络舆情数据的量化是将元数据通过量化关联转化为有价值的信息资源,把现象转变为可制表分析的量化形式的过程。对网络舆情进行量化,就是要将所有相关联的舆情信息,如舆情事件发生发展的过程、传播态势、网民评论、态度情绪、舆论导向、群体倾向、社会影响等,通过已建立的标准指标体系进行量化处理,将信息资料以量化的形式转化为可供计算分析的标准数据。在关注网民态度与情绪变化的同时,关注持相关意见的人群数量、网络关系、传播级别等网民互动的社会关系网络数量,以获取网民和目标舆情的全部动态信息,通过数据模型进行计算,分析预测舆情走向,有针对性地对舆情进行治理。

从定性推断舆情转化为定量计算舆情,可以克服舆情分析者主观偏向和经验限制,使舆情分析结果更加全面和客观。大数据舆情分析技术和角度的拓展也将提供更加多维的舆情解读和更深入的舆情洞见。

(四)从舆情过程监测向舆情前置预测转变

舆情预测是大数据价值的核心。传统网络舆论引导是基于对已发生的网络舆情进行监测,分析研判网民的关注、言论、态度,对舆情的发展趋势做出简单评估，并以此为基础对舆情进行管理。由于方式的滞后性，在网络舆情危机的应对中往往处于消极被动的位置。大数据技术支撑下的舆情管理，可以将网络舆情监测的时点前置，在敏感消息进行网络传播的初期就开始监测，通过挖掘、分析相关联的数据，建立模型仿真网络舆情演变过程，推断舆情的走势和影响，提前把控舆情风险。

二 贵州省大数据运用于政府治理的实践探索

发展大数据是贵州省实现产业转型和后发赶超的战略选择。贵州省在全国率先提出发展大数据产业，把大数据作为战略性新兴产业重点加以培育。从2013年贵州省着手规划云计算产业发展战略至今，贵州大数据基础设施、硬件建设和政策软环境建设都取得了巨大成效。贵州省委十一届六次全会决定实施"大扶贫、大数据、大生态"三大战略行动，大数据将成为贵州"十三五"时期跨越发展的战略引擎之一，贵州省大数据产业前景和创新应用将进入新的阶段。

（一）大数据顶层设计奠定基础

近年来，贵州省出台了一系列支持大数据产业发展的政策，如《贵州省关于加快信息产业跨越发展的意见》《贵州省云计算产业发展战略规划》《贵州省关于加快大数据产业发展应用若干政策的意见》《贵州省大数据产业发展应用规划纲要（2014~2020年）》《贵州省大数据发展应用促进条例》《贵州省信息基础设施条例》《省人民政府办公厅关于印发贵州省政务数据资源管理暂行办法的通知》等，在大数据顶层设计方面走在全国前列，为贵州省大数据创新发展提供了政策保障。随着贵州省获国家发展改革委等部委批复建设国内第一个大数据综合试验区"国家大数据（贵州）综合试验区"、获工信部授予"中国南方数据中心示范基地"、获批首个国家大数据工程实验室等，贵州省大数据发展软环境已成气候。

2017年来，贵州省出台了《贵州省数字经济发展规划（2017~2020年）》《大数据+产业深度融合2017年行动计划》，此外，提升政府治理能力的"大数据应用技术国家工程实验室""大数据协同安全技术国家工程实验室""贵州省公共大数据重点实验室"相继揭牌。特别是国家大数据（贵州）综合试验区成立以来，贵州积极开展大数据制度创新，推动政府数据共享开放、数据安全等相关立法先行先试，探索建立大数据关键共性标准研究，建立大数据市场交易标准体系，其先验式的经验也成为大数据建设的范本。

（二）大数据政务创新成果丰硕

贵州省以数据的"汇聚、融通、应用"为目标，全力打造大数据集聚平台和应用平台，积极推进大数据在政府治理、民生服务等领域的应用。在2017年国家行政学院电子政务研究中心发布的《省级政府网上政务服务能力调查评估报告（2017）》中，贵州省2016年全国省级政府网上政务服务能力总体得分91.18分，从2015年的全国第七跃升至全国第二。[1]

政务数据"聚通用"助力政府"云上管理"。贵州省政府政务服务中心围绕"全覆盖、全联通、全方位、全天候、全过程"目标，搭建全国第一个省级政府数据资源汇集的"云上贵州"系统平台，建成了全国唯一覆盖省市县乡村五级全省一体化的政务服务平台"贵州省网上办事大厅"，审批服务系统实现了"一张网办理、一个系统审批、一个数据库汇聚、一个标准开放共享"，打通政府公共管理的数据通道，提高了社会管理能力和行政效率，被《省级政府网上政务服务能力调查评估报告（2017）》评价为"推进力度大、投资费用省、建设周期短、运维成本低、应用效率高、数据集聚全、协同联动快的'低投入建设、大规模应用、低成本运行、高水平服务'的发展之路"。[2]

贵州省大力实施数据汇聚、数据开放、数据安全、数据标准、数据立法、数据政务、数据民生、数据扶贫、数据金融、"数据铁笼"等大数据重点工程，发展大数据产业，推动传统产业升级，推进大数据战略行动落地。"电子政务云""智能交通云""食品安全云""工业云""环保云"等云平台大大提升了公共治理效率，"云上贵州App平台"建成并上线运行，各级政府部门App统一在该平台提供服务，力争打造全国领先的政务民生App品牌。

---

[1] 《贵州：大数据战略下的政务服务创新》，《贵州日报》2017年6月27日。
[2] 《贵州：大数据战略下的政务服务创新》，《贵州日报》2017年6月27日。

（三）大数据开放共享成效明显

政府数据的质量和用途已在大数据领域形成共识，国务院分别于2015年、2017年印发《促进大数据发展行动纲要》《政务信息系统整合共享实施方案》，要求建设国家政府数据统一开放平台，推动政府数据向社会开放。贵州省在《贵州省政府数据资源管理暂行办法》和贵州省政府数据开放、交换相关标准陆续出台后，政府数据资产登记、政府数据资源目录梳理逐步启动，并通过"云上贵州"系统工程搭建，将电子政务、工业、交通、食品安全、环境保护等公共领域云应用系统及其数据迁入"云上贵州"系统平台，促进政府数据资源汇聚和共享开放，并有序向企业和社会开放数据。

2017年，贵州省继续推动政府数据"聚通用"水平再上新台阶，省、市两级政府部门非涉密应用系统100%接入"云上贵州"，体系内政府应用系统数据资源目录100%上架，50%数据资源共享，逐步实现"云上贵州App平台"与电子政务云统一用户管理、全面互通共享，推动民生服务普惠化。①

（四）大数据融通应用有序推进

贵州省推进大数据在政府决策、社会管理和公共服务等方面应用的同时，积极推动大数据与教育、医疗、交通、公安、环保等领域融合发展，用大数据理念和技术统筹推进相关部门业务流程变革，打造公共服务升级版，政府数据集聚力度进一步提升，在推动大数据共性技术攻关、大数据资源开放共享、大数据公共服务平台建设等方面做出了积极的示范，政府部门间数据交换的领域和数量进一步扩展。据《中国大数据发展报告》中"中国省域大数据发展指数分析报告"显示，2016年贵州省大数据发展指数评分为37.46分，位列全国第7名，其中政用指数得分27.34分，排名全国第2位，仅次于广东省，已经形成政府主导推进大数据全方位、全领域发展和应用的重大战略。②

《中国省域大数据发展指数分析报告》认为，贵州政府数据开放的先行先试和有益探索在国内处于领先地位。但另一方面，贵州大数据发展处于不均衡

---

① 《2017年贵州省大数据发展工作要点》，《贵州日报》2017年2月22日。
② 连玉明等：《中国大数据发展报告》，社会科学文献出版社，2017。

状态，突出表现为单领域主导作用强，属于典型的政府主导性。"虽然政府推动较为强劲，政策设计较为完善，但大数据的商用和民用程度较低，商用指数得分4.01分，排名21位；民用指数得分6.11分，排名27位"①。因此，充分挖掘大数据的商业价值和社会价值，大力推动大数据与传统产业融合，是下一步贵州省大数据发展的着力点。

三 当前贵州省网络舆情管理现状分析

贵州省舆情信息工作"围绕大局、关注大事、把握大势"，努力为党委和政府提供决策参考和信息服务，不断提高舆情信息报送质量与实证研判水平，在服务大局、服务党委决策、建设风清气正的网络舆论环境中发挥了积极作用。当前舆情信息工作总体上呈现出不断发展的良好势头，但在理念建设、组织建设、机制建设、队伍建设、平台建设等方面也还存在较大的改进空间。

（一）网络舆情工作进步显著，但服务党委政府还有较大差距

贵州省各级政府主动适应互联网，以开放的心态问政于民，通过加强网络建设，增加经费投入，不断强化组织机构和人员配备，积极利用互联网加大网络正面舆论引导，加大对全省经济社会建设成就的宣传，引导和壮大社会主流思想舆论，营造了后发赶超的舆论氛围和健康向上的网络文化。近年来，贵州省在舆情信息收集研判、监测管理、网络舆论引导等方面成效显著，多次得到中宣部的表彰，在业内相关评选中获得"政府舆情应对案例奖""网络舆情监测建设奖""网络舆情监测创新奖""网络舆情监测管理奖""网络舆情监测特别贡献奖""网络舆情监测创新管理奖"等荣誉。

但从全省网络舆情工作来看，舆情信息工作服务党委政府的能力还不足。通过对全省各市（州）、县（区）委宣传部及部分省直宣传文化单位的调研显示②，地方党委政府对舆情信息工作重视程度普遍较高，共有63.6%的党委政

---

① 连玉明等：《中国大数据发展报告》，社会科学文献出版社，2017。
② 调研资料来源于2017年1月由沙飒、王娴、张菲菲等完成的院级课题"贵州省舆情信息工作服务地方党委决策"的研究报告，下同。

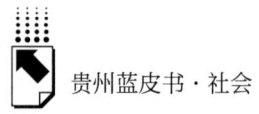

府对舆情工作重视或比较重视，只有9.1%的党委政府对舆情信息工作重视程度不够，对舆情信息工作认识不清。相比于党委政府的重视和要求，舆情信息服务党委政府的决策成效不理想，只有31.8%的调查对象认为舆情信息基本能服务地方党委政府的部分决策工作，还有4.6%和27.2%的调查对象认为舆情信息工作与党委政府的决策存在偏离或脱节的现象。

（二）舆情管理机制逐步建立，但舆情治理水平尚需提升

贵州省各级党委政府积极推动网络管理制度建立健全，搭建舆情信息工作平台，创新网络舆情监管处理机制，不断完善舆情信息报送、分析工作制度，重大舆情联席会议制度、舆情信息奖励制度等，舆情信息员的培训也建立了长效机制，总体来说，舆情管理有章可循，管理体系也逐步完善。

但是，相较于网络管理先进地区，贵州省基层政府在网络管理的科学性、系统性、规范性等方面还存在明显差距，舆情治理思维落后，舆情处置方式粗放。很多基层部门领导仍然习惯"封、改、删"思维，不善于对舆情进行有效引导；有的地方舆情管理组织机构不健全不稳定，舆情分析研判机制、风险评估机制、预警导控机制等还需要进一步建立和完善。调查显示，不少舆情信息工作部门工作机制不完善，其中缺乏细化的奖惩机制、缺乏合理的培训机制、缺乏参考咨询机制三个方面较为突出，分别占比72.7%、68.2%、54.5%，同时在协同机制、质量评估机制以及信息共享机制建设等方面也存在较大不足。

（三）舆情工作体系逐步完善，但分析研判专业化水平有待提升

贵州省积极推进网络舆情的收集、研判、报送、应对体系的建设，政府介入舆情事件的主动性加强，舆情引导成效较为明显，舆论引导水平也不断提升。但除了常规的舆情信息工作外，贵州省舆情信息研究分析能力还较为薄弱，舆情收集研判专业性不强、深度分析不够、预见性不足、对策建议不力。

一是舆情分析研判专业化程度不够。大数据时代，要准确把握网络民意，需要借助科学的方法，以详细数据和客观的评价体系作支撑，避免误判。调查显示，平台建设的不规范是当前舆情信息工作中比较棘手的问题，除了少部分舆情信息工作部门建立了自己的案例库和标准流程（分别占比27.3%和

31.8%），大部分舆情信息工作部门都没有建立舆情定量分析系统和舆情数据库。目前贵州省舆情信息工作的技术基础、理论基础、实务能力等方面都较为欠缺，舆情分析研究总体处于粗放阶段。

二是大数据舆情监测预警系统建设滞后。当前，信息技术已被广泛应用于舆情监测和研究领域，随着大数据时代的来临，信息海量膨胀，离开网络技术支撑的舆情监测已经远远不能适应现实要求。就全省而言，舆情监测平台建设滞后，部分网络舆情监测工作还处于人工搜索阶段，舆情信息的客观性准确性、舆情分析研判的科学性等诸多方面都得不到保证，更深层次上对于舆情传播的规律性、舆情分布的特征性、舆情关联性和预判性的探索更为欠缺，与全省大数据战略要求不相适应。

（四）舆情工作组织架构搭建完备，但人力资源保障尚需加强

贵州省舆情信息工作立足维护社会和谐稳定，着力提升服务各级党委政府能力，形成了纵向到底、横向到边、覆盖广泛、渠道畅通的舆情信息网络。目前，全省宣传系统舆情信息报送单位一百余家，基本满足日常舆情研判报送工作。

但是，与大数据时代网络舆情治理的要求相比，贵州省舆情队伍建设保障不足，其中人员配备的问题最为突出，具体表现为"缺钱、缺人"。调研显示，86.4%的调查对象反映人员配备严重不足。除此之外，资金投入不足、组织机构缺失、时间保障不足等都是比较突出的矛盾。舆情工作人员基本是一人多岗，总体存在"小""散""乱""随意"等状态，队伍建设不稳定。

四　大数据时代网络舆情治理的变革路径

大数据给各行各业带来变革性影响。对贵州而言，大数据制度环境具有一定的优势，从大数据战略提出，到大数据基础设施、政策环境、产业环境的不断打造，大数据思维已逐渐深入人心，加之政府的强力推动，大数据在各行业的运用愿景可期。以大数据观念和技术变革传统网络舆情管理，对于新形势下做好网络舆论引导工作具有非常重要的理论意义和实践价值。为适应数据时代舆情治理的要求，需要从人才、设施、技术、方法、制度等方面着手，抓住变

革机遇，搭乘大数据这辆高速列车，推动社会治理创新，打造更加良好的网络生态。

（一）做好"三大变革"，提升大数据时代舆情管理的势能

一是治理思维变革。如今网络已经成为民众参政议政的渠道，因此政府治理必须尽快转变治理理念，从控制导向转变为引导思维，由"维稳"方式转向科学治理，建立集体共治的观念。政府作为网络治理的主体，既要保证决策本身的公平正义，又要坚持决策过程的规范和公平，将大数据思维和技术融入网络治理，运用大数据强大的"关联分析"能力，能够改进网络舆情源头治理，引导网络社会参与，通过网络资源的整合，使各利益集团、各群体、各部门甚至网民个体"有效参与"，最终形成公共利益集体共享和责任共担的机制。

二是工作模式变革。大数据打破政府对信息的垄断地位，从根本上打破了政府控制导向的行为模式，也打破了政府对社会公共事务实行单一向度管理的权力运行方式，要求政府尝试开放式治理，甚至参与式治理，需要通过组织、结构、体制等方面的不断调整重构社会治理方式。舆情事件通过网络形成强大的民意和舆论压力，使政府更加关注来自基层社会的利益诉求和民生问题。因此，网络舆情治理应该充分接纳互联网思维，走好"网络群众路线"，通过互联网技术加强对网民意见的挖掘、分析，将网络创新管理更深地融入政府治理体系。

三是大数据技术变革。大数据的分析技术，对更多数据的获取，以及可视化展现，都是变革现有的舆情管理模式的技术支撑。基于大数据的舆情分析研究，其角度和方法比以前更广泛和灵活，覆盖面也更广，实现对海量文本的自动化分析、可视化呈现、舆情演化仿真预测等，增强舆情事前预测能力，让舆情分析成为发现原因、解决问题的有效路径。

（二）围绕"四个维度"，挖掘大数据舆情治理的潜能

1. 理论研究维度——让舆情研究插上理论的翅膀

大数据舆情研究不仅要研究网络舆情数据产生、传播以及舆情信息涌现的内在机制，还要研究隐藏在数据背后的社会学、心理学及传播学等学科的机

理,同时利用这些机理研究互联网对政治、经济、文化、社会的影响,因此需要打破学科界限,进行学科融合研究,逐步实现如下研究转向:"研究视角从单向度的内容研究转向'内容—关系'多维度研究;研究方法由舆情信息采集转向数据加工、可视化;数据库支持由有限的数据库转向非结构化的大数据库;研究主体由面面俱到的舆情监控转向高度聚合集约的舆情分析;研究重点由舆情监测转向为舆情预警"①。

目前的网络舆情研究主要集中在监测和研判阶段,且大多以具体实践问题为驱动,缺乏理论观照及全局视野,易对网络舆情形成片面化理解,对社会现状产生误读。因此,要重视理论驱动的作用,将数据驱动与理论驱动相结合,为舆情研究提供新的假设和理论解释,以发掘问题的本质性规律,推进适应中国国情、文化和社会结构的舆情理论创新。

2. 路径实施维度——让大数据舆情治理迈出现实的步伐

推动大数据时代的舆情管理创新,要从常规舆情信息工作入手,将大数据和舆情管理、舆论引导、危机应对等结合起来,提升网络舆情整体导控水平。

一是将大数据和日常舆情管理紧密结合起来,改变传统治标不治本的"灭火"式管理模式,应用大数据技术实施"防火"式管理的转变,提高网络舆情整体掌控能力。要建立网络舆情大数据台账系统,实时记录网络平台数据,捕捉舆情信息,全面分析舆情传播动态,对舆情走势、突发事件应对等方面进行研判,收集有关事态发展及事件处置的信息,判定民意倾向性,提出对策建议。

二是将大数据和突发事件应对结合起来,提高网络危机应急处置能力。网络舆情极易引发社会突发事件,运用大数据既可以加强舆情监测,进行实时导控,又可以成为应对其他突发事件的有力工具。建议组织专业人员队伍,或与舆情专业机构、研究部门合作,建立舆情案例数据库,将近年来舆情事件收集整理建库,同时把相关舆情事件中事态发展、网民情绪变化、意见倾向、政治立场等定性内容纳入指标体系进行量化,通过建立舆情量化指标体系、演化分析模型等数据模型,快速准确地判断舆情危机级别,组织实施应对预案。

三是将大数据和舆论引导紧密结合起来,在"循数而为"的基础上,做

---

① 喻国明等:《大数据视域下舆情研究的转向》,《新闻记者》2013年第6期。

好"用数据说话",充分收集相关数据,运用图表等数据可视化技术,政府网站、官方微博等平台,全面呈现事件的来龙去脉,让网民既了解事件真相,破除网络谣言,化解网民偏激情绪,提升舆情引导的公信力。

3. 数据整合维度——打破数据孤岛,实现联动开发

要充分发挥大数据在网络舆情分析方面的价值和功用,需要建立开放式的大舆情治理观,充分实现各种网络数据平台的开放共享,在数据挖掘、数据共享和数据使用等方面进行深入探索,在保障数据安全的基础上,建立大数据政务公开系统,统一数据标准,提供数据接口,引导社会力量参与对公共数据的挖掘和使用。建立网络舆情服务联盟,实现网络舆情的多元共治和舆情大数据的多价值开发。

4. 数据优化维度——克服数据盲点,避免"数据依赖"

大数据技术基于计算机的智能运算,由于互联网传播的特点,大数据时代的舆情治理也要防止数据崇拜、技术崇拜,不能仅仅凭借技术构建的大数据平台去做出管理决策。

一是要注意"打捞沉没的声音"。互联网的分享、开放下也存在明显的"数字鸿沟"和网络舆论弱势群体。一方面,在互联网上活跃的发声者并不代表全体网民;另一方面,政府或某些利益集团、企业、网络大V等主体对议程设置或传播的选择性,以及互联网分众传播、个性化传播的特性,导致真相容易被淹没在巨大的"杂音""噪声"当中,形成"伪舆情"。因此,单凭技术体系构筑的大数据平台捕捉网络声音的大小来分析网络舆情,存有一定的偏颇,还需要通过运用大数据技术,基于全网的完整、准确和极速的信息,建立网络舆情自动分析系统,抓取全面的材料和纯粹的事实,"打捞"那些"沉没的声音",去伪存真,获得公正客观的认知,达成对网络舆情的引导。

二是要有效地实现网络舆论与现实民意的结合。网络舆情虽然被视为社会的"晴雨表",但不能简单地把网络社会视为现实社会,把网络舆情与现实民意之间直接画上等号,必须把网络舆情监测数据与民意调查数据结合起来,对现实生活中的个人、群体的思想、言论、行为进行更深入的接触和了解,把握社会民众的真实诉求,判断他们对公共事件、社会热点难点痛点的认知与评价,了解他们对党和政府的满意程度以及对未来的期许,更完整地反映社会舆情的变化和特征,更精准地服务党委政府决策,服务社会舆论环境建设。

（三）着力"三个建设"，加大舆情信息工作的动能

1. 知识建设

舆情信息工作要求具有高度的政治敏锐性，同时对理论性、应用性的要求很高，舆情信息行业是一个新兴行业，也是一个跨学科领域，由于贵州省从事舆情工作人员的知识结构、专业背景等原因，舆情信息工作者在政治理论、专业基础、知识积累等方面还反映出先天不足，与时代发展的要求差距很大。舆情信息工作者要顺应大数据时代要求，适应互联网的新变化，强化新技术新方法的学习运用；同时，围绕全省经济社会发展中的重点、热点、难点问题，深化舆情分析研判，注重分析舆情背后的社会情绪、社会心态、文化现象等，找到问题产生的深层次原因，不断提高舆情分析研究水平，推动舆情信息工作规范化、专业化、科学化。

2. 人才建设

人才瓶颈是大数据发展最突出的要素制约。大数据人才紧缺的现象在全球范围都非常突出，而随着我国将大数据列为国家战略高度，大数据人才的需求愈加明显，人才缺口巨大。

贵州省发展大数据把人才培养放在了重要位置，在大数据领域逐渐聚集了一批人才和核心技术团队，在大数据人才培养方面取得了一定成效，但从培养目标上，更多地指向大数据产业，在大数据治理、大数据研究等方面的人才非常欠缺，亟待建立一支既了解大数据、计算机技术、数学、统计学、传播学等知识，又熟悉网络舆情管理的专业人才队伍。

建议建立大数据舆情管理人才规划，系统梳理网络舆情工作所需技术人才目录，加大数据挖掘、分析人才的引进和现有专业人员的培养，同时通过柔性引进、项目合作等模式引进大数据舆情管理的高素质人才，打造一支大数据网络舆情管理的专业人才队伍。

3. 平台建设

做好大数据时代的舆情信息工作，需要把强化技术支撑摆到更加重要的位置。贵州省要特别重视大数据技术平台的建设，逐步缩小与发达地区的差距。要加强与科研院所、专业机构的合作，创新大数据网络舆情管理的方法与技术，加大舆情研究分析能力建设。

（四）整合"一个格局"，强劲舆情管理工作的效能

建立健全大数据舆情管理的体制机制，打造"大舆情"管理格局。一是打造全省舆情监测管理综合指挥平台，完善省、市、县三级舆情管理系统和舆情联动机制设置，建构多元的网络舆情联动机制，实现全省联动的网络舆论引导和管理大格局。

二是建立健全大舆情信息机制，制定舆情大数据工作体系，完善省、市、区（县）、媒体、工商、社保、社会信用、社会举报、民意调查等舆情数据获取方式，拓宽大数据获取的渠道；加大与国内主要网站的合作，通过合作模式获取后台关键数据；改变采购观念，通过采购舆情监测软件、舆情监测服务外包、直接采购舆情服务等方式，推动第三方企业网络舆情服务的发展。

三是建立健全大舆情研究机制，统筹资源，深化舆情研判分析，依托不同领域专家参与舆情研判，逐步打造一支来自全省不同类型智库、不同学科领域的舆情分析专家库，提升贵州省大数据舆情研究水平。

四是建立完善资源保障机制，加大资金、技术、物资、人力等资源的投入，推动大数据时代网络舆情治理变革。

B.10
网络舆情视角下贵州留守儿童问题研究

王娴 苍璐*

摘 要： 当今的网络传播方式与传播特点极大地拓展了舆论空间，对政治、经济、文化等各个方面产生了深远影响，也给政府的舆论治理带来了新的挑战。贵州作为劳动力输出大省，同时肩负脱贫攻坚重任，如何更好地从网络舆情的视角解读留守儿童问题，情牵社会，事关民生。文章梳理了近五年涉贵州留守儿童舆情治理取得的主要成绩，对存在的相关问题进行分析，最后提出对策建议。

关键词： 网络舆情 贵州 留守儿童

一 近五年涉贵州留守儿童舆情治理取得的主要成绩

（一）负面信息持续减少

自2012年11月毕节5名留守儿童被发现闷死在垃圾箱中后，相关部门高度重视，持续出台了一系列关心关爱留守儿童政策、措施，包括建立16周岁以下留守儿童登记制度；着力构建关心关怀困难特殊群体的长效机制，集中开展"教育惠民行动"、"社会关爱行动"和"家庭温情行动"等专项行动；建立健全包括重病重残、事实无人抚养、父母服刑、戒毒人员子女等困境儿童福利保障和社会保护工作，在依托有关部门推进留守儿童关爱服务工作的同时，也充分发挥

---

* 王娴，贵州省社会科学院传媒体与舆情研究所副研究员；苍璐，多彩贵州网有限责任公司舆情服务部副主管。

社区建设、社会组织、社会工作等方面的作用,形成工作合力,推动建立留守儿童关爱服务体系;为农村留守儿童、困难儿童配发平安手环;建立留守儿童信箱,为留守儿童实现了心愿;增加家门口就业机会劝返留守儿童父母等。

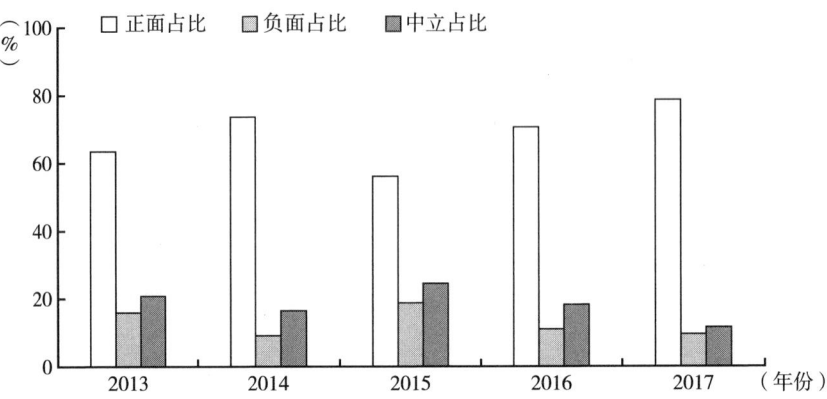

图1 2013~2017年网上舆论正负面占比变化分析

资料来源:多彩贵州网大数据舆情监测系统。

图1显示从情感占比趋势上看,近5年来正面舆论整体呈现上升趋势,与此同时在相关部门持续引导、治理下,网上舆论日渐理性,涉贵州留守儿童负面信息占比整体呈现下滑趋势,舆论生态持续改善。

(二)正面宣传逐年增加

随着相关部门持续出台关心关爱留守儿童政策,正面宣传报道持续增加。不仅通过媒体持续对外公布各项政策、措施的落实情况,还定期发布属地留守儿童关心、关爱工作情况等,政府形象稳步改善。

2017年9月29日,贵州省留守儿童困境儿童"合力监护、相伴成长"关爱保护专项行动推进会召开。同年9月30日,新华社刊发《贵州为10万余名小学留守儿童配发安全手环》报道,国内媒体积极转发并通过微博、微信、新闻客户端等多平台进行推送,网上舆论反响热烈(见图2)。

据多彩贵州网大数据舆情系统统计,9月28日至10月4日,互联网上共有相关内容939篇,其中新闻报道270篇,微博客672篇。舆论总体向好,网民普遍点赞,认为政府为民办了件大好事。

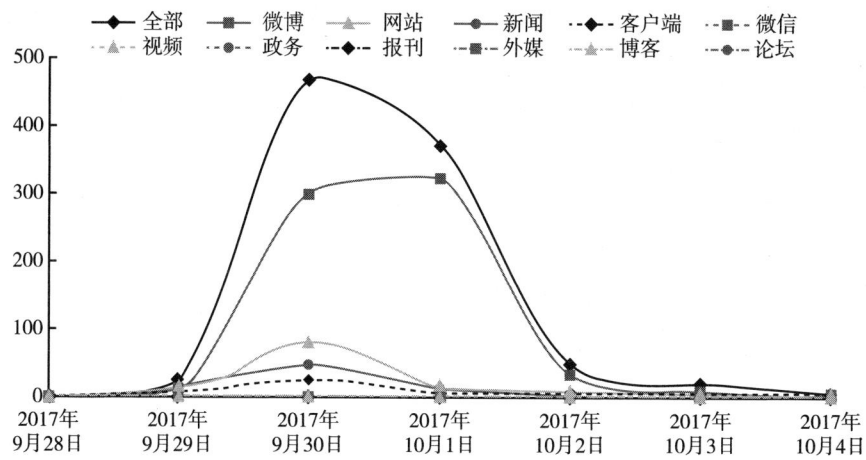

图 2　贵州为 10 万余名小学留守儿童配发安全手环事件关注度时间变化趋势

资料来源：多彩贵州网大数据舆情监测系统。

（三）网络空间治理初显成效

2014 年 2 月 27 日，中央网络安全和信息化领导小组成立，习近平主持召开中央网络安全和信息化领导小组第一次会议并发表重要讲话。随着中央网信办以及各地网信部门的成立，网信工作成为各级政府、媒体单位的工作重心，网络空间治理成为社会各界的共同责任。在政府主动引导、新闻媒体注重正能量传播双管齐下之后，互联网舆论生态开始逐渐好转，网民媒介素养持续提升，网络暴力事件迅速减少。

2015 年 11 月 1 日《中华人民共和国刑法修正案（九）》正式实施，谣言编造、传播得到控制，但由于举证困难、执法成本高等原因效果并不理想。与此同时，近五年媒体持续刊发《网络谣言的十种类型、十个特征以及如何鉴别与对待》《近期"朋友圈"流行四类谣言　教你如何辨别》《"朋友圈"里谣言多　如何快速辨别谣言？》等报道，提升网民辨别能力，引导网民客观看待舆情事件。

此外，2014 年以来中央持续出台一系列法律法规推进网络实名制及网络账号姓名、头像规范化，增加了网民在网络平台发言的责任感，恣意抨击、谩骂的言论锐减，网络舆论趋于理性。其中，2016 年 6 月 1 日起实施的《中华人民共和国网络安全法》对规范网络言论、遏制谣言传播起到至关重要的作用。

（四）舆论观点日趋理性

2012年，毕节5名留守儿童在垃圾箱中闷死一事发生后，舆论态度倾向明显，认为政府不作为、少作为是导致事件发生的直接原因。在2015年4名留守儿童自杀事件中，这一情况有一定程度改善，网友在抨击政府不作为、少作为的同时，也开始关注家长在事件中应当承担的责任。这一改变在2017年更加明显，2017年3月毕节再发生留守儿童敏感事件，当地一资讯类媒体通过微信公众号报料一则留守儿童遭姑父虐待多年的事件，从舆论观点上看，多数网友理性分析了事件原委，对政府的抨击、不满较少，更多的是对受虐儿童姑父及父母的谴责，呼吁社会对留守儿童给予更多的关心、关爱。2017年12月5日，毕节2名儿童疑触电身亡事件，媒体报道后事件引发舆论关注，从评论看多数网友认为社会发展不均衡、家长看护不力造成悲剧发生，还有网友质疑媒体恶意炒作，认为没有母亲会抛下出生仅56天的孩子。总体来说网友观点多为反思社会问题，没有出现一边倒抨击政府的情况。

（五）响应速度日益提升

从应对时间上看，与2012年相比，目前留守儿童舆情处置应急响应速度明显提升，2012年5名留守儿童闷死在垃圾箱事件发生后，相关部门直到第三天才对事件情况进行公开回应，错过了把握舆情处置主动权的最佳时机，让谣言有了滋生的空间。

目前相关部门持续提升应急处置效率，官方回应时间已缩短至24小时内，并且积极主动公开相关情况，配合媒体报道转移关注视线。梳理2015年毕节4名留守儿童喝农药死亡事件的舆情发展脉络发现，事件最早并非由网友爆料、媒体曝光，而是官方主动公布。

另外，2017年响应速度进一步提升，在毕节黔西一留守儿童被曝遭姑父虐待事件中，事件报料次日，毕节市黔西县委县政府已对男孩伤势进行司法鉴定，并对其姑父进行刑事拘留。

二 近五年涉贵州留守儿童舆情治理存在主要问题

5年来，贵州省各级政府部门坚持持续做好留守儿童关心关爱工作，负面信息持续减少、正面宣传逐年增加、舆论观点日趋理性、响应速度日益提升、网络空间治理初显成效，但同时也还存在一些问题。

（一）缺乏持续、系统回应

2015年毕节4名留守儿童喝农药自杀，毕节市政府第一时间对事件相关情况进行通报，但由于缺乏持续回应机制，在第一时间占领舆论高地后迅速被媒体负面报道推下制高点。缺乏持续回应，舆情处置就陷入"被动回应"的危机。

6月10日，"澎湃新闻"刊发报道《贵州留守儿童疑在家中喝农药自杀 生前穷得只吃玉米面》；6月11日，《北京晚报》刊发报道《探访贵州毕节留守儿童现状 2张床睡8个人环境很恶劣》；6月11日，中新网刊发图片新闻《探访贵州毕节留守儿童 房屋破旧无电灯》均掀起舆论热潮，抨击政府之声持续增长。与此同时，有媒体再次炒作2012年毕节5名留守儿童闷死在垃圾箱中一事，引燃社会各界仇官心理，舆论纷纷质疑"为何又是毕节"，导致毕节市地方政府公信力呈垮塌式下滑。直至6月12日，贵州省民政厅官网才发布《关于毕节市七星关区张启刚等4名儿童非正常死亡的初步调查通报》，详述了2012年4月以来，自杀留守儿童一家领取低保及补助的相关情况。而此时谩骂抨击之声已充斥网络，政府公信力已经遭受打击。在事件后续发展中，更多的质疑、抨击迎面而来。6月13日央视曝光了自杀男童的遗书，遗书的内容及引发网友质疑政府为推脱责任造假，此外媒体持续曝光事件疑点。6月13日，《南方都市报》报道《毕节自杀四兄妹亲属称最小孩子尸体上有8处刀伤》，财新网报道《毕节4名留守儿童在联合家访1.5小时后服毒》等，引发舆论对四兄妹死亡原因质疑，导致毕节市地方政府再次陷入舆论深渊。

随着网络信息不断发展，网民对信息时效的要求飞速上升。舆情处置的"黄金24小时"已经缩短为"黄金4小时"，甚至是"黄金1小时"。同时不少网民对谣言抱有"宁可信其有"的态度，因此在突发事件发生的整个过程中，政府一定要持续对事件做出回应和引导，否则极易加剧网民误解，点燃网民不满情绪。

（二）缺少适时、适度发声

同样以2015年毕节4名留守儿童喝农药自杀事件为例，整体舆论在事发后表达出震惊、扼腕、伤痛等负面情绪。随后舆情事件关注重点转向当地政府和相关责任人的失职，大量观点认为导致悲剧发生的根本原因在于当地政府和相关责任人不够重视留守儿童问题，同时说明基层的很多帮扶措施没有到位、流于形式。但在舆论观点几乎一致剑指政府与领导时，也有少数观点指出事件发生的最根本原因在于作为监护人父母的失责及计划生育工作的不到位。这是舆情事件发生后的首次舆论分流，也是政府舆情导控的首次机遇。

随后舆论出现井喷式发展，众多网友将之前发生的一系列贵州留守儿童负面信息进行回顾和比较，舆论观点集中对短时间内多次发生留守儿童负面事件的事实进行了猛烈的抨击。众多媒体以"盘点：毕节留守儿童之殇""毕节留守儿童生活现状"等主题集中报道了贵州近年来留守儿童的不幸遭遇，引发舆论更多的指责和不满。

在此之后，舆论焦点开始呈现发散态势，针对国家帮扶境外民众的不满、农业税收降低的质疑及农民发展的困境等均成为舆论表达主题。舆论监测显示舆论在6月11日到达峰值后回落，却在官方回应舆情事件后出现反弹，大部分网友针对官方"房产价值20万元""玉米还有1000多斤"的回应表现出强烈的不满情绪，认为当地政府和相关责任人的态度存在问题。

6月12日下午有媒体报道称自杀儿童的父母感情不和，并在生前遭受家暴，随后有消息指出自杀儿童的父母已经找到，但父母态度却较为冷漠。对此舆论较为集中地将枪口对准父母的监管失责和态度冷漠，还有舆论观点认为应该着力关注留守儿童的心理健康问题。事件在李克强总理批示后趋于平稳，有观点指出事件引起国家领导人的重视是值得肯定的，并希望事件发展能如批示内容并尽快落实相关问题。

6月12日下午5时半左右有媒体报道，七星关区多名责任人受到处理。舆论表示问责已经无法挽回悲剧，相比问责更应做的是防患于未然。也有不少网友认为"领导冤死了，孩子父母都做不到，反过来处理领导"，责问"用这几个芝麻官来为悲剧买单有什么用？"，还有不少网友表示父母的责任其实更大，也有很多声音表示社会的悲剧不是个别官员渎职的简单结果。这时舆论焦点显然发生偏移。

6月12日下午7时左右随着警方将留守儿童遗书细节披露，众多舆论表达出悲痛怜悯的情绪。6月12日贵州省政府紧急下发《关于进一步加强农村留守儿童关爱服务工作的紧急通知》，该通知从7个方面做出了部署。舆论对此充分肯定。6月13日针对部分媒体及网友质疑遗书真伪的问题，警方做出回应称确定遗书为4名儿童中的兄长留下。消息发出后再次引发公众错愕、悲叹情绪。

毕节留守儿童自杀事件发生后引发舆论四天的强烈关注，但其间舆论发展出现多次较为关键的转折点，如果能适时、适度发声，相信舆情导控效果会更为理想。

（三）缺失正确治理视角

随着经济社会发展，网民更关注的是官方的处置态度而非事件本身，即"服务体验感"的需求优于"了解事实真相"的需求。所以，在舆情处置时官方的第一反应至关重要，必须快、准地迎合网民的期望，表现出诚恳的态度，着重提升"服务体验感"。

随后的信息发布则需要多方配合、持续回应。首先应做到快速反应，随后做到按需跟进。跟踪发布的信息不求全面完整，但求动态。实时跟踪调查动态，用积极诚恳的官方声音不断挤压谣言生存空间，遏制舆情负面发酵。

提升"服务体验感"还需要做到"立足用户，了解用户"，建立正确的治理角度。公开发声必须首先以网民最关心的内容为核心，及时回应网民关心关切的传言、疑问，对质疑较多的问题承诺展开调查，跟踪调查情况，公布调查结果，从"心"化解舆情。

在进行舆情治理时一定要建立"平民化"的情感视角。对于舆情产生过程中出现的误解性意见和误区性判断要重点关注，不能简单采取否定和排斥的态度，一定要摆正客观身份，不断释放官方专业声音，有效化解误解，在不断的沟通中赢得支持。

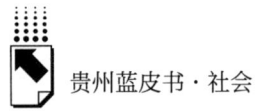

（四）常陷"站队""追因"怪圈

梳理近几年贵州省留守儿童舆情不难发现，政府在进行舆情治理时常陷"站队"和"追因"的怪圈。地方政府在进行舆情治理时常常会不自觉地强调"对错"观念，如2015年4名留守儿童自杀事件中官方发布的信息中出现了"房产价值20万元""玉米还有1000多斤"言论，这种描述视角和发布口径都是在告诉网友，4名留守儿童没有温饱问题，你们臆测的政府失责是不正确的，并由此引发了次生舆情。现实状况是"对错"并不能完整地呈现事件的发展原委和整体信息。一旦在舆情治理时陷入这种"对错"争论极易引发站队联想，滋生新的抵触和质疑情绪，产生难以对话和沟通的不利局面。

还有一个值得引起注意的方面是政府在舆情治理时也容易落入"原因"讨论的误区，触发追溯过往的心理。负面舆情爆发后，围绕事件产生原因的针对性讨论是网络舆论常见的发展方向。这种发展方向在帮助政府部门发现可能存在的渎职失职问题时是有益的，但也存在忽视"社会背景""历史条件"等客观因素的前提，从而产生舆论过度追责、强制问责的风险隐患。因此讨论事发原因要注意不要触发网民追溯过往的"扒皮""扒粪"心理。同时舆情治理更应把主要方向放在"现在怎么做""今后怎么做"等方面，与网民广泛互动，形成有效共识，共同解决问题。

（五）忽视网络媒体、意见领袖的强大影响力

进入互联网时代，网络媒体、意见领袖在网络舆情事件的发展过程中发挥着重要作用。在社会热点事件中，他们的观点自带光环，能够影响众多粉丝，在明星效应作用下影响舆论走向。

在涉留守儿童突发事件的舆论传播中，媒体跟踪报道报道、意见领袖持续发声，不断爆料引发多方质疑、反思，使网信部门在进行舆情处置时疲于灭火、被动回应，令政府深陷舆论漩涡难以脱身。2015年毕节4名留守儿童喝农药死亡事件媒体的报道更多地关注了留守儿童的生存现状，不断放大留守儿童面临的困境，挑动网友同理心。同时意见领袖持续发声使舆情关注度居高不下，舆情发展态势难以控制。随后心理学家武志红、媒体人侯虹斌、专栏作家

童大焕等意见领袖发表评论文章就事件"背后缘由"进行深入探讨,令事件舆情关注度持续上升,难以降温。

毕节留守学生被同学围殴致死事件由官网通报后也引出微博热炒。事发后澎湃新闻在网站、微博、微信和手机客户端同步发布报道《毕节15岁留守学生被同学围殴致死疑,因看不惯》,当日澎湃新闻的相关内容评论迅速达到5000余次,随后,新华网、中国青年报、新浪网等媒体官微纷纷转发,形成的二次传播。"毕节""留守儿童""未成年人犯罪"等词汇在舆论场频频发出,网民情绪也受到强烈刺激。经舆论监测,事发两周后媒体的持续报道使网络舆论到达峰值。

而2017年12月5日,毕节发生两名留守儿童疑触电死亡事件后,并没有引起网民的高度关注,网络舆论也相对平静。在事件当中,没有知名网络媒体的转发、炒作,网络媒体、意见领袖的文章中出现最多的字眼也非孩子的生存困境,而是"提醒各位父母"。对比2016年、2017年这两起事件中网络媒体、意见领袖的参与情况和舆论走向,不同的报道最终导致不同的结果。在舆情事件发展过程中,由于网络媒体公信力优于政府公信力,网民更愿意相信网络媒体带来的"第一印象",赞同意见领袖指出的"疑点"。

三 贵州留守儿童舆情治理对策建议

(一)结合特点持续、系统回应,找准时机适时、适度发声

在舆情产生发展的整个过程中要做到理念先行,理念先行主要体现为政府在网络舆情价值观的建立上。建立正确的网络舆情价值观直接影响着网络舆情治理的各个环节、各个阶段,也成为政府在网络舆情治理中意愿、态度、行为的指挥棒。在网络舆情事件出现后,政府应针对舆情发展不同阶段的不同特点,做好信息收集、权威发布、动态跟踪、质疑回应及责任落实。当前网络舆论已经成为公众表达民意、反映心声的重要途径,网络成为政府和群众沟通的重要桥梁之一,政府应树立正确的网络舆情价值观以便更好地了解群众、贴近群众、发扬人民民主、接受人民监督。

同时需要注意到网络舆情有自身不同发展阶段的特点和规律,在萌芽期、

发展期、爆发期和消退期均应采取不同治理策略。在网络舆情刚刚形成的萌芽期，由于信息分散，关注较少，因此政府舆情治理的主要任务是信息收集和发展预判。这一时期还需要注意到议题信息的来源方式，有效指导后期治理媒介选择。而当网络舆情进入发展期，信息传播开始增多、网民关注开始增强。这一阶段政府应当积极采取相应措施，主动发声、适时引导，对事件的基本情况、发展缘由和社会影响得出相应判断，本着良好的沟通意愿、科学的沟通策略和合理的解决思路将网络舆情的负面影响降到最低，尽力促使舆情消退。一旦舆情事件有了更新发展或者发生政府处置不当的情况，舆情事件将会进入爆发阶段。爆发阶段时事件持续升温、关注日益增多，但与发展期不同的是，这一阶段开始出现不同观点的碰撞，信息呈现极化现象，这一阶段的舆情危机到达峰值，是处置舆情的关键时期。虽然这一阶段的负面影响已经形成，但政府需要组织相关力量控制事态发展，在极化的信息中寻找突破口和关键点回应舆论关注问题，并为政府形象修复做好准备。随着相关信息的持续发布，网民的关切得到合理回应，事件的处置也取得相应成效，事态开始平息，舆情逐渐消退。这一阶段的舆情处置主要考验政府的评估和修复能力，舆情消退期间，政府的舆情处置工作不能结束，一要紧密控制事态发展严防舆情反弹，二要做好联动事件处理严防次生舆情。在舆情事件发展趋于稳定后还应对事件发生过程进行调查和评估并积极修复政府形象。

在对舆情事件进行全过程追踪时，合理运用大数据技术将不同的信息划分为"热数据"和"冷数据"，实现对"热数据"的重点追踪和评估（见图3）。

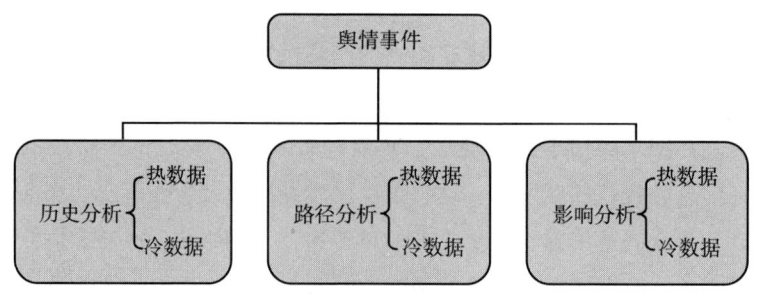

图3　舆情事件冷热数据划分

可以在舆情事件预警阶段对舆情现状进行威胁定义,并在舆情事件突发阶段对舆情现状进行风险量化,同时在舆情事件反应阶段对舆情发展进行事态控制,还要在舆情事件修复阶段要对舆情影响进行积极修复(见表1)。

表1 舆情危机应急机制

阶段	数据评估手段				主要目标
预测	事态演化态势预测	公众群体行为预测	信息环境安全预测	事件风险等级预测	定义威胁
突发	负面舆论所占比例	现有资源短缺情况	实质错误出现频率	事件危机等级界定	量化风险
反应	舆情事件响应速度	舆情信息反馈频率	事实、真相细节程度	应对手段种类数量	控制事态
修复	负面舆论递减程度	危机责任人处理通报	事件处理满意调查	公共秩序恢复情况	积极修复

(二)掌握技巧合理引导,联动多方科学治理

通过相关调查不难发现,在贵州省近年的留守儿童舆情事件中,政府响应的主动性和积极性都在不断提高,这不仅体现在负面信息的减少、正面宣传的增加,还体现在响应速度的不断提升上。但政府在留守儿童舆情事件应对的动态控制能力上还有所欠缺,而动态控制能力的建立不仅需要及时调整舆情策略,还需要精准控制话语艺术,更需要紧密联动多方力量协同舆情治理。

网络舆情发生时,需要根据不断发展的事态及时修正反应策略。政府部门在网络舆情的回应策略选择上应该依据实际情况,通过调查、研判,分析网络舆情事件的责任及影响范围,选择合适的策略与网民进行沟通。

同时在舆情处置时还需要注意话语表达策略的调整,避免使用"极化"语言。网络舆情有自身的传播规律,政府在信息发布时要注意尽量避免出现"内宣"语言,同时还要适度调整口吻语气。只有将话语表达方式进行柔性转化,才能更好地避免网民的反感和抵触情绪,降低舆论产生对峙的趋势,同时提升政府的舆论公信力和社会满意度。话语表达策略的好坏直接影响着舆情处置的相应效果,尤其是在舆情危机出现的情况下,网民对政府形象的认定会出现放大效应,一旦因为话语策略的失误导致信息沟通的不畅将极大

地掩盖政府的工作成绩，甚至会导致网民将一时的工作失误认定为常态化的责任过失。

除此之外还要"做说并举"，舆情事件发生后学会借助媒体的力量，做到有话快说、有话会说，官话不说。同时创新舆情处置方式，要转变治理思维，还要寻找具体策略。提高与媒体打交道的能力，提升社会化媒体能力，积极掌控舆论主导权。通过新媒体塑造政府形象，同时还要借力新媒体实现舆论引导。政府借助新媒体进行舆情处置，可以通过信息公开、议题引导及稀释焦点等方式进行；还可以不断加大投入，完善机制，强化培训，加强网评、网宣、网管、舆情、技术等体制内舆情队伍和社会化网络志愿者队伍建设，推动网络宣传"统一战线"的联盟。

（三）线上线下紧密配合，配合治理赢得满意

贵州地处西部欠发达地区，劳动力输出为主这一特征导致留守儿童的数量不断增加，同时也产生了较多与之相关的问题。就目前情况看来贵州留守儿童数量大、问题多、潜在隐患较为突出。尽管贵州省政府目前已注意到留守儿童问题，也开展了相应的工作，但不断发生的舆情事件说明舆情修复要依靠长期不懈的线下工作。

1. 传递正面能量，减少悲情传递

留守儿童问题是教育领域内较为敏感的问题，历史上社会对留守儿童形成了较为稳定的舆论，认为留守与非留守儿童相比较在知识学习、能力养成、性格塑造的过程中均不占优，同时还存在性格内向、学习滞后和难以管理的种种问题，留守儿童常常与教育发展呈现负向的关系，以致留守儿童存在很多"原生"问题。梳理近几年媒体的报道发现，正面信息在逐年增加，媒体也不乏报道了大量地方政府、社会力量关心、关爱留守儿童的信息，但留守儿童依然给人"问题少年"的固有印象，这种现象与媒体的议题设置、拟态形塑、焦虑引导不无关系。同时政府在留守儿童舆情事件发生之后产生的信任危机也一定程度弱化了媒体中性和正面的传播力度。在面对留守问题时，无论媒体还是社会都应该更加尊重留守儿童的客观性和合理性。有学者指出留守儿童的留守是基于家庭内部资源配置的理性选择。因此留守儿童更需要的是一种被坦然接受的合理，而不是刻意塑造的悲剧。

2. 融合多种手段，填补课余时间

首先可以通过延长学校教学时间弥补留守儿童家庭教育的欠缺。有观点指出学生自主支配时间的长短取决于家庭经济实力的较量，城市学生在结束学校学习后可以选择进入各种补习、培训班，进而大大延长自身学习时间。留守儿童不仅不具备相应的经济实力，也没有相应的补习、培训系统支撑。因此适当延长留守儿童的在校学习时间可以更好地帮助他们获得实质性成长，同时也可以适度弥补家庭教育的不足。

其次可以通过相应的媒介素养教育提升留守儿童课余生活质量。由于缺乏父母的监管，留守儿童更容易将课余时间用于电视及网络等媒介中。一是政府应加强媒介素养教育环境建设，二是社会应建立监督机制促使规范操作，三是学校应加强课程建设促使内容系统，四是监管方应加强媒介素养教育知识。加强留守儿童的媒介素养教育，培养他们通过媒介获取知识，让他们学会通过媒介获得自信与自尊。

最后可以通过留守儿童教育培训市场的开发逐步完善留守儿童的学习系统。第一可以通过政府政策资源供给、市场教育资源供给等实现教育培训市场供给侧结构性调整，第二可以通过新媒体传播方式明确市场开发目标，第三可以以互联网媒介资源为依托，优化培训市场宣传环境。

3. 结合购买服务，强化家庭功能

就留守儿童问题来说，地方政府还可以通过财政投入的增加购买更为专业的社会服务，这种创新型政策措施一方面可以有效减轻政府的工作压力，另一方面可以集结更为广泛的社会资源。在地方政府的主导前提之下，逐步健全政府购买社会服务的流程，定期孵化相关组织，切实解决当前留守儿童的困难。地方政府可以加大相关政策灵活度，不断建立健全留守儿童社会组织审核审批机制，同时可以借助青少年教育小组、未成年人思想道德建设小组等力量协调相关职能部门，加快与留守儿童社会组织的合作。

与此同时应认识家庭教育的核心地位，不管是地方政府、社会组织还是学校都应当强化家庭在留守儿童教育中的功能，不断提升家庭的教育地位和保护作用。无论是地方政府、社会组织还是学校都应帮助留守儿童建立与家长的沟通机制，不断健全教育方式。利用电话、微信、视频等信息手段及时完善家长与留守儿童间的交流，让留守儿童时刻感受到远在他乡父母的关爱，不断减轻

自身的心理负担,淡化留守的悲情氛围。

4. 完善法律法规,建立救助机制

完善留守儿童相关的法律法规,通过实地调研了解当地留守儿童发展状况,梳理细化留守儿童相关政策,利用法律保障留守儿童合法权益。健全司法机构,提升队伍素质,加强留守儿童法制教育,通过宣传教育加强留守儿童法规落实,健全留守儿童监督体系,明确职责,推进落实。

建立留守儿童安全保护预警和救助机制,可以由当地村委会牵头建立留守儿童安全预警机制,一旦发现留守儿童安全危机后要及时进行干预,并做到超前置反馈、及时化布置、防患于未然。并可以在县、乡一级建立留守儿童安全救助机制,不仅可以及时提供支持,还可使留守儿童第一时间得到救助。

易地扶贫搬迁篇

Relocation of the Poverty-stricken Areas

B.11
易地扶贫搬迁移民
社区社会变迁动态分析

——基于兴义市易地扶贫搬迁移民社区的实地考察

马良灿　胡雪　陈淇淇　金绍龙**

摘　要：易地扶贫搬迁是实现精准扶贫和脱贫的重要方式，改变了贫困人口生存的环境，提供了发展的契机，旨在解决贫困地区"一方水土，养不起一方人"的困境。农村人通过搬迁进入城市生活，社会环境的改变势必对其原有的生产生活方式造成冲击。在这规划性的社会变迁中，贫困人口的乡土情结是难

---

*　基金项目：民政部2016年度全国农村基层治理创新理论研究课题"项目进村对基层治理的影响研究"（项目编号：2016MZRJ010-01）；贵州省教育厅高校人文社会科学研究重点项目"贵州贫困地区农村基层治理的变动趋势研究"（项目编号：2017zd04）；贵州大学文科重大科研项目"项目进村背景下基层社会治理的变动趋势研究"（编号：GDZT201602）。

**　马良灿，贵州大学公共管理学院教授，社会学博士；胡雪，贵州大学公共管理学院2016级社会学硕士研究生；陈淇淇，贵州大学公共管理学院2016级社会学硕士研究生；金绍龙，昭通学院职业技术学院副院长，副教授。

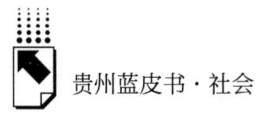

以割裂的,但社会环境的变化使其不得不发生改变以适应移民社区,而现在的移民社区作为农村传统文化与现代城市文化冲突的实践场域,在这一场域中移民承受着社区变迁所带来生计方式变化、社会关系的断裂与重建、生活环境适应等问题的阵痛。本文通过对比移民前的村落社会与现今移民社区之间的变化,以体现出易地扶贫搬迁移民社区社会变迁与社会转型的发展趋势。

关键词: 易地扶贫搬迁　移民社区　社会变迁

在大扶贫背景下,易地扶贫搬迁作为"五个一批"精准扶贫工程脱贫的一批,是脱贫攻坚战中最难啃的"硬骨头"。国家《"十三五"时期易地扶贫搬迁工作方案》明确用5年时间对"一方水土养不起一方人"地方的建档立卡贫困人口实施易地扶贫搬迁,力争在"十三五"期间完成1000万人口搬迁任务,通过搬迁拔除穷根,帮助他们与全国人民同步进入全面小康社会。[①] 贵州处于滇桂黔石漠化山区,无疑成为脱贫攻坚战的主战场。"十三五"时期,全省共识别出易地扶贫搬迁对象为162.5万人,建档立卡贫困人口为130万人。政策主导下的易地扶贫搬迁,以搬迁为手段、扶贫为目的方式嵌入行政逻辑主导下的社会中,使易地扶贫搬迁成为一种行政规划性的社会变迁。当规则的理想的国家顶层设计嵌入不规则的地方社会中,矛盾显现出来。大批贫困人口在政策的鼓动与支持下已从偏远贫困的山区搬入城市,而这一搬迁不仅是移民居住空间发生位移,也使移民的居住环境、生活生计、社会关系、文化习俗等多方面发生了改变。面对发生的种种变化,传统乡土村落中离土进城的移民徘徊迷茫,但不得不适应。面对城市的生活逻辑,搬迁移民面临种种冲突与困难,最终将何去何从?现移民社区移民正在经历什么样的变迁?为此,本文基于对兴义市易地扶贫搬迁移民社区的实地考察,通过与移民前的村落社会进行

---

① 国家发改委等:《"十三五"时期易地扶贫搬迁工作方案》(发改地区〔2015〕2769号)。

对比分析，主要从移民的生计方式、公共基础设施、生活方式和文化观念、社会关系等方面理解移民社区社会变迁的新趋势。

一 移民前的村落社会

巴布村位于兴义市敬南镇西南面，距镇政府20千米，是由原来的巴布村与新场村合并而成，是典型的喀斯特石山区，土壤稀少，水源奇缺。全村国土面积为17.65平方千米，耕地面积3265亩，人均耕地面为0.8亩，林地4560亩。全村辖19个村民小组，1451户，4215人，主要民族为布依族、苗族、彝族和汉族，属省级一类贫困村，共有贫困户253户835人，其中精准扶贫户为156户702人，低保户109户，易地扶贫搬迁户76户364人，贫困发生率为19.81%。

巴布村是贵州石漠化的重灾区，土壤贫瘠，植被稀疏，地表裸露，土地无法储藏水，村内没有河流、湖泊和水库，恶劣的自然环境限制了村民更好的生存和发展，村民的生计来源主要是种植、养殖和外出务工。恶劣的生态环境下，人们只能发展"靠天吃饭"的农业生产，是一种"赌博性"农业。与许多西部农村一样，巴布村人口结构主要是被俗称的"386199部队"，也就是妇女、小孩和老人，年轻人都外出务工，劳动力主要是妇女和能活动的老人。巴布村公共基础设施薄弱，在交通方面，全村有8.3千米通村公路未硬化，通组公路19条25千米未硬化，闭塞的交通严重阻碍了经济的发展。在教育方面，仅有学校2所、幼儿园1所，学校设施简陋、师资薄弱。此外，巴布村医疗设施缺乏，在村里看病只能去村卫生所和小门诊，且距离家较远，就诊不便。

巴布村的社会秩序是靠村民的行动和社会关系维持的。社会关系是基于地缘和血缘的持续互动而形成。长期以来的互帮互助建构了良好的社会关系，形成共同的村庄记忆和情感共享，更加强化了村庄认同。在熟人社会里大家彼此知根知底，村里有办红白喜事时都互相帮忙，农忙时节，在劳动力缺少的情况下，形成互惠互动的互助圈，村民的行动观念更多地是以情为主。当前，资源下乡及外出务工人员增多，渐渐给村庄带来了个人主义的思潮，传统的情义行动观念在村民生存理性面前开始动摇，在一定程度上瓦解了村庄的集体行动，从而渐渐影响了村庄社会关系的和谐，但已融入血液的乡土性的社会关系是不会轻易解体的。在以后崖上组和熊吃水组成功整组搬迁后，虽然村落形式上的自然边界与行政边界会走向终结，但村落中的传统文化价值观和社会关系网络形成的文化边界与社会边界是难以终结的，其社会关系网络大都会基于亲缘和血缘在移民社区内再造和重构。显然移民前的村落社会不再是传统的封闭村落，自然边界、行政边界、经济边界等形式边界已经开始解体。尽管文化边界与社会边界等核心边界也正渐渐在模糊，但更多固化着人们的行动和社会关系的重塑与再造，但它还仍然是村民称为"老家"的地方，是其归宿感和心灵的栖息地。

移民前的村落社会自然条件恶劣，限制了村民的发展，而陷入贫困。在"一方水土养不起一方人"的环境下，易地扶贫搬迁是有效解决这一困境的重要方式，而推动移民社区得以形成。

二 移民社区的形成

易地扶贫搬迁作为一项国家政策，体现了国家意志的不断下沉。其驱动力就在于原居住地与迁入地之间在基础设施条件、教育、就业、医疗之间的推拉作用。[1]黔西南州位于云南、贵州、广西三地的交界处，是贵州省重点贫困片区，也是易地扶贫搬迁典型的实践场域。贫困面积之广，贫困程度之深使其难以"短平快"地完成扶贫搬迁。"十三五"时期，黔西南州计划搬迁将近5万户，并预期在2018年底完成易地扶贫搬迁工作，促进其贫困人口全面脱贫。为此，自2016年底以来，全州易地扶贫搬迁工作开展得如火如荼。由于环境恶劣、村民生计困难，作为兴义市一级贫困村的巴布村无疑成为扶贫搬迁的重点对象。为了更好更快地执行和落实扶贫搬迁工作，2016年初在各级政府的支持下巴布村成立了脱贫攻坚"五人小组"，其成员由省、市、县级相关部门单位的工作人员和乡镇包村干部以及巴布村村干部组成。作为易地扶贫搬迁基层的实践主体，在"搬迁任务"下来后，"五人小组"通过确定搬迁对象、政策宣传、动员搬迁、组织搬迁、搬迁安置等一系列工作，主导着易地扶贫搬迁

---

[1] 金莲、王永平、黄海燕、周丕东：《贵州省生态移民可持续发展的动力机制》，《农业现代化研究》2013年第4期，第403~407页。

政策的具体执行。然而，在听说搬迁消息之初，大部分村民对搬迁到城市生活具有一定憧憬。但是当工作组开展政策宣传工作并需要做出是否搬迁的决定时，在全面权衡后，传统农民的生存理性开始影响着其搬迁意愿，搬迁后的生存与就业无疑是影响村民搬迁意愿的最重要原因。对此，"五人小组"开展了搬迁动员工作，从居住环境的改善、优良的教育资源、完善的医疗卫生条件以及就业保障、基本生活保障等多方面吸引村民搬迁。同时，对决定搬迁的村民们给予基本生活保障，包括三年免缴水电费、每户解决1个劳动力就业、无条件解决子女上学等。而对决定搬迁的村民中的精准贫困户每户给予2500元的家具补贴。此外，由于巴布村交通闭塞、村组公路仍是未硬化的毛路，政府曾经承诺要为村民们改善路况。而搬迁政策下来后，政府表明，即便有村民选择不搬迁，政府也不会再提供任何扶持资金用来改善交通环境，这一定程度上也影响了村民的搬迁选择。无论是搬迁前的动员还是搬迁后的政策保障与鼓励以及对原有村落环境改善支持中断，这显然都是工作组推动搬迁工作的种种策略。正是由于这种政策上的鼓励与移民安置区的优越环境拉力，加上传统村落恶劣环境与生存困难等种种推力，这"一拉一推"合力促进了现巴布村22户108人搬入城市，移民社区逐渐形成。

三 搬迁后的移民社区

随着移民政策的执行与落实，移民社区得以形成。由于贫困群体原有的生存区位使其发展严重受阻，要让移民"搬得出""留得住""能致富"，关键在于将贫困群体迁移到基础设施完善、市场发育良好、利于发展工业与服务业的城镇地区，走城镇化的发展道路。[①] 而这一搬迁使原有社区空间实现了重组，移民生存的环境和机会也发生了改变。此次调研主要涉及移民社区有兴义市坪东坝美"和谐家园"小区、木贾物流园以及兴义市义龙新区马别社区。

（一）移民社区的生计现状

随着居住地从农村迁入城市，巴布村村民原有自给自足的传统农业社会的

[①] 叶青、苏海：《政策实践与资本重置：贵州易地扶贫搬迁的经验表达》，《中国农业大学学报》（社会科学版）2016年第5期，第64~70页。

生活被打破。村民们脱离乡土，这意味着他们原有的农业生产体系瓦解，生产生活方式随之改变。而就目前看来，有很大一部分搬迁移民由于生计资源的缺失以及缺乏就业机会，仍然依靠迁出地土地资源，保留着移民前以农为生的生活方式和生计活动，以"老家养新家"。此外，由于搬迁后在城市的基本生活开支也随之增加，生存成本加大，无疑生存风险也随之加大。因此，当前移民社区居民的生计现状堪忧。目前，依据移民的生计方式，可以把巴布村搬迁移民群体分为经济技能型人才及普通民众两大群体。

1. 经济技能型人才的生计状况

在搬迁移民中，部分经济技能型人才在迁入城市后往往能够抵御生计风险，顺利适应城市生活。通过访谈发现，他们很多大一部分人早在搬迁前就已经在城市务工或是经商，本就具有一定的生计资本，加之具有一技之长，因此搬迁后能够凭借其技能找到工作增多生存机会，从而抵御生计风险的能力较强。在城市求生多年，很大一部分人已经累积和建构了一定的社会支持体系，较丰富的社会资本使其生存机会增多，大大降低了他们的生存风险。例如在对巴布村村民苏鹏的访谈中发现，其就属于搬迁户中的经济型能人。苏鹏一家5口人在今年6月份搬至木贾，现已凭借自己的能力把安置房精心装修。访谈中了解到，苏鹏为单亲家庭，其母亲早在几年前就一直在兴义市做猪肉经营生意。而近两年其也加入母亲的猪肉经营生意中。移民搬迁不仅没有给其生计带来任何影响，反而使他们在城里有了一套属于自己的房子，节约了长期以来的租房费用而减少生活成本。据了解，巴布村类似于苏鹏一样在兴义从事个体经营的村民有好几户。可见，对于这一部分人而言，搬迁对于他们来说是锦上添花的好政策，使他们能更好地扎根城市。此外，拥有一技之长的部分群体，其搬迁后能快速在城里找到工作而维持生计，降低生活风险。例如其中一位访谈对象，其是易地扶贫搬迁中从巴布村搬至坝美的村民，现和两个老人及女儿住在安置房内，与老婆离婚后一直在兴义从事家政工作，由于工作时间长、做事熟练，经常会有人直接打电话找他，根本不用担心接不到工作。加之掌握修理的技能，使其拥有了特定的客户群体，并与客户维持良好的关系往来，他搬迁新居后家里很大一部分家具都是工作中认识的客户送的。其在保障自己的生存发展时，通过自己的社会关系网络成功为邻居寻找到一份工作，较强的工作能力及较长的工作时间使其累积了较多的社会资本，移民后并无多大生计风险。

对于具有社会支持网路体系的经济技能型群体来说，拥有的生计资本是其在移民社区扎根的优质土壤，有利于其生存的可持续性。

2. 普通民众的生计状况

在移民前的村落社会中，农业和养殖是移民生计的主要来源，但搬迁后居住环境的改变，在没有土地耕种、没地方养殖的环境下，搬迁无疑剥夺了他们传统的生计资源。而没有一技之长的他们，只有等待着当地政府的就业安置。虽然政府在搬迁政策中明确规定每户给予解决1个劳动力就业。但具体的实践中发现移民就业仍存在很大问题。

案例一：住在坝美和谐家园小区的雄武乡一家，其搬迁已有几个月了，家里6口人，两个孩子在兴义上初中和高中。搬迁后，家庭每月增加支出1000元，其抱怨道：在农村时，菜是自己家种，只需要买点米，现在这儿白菜都两元一斤。目前其妻子在餐馆打工，包吃包住1800元/月，对于在城市生活增加的支出，这是远远不够的。其也在找工作，但找到都是在工地上的临时工。当问及当地政府是否给予就业安置，其社区里的就业安置信息是否有主动去联系时，其回答道，这些就业岗位信息是假的，有些岗位打电话去电话号码都是不存在的，就算是真的，人家对学历要求高，要求什么中专这些，我们连小学都没毕业。当笔者提及就业信息上的要求比较松散的岗位如清洁工、保安等岗位时，其说这些岗位工资低，一个月1800元，一家6口人无法生存下去。①

由此可以看出，由于部分农民受教育程度低、缺乏生计能力等自身状况，职业技能与就业岗位需求不匹配，或者因不识字而使信息获取渠道被阻断。对不识字的移民而言，这些需求信息如同摆设，并且在提供的岗位中，对就业者文化水平要求高，甚至提供的就业信息存在虚假等现象。另外，由于政府安置的工作是临时工、短期工，而且工资低，难以保障生存，因此并没有从根本上解决移民的就业问题。兴义市社保局定期对搬迁移民组织就业培训，但很大一部分移民要么不了解相关信息、要么响应程度不高。因此对于搬迁农户而言，缺乏生计能力的他们几乎无收入来源，但是搬迁后生存成本反而增加了，用农

---

① 基于坝美和谐小区访谈材料。

户的原话说，买根葱蒜都要花钱。在移民社区内生活的移民只有支出而无收入，出现了以"老家养新家"的现状，其生计风险增加。在不久的将来，若老家拆掉，其转变为无地的市民后，没有一技之长的他们生计的可持续性受到威胁，而陷入"二次贫困"。

案例二： 住在马别社区岑文忠一家，其52岁，8口人。现已搬迁将近一年，已迁入户口，老家房子还没拆，老人还在里面住，土地还在种，在与笔者访谈的第二天就打算返回老家收玉米。其经常来往于老家与新家间，生计在老家，而生活在移民社区，尽管其老家望谟县乐元镇距离兴义市往返5个小时的车程，且成本高，每次来回200元，但仍然选择回去。在问及马别社区内这么多的岗位，有没有去应聘时，其说我们年龄大了，人家公司和工厂都不要，他们只要45岁以下的，现在只能来往于老家和新家之间，在老家的粮食收上来之后，找人托运上来，可以减少在城市生活的成本。①

可见，由于在迁入地生存困难，当前移民社区内的移民中有劳动力的通常是外出务工，而没有劳动力以及无就业机会的村民常常往返于迁出地与迁入地，也有一部分是让老人留守老家耕地养殖，出现两地交叉居住，老家反哺新家的状况。原因在于搬迁后村民原居住地的土地暂时还未流转出去，房屋也还没拆，因此部分农民仍然在老家耕种和养殖。农闲时就住在新家，从老家带油粮蔬菜到新家食用。但是，这种两地居住、往返于老家与新家之间的方式无形中也增加了他们的支出。可见，对于这部分居民而言，生计成本的增大与生计能力的脆弱使其无法抵御生计风险，目前仍未适应迁入地生活。

（二）移民社区社会公共服务供给现状

公共基础设施是移民决定搬迁的重要因素，相较移民前的村落社会，公共基础设施发生了很大的变化，尤其是教育设施，无疑移民社区的公共基础设施较好，但在移民社区形成初期公共基础设施仍需完善。

---

① 基于马别社区的访谈材料。

1. 基本日常生活服务

基本生活服务是移民社区安置最基本内容，是移民生活的基础。在住房方面，当前移民社区的安置房都是简易装修，保证移民可以直接入住。而在生活用具上，为鼓励移民搬迁，政府提供了基本的家具与炊具，主要包含沙发、铁床、鞋架、电磁炉、电饭煲、锅碗瓢盆等基本生活用品。但是这一鼓励政策只针对搬迁中的精准贫困户。在水电物业上，移民社区水电正常供应，且政策规定分别给予贫困户与非贫困户享受五年、三年的居民生活用水，非居民生活用水第一阶梯水价优惠政策。但是访谈中发现当前移民社区的水电费都是移民自己缴纳。而物业管理费目前移民享受的是减免政策，因此免缴物管费。总体上看，移民社区日常生活服务有一定优惠，但是由于政策落实等问题，目前移民社区的日常生活服务提供并不完善。

2. 教育资源供给现状

教育作为易地扶贫搬迁中移民社区重要的社会公共服务内容，对于促进移民社区"稳得住""能发展"具有重要促进作用。保障移民社区子女的入学教育问题是促进易地扶贫搬迁工作顺利实施的关键点之一。通过对坝美安置区、木贾物流园以及马别社区等移民社区进行实地考察，发现移民社区周围都拥有一定的教育基础设施及教育资源。例如坝美社区附近的东方贝贝幼儿园、坝美小学、兴义七中、阳光书院、勤智中学以及兴义职校城等，木贾安置区内有学前教育机构，附近有木贾小学、东贡小学、兴义市中等职业学校。而马别社区附近的峰林中学、晨阳学校、顶兴学校、春旺中学等。加之兴义市大大小小的私立学校、公立学校很多，总体上看，移民社区的教育设施与教育资源是很完善和充足的。但是访谈中仍然发现，社区居民对教育服务供给仍然存在很多抱怨。原因在于搬迁前政府承诺无条件就近解决子女入学问题，而搬迁增加了很大一部分教育适龄儿童，当地的公立学校无法全部容纳，导致一部分移民的孩子在去当地报名入学时遭到拒绝，而政府对当初无条件就近解决孩子教育问题的承诺没有兑现，引发移民的抱怨。所以目前部分移民仍是自己花钱送孩子到私立学校就读，虽然政府对此给予一部分补贴，但这一笔开支对移民而言也是很沉重的负担。移民社区的教育设施与资源虽然完备充足，但由于很大一部分是私立学校，总体上看政府是没有满足移民社区对教育资源的需求的，移民社区教育服务供给仍存在很大问题。

3. 医疗保障服务现状

医疗保障服务是提高移民社区居民的健康水平的重要手段，一定程度上解决了移民看病难、看病贵的问题。当前移民社区的医疗保障服务主要包含医疗保险服务的提供、社区医疗卫生机构设置两方面。

通过调研了解到，大部分移民由于户口仍未迁移，因此移民社区医疗保险主要沿用了搬迁前的农村合作医疗，虽然医疗保险百分之百覆盖，但是由于医疗保险制度主要是保大病，许多移民反映平时在社区周边的诊所以及药店买药都是不报销的。加之医疗保险仍然是采取患者先垫付后报销的机制，社区移民的医疗负担仍然没有得到减轻；关于社区医疗卫生机构设置情况，社区附近主要是街道卫生所、私人诊所等，而坝美社区内除了1家药店外无其他任何医疗卫生机构。在木贾安置区入户访谈时，其中一个访谈对象提及带孩子去打疫苗不知道去哪儿打，也不知道去问谁。因此女儿一岁时本该打疫苗但没有打，后来去"水库社区"交了20块钱可以长期在那儿打疫苗，但是由于在那打疫苗的人很多，每次都要排很久的队，或者是出现药水短缺的情况。因此现在女儿已经有好几次疫苗没打。可见，社区的医疗基础设施配套欠缺、医务人员缺乏以及医疗技术短缺等都使移民社区的医疗服务需求难以满足。

4. 职业技能培训与就业安置状况

职业技能培训与就业安置是增强移民生计能力和解决搬迁移民生计问题的重要手段。在易地扶贫搬迁过程中，搬迁是手段，扶贫才是目的。而对于搬迁移民每户给予解决1个劳动力就业，这是易地扶贫搬迁中对移民就业保障的政策规定。可以说移民的就业问题能否解决意味着移民能否生存、能否脱贫，它直接关系移民社区生计的可持续发展，是能否留住移民、发展移民、让移民脱贫致富的关键。

通过对坝美、木贾、马别等移民社区的实地调研中发现，当前移民的就业状况不容乐观。搬迁的村民中，除了少数经济型及技能型精英人员外，大部分的移民都处于待业状况，几乎无生计来源。首先，大多数移民群体属于体力型劳动者。而突然涌进的大批移民使城市该类用工市场容量不足，一定程度上导致劳动贬值。访谈中部分移民抱怨政府给予安排的工作工资太低或工期较短，难以保障生存，因此部分居民并没有接受政府安排的就业岗位。其次，由于移民缺乏生计技能，出现就业人员能力与岗位需求不匹配等情况，就业机会难寻；就业安置政策难以执行和落实。在此情况下，移民社区当地的人力资源与社会保障局联合组织相关的就业培训，但是民众响应程度不高，因此移民社区当前的职业技能培训并没能发挥预期作用。职业技能培训与就业安置状况都没能从根本上解决移民就业问题。

（三）移民社区生活方式与文化观念变化

1. 移民社区的生活方式变化

特定的生活方式是与特定的社会环境相适应的，在长期生活中，形成了特定的文化价值观念，然而当个体的社会环境发生改变时，个体的生活方式和文化观念也在发生变化。

作息时间的变化：由于巴布村本就隶属于兴义市内，地域上的趋近使搬迁移民在生活方式上与迁入地大同小异。但是还是可以明显感受到当前搬迁移民生活方式中变化最大的就是作息时间的变化。在原来的巴布村，村民们一直过着"日出而作、日落而息"的传统农耕生活，"摆寨子"和看电视是农村社会生活普遍的休闲方式。现如今村民们"洗脚上田"变身市民，随着生计方式的转变，其传统生活方式正逐渐被改变。傍晚广场上人山人海，有带孩子娱乐的、跳广场舞的、聚众聊天的、围坐在一起"听山歌"的，此外，从访谈过程中还发现社区内晚上会有慰问搬迁户的文娱表演。不会像在农村一样早睡早起。休闲场所的变化与娱乐方式的多元使移民的生活作息时间明显发生改变。

消费方式的变化：传统农村由于经济发展缓慢，是一个缺少现代化规则的随性较强的自然社会。巴布村在易地扶贫搬迁前同样是一个经济条件落后、交通闭塞的村庄，因此其传统农村的特征较为鲜明，生活中的日常饮食大都能自给自足，对市场依赖较少，当搬迁移民入住城市后，消费方式发生改变。主要表现在传统农村农民的消费结构单一，而迁入城市后，自给自足的乡土生活转变为处处需要花钱的现代化生活。吃住行中点点滴滴都涉及消费，消费内容随之多样化。

2. 文化观念变化

文化作为人类社会的重要组成部分，可以说是人类生活的精神家园。然而，巴布村移民从传统农村迁居城市，面临着传统文化的断裂和对新文化的适应过程。目前由于移居时间不长,社区内移民交往互动不多,文化碰撞较少,但是其传统文化观念也在悄然转变。

服饰文化的变化:随着迁入城市,移民们的穿着服饰正受城市居民的影响和同化。在木贾移民安置点调研观察时,发现移民中的部分年轻妇女穿着裙子、短裤等加入了广场舞队伍。与传统农村妇女穿着相比,移民衣着变得时髦和暴露。此外,在对一个少数民族移民的访谈过程中,由于看到其孙女穿着少数民族服饰,因此问其搬迁后是否还穿自己的民族服装。她表示搬过来后几乎都穿的是汉服而不穿民族服装。"孙女"穿的并不是自己民族的衣服,而是在小区内随便买的,并表示现在小区内有不少卖少数民族服装的商店。因此,总体上看,随着生活环境的改变,社区移民的服饰文化正逐渐被影响和改变。

民风民俗的变化:民族风俗是在特定区域的人们在长期共同生活过程中形成的。提及民风民俗时,在移民社区入户访谈中发现部分村民家在新居里安放了"家神"。笔者在访谈时正好临近传统节日中的"鬼节",因此很大一部分移民表示要回老家去"烧纸钱"。问为什么不在现居地烧纸时,一部分没有迁"家神"的移民说在新家烧的纸钱"老祖宗"收不到……另外一个原因是当前居住环境的改变,居住的都是楼房,居住环境的限制使"烧纸钱"不方便。部分移民表示会随便在楼下找块空地"烧纸钱"简单表示一下。由此看出,虽然移民社区居民中传统节日供奉神灵等民俗魅力在人们生活中是难以磨灭的,但是由于受到居住空间与环境的影响,社区移民的民风民俗一定程度上也受到影响,呈现出"简单化"的趋势。

(四)移民社区的社会关系

在易地扶贫搬迁中,移民的安置是依据家庭人口数分配安置房。例如坝美安置区主要安置的就是家庭人数为3~5人的小户型,而木贾与马别社区主要安置的就是家庭人口数为5~7人的中大户型。因此,这种安置分配方式使同村的村民分散在兴义市各个安置点,原有社会关系被打乱。巴布村的搬迁移民目前则主要散落在兴义市的坝美安置区、丰都胖山、木贾物流园等不同安置点,地理空间的分散,对因地缘和血缘发展起来的乡村社会关系产生了影响,其渐渐面临着断裂与重构。当前移民社区的社会关系是值得考究的。

1. 旧有社会关系的维系

易地扶贫搬迁后，巴布村移民的社会交往半径随着居住地迁移而扩大。但总体上看，大多数移民的社会关系仍然停留在原有的社会关系中，与原村里亲戚邻里仍然保持紧密的联系。通过访谈了解到，目前移民社区居民维系原有社会关系的方式主要是通过通信设备，有什么事情都是打电话通知。虽然搬到城里了，原村里有任何大小事他们都会回去吃酒和帮忙。而很多人从城里回老家吃酒往返的车费也是一笔支出，这种远距离的人情来往使他们维系旧有关系的成本大大增加。但从当下看，这一关系并不会随着居住地的分隔而断裂。访谈中有移民表示：他们与原有社会关系的联系是永远不会断裂的，即使最终原有村落要消失，所有房屋都要拆掉，那也会要求政府在村里留一栋房子，方便原住村民们逢年过节回去祭祀。可见，原有传统村落的社会关系早已根深蒂固、难以动摇，旧有社会关系仍然是移民社会关系的核心。

案例三：这一访谈对象是由望谟搬迁至马别社区的，其家庭人口6人，属于零星搬迁中的精准扶贫户，村里含其在内一共只搬了3户人家，搬迁过来近两个月了，户口还没迁过来，但是政府正在帮其办理迁移。老家的房子还没拆，其父亲一个人在老家，土地因高速路修建而被征用。其表示平时一般都不住在安置区，是因为两个小孩在迁入地上学，所以一个月左右会上来看一次。在问起其与社区内其他移民的社会交往状况时他说自己搬过来没多久，加之主要是在老家居住，因此与社区内其他人几乎没什么往来。其表示虽然搬过来了，但与老家的社会关系联系并没有受到影响。并表示无论到什么时候，与老家的关系都不会断裂。用其原话讲就是他觉得老家就是根，做人不能忘本。①

移民社区中移民处于努力维持旧有的社会关系、重建自己新的社会关系的过渡阶段，维持旧有的社会关系是主动建构新的关系的保障。

2. 邻里交往关系的变化

通过调研发现，当前移民社区移民社会关系普遍存在迁出地旧有关系被打乱而迁入地的新型关系却未建立的状况。巴布村搬迁的22户共108人中，搬

---

① 基于马别社区的访谈材料。

到坝美安置区的共7户，有12户搬到木贾物流园，剩下的3户搬迁至丰都胖山。而每一个安置区的人员组成都包含全州各县市的移民，社区内主要有当地居民、外来个体经商户、搬迁户等，人员组成复杂，因此移民社区目前主要属于杂居型社区。在移民安置过程中，安置房的分配主要是采取抽签的形式进行的，因此可以说移民社区关系是靠抽签形成的，社区移民的关系纯属偶然，不同于原村落基于血缘和地缘的村落关系。由于原社区居民被分散安置，原来熟悉的亲戚邻里四处散居，社会关系维系成本较高。而且大部分移民迁入时间都在3个月左右，时间较短，因此与社区内新邻里尚未熟识，加之城市的生存环境让移民有一定的戒备心。如以下访谈。

访谈1：您有认识的同村人或亲戚搬到附近吗？平时与邻居关系怎么样？会互相串门吗？

答：同村有人也搬到这个小区，但是不住同一栋，平时大家都自己忙自己的，很少来往。邻居经常不在家，门都是关着的，都不怎么认识也不互相串门儿……

访谈2：您与当地人有来往吗？

答：来往很少，刚搬过来又不认识，知人知面不知心的…

可以看到，当前移民社区整体上的社会交往程度低，原有传统农村的熟人社会和情理社会变成当前移民社区的陌生人社会。

3. 新型关系逐渐建立并趋于普遍化

在易地扶贫搬迁过程中，不同的生产生活方式、安置方式会对移民的社会网络关系构建产生不一样的影响，使移民的社会网络关系呈现出不同特征。[①]搬迁移民的社会关系实际上是一个先解构而又重组的过程。旧有社会关系遭遇分散的同时，移民社区的新型社会关系正逐渐建立。虽然说当前移民社区居民由于搬迁过来时间不长，与社区内的左邻右舍交往程度都不高，移民的感情维系仍然集中在原有的社会关系中，但是不得不承认，空间上的阻隔使搬迁移民

---

① 刘姣：《少数民族生态移民的社会网络关系重构研究》，贵州民族大学硕士学位论文，2015年。

原有的社会关系呈现逐渐消退的趋势。而社区内的"左邻右舍"将逐渐成为移民交往的主要对象。在访谈过程中，当问到迁入地居民和小区内其他人办酒席是否会去吃酒时，有访谈对象表示，虽然现在没去，是因为搬过来没多久还互不认识，而且暂时也没什么人办酒，但以后住久了肯定也避免不了要互相来往。

可以看出，当前的移民社区暂时处于陌生人社会的状态。但从访谈回答可知，随着时间推移，移民社区的新型社会关系在以后的生活中会慢慢建构起来。正如在当前社区内也存在邻里互助的情况，其社会关系通过邻里互动开始建构。例如上文中提到的其中那位访谈对象，自己在兴义做家政工作多年，累积了不少的社会资本，帮助邻居在兴义找了一份工作，在这种长此以往的互帮互助间形成新的社会关系。此外，可以看到移民社区到晚上，广场上来自各个地区的移民也会聚在一起聊天，或是跳广场舞等活动为其建立新的社会关系提供了契机。由此以后移民社区内新型社会关系正逐渐建立起来。俗话说远亲不如近邻，不得不说左邻右舍实际上是他们搬迁后社会关系的重要组成部分，也是其社会支持网络的主干。从长远看来，社区移民的互动在将来的移民社区这种邻里互帮互助与邻里间的交往互动显然会逐渐普遍化，而重新基于地缘和业缘的新型社会关系被建构起来。

（五）移民社区的社会融入与适应状况

1. 移民社区的经济融入状况

用工市场的排挤，使搬迁移民与市民间职业分化明显，难以适应城市就业环境以及融入高层次的职业群体中。

当前社区移民主要分为在业与待业两个群体。在业群体中除了一部分乡村型能人自主创业（主要是卖猪肉、开小餐馆等个体经营）之外，其余的主要从事家政工作、餐馆服务员、房屋装修、建筑工地临时工、保洁员等工种。可以看出当前在城市就业的移民群体由于受教育程度不高、生存技能缺乏等原因，他们只能从事那些初级技能型或体力劳动型工作。而城区内其他熟练技能型、白领工人、工商业者、技术专员等岗位对于搬迁移民而言可以说是高不可攀的。在访谈中，发现小区内放置了招聘展架，其公示的就业安置空岗信息中的诸如"市场营销经理""办公室接待员""销售主管""会计""文员"之类的工作岗位几乎都要求大专学历，对搬迁移民而言这显然遥不可及、形同虚设。搬迁移民所从事的只能是城市中层次较低、职业声望较低且被边缘化的体力型职业。其空岗需求见表1。

表1 兴义市易地扶贫搬迁就业安置招聘信息统计

职业层次	相关职业	职业要求	薪资水平
低层次体力劳动者	煮饭阿姨、搬运工、保洁员等	技术和教育素质要求较低	1300~3000元
低技能型体力劳动者	生产工人、售货员、服务员、家政、月嫂、安保、后勤等	以体力为主、技术要求低	3000元左右
技能型体力劳动者	维修工、物流收派员、车间调度、业务员、驾驶员、寿司制作等	掌握一定技能、和教育基础	2000~4500元
白领工人	行政专员与助理、电话回访专员、区域经理、会计出纳、采购主管等	要求高中、中专、大专以上等学历，或对工作经验有一定要求	2000~6000元
专业人员	质检员、网络工程师、软件开发工程师、教师、医护人员平面设计师等	具有相关专业、学历、知识技能要求较高	2500~6000元
中高层管理者	店长、总经理、片区负责人、业务拓展经理、客户经理等	学历要求较高、具有一定工作经验	3500元以上

资料来源：兴义市易地扶贫搬迁用工单位空岗信息。

然而，另一部分待业人员中大多数移民都属于文盲或半文盲型群体，几乎无生存技能，加之其在传统农村长期靠土地吃饭而形成的"自然就业"观念难以转变，因此养成他们过度依赖政府的政策安排，无论大事小事都寄希望于政府，长此以往形成了移民"等""靠""要"的惰性，这是当前移民社区待业人员普遍存在的状态。例如访谈过程中很大一部分访谈对象都在抱怨政府不给予落实就业安置政策、不为其安排工作。实则是他们自己也不主动去了解就业信息、寻求就业机会。因此，当前社区移民的就业在一定程度上受到用工市场的排挤甚至屏蔽，加之移民自身的被动性和惰性，导致就业困难。这表明在就业方面搬迁移民的职业类型与职业地位与城市融入度较低甚至是难以融入的。但是在适应程度上，目前大多数在业移民的适应性提高，因为他们从事的都是低层次体力劳动或手工操作类工作，相比起原来农村的农务活，对于他们而言现在的工作难度并不大，因此适应程度较高。

另外，消费方式的"被迫融入"，巴布村居民在搬迁前家庭收入除了外出务工外，大部分村民收入主要来源于种植与养殖。根据对村民搬迁前生计收入估算，移民搬迁前靠养殖种植的家庭收入大概为每年一万多元。但是在生活消费支出上，搬迁前农民在生活上属于传统的自给自足型，因此家庭支出主要为人情消费支出，日常生活支出较少。因此权衡下来移民搬迁前虽然收入低，但是收入较为稳定。而搬迁后随着生计方式的改变，对于在城市就业的移民而言，虽然收入增加了，但是城里的生计成本也随之增大，例如，出行的交通费以及日常生活消费支出也随之增多，加之搬迁移民虽然搬至城里，但仍然维持着原有的社会关系，大部分移民经常回老家去吃酒。马别社区移民回原居住地往返一次需花费 200 多元交通费，人情消费成本大大增加。更不用说另一部分未就业的移民，在无收入来源的情况下其生计更加困难。因此当前移民社区在收入与消费上处于"被适应与被融入"的状态。

2. 移民社区社会文化融入状况

文化融合是移民社区发展的必然趋势，而影响移民与迁入地的融合的因素并不仅是表象上生产与生活的融合，更重要的是精神层面的文化融合。① 这一融合既是对迁入地社会文化规范的接纳与吸收、也是将迁出地文化嫁接到迁入地的一个过程，是两地文化互动的结果。巴布村村民在搬迁至兴义市后，其社会文化地融入主要体现在以下几个方面。

首先是移民社区的户籍与身份认同。易地扶贫搬迁政策规定，搬迁后的户口由搬迁户自愿选择是否迁移。在访谈过程中发现，巴布村村民在搬迁后很大一部分移民的户口仍未迁移。事实上，移民搬迁后户口迁移到城市可以为他们在享受城市提供的公共服务的过程中提供便利，例如医疗保险、子女教育服务等；同时还可以享受由城市所提供的相应的城市居民服务，例如城市户口的低保津贴高于农村低保津贴。但即使如此，除了少部分移民的户口由政府统一帮助办理迁移以外，大部分移民的户口仍在原居住地。问及原因时很多移民表示觉得迁户口麻烦，而且政府也没有教他们迁，因此暂时还没有迁移。可见，当前社区移民在户口上依旧属于"农村人"。关于搬迁移民的社会心理融入与身份认同，由于当前大多数移民迁入城市的时间都是两三个月，最长的也才一年的时间，因此

---

① 彭豪祥、谭平、张国兵：《三峡工程移民的社会适应性调查》，《统计与决策》2008 年第 24 期，第 99~101 页。

目前社会心理融入与身份认同上难以看出变化。而在心理上,访谈过程中从移民的言谈中可以感受到,提及"家"的时候,老家在其心理的位置仍是不可动摇的。其中很多移民虽然搬上来了,由于缺乏生计能力而面临就业困难。迫于生计,一部分移民仍然回原居住地进行农业生产,这一部分移民当前还是地地道道的农民形象。总体上看,当前移民社区的社会心理融入程度并不高。身份认同上,由于搬迁时间较短、就业困难、生计方式被改变等影响,显然农民在迁入地仍然没有归属感,对他们而言自己不过是在城里有一套房子的农民。

其次是社会互动。互动是个体间认识了解直至融入的前提,中国自古以来是一个关系取向的社会,社会交往是建立社会支持网络的重要途径,社会关系也是人们重要的社会资本。巴布村的村民搬迁到兴义市后,随着空间距离的改变,原有的社会关系一定程度上受到影响,新的居住环境使人们面临着构建新的社会关系网络。访谈过程中发现,虽然当前搬迁移民的人际交往圈仍然局限于原有的亲戚朋友和邻里,与迁入地居民交往程度不高,以往乡土社会的社会交往边界几乎未被改变。但是从人们的职业、休闲娱乐等方式可以看出,社区移民间新的社会交往关系正逐渐建立。例如前文所提及其中那个访谈对象,曾通过自己累积的社会资本帮助新邻居找了一份工作。另外,笔者在社区内通过参与式观察看到,社区内的广场舞队伍是由当地居民与搬迁移民组成的,而且其中的大部分人穿着同样的舞鞋,后来了解到舞鞋是他们团购的。显然,移民社区内的广场舞队伍在不断的互动交往中已经是一个非正式的组织群体,而在这一过程中,移民与当地居民互相了解,从穿着风格就能感受到其正慢慢融入当地人的生活,而社区移民与当地居民的新的社会交往关系正渐渐以各种各样的形式建立起来。

最后是移民社区的公共参与。社会公共参与一定程度上可以促进社区移民的社会交往和互动频率。而在社区公共参与方面,当前移民社区的公共活动并不是很多,访谈中主要涉及的是社区移民对成立业主委员一事的反应,发现大多是移民对此并不了解也并不感兴趣,参与的积极性并不高。但是关于通知社区移民去填写"工会会员表"加入工会这一事,访谈中发现虽然社区移民积极性不高,但由于涉及自身利益,因此有部分移民表示去填过此表。此外,访谈中还发现社区内不定期举行慰问搬迁移民群体的文娱晚会时,很大一部分移民会前去观看。所以总体上看来虽然移民的社区公共参与热情低,且大部分社区参与都属于利益取向型和被动参与型。但是随着时间推移，社区公共参与将会逐渐蔓延。

（六）移民社区的社会信任度与公共意识

1. 移民社会信任度降低

当前巴布村通过易地扶贫搬迁从传统偏远落后的农村搬进兴义城区，传统的熟人社会转变为陌生人社会，这一变化使移民社会信任度降低。在移民社区走访调查过程中发现，随着移民社区社会关系的变化，加之市场经济冲击，互帮互助、相互信任的传统文化正逐渐消解。正如以下这一访谈对象陈述其经历：有一天她在社区里遇到一位老奶奶，这位老人不知道自己住哪一栋，就拉着访谈对象让其送她回家，但是问她住哪一栋她又不知道。正好老人的儿子过来看到，就很着急地冲着访谈对象吼："你拉着我妈干吗？"老人的儿子还以为访谈对象是骗人的，担心自己母亲有危险。"儿子"的反应显然是对当前陌生人社会和环境的一种紧张与不信任。而另一个案例则是一访谈对象说起小区内前段时间来了几个销售报警器的"骗子"，他们以政府的名义说负责来给搬迁户安装报警器，装完后每家需要付200元的费用，结果其中有居民发现不对劲儿就打电话到社区警务室报警，最后诈骗人员被抓获。案例中的报警行为无疑是社区移民在新环境生活中对陌生人的一种警惕与回应。从以上两则案例可以看出，传统农村纯朴而简单的熟人关系逐渐消逝，而当前移民社区对陌生人的戒备心加强，社会信任度大大降低。

2. 移民社区公共意识薄弱

关于社区居民的公共意识方面，在马别社区调研中发现，小区居民搬迁过来后由于没有土地耕种，在传统小农生存理性的驱使下，社区内某一居民在小区附近的绿化带区域"开垦"土地，把绿化植物挖掉后当作自己家的"菜园子"；社区内部分居民随手扔垃圾，公共区域环境卫生差，楼道里的"安全出口"标识牌以及其他一些公共设施被毁坏，小区居民还反映楼上的住户不顾他人利益，直接从阳台往楼下倾倒污水……可见，当前社区移民的公共集体意识不强，一方面是由于素质不高，加之在农村长期形成的根深蒂固的生活习惯一时难以改掉。另一方面也体现出社区移民在很多行为上以自我利益为主，不顾他人利益及对公共环境的爱护。目前的移民社区中功利主义与个人主义盛行。

（七）移民社区的基层治理现状

2016年初，随着脱贫攻坚工作启动，为更好地整合和利用扶贫资源，在各级政府的支持下巴布村组建起"五人小组"治理主体。成为巴布村基层治理主体。在此之前，巴布村的治理结构主要是传统的基于农业、地域和乡土建立起来的以乡镇政府为主导的治理体系，是传统的乡土性、地域性、封闭性较强的基层治理形态。但是，易地扶贫搬迁工作的实施，部分村民搬迁到城市后，原有的行政区域边界被打破，致使基层治理面临很多困难。

首先，在移民从农村搬迁至城市后，由于户口是否迁移由移民自愿选择而不强制迁移，出现移民居住在迁入地而户籍仍在原村委的"人户分离"状况，在行政管理归属上不知道由原村委管理还是归属于迁入地街道办管辖，社区治理混乱，管理对象界定不清、归属不明且权责模糊。例如在访谈中有一访谈对象提到在搬到安置区后，由于安置房内水电设施无法正常使用，于是他联系其"包保人"给予解决。"包保人"给的答复是这个不属于他的权责管理范围，无暇顾及。而他只能打电话找社区物业管理，最终也一直拖延而没能解决。出现遇事推诿、"踢皮球"等现象。

其次，由于搬迁移民住进了安置区，但是其老家的耕地、树林等生产资料已然保留在迁出地，而政策承诺有当地政府对移民的土地进行流转，一定程度上搬迁移民仍然无法脱离原村组行政的管理。另一方面，在医疗、教育等公共服务供给方面，移民社区的移民所享受的是迁入地提供的服务，因此隶属关系无法明晰，当前移民社区出现"双重管理"的现象。

最后，易地扶贫搬迁工作实施过程中过于重视搬迁任务的完成，以效率和任务为上。因此整个搬迁工作执行中一直忙于建房、忙于搬迁而忽视社区管理与服务。导致安置房建好了、移民搬进来了，但是社区管理一片混乱。在对安置区走访过程中，发现除了马别社区专门设立了社区服务中心外，坝美与木贾安置点并无相应的服务管理机构。因此部分移民反映，他们把户口迁到安置区后原有的社会低保却没了。去问原来村委管理人员，得到的答复却是："你们户口都迁移后就不属于我们管了。"而在迁入地又无相应的管理服务部门，导致移民遇事询问无门、解决无路，搬迁安置区管理缺位，成为"三不管"地带。

总体上看，当前移民社区的基层处理主要呈现出"人户分离""双重管理""管理缺位"等现象,基层治理陷入困境。同时,基层治理体制不灵活,导致当前在治理过程中出现权责不明、归属不清等问题。因此,加强移民社区基层治理体系建设、创新治理方式、提高治理能力是当前移民社区亟待解决的问题。

四 结语

易地扶贫搬迁中,"搬出大山"是手段、"拔出穷根"才是目的,移民社区是在行政力量主导下形成的,是我国政府在大扶贫背景下的一种规划性的构建。也是传统农民被动市民化的特殊现象。在这一被动市民化过程中,伴随着居住空间的位移,搬迁移民的生计方式从以农业为主转变为非农业为主、以地缘亲缘为主的情感型社会关系逐渐转变为以业缘为主的契约关系,传统文化习俗正慢慢淡化,个人主义价值观兴起,社会信任度降低。原有村落的"熟人社会"转变为现今努力维持旧有关系的"半熟人社会",直至今后向"陌生人社会"转变。在这一变化过程中,搬迁移民不仅面临着生计方式改变后的生存压力,更面临着如何融入和适应新的社区文化环境等诸多问题。然而,从实质上来讲,移民社区中传统农民真正融入并适应城市发展,从农民转为市民最终走向富裕才是其根本归宿。移民社区是在国家政策主导下由国家力量所促成,也将在国家力量推动下前进,在国家与社会的合力推动下,移民最终融入城市生活完成市民化。但是目前看来,无论是社区移民的生计生活、社会融入、文化及心理适应等都仍处于过渡变化阶段,搬迁移民的市民化将会是一个长期性及动态性的社会变迁过程。

B.12 易地扶贫搬迁居民的社会生态系统研究

——基于贵州省习水县安置点的调研*

王亚奇 谢义琦**

摘 要： 易地扶贫搬迁作为"大扶贫"与"精准扶贫"战略的重要措施，引起了社会各界的高度关注，能否成功适应安置点的社会环境是衡量搬迁工作的重要标准，在居民与社会环境互动过程中，社会生态系统的运作发挥了关键作用。本文通过对贵州省习水县易地扶贫搬迁安置点的调研，将搬迁居民的社会生态系统进行解构，借助定量的方法探索各子系统以及子系统内部变量之间的互动关系，分析搬迁居民社会生态系统存在的问题，并提出相应的建议。

关键词： 易地扶贫搬迁 适应 社会生态系统

一 研究背景与理论框架

（一）研究背景

按照《国务院关于进一步促进贵州经济社会又好又快发展的若干意见》（国发〔2012〕2号）要求和省第十一次党代会的部署，易地扶贫搬迁作为实

---

* 本文系贵州省哲学社会科学规划青年课题"贵州大扶贫'社会工作+'介入模式研究"阶段性成果（项目编号：16GZQN14）。
** 王亚奇，遵义师范学院管理学院讲师；谢义琦，遵义师范学院管理学院2014级学生。

施集中连片特困地区扶贫攻坚工程、大力保障和改善民生、缩小城乡差距、促进城乡协调发展的重要举措，对加快解决贵州省贫穷落后的主要矛盾、确保与全国同步建成全面小康社会的战略和全局具有重大意义。同年，贵州省政府制定了《贵州省 2012 年扶贫生态移民工程实施方案》，拟用 9 年时间全面完成扶贫生态移民工程任务，为脱贫攻坚打下坚实基础，旨在彻底解决贵州偏远地区长期以来的贫困面貌与地质灾害问题，使居民生活在安全便利的居住环境中。2015 年 11 月 29 日，中共中央国务院颁布了《中共中央　国务院关于打赢脱贫攻坚战的决定》（中发〔2015〕34 号），在实施精准扶贫方略中提出实施易地搬迁脱贫，2016 年 9 月 30 日贵州省第十二届人民代表大会常务委员会第二十四次会议通过的贵州省大扶贫条例中，第一章第五条明确指出通过易地扶贫搬迁等措施实现贫困人口脱贫。为有序推进"十三五"时期全省易地扶贫搬迁工程，根据中共中央国务院《关于打赢脱贫攻坚战的决定》（中发〔2015〕34 号）、国家发改委等《关于印发"十三五"时期易地扶贫搬迁工作方案的通知》（发改地区〔2015〕2769 号）、《全国"十三五"易地扶贫搬迁规划》、中共贵州省委、贵州省人民政府《关于落实大扶贫战略行动　坚决打赢脱贫攻坚战的意见》（黔党发〔2015〕27 号）等文件和规划精神，贵州省发展和改革委员会制定了《贵州省易地扶贫搬迁工程实施规划（2016～2020 年）》，以确保完成贵州"十三五"期间对 162.51 万人实施的易地扶贫搬迁工作有效开展。可见，易地扶贫搬迁作为"大扶贫"与"精准扶贫"战略中的重要组成部分，在国家与地方多个政策文件中均有涉及，其战略意义不言而喻。

  贵州作为脱贫攻坚的"主战场"以及实施易地扶贫搬迁的"重阵地"，进行了大规模的易地扶贫搬迁工作，取得了一定的成效。但易地扶贫搬迁是一项复杂的社会系统工程，面临着许多现实困境，不同程度地制约着脱贫攻坚的进程，在国内引起诸多学者的关注。通过对现有文献的分析，对于易地扶贫搬迁的研究成果较多，主要集中于易地扶贫搬迁的经验总结、减贫效应、政策实践，搬迁居民生活现状、生存困境、可持续发展、社会适应与社会融入等方面的探讨。贫困群体从原有的生活场域中脱离，需要重新适应新的人文居住环境与生活生产方式，并在新旧场域的更替中寻找平衡，谋求生存和发展，社会适应问题成为易地扶贫搬迁工作中的重要议题。但对于易地扶贫搬迁群体社会适应方面的成果较少，主要集中在三个层面，即心理适应（曹雪梅、袁燕等）、生产适应（罗承松、黎洁等）、生活适应（罗承松、赵兰等）。现有研究通过对三个层面的适应性问题进行分析，试图解决易地搬迁群体的"个体适应性"与"环境适应性"两个关键的问题，其解决问题的逻辑分别遵循"个体改变以适应环境"与"环境改变以适应个体"两个方向。鲜有学者关注"个体与环境之间的相互作用与相互影响"这个关键视角，仅有的成果大多停留在现实层面的解释，缺乏理论的支撑。社会生态系统理论把人类社会生存的社会环境（如家庭、机构、团体和社区等）看作一种社会性的社会生态系统，注重个体与环境间各系统的相互作用，强调这一系统的生态学属性以及人与环境间各系统的相互作用，从而揭示社会系统对于个人成长和发展的重要影响。在该理论中，个体被看作通过与环境的各种因素的相互作用来发展和适应的主体，个体不是被动地对环境做出反应，而是主动地与这些环境相互作用。基于社会生态系统理论对于"人与环境之间互动作用"的有效解释，本文以该理论作为研究视角，通过对各子系统进行解析与量化，构建易地搬迁群体的社会生态系统，以揭示系统中存在的问题，并提出相应的对策建议。

（二）理论框架

社会生态系统源于生物学的概念，认为人是自然界中的一部分，人的发展受周围环境的影响，人能够主动地改造自然以提高自身生存与适应能力，与环境形成良好的调适关系，个人的行动是有目的的，遵循适者生存法则。同时，人是自然属性和社会属性的统一体，人的本质在于人的社会性，人类活动在本质上都体现着人与人的关系，这些关系联结成一个"互惠型"的社会支持网络，包括个人与家庭、亲戚、朋友、社区或单位等。社会支持网络有助于人更好地在环境中生存下去，如果社会支持网络发生突变，个人拥有的资源耗尽，就会引发人对环境适应能力的下降，阻碍人的发展。根据查尔斯·扎斯特罗社会生态系统理论，个人所处的系统有三个，即微观系统、中观系统以及宏观系统。其中，认为个人既属于生物意义上的社会系统类型，更是一种社会的、心理的社会系统类型；个体的行为与环境相互联系，相互制约，相互影响。大的社会环境影响个人的发展，同时也影响小社会中的群体或单位，而个体与群体是相互作用、相互制约的关系，群体是由个体组成，个体行为影响群体内部的互动。因此，个人适应性不良问题的出现不是单纯地源于自身，很多情况下与所处环境和社会资源也存在关联，是多种因素互动导致的，这些组成因素能够间接反映出居民的生存适应状态，同时也是易地扶贫搬迁居民社会生态系统演变完善的重要依据（见图1）。

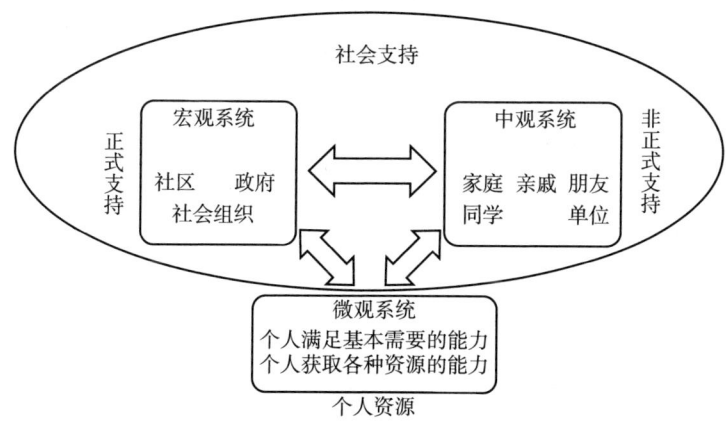

图1 居民社会生态系统与社会支持网络整合示意

二 易地扶贫搬迁居民社会生态系统的实证分析

（一）资料收集

贵州的贫困人口问题由来已久，习水县是贵州省遵义市的一个下辖县，位于贵州北部，是国家扶贫开发重点支持县，全县辖24个乡镇（区）210个行政村。至2015年，全县贫困人口11万人，"十三五"期间，习水县规划易地扶贫安置点26个、搬迁点290个，涉及搬迁群众6200户28000人。目前，涉及5个乡镇58个搬迁点6000人的搬迁前期工作已全面启动。其中，习水县隆兴镇柑甜村风情园易地扶贫搬迁项目总投资6800万元，计划搬迁农村贫困人口269户1222人，共涉及12个村民组，整村搬迁占比100%，贫困人口占比85%。本文考虑到样本对总体的代表性，选取了习水县4个乡镇易地扶贫搬迁安置地居民进行调查走访，调查对象主要为安置地成年居民，采用入户访谈和问卷调查相结合的方式，以提高调研数据的质量。共发放问卷210份，收回问卷202份，有效问卷180份，问卷有效率89%（见表1）。问卷调查的数据主要采用SPSS19进行录入和统计分析。

表1 易地扶贫搬迁居民的基本情况

单位：人，%

变量类型	基本状况	频数	有效百分比	累计百分比
性别	男	104	57.8	57.8
	女	76	42.2	100.0
民族	汉族	173	96.1	96.1
	少数民族	7	3.9	100.0
年龄	18~30岁	42	23.3	23.3
	31~40岁	43	23.9	47.2
	41~50岁	52	28.9	76.1
	51岁及以上	43	23.9	100.0
文化程度	小学以下	111	61.7	61.7
	初中	60	33.3	95.0
	高中	7	3.9	98.9
	本科	2	1.1	100.0
家庭人口数	2人及以下	4	2.2	2.2
	3人	13	7.2	9.4
	4人	58	32.2	41.7
	5人	34	18.9	60.6
	6人及以上	71	39.4	100.0
家庭月收入	1000元及以下/月	30	16.7	16.7
	1001~2000元/月	62	34.4	51.1
	2001~3000元/月	47	26.1	77.2
	3001~4000元/月	32	17.8	95.0
	4001元及以上/月	9	5.0	100.0

注：样本数为180。

资料来源：由"贵州大扶贫'社会工作+'介入模式研究"课题组调研资料收集整理。

问卷资料显示，居民男女比例为57.8%与42.2%，男性人数相对较多。从民族构成上看，汉族居民比例远远高于少数民族居民比例，这表明，社区居民多以汉族人为主，少数民族人口相对较少。从年龄构成上看，居民平均年龄是42岁，以中青年群体为主，占社区总人口的比重较大。从文化程度上看，居民的文化程度为小学以下与初中，占95.0%，表明社区的整体受教育程度不高。从家庭人口数上看，主要集中在4人以上，占90.6%，其中6人及以上为39.4%，表明社区居民家庭人口数普遍较多。从家庭月收入上看，2000元及以下/月占51.1%，反映出居民的家庭月收入水平不高，与易地扶贫搬迁社区的大致情况较为吻合。

（二）研究设计与数据分析

借助理论框架中社会生态系统与社会支持网络的整合示意图，结合易地扶贫搬迁群体的特征以及安置点的实际情况，共选取与设置了10个变量进行分析。其中，以"个人努力能满足基本需要的程度"与"个人对各种资源的获取程度"测量搬迁群体的"微观系统"；以"获得家庭、亲戚、同学、朋友以及单位的支持程度"测量搬迁群体的"中观系统"；以"获得社区、政府以及社会组织的支持程度"测量搬迁群体的"宏观系统"（宏观系统中的文化、风俗等变量难以直接测量）。并对这10个变量进行量化描述，1～10代表程度很低至很高十个等级，程度5以下表示较低，程度5～6表示一般，程度6以上表示较高（见表2）。

表2 易地扶贫搬迁居民社会生态系统构成情况

单位：%

程度 变量	很低 1	2	3	4	5	6	7	8	9	很高 10
个人努力能满足基本需要的程度	2.2	3.9	11.7	6.1	12.8	8.3	13.9	21.1	12.2	7.8
个人对各种资源的获取程度	2.2	4.4	13.9	6.7	18.3	16.7	12.8	12.2	8.9	3.9
获得家庭的支持程度	1.7	1.1	0	1.1	4.4	3.9	10.0	16.7	27.2	33.9
获得亲戚的支持程度	2.8	3.3	3.3	7.2	10.0	13.3	11.1	6.1	20.6	22.2
获得同学的支持程度	31.7	15.6	12.2	6.1	7.8	5.0	7.8	3.9	6.7	3.3
获得朋友的支持程度	15.6	11.7	11.1	7.8	12.8	6.7	8.3	9.4	13.3	3.3

续表

变量＼程度	很低1	2	3	4	5	6	7	8	9	很高10
获得单位的支持程度	18.3	12.2	10.6	8.3	11.1	8.9	4.4	8.9	10.0	7.2
获得社区的支持程度	3.3	3.3	12.8	11.7	10.0	8.9	12.8	11.1	11.7	14.4
获得政府的支持程度	2.2	2.2	4.4	3.9	5.6	9.4	10.6	16.1	10.0	35.6
获得社会组织的支持程度	18.9	11.7	9.4	10.0	15.6	5.0	3.3	6.7	15.0	4.4

注：样本数为180。

资料来源：由"贵州大扶贫'社会工作＋'介入模式研究"课题组调研资料收集整理。

据上表可知，在对说法"个人努力能满足基本需要的程度"的评价中，程度6以上占55.0%，5以下占23.9%，说明安置地大部分居民能自食其力满足基本生活，但仍然有少部分居民的生计来源受搬迁影响。在对说法"个人对各种资源的获取程度"的评价中，程度6以上占37.8%，5以下占27.2%，说明安置地居民对各种资源的获取程度不均衡，其个人能力有待提升。在对说法"获得家庭的支持程度"的评价中，程度6以上占87.8%，说明安置地居民的家庭凝聚力较强，家人的相互支持有利于整个家庭在相对陌生的环境中扎根。在对说法"获得亲戚的支持程度"的评价中，程度6以上占60.0%，说明受传统家族观念的影响，安置地大部分居民与亲戚的来往仍在继续。在对说法"获得同学的支持程度"的评价中，程度5以下占65.6%，说明安置地大部分居民与同学的来往较少，这可能与居民自身文化程度有关，因为样本中整体文化程度不高。在对说法"来自朋友的支持程度"的评价中，程度5以下占46.1%，说明安置地近一半的居民缺乏与朋友的互动，这可能是由于远离原居住地，因空间的分隔而与朋友之间的交往变得日益淡薄，同时安置地居民对新朋友的结交也面临着一些困难。在对说法"获得社区的支持程度"的评价中，程度6以上占50.0%，反映出安置地新社区的建设力度较大，政府的重视程度较高，但仍有少部分居民认为社区无作为，说明安置地社区组织工作有待完善。在对说法"获得单位的支持程度"的评价中，程度5以下占

49.4%,说明安置地居民的就业率不高,难以通过努力工作来获得单位的支持。在对说法"获得政府的支持程度"的评价中,程度6以上占72.2%,说明易地扶贫搬迁政策惠及安置地广大居民,同时,搬迁之后的家具补贴、就业扶持等诸多惠民政策也具有一定的成效。在对说法"获得社会组织的支持程度"的评价中,程度5以下占50.0%,说明社会各阶层对易地扶贫搬迁的关注度不够,而现如今捐款捐物的输血式支持已经满足不了居民彻底摆脱贫困的需要。

通过用赋值法对统计结果进行数据处理,值域范围在1~10,得出每个变量的分值,以及子系统分值,分值5以下表示较低,分值5~6表示一般,分值6以上表示较高。将所有表述量化的分值平均相加后,计算出易地搬迁群体社会生态系统的总体分值,总分为100分,最低分值为10分。若分值在10~20代表"非常不完善",若分值在21~40代表"比较不完善",若分值在41~60代表"一般",若分值在61~80代表"比较完善",若分值在81~100代表"非常完善",得出以下结果(见表3)。

表3 易地扶贫搬迁居民社会生态系统赋值得分

子系统	微观系统		中观系统					宏观系统		
变量	个人努力能满足基本需要的程度	个人对各种资源的获取程度	获得家庭的支持程度	获得亲戚的支持程度	获得同学的支持程度	获得朋友的支持程度	获得单位的支持程度	获得社区的支持程度	获得政府的支持程度	获得社会组织的支持程度
变量分值	6.37	5.77	8.41	7.12	3.72	4.94	4.81	6.26	7.68	4.74
子系统分值	6.07		5.80					6.23		
总体分值	59.82									

注:样本数为180。
资料来源:由"贵州大扶贫'社会工作+'介入模式研究"课题组调研资料收集整理。

通过上述数据的分析可以发现,搬迁居民社会生态系统量化后的总分值为59.82,属于"一般"的水平,反映出居民能够适应安置点的社会环境,适应水平"一般"。从社会生态系统的结构上看,子系统之间的结构较为平衡,分值波动较小，但子系统内部的变量存在差异，如中观系统中"获得同学的支持程度"为3.72；"获得家庭的支持程度"为8.41，两者相差4.69，表明子系统内部各变量发挥的作用与产生的影响不均衡。而这种子系统的局部不均衡并不影响社会生态系统整体功能的发挥。系统理论中强调系统要素之间的相互作用是系统存在的内在依据，同时也构成系统演化的根本动力。从系统内的相互作用空间来看就是系统的结构、联系方式，从时间来看就是系统的运动变化，使相互作用中的各方力量总是处于此消彼长的变化之中，从而使系统整体以不断变化发展的状态运行。所以，搬迁居民在分值较低变量与分值较高变量的此消彼长作用之下，通过社会生态系统的运行，拥有一定的适应新社会环境的能力。但值得注意的是，将几个分值较高的变量进行梳理，发现获得支持的主要来源为"个人－家庭－亲属－社区－政府"。其中，"家庭与亲属"属于"差序格局"中距个人最近的"家人圈子"，受到"情感性关系"和"需求性法则"的影响，"家人圈子"发挥作用较为积极，故支持程度较高；"社区－政府"属于"生人圈子"，受到"工具性关系"和"公平法则"的影响，支持程度也较高。但其中支持程度较弱的是"熟人圈子"，表明其"混合型关系"与"人情法则"的作用正在逐渐弱化。

三 易地扶贫搬迁居民社会生态系统存在的问题

（一）微观系统——居民自身资源较少，获取资源的能力较弱

微观系统关注的重点是个人，强调个人对环境的适应性。居民认为"个人努力能满足基本需要的程度"均值为6.37，处于"一般"到"较高"之间的位置；"个人对各种资源的获取程度"的均值为5.77，处于"一般"的位置。微观系统的均值为6.07，处于"一般"到"较高"之间的位置，比较欠缺的是个人对资源的获取能力。居住环境的改变可能意味着生活方式也随之改变，离开原有农业生产方式后，居民对搬迁之后的生计出现许多忧虑。居民自身原有的资源较少且利用难度较大，从农业劳动转变为工业或服务业劳动，一时难以适应。居民大部分是农民，自身文化程度普遍较低，各方面的能力较为欠缺。搬迁的地方大多是小城镇，可提供的就业岗位少，相

对于规模较大的移民群体而言，居民能够获取的资源不足。且许多受访对象家庭为贫困家庭，且老弱幼较多劳动力少，收入上入不敷出，居民经济的"增收"难以实现。

（二）中观系统——居民人际关系分散，缺乏良好的社交环境

中观系统中居民"获得家庭的支持程度"的均值为8.41，处于"较高"位置；"获得亲戚的支持程度"的均值为7.12，处于"较高"的位置；"获得同学的支持程度"的均值为3.72，处于"较低"的位置；"获得朋友的支持程度"的均值为4.94，处于"较低"到"一般"的位置；"获得单位的支持程度"的均值为4.81，处于"较低"到"一般"的位置。中观系统的均值为5.80，处于"一般"位置，相对而言中观系统比较不完善，且主要集中在朋辈群体和单位的支持上。受传统家族观念以及农村人情社会的影响，居民家庭内部比较团结，居民与亲戚的联系并没有因搬离原居住地而中断，但"家人圈子"的资源较为有限，并不能够满足搬迁群体的多元需求。居民在维持旧人际关系方面，会较大程度地考虑时间和成本，引发居民与同学、老朋友的关系疏远化。同时，新人际关系又因缺乏社交平台和沟通氛围而难以快速建立，导致居民的人际关系分散，以及社区居民凝聚力不强，使"熟人圈子"逐渐淡化，获得的支持程度较低。而众多居民没有固定的工作，导致这部分居民难以获得单位的支持。

（三）宏观系统——政策制度不够健全，社会力量难以介入

宏观系统中居民"获得社区的支持程度"的均值为6.26，处于"一般"到"较高"之间的位置；"获得政府的支持程度"的均值为7.68，处于"较高"的位置；"获得社会力量的支持程度"的均值为4.74，处于"一般"到"较低"的位置；宏观系统的均值为6.23，处于"一般"到"较高"之间的位置，比较欠缺的是社会组织的支持。精准扶贫政策之下，各级政府投入大量资金与精力，让众多安置地贫困居民受益，但一些政策和制度还需进一步完善。如缺乏对安置地区经济发展的科学合理评估，急于实施易地扶贫搬迁，大量移民入住之后，还处于相对落后的城镇无法提供足够且稳定的工作岗位。易地扶贫搬迁工作开展不够公开透明，监督机制不健全。由于一些地区易地扶贫

搬迁工作上缺乏监督，出现居住的人群并非贫困户，引发当地群众的不满，甚至上访；同时因资金等敏感问题使居民对搬迁工作产生怀疑，降低了对政府的信任度。地方特色产业的发展较为落后，很多地方政府的"不作为"导致安置地的特色资源未被开发，使居民后续生计发展受到影响。政府的"大包大揽"与"有限资源"之间的矛盾无法满足居民日益增多的"多元需求"，现阶段而言政府在购买社会服务上仍处于探索与尝试阶段，不愿意"冒风险"，导致社会力量难以介入，无法有效链接社会资源，使易地搬迁居民获得社会资源的途径单一且难以持续，需求得不到很好的回应。

四 进一步完善易地扶贫搬迁居民社会生态系统的建议

（一）微观系统——对搬迁群体进行"增能"

生态环境的脆弱是引起贫困的重要诱因，恶劣的自然条件减弱了贫困群体在原有生存环境中脱贫的可能性。资源与利益的分配贯穿于整个移民搬迁的始终，为了有效避免各种行动主体之间的利益冲突，摆脱各种社会排斥现象的发生，就必须改变贫困群体的生存环境，并在新的生存环境中赋予贫困群体应有的权利，增强其经济发展能力和社会适应能力，实现内源式发展。第一，积极举办各类社区讲座与培训班，提升居民的人际交往、就业等方面的能力，主动地参与到改变自身落后条件的事务中去，与环境形成良好的互动；第二，定期对居民进行走访，切实宣传安置地发展前景，提高安置地居民的自信心，主动慰问居民使居民有合理的渠道表达自己的诉求；第三，安置地存在大量空置无人经营的店面，政府应给予安置地居民一定的政策扶持，转变招租办法，让有技艺的居民自主创业发展，发掘居民自身潜力，提高就业率，促进社区经济的发展；第四，建立信息传播的平台，将一些优惠政策与就业信息等在平台上发布，使居民能够掌握更多的信息资源，促进居民对各种资源的获取能力。

（二）中观系统——对交往平台进行"搭建"

易地扶贫搬迁意味着一个新集体的诞生，但由于诞生之后一段时间处于比较脆弱和涣散的阶段，社区居民的凝聚力不高，需要外界的干预和帮扶以便于社交网络的"重构"。第一，完善社区基础设施建设，为居民提供文娱活动的场所，搭建居民社交平台，促进居民日常文化娱乐活动的顺利进行，进而提升居民的精神面貌；第二，积极孵化和培育社区组织，通过发挥社区组织的积极作用使居民找到自己的"归属"，在参与组织的共同行动中培养"合作"意识；第三，积极举办各类社区活动，为居民创造更多交往的机会，促进居民人际关系的良好发展；第四，积极重视易地搬迁业主委员会的作用，当安置点人口达到一定比例时应及时成立业主委员会，通过业委会的选举与召开业主大会等形式使居民与搬迁社区以及政府部门之间建立良好的沟通渠道，并形成积极的互动。

（三）宏观系统——对政策制度进行"完善"

因为对全新地域的大规模移民所牵涉的领域繁多，所以易地扶贫搬迁的政策制度需要进一步完善。第一，健全安置地区经济发展评估制度，全方位的考虑安置地区社会经济的发展和环境承载力，评估安置地区可吸纳就业人员比例，以促进移民新村的健康发展和降低搬迁居民失业的风险。第二，建立政务公开制度，及时将易地搬迁开展的具体工作及时向社会公开，提高政务的公开透明度。第三，建立健全易地扶贫搬迁工作监督制度，应采取权责统一的指导思想，破除各个部门之间因害怕担责导致条块化分割，形成各个部门间相互敦促与相互监督，集中力量办实事办好事。同时相关部门应接受社会大众对易地扶贫搬迁工作的监督，及时回应公众对安置地和搬迁惠及人群的质疑，提高易地扶贫搬迁项目的社会参与度和社会认同度，进而减少易地扶贫搬迁在工作上的失误，进一步促进易地搬迁群体与宏观系统的有效互动。第四，优化地方特色产业发展政策，提供一些优惠的政策吸引外界投资，鼓励居民参与到特色产业发展中去，促进居民文化自信。第五，落实社会帮扶政策，鼓励企业对搬迁项目给予支持，鼓励有经济实力的个人也可对搬迁居民进行帮助，给予就业困难家庭入学子女一定的资助。第六，积极购买社会服务，根据易地扶贫搬迁工作中的实际需求为目标大力购买社会服务，弥补社会组织介入力量不足的短板，使社会组织介入易地扶贫搬迁工作中，帮助搬迁群体提升能力，整合资源，与环境形成良好互动。

参考文献

曹雪梅:《易地扶贫搬迁群众心理适应困境对策探究》,《安顺学院学报》2017年第5期。

袁燕:《苦聪人易地搬迁后的心理适应研究——以云南省镇沅县的苦聪人为例》,《楚雄师范学院学报》2011年第8期。

罗承松:《苦聪人生计模式的变迁及其适应——以镇沅县恩乐镇易地搬迁的苦聪人为例》,《经济研究导刊》2010年第3期。

黎洁:《陕西安康移民搬迁农户的生计适应策略与适应力感知》,《中国人口·资源与环境》2016年第9期。

罗承松:《苦聪人妇女社会地位的变迁及其文化适应——以镇沅县恩乐镇易地搬迁的苦聪人为研究对象》,《湖北民族学院学报(哲学社会科学版)》2011年第2期。

赵兰:《扶贫搬迁老人社区生活适应的社会工作介入研究》,长春工业大学硕士学位论文,2017年6月。

李雯:《易地扶贫搬迁面临的困境及其破解——基于山西部分贫困乡村的调研分析》,《中共山西省委党校学报》2017年第4期。

曾小溪、汪三贵:《易地扶贫搬迁情况分析与思考》,《河海大学学报》2017年第2期。

金梅、申云:《易地扶贫搬迁模式与农户生计资本变动——基于准实验的政策评估》,《广东财经大学学报》2017年第5期。

师海玲、范燕宁:《社会生态系统理论阐释下的人类行为与社会环境——2004年查尔斯·扎斯特罗关于人类行为与人类环境的新探讨》,《首都师范大学学报》2005年第4期。

B.13
贵州省民政工作助力脱贫攻坚对策研究

高刚 方海*

摘　要： 报告系统研究了贵州省民政助力脱贫攻坚的现状和取得的成绩：低保救助政策不断完善，特困人员救助供养能力不断增强，医疗救助水平进一步提高，社会福利事业进一步发展，防灾减灾救灾综合能力进一步提升，"救急难"工作机制初步建立，城乡社区公共服务体系不断健全。分析了贵州基层民政工作存在：基层民政能力建设滞后，基层民政资金瓶颈较为突出，社会和市场参与不足，基层民政合力不足，监督亟待加强等问题。提出：夯实民政基层力量，解决基层能力不足；强化经费保障，解决资金瓶颈；推进多元主体参与服务，解决市场参与不足；理顺基层民政服务体制，解决合力不足；实现监督常态化，解决监督不足等助力脱贫攻坚的对策建议。

关键词： 民政　脱贫攻坚　贵州省

党的十九大报告明确提出："坚决打赢脱贫攻坚战。"贵州作为全国脱贫攻坚主战场，发挥好包括社会保障体系在内的政策作用，调动包括民生板块在内的一切积极因素，促进贵州同全国同步进入全面小康社会，责任重大，使命光荣。党的十九大报告进一步明确提出："按照兜底线、织密网、建机制的要

---

* 高刚，贵州省社会科学院社会研究所副所长，研究员；方海，贵州省民政厅社区建设与基层政权处处长。

求,全面建成覆盖全民、城乡统筹、权责清晰、保障适度、可持续的多层次社会保障体系。"因此,建设什么样的社会保障体系,事关人民群众切身利益,事关脱贫攻坚大局,事关社会和谐稳定。万丈高楼平地起,社会保障体系建设,关键在基层。

一 贵州民政助力脱贫攻坚的现状

近年来贵州省结合经济社会发展的阶段性特征和贫困群众保障需求,按照"上为政府分忧、下为百姓解愁"的职能定位,在贯彻落实党和国家各项民生政策制度上不打折扣,在强化各项政策制度与地方实际相结合上不断创新,促进各项政策制度与贵州实际深度融合,使困难群众得到更多看得见、摸得着的实惠,在贵州打赢脱贫攻坚战中发挥了积极作用。

(一)低保救助政策不断完善

党的十八大以来,贵州深入贯彻落实习近平总书记重要讲话精神,并结合本省实际出台了系列政策文件,形成了"1+2""1+6""1+10"的制度体系。在系列制度体系的指导下,贵州省民政系统着力做好"两项制度"的有效衔接,巩固发展"生存靠低保、发展靠扶贫"的扶贫工作机制,坚持托底线、救急难、可持续的原则,切实抓好社会保障托底扶贫。为提高低保政策对象保障的精准度,贵州建立起了以收入核查为核心,以民主评议、张榜公示、县乡抽查为基本保障,以家庭经济状况核对为补充的低保对象认定机制,按照公平公正公开的原则,确保将所有符合条件的困难群众纳入救助范围。为提高低保保障水平,不断健全低保保障调整和分类施保两项机制。在低保标准调整方面:创建低保标准分区域划档次调整机制,解决农村低保标准基数小、城乡低保标准差距逐年扩大、城乡低保标准区域差距较大等问题。2015~2017年,全省农村低保平均标准分别提高26.8%、18.2%、15%,从2014年的年平均2125元提高到2017年的3580元。在分类施保方面:构建起保障困难群众基本生活的三道防线。进一步完善低保分类施保政策,建立实施农村低保季节性缺粮户粮食救助制度,形成了补差发放基本保障金、增发特殊补助金、发放救助粮的三道防线。

（二）特困人员救助供养能力不断增强

出台《省人民政府关于进一步健全特困人员救助供养制度的实施意见》（黔府发〔2017〕1号），对健全救助供养制度、提升救助供养能力、强化工作保障措施等内容作规定。在省政府文件的指导下，各地均制定了具体的实施办法，使特困人员救助供养制度体系不断完善。"十二五"以来，贵州共投入特困供养机构建设资金24.8亿元，新建和改扩建特困供养机构683所，新增床位6.7万张，使特困人员救助供养的基础支撑能力不断增强。到2016年底，贵州集中供养、分散供养年均供养水平分别达8704元、5767元，较上年分别增长13.3%和15.9%，敬老院集中供养率达47%，排名全国第6位；敬老院法人登记率达89%，遵义市、六盘水市、铜仁市、仁怀市登记率实现100%。基本实现"五保"对象老有所养、老有所为、老有所乐。

（三）医疗救助水平进一步提高

坚持以"大扶贫"战略行动为引领，着力完善制度、明确范围、规范管理、提高标准、优化程序，有效遏制因病致贫、因病返贫。明确将建档立卡贫困人口中的大病患者等11类人群作为健康扶贫对象。各级民政、扶贫、卫计等部门共同开展对象识别和审核确认，统一录入新农合信息系统精确标识。截至2016年6月底，全省已识别认定健康扶贫对象392.10万人，占全省农村贫困人口的79.53%。精准实施"三重医疗保障"，确保全省11类人群政策范围内医疗费用实际补偿比达到90%以上，其中重大疾病患者、特困供养人员、最低生活保障对象中的长期保障户、80岁以上老人等重点人群的报销比例达到100%。对11类人群中贫困程度相对更深的特困供养人员等4类人群由民政部门和卫计部门分别给予全额资助参合，对最低生活保障家庭成员等2类人群由民政部门分别给予人均不低于30元和10元的标准资助，确保11类人群全部纳入新农合覆盖范围，全省新农合参合率达到99.26%，其中493万贫困人口实现100%全覆盖，为贫困人口享受医疗兜底政策奠定坚实基础。建立卫计、民政、人社、保险、定点医疗机构协调统一的运行机制，民政、卫计等部门采取资金预付方式，以新农合信息平台为基础，实施一站式即时结报和资金兑付"一卡通"，方便贫困群众及时报销医疗费用，有效解决报销环节杂、多

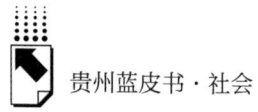

头跑、垫资难问题。到2016年6月底,全省通过"三重医疗保障"累计惠及40.44万人次,共为贫困群众报销7.92亿元,合规医疗费用实际补偿比达到93.6%。

(四)社会福利事业进一步发展

从2010年开始,把包括社会散养孤儿在内的孤儿、受艾滋病影响儿童全部纳入基本生活保障范围。不断加强儿童福利服务设施建设,实施孤残儿童手术康复"明天计划"、福利彩票"温暖贵州""希望之旅"、儿童福利机构"阳光助力计划"等系列公益项目,不断提高孤残儿童救助水平。设立贵州省留守儿童、困境儿童关爱救助保护工作领导小组办公室,大力开展以"四个精准"(即精准识别关爱对象、精准确定关爱内容、精准落实关爱责任、精准制定关爱措施)为主要任务的农村留守儿童、困境儿童关爱救助保护工作,实施以"合力监护、相伴成长"为主题的关爱保护专项行动等,使留守儿童监护缺失和监护薄弱、关爱缺位的现象得到有效扭转。建立留守儿童、困境儿童信息动态管理系统,开展"接送流浪孩子回家"专项行动,探索以"监测预防、发现报告、评估帮扶、监护干预"等为核心的未成年人社会保护工作新路。广泛开展形式多样的慈善法规和慈善文化宣传活动,动员和引导社会组织、公众自觉依法投身慈善事业。积极拓展慈善资源,开拓慈善捐赠渠道,"十二五"以来,全省各级共接收慈善捐赠款物100多亿元,受益群众1000多万人次。

(五)防灾减灾救灾综合能力进一步提升

"十二五"期间,全省防灾减灾救灾投入较"十一五"增长52.84%,其中,生活救助资金增长71.95%,救助人数增长12.35%,应对自然灾害综合保障能力大幅提升。开展了烤烟、水稻、能繁母猪等主要种植业和养殖业保险,全面实施政策性农房灾害保险,灾害风险分担机制逐步建立。基层灾害信息员队伍实现一村(居)一人以上,基层灾害预警预报能力进一步增强。建成1个省级救灾物资储备库、7个市(州)级库、35个县级库和4个乡镇救灾物资储备点,全省以省级库为中心、市(州)级库为支撑、县级库为骨干、乡镇储备点为补充的救灾物资储备体系不断健全。各级日常储备生活类应急救灾物资价值超过 1 亿元，为确保自然灾害发生 12 小时之内受灾人员生活得到有效救助打下坚实基础。为 65 个多灾易灾县配备救灾应急专用车辆。建成 140 余个全国综合减灾示范社区和 750 余个城乡应急避难场所。以"全国防灾减灾日""国际减灾日"等为重点的防灾减灾宣传教育活动持续深入开展，推进防灾减灾知识进学校、进社区、进企业、进农村、进家庭，城乡居民防灾减灾意识和能力不断增强。

（六）"救急难"工作机制初步建立

坚持"托底线、救急难、可持续"的社会救助工作方针，全面建立"救急难"工作长效机制，初步形成了家庭自救、政府救助、社会捐助三位一体的急难救助良好格局。充分依托城乡社区党组织、基层自治组织、驻村工作队、新闻媒体、社区网格员、学校老师、医院医生、志愿者、社会工作者等基层组织和人员群体，建立起急难救助对象排查制度、急难救助信息报告制度和信息沟通制度。采取入户调查、家庭经济状况核对等方式，精准认定对象，实现应救则救，防止"错救""漏救"。建立急难求助"首问责任制"和"转介"工作制度，确保困难群众求助有门、受助及时。建立了急难救助个案会商机制，针对重点急难个案进行会商并提出部门协同解决方案。建立社会力量参与救急的工作机制。各地将救急难工作纳入政府督查督办程序，进行重点督查督办，确保有急难必救。

（七）城乡社区公共服务体系不断健全

"十二五"期末，实现全省乡镇（街道）社区服务中心全覆盖，82.8%的农村社区和 95%的城市社区建设了社区服务站，并不断推进社区公共服务综合信息平台建设，有效地提升了基层服务群众的支撑能力。各地依托县（市、区）、街道（乡镇）、社区三级综合服务设施，积极开展了面向全体社区居民的劳动就业、社会保障、社会救助、社区养老、医疗卫生、计划生育、文体教育、社区安全、流动人口服务管理、矛盾纠纷调解、法律援助、特殊人群服务管理等服务，在农村社区还有针对性地开展了农技推广、科学普及、饮水安全等服务项目，优先满足社会特殊群体需求，基本实现了政府基本公共服务在全省城乡社区的全覆盖。坚持本地培养和对外选聘相结合，加大政策扶持力度，建设一支以社区党组织和社区自治组织成员为骨干、社区专职工作人员为重点、社区志愿者为补充的社区服务人才队伍。建立健全基层党组织领导的充满活力的基层群众自治制度，逐步实现政府行政管理和村（居）自我管理的有效衔接和良性互动。充分发挥村民自治功能，动员和组织村民参与脱贫攻坚工作。

二 贵州基层民政工作存在的问题分析

近年来，全省民政系统特别是乡（镇、街道）和村（社区）基层认真履行职责，完成了大量关乎广大人民群众切身利益的繁重工作，但面对新时期基层民政承担的工作任务和困难群众的美好生活需要，基层民政基础在体制机制、队伍建设、财力物力等方面仍显滞后，主要体现在如下几个方面。

（一）基层民政能力建设滞后

1. 干部队伍建设亟待加强

2004年乡镇综合配套改革后，乡镇民政办（所）被撤销，民政业务归并到社会事务办承担。社会事务办一般配备1~3人，主要承担民政、残联、民族宗教等工作，一般一个乡镇就1名专门从事民政工作的人员，且还要不时被抽调参与完成乡镇中心任务或者从事其他应急性的工作。从调查走访的情况看，乡镇社会事务办干部基本上是"以乡镇中心工作为主，民政业务工作为辅"。此外，社会事务办干部的任免由乡（镇、街道）"说了算"，绝大多数不会征求县级民政部门意见，人员变动较为频繁。干部轮训培训难度大，部分人员业务不熟，无法把工作做深做细，影响了民政职能的充分发挥和兜底扶贫功能的有效实现。村支两委一般5~9人，无专人负责民政工作，人少事多的矛盾在村一级更加突出，能力建设严重滞后。

2. 民政服务设施建设滞后

部分乡（镇、街道）社会事务办公场所达不到国家规定标准，设施设备配备较为落后，有的靠租赁房屋办公，部分城市老旧社区办公服务场所面积狭小，办公条件差，严重影响了为民服务的质量和民政事业的发展。乡（镇、街道）社会事务办辅助和功能用房不足，进一步阻碍民生保障作用的发挥。

如：全省大部分乡（镇、街道）缺少救灾物资储备点，救灾物资无法长期储备，难以实现靠前储备、资源下沉，上级调拨物资在一定时间内分配发放完毕，导致自然灾害一旦来临，仍需向上级请求支持，耗时费力，难以实现在灾害发生后12小时内受灾群众基本生活得到有效救助的基本要求。特别是地处偏远、交通不便的地方，这个问题更加突出。

3. 民政信息化手段利用不足

主要表现在两个方面：一是民政系统信息化建设滞后。由于各种原因，民政系统信息化建设历史欠账较多、水平滞后，目前虽已启动"民政云""减灾云"等大数据基础设施项目建设，但筹集落实资金难度较大，进展较慢，与实际需求有较大差距。二是基层民政部门特别是乡镇社会事务办人员流动频繁，技术培训难以跟进，信息化手段难以熟练掌握和运用。

（二）基层民政资金瓶颈较为突出

1. 村（社区）干部待遇总体偏低

民政系统大量的基础工作需要村（社区）干部来落实，因而村（社区）干部待遇问题，直接关系国家民生政策的落地生根。从调查情况看，全省社区两委干部享受固定补贴的仅限于书记、主任、文书3人，实际补贴（含年终绩效）平均在1500~2000元/月，而《中共中央办公厅国务院办公厅关于加强和改进城市社区居民委员会建设工作的意见》（中办发〔2010〕27号）明确规定：社区居民居委会成员、社区专职工作人员报酬由县级以上地方人民政府统筹解决，其标准原则上不低于上年度当地社会平均工资水平。贵州省普遍执行的补贴标准远低于中央相关规定，且各地之间收入差距较大，一定程度上影响了基层干部尽职履责、参与脱贫攻坚的积极性。例如，盘州市通过购买服务，村（社区）书记、主任每月最高补贴4000元，而思南县村委会书记、主任每月最高补贴1600元，差距达到1倍以上。同时，贵州省许多地方没有落实《关于加强和改进城市社区居民委员会建设工作的意见》（中办发〔2010〕27号）提出的为村（社区）干部缴纳社会保险的相关要求。

2. 资金结构不合理

民政资金都是"高压线"，在现有预算管理模式下，专项资金专款专用，"打酱油的钱不能打醋"，导致有的领域和项目缺钱，有的则绰绰有余，项目之间苦乐不均,资金富余与资金短缺并存,"管得死"的现实和"盘得活"的要求矛盾突出。如近年来部分县(市、区)低保资金均有较大节余,而村委会阵地建设、防灾减灾工作等基层能力建设方面又极为紧缺。

3. 工作经费较为紧张

贵州的民政资金主要依靠中央转移支付,由于中央资金均为专项资金,使用范围和用途都有十分明确的规定,且没有按一定比例安排工作经费。而贵州省各级财力薄弱,各级列入本级财政预算的民政工作经费总体偏少,中央转移支付的很多民政项目落实难度进一步加大。在调研中,有的村干部反映,由于缺乏从乡镇政府运往村的这一笔转运资金,希望受灾困难群众冬春救助粮食能尽量少给点。

(三)社会和市场参与不足

1. 政府购买服务难以落实

相关部门"大政府小社会"的思维还没有彻底转变,对在新形势下通过政府购买服务,发挥基层群众性自治组织、社会组织、社会工作专业力量等第三方力量作用认识不足,推动意识不强,积极性不高。同时,由于大量基层干部对政府购买服务缺乏实践经验,多数地方没有安排包括民政业务在内的政府购买服务专项预算,无法建立长效机制。许多地方开展的购买服务工作经费不足,应付式、运动式较为明显,从根本上制约了政府购买服务增强基层民政服务的能力,阻碍脱贫攻坚作用的发挥。

2. 市场作用发挥不明显

民政系统运用市场手段参与民生保障作用发挥不明显。如,金融及其衍生产品在防灾减灾救灾领域的开发运用基本处于空白状态,资金来源仍依靠政府单一投入为主,在贵州这样的西部欠发达省份,资金供需矛盾尤为突出。目前全省建立实施的灾害保险险种较少,在制度设计、运行机制方面也还存在诸多不足,灾害风险转移的渠道不多、手段欠缺、保障水平偏低,保险市场手段分担灾害风险的功能发挥仍然不够。

3. 社会参与度不高

一是社会组织培育不足。据统计,全省有1000余家社会组织,能真正发挥作用的仅有1/3,培育、发展稍好一点的社会组织基本上都在大、中城市,县及以下社会组织发展水平落后问题较为突出，部分地方社会组织培育、发展甚至仍处于空白状态。同时，社会组织在参与抢险救援、社会救助等方面的总体效果不好。以防灾减灾救灾为例，虽然贵州有几十家在防灾减灾救灾方面有较强专业性的救援协会，但由于制度不健全、渠道不畅通等问题，社会力量的积极作用发挥极为有限，难以形成优势互补，无法协同配合的防灾减灾救灾总格局。二是社工队伍数量少。目前，贵州省各行业社工人才有2.8万人，占全省总人员的0.79‰；其中持证社工仅1334人，仅占全国持证社工总人数的4‰。持证人员中又多数未在社工岗位上工作，且部分社会工作专业人才专业服务不够深入，未按照社会工作专业性开展服务。

（四）基层民政合力不足

1. 部门协调配合不足

加强基层民政能力建设，助力全省脱贫攻坚，客观上需要多部门协作配合。从走访调研情况看，部分地方党委、政府对民政部门重视程度不够，对民政干部的配备、调整、使用关注度不足；有的相关部门协作意识不足，主动配合不够，涉及民政的相关事项特别是关乎基层民政能力建设的重大事项，如人、财、物等支持不力、处置较慢。

2. 政策协调性不足

纵向看，现行的民政政策动态调整与经济社会发展步伐不相适应，特别是在灾害救助和社会救助方面，虽然近年来补助水平有了较大提高，但与物价水平和经济社会发展水平相比仍显缓慢，与困难群众的现实需求仍有距离。由于补助水平偏低，兜底保障作用有限。横向看，民政政策与其他相关民生保障政策在衔接上不同程度存在问题，难以形成扶贫攻坚的强大合力。如，防止受灾群众"因灾致贫、因灾返贫"，主导力量仍然是民政资金，而相关的扶贫搬迁、危房改造、新农村建设等项目资金，由于项目实施主体、项目保障对象、项目规划等不同，政策、资源之间投入分散，没能发挥整合效益。

（五）基层民政监督亟待加强

1. 监督管理机制亟待完善

民政资金是国家用于保障困难群体、特殊弱势群体及优抚对象基本生活的专项资金，必须加强民政监督体系建设，才能保证民政资金及时、准确、足额地发放到民政对象手中。但民政部门在工作推进中制度化、体系化管理还存在风险点，重拨付、轻督查的现象时有发生，制度模式和监管体系建设仍需进一步加强。从现有的监督体系看，监督方式较为单一，有效的外部监督不足，重事后监督，轻事前预防。

2. 基层专职监督力量仍显薄弱

受编制和人员配备限制，乡（镇、街道）纪检人员配备较少，但监督执纪任务重，仅民生板块就包含扶贫、民政等体系，内容丰富，政策性强，总体上基层监督执纪人员力量仍显不足。尽管想主动将监督工作做深做细，但常常心有余而力不足，"被动"受理群众来信来访，"被动"执纪现象较为普遍。

3. 村（居）务监督委员会积极性不高

村（居）务监督委员会制度自2011年起在贵州省逐步推行以来，在深入推进农村党风廉政建设和基层民主政治建设，保障农民群众的合法权益，维护农民群众的知情权、参与权、表达权和监督权上起到重要作用。但部分地方监督委员会工作机制不健全，监督事项、监督程序尚不规范，特别是全省监督委员会成员的补贴至今未有明确规定，在是否补贴、补贴多少上规定不一，大部分没有报酬，导致部分监委会成员工作激情不高、责任心不强、工作开展不力。

三 夯实基层民政基础助力脱贫攻坚的对策建议

进一步发挥基层民政在脱贫攻坚中的兜底保障作用，要以党的十九大精神为指引，不断推进观念创新和制度创新，进一步健全民政服务体系、协调民政服务力量、优化民政服务平台、充实民政服务人才，实现幼有所育、学有所教、劳有所得、病有所医、老有所养、住有所居、弱有所扶，努力增进人民群众的获得感、幸福感，助力脱贫攻坚，实现同步小康。

（一）夯实民政工作力量，解决基层能力不足问题

1. 加强基层民政干部队伍建设

一是加强乡镇民政干部队伍建设。建议以省政府的名义出台《关于进一

步加强基层民政服务能力建设的意见》,明确基层民政机构、人员、经费等标准。全省乡镇(街道)全部设置民政办或在社会事务办加挂民政办牌子,按照人口在5万人(含)以下的乡镇(街道),民政管理服务人员不少于3名,人口多于5万人的不少于4名的标准,足额配备乡(镇、街道)民政专干。民政专干实行专人专用,如需调动或者抽调开展其他工作,原则上须报县级民政部门同意。二是推行村级专职民政专干制度。每村至少配备一名专职民政干事,村级民政专干的工作由政府财政补贴和购买服务两部分组成,提高民政专干的工作积极性。出台《贵州省民政专干管理指导意见》,明确规定选聘条件、待遇、职责、任务、管理、考核、奖惩等,使工作有章可循,具有可操作性。三是实现民政干部培训常态化。注重加强全省民政系统政治理论和业务知识培训,努力提高各级民政干部的整体素质和能力水平。积极争取中央支持,建立养老护理远程网络教育基地和民政干部教育培训基地。编制民政干部业务培训计划,采取邀请专家授课培训、政策法规在线学习、多岗位实践锻炼等方式,提高各级民政干部的业务技能。推进高校民政相关专业课程的设置,培养民政工作高素质人才。

2. 加强民政服务阵地建设

加强基层民政服务阵地建设,配备相对统一的民政服务用房、服务设施和救灾应急装备,进一步推动基层民政服务场所标准化建设。加强对乡镇敬老院的监督管理,高标准改善敬老院基础设施。在乡镇和有条件的村(社区),鼓励和支持建设老年人日间照料中心,提升村级托养服务能力。

3. 加强民政信息化建设

强化民政信息化建设的统筹,着眼于大平台、大系统建设,整合数据资源,推进贵州"民政云"和"救灾云"建设,实现信息共享,提高民政服务和减灾防灾救灾的信息支撑能力。建立民生基础信息数据库,确保数据采集、更新、监测、上报实现信息化。整合资源,加强管理,与人社、住建、公安、税务、金融等有关部门实现数据互联互通、资源共享。加强基层民政信息化手段的运用能力和水平,努力提高民生数据采集的准确度和信息报送的质量和效率。提高民政系统信息基础设施和技术装备水平,加强一体化社区信息服务站、社区信息亭、社区信息服务自助终端等公益性信息服务设施建设,提升群众对各类惠民政策的知晓率。依托云上贵州数据共享交换平台,逐步实现

"一号申请、一窗受理、一网通办",积极探索"一门式"服务模式的社区应用。

(二)强化经费保障,解决资金瓶颈问题

1. 切实提高村(社区)干部待遇

在补贴对象上,将村(社区)党支部书记、副书记、主任、副主任、监委会主任共5人明确纳入补贴发放范围,并由各地根据工作情况和财力状况,适当扩大补贴发放范围。在补贴标准上,社区干部按照不低于所在县(市、区)上年度当地社会平均工资水平来核定,并另行安排年终业绩考核奖励经费。村(社区)干部社保由政府统一缴纳。

2. 推进资金预算管理的统筹安排

建议打破现有预算管理模式,按照《贵州省省级部门财政拨款结转和结余资金管理办法(暂行)》(黔财预〔2015〕15号)"省级部门在编制本部门预算时,报省财政厅按程序审批后,可以在部门本级和下级预算单位之间、下级不同预算单位之间、不同预算科目之间统筹安排使用结余资金"的规定,按照结转结余资金使用的相关政策,将本级结转结余的配套资金调整结构整合使用,提高民政资金助力脱贫攻坚的使用效率。

3. 强化工作经费保障

将基层民政工作经费纳入县级财政预算,建立健全与民政工作任务相适应的工作经费保障机制,并纳入目标绩效管理考核范围。各乡镇要保证社会事务办和村(社区)开展民政工作必需的运行经费,并建立增长机制,确保基层民政工作正常有序开展。

(三)推进多元主体参与服务,解决市场参与不足的问题

1. 推进政府购买民政服务

以县为单位,将社会救助、社会福利、区划地名管理、社会组织管理、社会事务、社工服务、慈善救济、公益服务、社区矫正、安置帮教、特殊群体关爱等涉及村(社区)的工作纳入购买服务目录,分别确定购买服务的事项、评价标准、考核办法,并按照每个村5万~10万元的标准安排经费预算、按照一年一购的方式与村(社区)签订服务合同,明确相关标准、服务方式、

资金支付方式、双方权利义务及违约责任。民政部门定期进行业务指导和跟踪督促，每季度末由乡镇会同民政部门对购买服务完成情况进行督查并公示，购买服务资金每季度根据完成情况拨付一次。建立购买服务质量评估机制和相应的奖惩机制，推进购买服务质量的有效提升。

2. 发挥市场机制作用

采取投资补助、运营补贴、购买服务等多种方式，支持引导社会力量参与基层民政工作，充分发挥市场机制提升基层民政服务能力作用。如在养老方面，围绕建设以企业和机构为主体、社区为纽带、满足各种服务需求的居家养老服务网络目标，通过政策引导和资金补助方式积极培育居家网络服务机构，建设居家养老服务站和社区日间照料中心。

3. 积极培育民政服务社会力量

通过实施社区社会组织简化登记和备案双轨制、建立和完善社会组织鼓励扶持制度、全面落实社会组织孵化机制、加强对社会组织的服务引导等，大力培育社会组织。大力发展健康养老、扶贫济困、教育培训、公益慈善、防灾减灾、邻里互助、农业技术服务等类型的社会组织。建立科学合理的奖励评价和淘汰机制，让优秀社会组织有为有位，降低社会组织的空壳率。每个城市社区和农村乡镇至少配备1名社会工作专业人才。推动各级老年人服务机构、社会福利机构、收养服务机构、社会救助服务机构、未成年人保护机构、优抚安置服务机构开发设置社会工作岗位，配备使用社会工作人才，深化社会工作服务实践。积极制定专项培训规划，完善社工培训体系。提高社区工作者持证率，不断提升社区工作者的专业化程度，引导有条件的社区工作者向专业社会工作者转变。通过多层次、分类别的人才培训和培养，实现了社区干部、专业社工、社会组织骨干、志愿者等队伍的立体发展。

（四）理顺基层民政服务体制，解决合力不足的问题

1. 强化部门协调

建立以政府主导，民政牵头，相关部门参与的综合协调机制。明确跨部门协调的原则、纪律、职责分工与具体要求，明确跟踪问效督促检查机制，确保工作落实。

2. 推进政策衔接

在政策制定和制度设计上要有一盘棋思想，与民生保障、脱贫攻坚相关的一揽子政策要相互协调、便于统筹、形成合力。如农村低保制度与扶贫开发政策有效衔接，重点要做到以下三个方面。一是实现识别要素的衔接。在充分考虑家庭收入和家庭财产等要素的基础上，适当考虑困难家庭的刚性支出，将残疾、重特大疾病或慢性病等刚性支出列入低保对象识别和贫困户识别的要素范围，实现两项制度识别要素的统一和衔接。二是实现保障标准的衔接。建立农村低保标准动态调整机制，农村低保标准要逐步超过国家扶贫标准，让更多符合低保条件的贫困人口能够被纳入农村低保保障范围。三是实现信息数据的衔接。推进扶贫信息平台与民政信息平台之间信息的无缝连接，以实现数据共享，做到数据快速高效比对，为实施精准救助和精准扶贫提供依据。

（五）实现监督常态化，解决监督不足问题

1. 廉政风险点排查常态化

开展岗位廉政风险排查，将苗头性的问题消灭在萌芽状态。排查内容必须结合岗位职责，围绕人权、事权、财权、审批权等重要领域、重要部位和关键环节，认真查找本部门本单位及在重大事项决策、重大项目安排、大额资金使用方面存在的风险点。一是要结合风险点特点有针对性地逐条制定防范措施，有效堵塞监管工作上的漏洞，构建权责清晰、风险明确、措施有力的廉政风险防控机制，树立廉政风险防控意识，增强化解廉政风险和拒腐防变的能力。二是按照"一岗双责"的要求，单位（部门）领导干部要逐一对照认领单位（部门）存在的风险点，部门负责人要带头查找存在的廉政风险，带头制定和落实防控措施，带头抓好自身和管辖范围内的廉政风险防范管理。三是充分运用排查成果，将排查出的风险点梳理成具体责任内容写入《党风廉政建设责任书》，充实责任书内容，让责任书更有针对性，更能凸显岗位职能职责。四是建立容错纠错机制，厘清民政兜底政策落实过程中，政府、部门、责任人、服务对象的责任，划分主观和客观责任，科学追责，最大限度保护和调动干部落实惠民政策的积极性。

2. 过程监督常态化

加强对执行过程的监督检查，切实发挥制度管人管事的作用。采取党委、

政府督查督办与部门绩效考核相结合、民政部门内部监督与外部监督相结合、明察与暗访相结合、平时检查与重点督查相结合的办法，加强对象认定、保障待遇落实和资金管理使用环节的监督。切实发挥民生项目和资金经常性监督问效制度的作用，每年按一定比例抽样对民生项目和资金分配使用情况进行检查，彻底改变过去重分配轻监管的现象，变专项行动为每年必动，努力形成管项目资金分配、管发放使、管集中问效相结合的工作机制。做好检查成果的充分运用，对监督检查中发现的问题进行梳理，有针对性地提出整改措施，完善相应的制度规定，及时堵住漏洞。探索"大数据"在民生资金监管中的作用，用现代信息手段改造传统服务方式，积极研究拓展监督工作的新办法和新渠道，利用大数据手段让民政兜底扶贫在阳光下运行，通过"数据眼"实现无缝监督。

3. 基层监督常态化

充分发挥村（居）务监督委员会作用，进一步完善村（居）委监督委员会工作制度，明确工作对象、工作程序、工作内容，建立激励约束机制，强化工作保障，确保对民生资金的监督延伸到村（社区），把全面从严治党的要求向基层传递。

人口发展与养老篇

Population Development and Pensions

B.14
2017年贵州省流动人口卫生计生基本服务管理研究*

李跃华 王涛**

摘 要： 报告研究了2017年贵州省流动人口的现状及卫生、计生基本公共服务均等化取得的成绩，分析了贵州省流动人口卫生计生基本公共服务存在的问题，提出了新时代贵州省流动人口服务管理的对策建议。

关键词： 流动人口 公共服务 建议

随着经济社会的不断发展和人民群众对美好生活的强烈愿望，人口跨地区

---

* 本文是国家社科基金项目"跨省流动人口计生卫生基本公共服务协调机制研究"阶段性成果。
** 李跃华，贵州省卫生和计划生育委员会流动人口处处长；王涛，贵州省卫生和计划生育委员会流动人口处主任科员。

流动特别是从农村进入城市工作、生活、学习等现象日趋频繁,甚至成为一种常态。近年来,贵州逐步形成了开放带动、创新驱动的新格局。贵州省流动人口在本省总人口中的比例逐年上升,分布在各行业各领域并扮演着重要的角色,为贵州经济社会发展做出了积极贡献。然而在积极推进"健康贵州"建设进程中,流动人口的医疗卫生保障和健康意识仍有相当的差距,成为社会广泛关注的焦点问题。本文旨在通过2017年贵州省5000名流入人口的动态监测调查数据和各市州月报数据(截至2017年9月),分析流动人口卫生计生服务现状,客观反映目标人群对卫生计生服务需求和对美好生活的强烈愿望,为进一步加强相应工作提出对策建议。

一 贵州省流动人口现状

(一)流动人口基本情况

1. 流动人口总量及同期变化

截至2017年9月30日,根据各市州卫生计生部门数据统计,全省共有流动人口1023万人,与2016年同期比(本组数据下同)增加5万人。其中,按户籍划分,贵州省籍流动人口928万人,增加10万人;省外流入人口95万人,没有变化。按流向划分,本省籍人口562万人流向省外,减少4万人;省域内跨县流动的省籍人口226万人,增加5万人;县内跨乡镇流动140万人,增加9万人。2016年末,全省常住城镇人口1569.53万人,城镇人口占常住人口的比重为44.1%,比2012年提高7.7个百分点。几个流动方向上人数增减的变化表明:贵州省大数据、大健康、现代山地高效农业、文化旅游、新型建筑建材五大新兴产业快速发展,城镇对经济社会发展的承载能力不断增强,交通、通讯、出行环境的不断优化对加快人口流动的作用也越来越明显,基础设施项目、大数据建设、生态文明建设等对人口流动的集聚效应正在凸显。

2. 流动人口动态监测基本数据

省级卫生计生部门于2017年5月在9个市(州)、50个县(市、区、特区)、112个乡,对抽取的5000名调查对象就流动人口家庭成员与收支情况、就业情况、流动及居留意愿、健康与公共服务、社会融合进行了问卷调查。调查对象主要以贵州省籍在省内流动的占64.1%,其中省内跨市流动占35.8%,市内跨县流动占28.3%;跨省流动的占35.9%(见图1)。

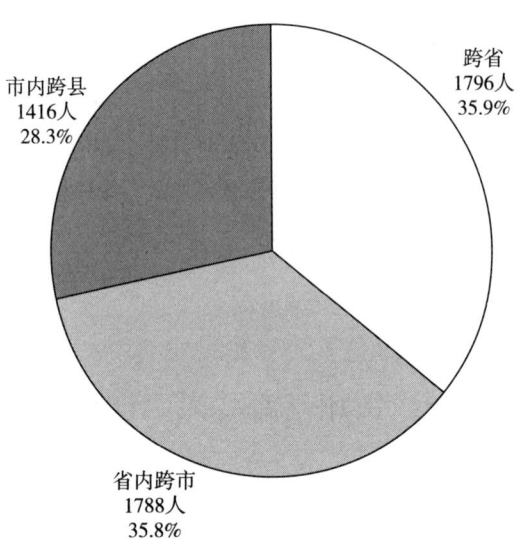

图1 2017年动态监测抽样调查结果

3. 被调查对象的构成分析与比较

居住呈长期化、家庭化。在2017年动态监测抽样调查对象中,与调查对象同住的家庭成员(含调查对象本人)人数最多的是10人,最少的是1人,多数是4人和3人,分别占34.1%和27.8%,流动人口居住长期化和家庭化的趋势更加明显,流动相对稳定;被调查对象平均年龄(36岁)、性别比例均高于2016年抽样,贵州流动迁移人口亦以青壮年为主,劳动年龄人口是流动人口流动的主体;民族分布上主要以汉族为主占80.9%,苗族占5.4%、布依族占2.5%、土家族占2.3%、侗族占2.1%,少数民族流动人口数量与民族种类都在增加。

受教育程度有提高。受教育程度以"初中"居多占44.7%,与2016年有效百分比少6个百分点,其调查对象转向了高中、中专学历上。

"农转居人口"增长,"农业"人口主体性减少。调查对象户口以"农业"居多占81.1%,农转居调查对象与2016年调查相比增加3.2个百分点,户籍制度改革有明显成效;调查对象非中共党员或共青团员的占89%。

构成复杂，服务需求多样，社会融合提速。本次调查更加系统，流动人口覆盖面广，结构复杂，也反映出流动人口中文化习俗、生活方式等存在一定的差异性。

4. 省籍人口流动更加活跃

人口流动的规律是向经济活跃、发达区域聚集。贵州经济增速连续7年保持全国前3位，贵州经济社会发生了深层次、根本性变化，如新增高速公路3203千米、高速铁路营业里程达到1214千米，形成贯通长三角、珠三角、京津冀和川渝滇的快速通道；122家500强企业入驻贵州；大数据、大健康、大生态、大旅游等新兴产业的快速发展；劳动者报酬提高幅度全国第一（2018年省政府工作报告），群众获得感、幸福感、安全感明显增强等，为人口频繁流动创造了前所未有的条件和机会。从数据上看，省外流入人口由"十五"期末的33万人，增至2017年末的95万人，无论从增速还是数量都在西部省区中名列前茅。2017年9月与2012年同期比，全省流动人口增加169万人，省外流入增加32万人，省籍流动增加128万人，省内跨乡以上流动增加152万人，跨省流出反而减少228万人，以上因素和数据都可以表明贵州对人口流动的牵引吸附力更为强劲。这在西部省区是个特殊的人口迁移流动现象，区域间经济社会发展不平衡依然是导致人口迁移流动的根本原因。

5. "十一五"以来贵州省流动人口数量演变

自"十一五"以来，到2014年贵州省籍流动人口平均每年净增50万人以上；从2015年开始省籍流动人口和省外流入人口仍然呈增长趋势；一个新的特征呈现，即到2017年9月省内跨县流动每年递增5万人，县内乡镇流动人口每年增加8万~9万人（见表1）。

表1 2015~2017年贵州省流动人口情况

单位：万人

年度 （计生年度）	全省流动人口数	本省籍流动人口数	省外流入数
2005	430.6	397.2	33.4
2006	497.6	461.4	36.2
2007	597.4	558.7	38.7

续表

年度 （计生年度）	全省流动人口数	本省籍流动人口数	省外流入数
2008	640.1	603.1	37.0
2009	593.6	552.8	40.8
2010	739.3	691	48.3
2011	797	745	52.0
2012	850.1	786.1	64.0
2013	875	796	79.0
2014	973	884	89.0
2015	1010	916	94.0
2016	1003	908	95.0
2017	1023	928	95.0

注：统计口径为跨户籍所在地乡镇（街道办事处）流出30天以上人口。

（二）流动人口卫生计生服务获得感进一步上升

流动人口基本公共卫生计生服务均等化和健康教育促进计划的全面实施，将目标人群纳入本地常住人口同服务、同管理已成为常态，充分发挥基层医疗机构、妇幼计划生育服务机构的专业优势，将目标人群和重点服务对象纳入均等化服务范围，进一步提高流动人群的医疗保障水平，切实保障他们的健康权益。

1. 接受健康教育的比例和方式发生根本变化

本次调查中有3719名调查对象在现居住村/居接受过相关的健康教育，占应接受教育人数（4539人）的81.9%。半数以上的调查对象均接受过相关的健康教育，其中，相对较多的是"控制吸烟方面的健康教育""生殖健康与避孕方面的健康教育"和"妇幼保健/优生优育方面的健康教育"（见表2）。通过宣传栏/电子显示屏的方式各占93.5%、82.1%，以宣传栏获得健康知识的比例增加2.1个百分点，电子屏获得比例有所下降，转为公众健康咨询活动的方式占57.5%（见表3）。

表 2　调查对象接受的健康教育

		响应		个案百分比
		N	百分比（%）	（%）
接受的健康教育	接受过职业病防治方面的健康教育	1872	8.5	50.3
	接受过性病/艾滋病防治方面的健康教育	2438	11.0	65.6
	接受过生殖健康与避孕方面的健康教育	2883	13.0	77.5
	接受过结核病防治方面的健康教育	2279	10.3	61.3
	接受过控制吸烟方面的健康教育	2906	13.1	78.1
	接受过心理健康方面的健康教育	2183	9.9	58.7
	接受过慢性病防治方面的健康教育	2378	10.7	63.9
	接受过妇幼保健/优生优育方面的健康教育	2884	13.0	77.5
	接受过突发公共事件自救方面的健康教育	2329	10.5	62.6
	总计	22152	100.0	595.6

表 3　调查对象接受健康教育的方式

		响应		个案百分比
		N	百分比（%）	（%）
接受健康教育的方式[a]	通过健康知识讲座的方式接受	1433	11.6	40.4
	通过宣传资料（纸质、影视）的方式接受	3321	27.0	93.5
	通过宣传栏/电子显示屏的方式接受	2916	23.7	82.1
	通过公众健康咨询活动的方式接受	2041	16.6	57.5
	通过社区短信/微信/网站的方式接受	1224	9.9	34.5
	通过个体化面对面咨询的方式接受	1372	11.1	38.6
	总计	12307	100.0	346.7

注：a. 值为1时制表的二分组。

2. 目标人群健康状况和就近就医条件明显改善

调查中有4136名调查对象表示自己的健康状况是"健康"，占82.7%；3496名调查对象听说过"国家基本公共卫生服务项目"，占69.9%。这得益于新市民健康城市行实现全覆盖，健康促进场所、社会融合社区、健康家庭创建等工作无试点、同启动、全覆盖有序开展，流动人口基本公共卫生计生服务均等化和健康教育促进计划全面实施，成为流动人口掌握健康知识、提升健康水平的重要渠道，得益于贵州近几年着力解决群众关心的突出健康问题。从2016年起全面实施基层医疗卫生能力三年提升计划，着力解决乡村医疗卫生资源总量不足，人才严重匮乏和服务能力薄弱的突出问题，以增强防病治病能力为核心，切实推动医疗卫生优质资源下沉，全力构建"15分钟城市社区"和"30分钟乡村"健康服务圈，让城乡居民就近享受安全、有效、经济、便捷的医疗卫生服务。

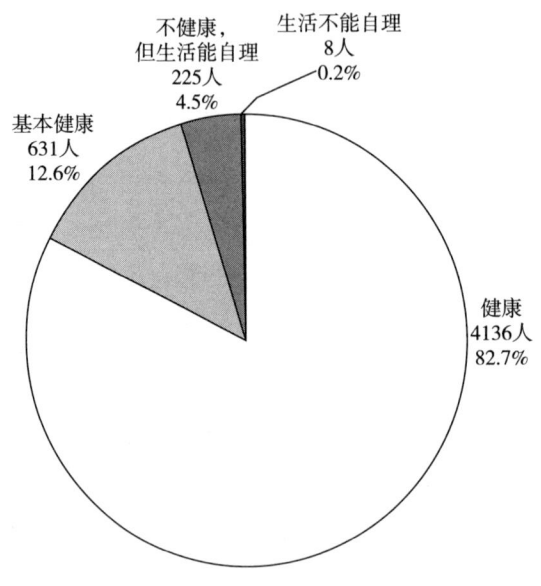

图2 调查对象的健康状况

3. 流动人口基本公共卫生计生服务可及性持续提升

调查结果显示，调查对象本人有患病（负伤）或身体不适情况的有1742人，占34.8%，其中，多数是最近一次发生在两周前，占28.2%。当调查对象本人有患病（负伤）或身体不适的情况时，多数首先选择在"本地药店"和"本地个体诊所"看病，各占31.8%和24.1%（见表4）。调查对象从居住地到最近的医疗服务机构（包括社区卫生服务中心、村居医务室、医院等）需要的时间（以自身最易获得的交通方式）多数在15分钟以内，占83.4%。调查对象均未患有医生确诊的高血压或2型糖尿病，占91.1%。综合流动人口健康基本卫生需求情况看，及时到医院就诊的人群有所增加，就医机构完全辐射到目标人群，流动儿童预防接种服务的覆盖率达到国家标准，流动人口对不同的基本公共服务利用水平也不尽相同。截至2017年12月，贵州省流动人口基本公共卫生计生服务均等化覆盖率达88%。制定实施艾滋病、结核病、精神卫生等一批重大疾病规划，基本公共卫生人均补助每年提高5元。2016年贵州实现乡镇卫生院标准化建设全覆盖；2017年实现了乡镇卫生院（社区卫生服务中心）远程医疗全覆盖。这在很大程度上改善了贵州乡村和社区的医疗卫生服务环境条件。

表4 调查对象首先去看病/伤的地点

单位：%

		频率	百分比	有效百分比	累计百分比
有效	本地社区卫生站(中心/街道卫生院)	277	5.5	15.9	15.9
	本地个体诊所	420	8.4	24.1	40.1
	本地综合/专科医院	273	5.5	15.7	55.7
	本地药店	553	11.1	31.8	87.5
有效	在老家治疗	18	0.4	1.0	88.6
	本地和老家以外的其他地方	18	0.4	1.0	89.6
	哪也没去，没治疗	181	3.6	10.4	100.0
	合计	1740	34.9	100.0	
缺失	系统	3260	65.1		
	合计	5000	100.0		

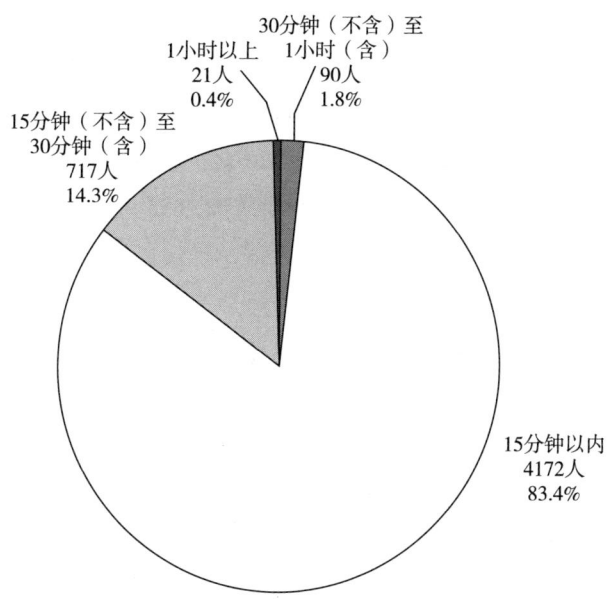

图3 调查对象从居住地到最近医疗机构的时间

213

（三）基本医疗和公共卫生服务能力大幅提升

贵州是全国唯一没有平原支撑的内陆山区省份。同时，乡村人口比重大（53.98%），居住分散，县乡之间、乡村之间距离较远，尤其农村群众看病远、看病贵、看病难是贵州医疗卫生服务的主要困难。近三年，贵州强力推动远程医疗服务体系建设，着力解决了"实现三甲医院对县级医院远程医疗服务全覆盖"和"县级医院对乡镇卫生院全覆盖"，同时建成全国首张覆盖省、市、县、乡医疗机构并外联国家优质资源的远程医疗服务网络，提升了基层医疗卫生机构服务能力和水平，让包括流动人口在内的城乡居民获得更多、更好、更便捷的医疗卫生服务。贵州省级财政2016年投入卫生计生资金49.87亿元，2017年投入60.16亿元，增长20.63%。

1. 扎实推进基本公共卫生服务

人均基本公共卫生服务经费从45元提高到50元；重大疾病防控能力明显增强，甲乙丙类传染病发病率降至428.21/10万；艾滋病防治工作进一步加强；建成覆盖省市县三级的危重孕产妇和新生儿救治中心，免费孕前优生健康检查项目实现城乡全覆盖。

2. 基层医疗卫生服务能力明显提升

全年完成轮训基层卫生技术人员30128人次；培训技术骨干3801人次；全科专业规培学员438名，助理全科医师320名，全科转岗培训382名；执业（助理）医师、乡村全科执业助理医师考前培训2655人；委直属医疗卫生机构共引进博士52人、硕士356人；组织1356名二级以上医疗卫生机构医务人员到乡镇卫生院驻点服务一年。

3. 乡镇卫生院远程医疗服务体系全面建成

近三年来，全省各级投入财政资金15亿元，为1543个乡镇卫生院配置9类数字化医疗设备、信息化设备和软件。各级投入"百院大战"建设资金14.27亿元，强力推进"百院大战"建设。特别是自启动全省"新市民健康城市行"活动和流动人口健康促进示范场所、流动人口社会融合示范社区创建，倡导"三减三健"行动，流动人群的健康意识和医疗卫生服务条件得到较大提升。

（四）健康扶贫政策涵盖本省籍流动群体

贵州作为全国脱贫攻坚的主战场，还有280万左右的贫困人口，其中不乏农民工、流动人口。贵州省委、省政府坚定提出要打赢包括"教育医疗住房三保障"在内的四硬仗，基层医疗卫生服务能力提升与拓展，依然是我们工作的重中之重。

1. 深入实施"四重医疗保障"制度

在创新建立农村贫困人口基本医疗保险、大病保险、医疗救助"三重医疗保障"制度的基础上，建立"医疗扶助"制度，构建了"四重医疗保障"兜底政策，覆盖全省所有建档立卡贫困人口。截至今年9月，共有281.48万人次享受"四重医疗保障"，获得补偿43.38亿元；农村贫困人口医疗费用报销比例达90%以上。

2. 全面实施慢性病兜底保障机制

在全省全面推开，将36种疾病纳入农村贫困人口慢性病医疗救助范围，对慢性病治疗医药费用进行专项医疗扶助，确保其年度自付费用在县级以下（含县级）公立医疗机构不超过1000元、市级公立医院不超过3000元、省级公立医院不超过5000元。

3. 实行统一报销政策

"两提高、两降低、一减免"。"两提高"即提高普通门诊和普通住院报销比例，提高大病保险报销比例，其中，门诊报销比例在现有基础上提高5个百分点以上，村乡两级达到65%~95%，住院报销比例在现有基础上提高5个百分点以上，乡、县、市、省级分别达到85%~95%、75%~85%、65%~80%、60%~70%；大病保险报销各档赔付比例提高10个百分点以上，达到60%~100%。"两降低"即降低转诊住院起付线；降低大病保险报销起付线，降幅不低于50%，且起付线不得高于3000元。"一减免"即减免转诊在省级新农合定点医疗机构住院起付线。

（五）流动人口计划生育服务转型效果明显

1. 持续开展流动人口返乡生育服务

全省坚持以贯彻落实国家卫生计生委、中央综治办、国务院农民工办、民政部、财政部《关于做好流动人口基本公共卫生计生服务的指导意见》精神为主线，按照以人为本、优先优惠、全程服务的原则，从政策宣传引导、建立绿色通道、实施预约服务、提供特色服务、加大困难帮扶五个方面，在全国率先为流动人口返乡生育提供优质服务，这对缓解大城市妇幼医疗服务资源压力、减轻流动人口经济负担、顺利推进全面二孩政策实施起到了积极作用。自2016年7月以来，贵州省开展了流动人口返乡生育优质服务，对建档立卡农村贫困人口中返乡生育家庭的医药费用实行基本医疗保险、大病保险、医疗救助等"三重医疗保障"政策，对缓解全面二孩政策实施后大中城市助产机构压力，并制定相关优惠政策让流动人口返乡生育在经济、家庭、服务上得到更多帮助，取得了实实在在的成效。2017年（计生年度）全省流出人口生育55702人，这期间返乡生育12377例（其中跨省返乡生育的9044人），占流动人口生育总数的22%，建立返乡生育绿色通道671个，发放高龄困难补助12.9万元，农村户籍返乡生育家庭100%享受住院分娩补助，返乡生育家庭建立母子保健手册、接受孕前优生健康检查和孕期保健、产后访视均达100%，有效缓解了大中城市助产压力和流动人口家庭相关困难，助推生育政策平稳实施，流动人口卫生计生服务管理较好实现了转型、创新与发展。

2. 便民服务能力提升

积极指导督促各级提升流动人口业务平台质量，推进网上信息核查和共享，扎实做好流动人口现居住地生育登记服务。全面公开流动人口异地办证程序，对流动育龄夫妻符合生育条件的，持相关证明材料，通过流动人口办公平台，及时与户籍地网上通报审核，实行居住地受理，网络平台协作通报备案，直接送证上门，流动人口无须来回往返就可以在现居住地的村（居）民委员会或者乡镇人民政府（街道办事处）登记，并享受和常住居民同等的相关生殖保健服务，群众对政策知晓和政策理解、流动人口服务网上办事工作水平、群众满意度大幅提升，有力推动生育政策落地，努力实现流动人口出生登记90%以上、信息反馈率95%以上。据统计，截至2017年9月30日，全省流动人口二孩符合政策生育率、本省籍流出人口多孩符合政策生育率与2015年同期相比上升2~4和11个百分点，这表明在全面二孩政策后，符合绝大多数群众的生育意愿。

3. 积极开展生育健康服务

通过流动人口网络协助平台及时与流动人口户籍地加强沟通交流，在现居住地为其流动人口提供同等的优生优育、避孕节育、生殖保健等服务。流动育龄妇女在辖区内每年至少享有 2 次以上孕情环情检查和 1 次以上生殖健康检查，在出生缺陷干预、免费孕前优生健康检查等项目中。同时，按需设置避孕药具发放点，形成领取方便、满足需求的供应渠道，使流动人口能够便捷地获得免费避孕药具服务，定期开展随访服务，推动流动人口在就业、就医、子女入托入学、法律援助和社会救助等方面享有与现居住地居民同等的待遇，将流动人口纳入覆盖人群。

二 贵州省流动人口卫生计生公共服务存在问题及因素分析

（一）流动人口公共服务受户籍制度、投入机制、责任体系不健全等因素影响落实较难

尽管近年来流入地已在重大公共卫生服务项目中将流动人口纳入服务对象，但各级财政没有按照人口流动规模预算公共服务经费，甚至较少涉及流动人口，使用"常住人口""服务人口""辖区居民"等模糊概念。同时，在国家、省级层面都有了政策、规划，健康教育尚未形成全社会参与的局面，如何在地方政府、企事业单位以及村居落实好中央政策，也没有真正形成责任体系和推进机制，导致流动人口在流入地获得卫生计生及相应公共服务缺乏保障。

（二）流动人口健康意识较弱，与对美好生活的愿望有较大差距

调查显示，2017 年出现腹泻、皮疹、黄疸、结膜红肿、感冒症状后没有及时就医就诊分别占出现症状人数的 69.7%、48.5%、54.8%、56.6%，没有就诊的主要原因是"病症不是很严重"、"去医院看病麻烦，不如自己买药方便"和"身体好，能自愈"。在现实中，一方面医疗资源不足，社会和个人医疗负担重；另一方面人口流动的主要因素是随着新型城镇化加速进程，越来越多的新生代农民工成长、生活、工作于城市之中，他们更多关注的是打工挣钱、孩子教育、家庭住房，往往忽视个人健康问题，加之环境、情感、工作压力、社会融合等因素，健康知识缺乏，自我保健缺失，已成为影

响流动人口自身健康的重要因素。大多从事着脏、累、险的工作,本来风险就大,加上自身职业安全意识淡薄,而企业又没有做好职业安全防护和劳动保护,致使他们成为职业病和工伤事故的主要受害者。特别是以农民工为主体的流动群体,主要表现在生命安全、主动体检等意识十分薄弱,健康状况、健康意识更为堪忧。

(三)目标人群获得健康教育的形式仍然单一、获取的健康知识不系统

2016年11月,国家卫生计生委、中宣部等联合下发了《关于加强健康促进与教育的指导意见》,但从调研中不难发现,健康教育主要是由卫生计生部门"唱主角",有关部门对健康教育还缺乏足够重视,缺乏专项工作规划,至今没有一本社会公认的健康知识教科书,接受过职业病防治、性病/艾滋病防治、生殖健康与避孕、结核病防治方、控制吸烟、慢性病防治、妇幼保健/优生优育等健康教育的比例均低于2016年。健康教育的主要形式仍然是宣传栏、发放资料、短暂的宣传活动,而专业讲座、现代媒体、个体化面对面咨询仅分别占11.6%、9.9%、11.1%(见表5)。健康教育缺乏以用人单位、学校、社区和各级医疗部门为主阵地的固定教育场所,难以保证系统化、日常化和制度化开展健康教育。职业健康意识淡薄,职业防护不够健全,从业人员健康知识知晓率和培训率较低,2017年接受过职业病防治健康教育的较2016年下降1.8个百分点。

表5 调查对象接受健康教育的方式

		响应		个案百分比(%)
		N	百分比(%)	
接受健康教育的方式[a]	通过健康知识讲座的方式接受	1433	11.6	40.4
	通过宣传资料(纸质、影视)的方式接受	3321	27.0	93.5
	通过宣传栏/电子显示屏的方式接受	2916	23.7	82.1
	通过公众健康咨询活动的方式	2041	16.6	57.5
	通过社区短信/微信/网站的方式接受	1224	9.9	34.5
	通过个体化面对面咨询的方式接受	1372	11.1	38.6
总计		12307	100.0	346.7

注:a值为1时制表的二分组。

（四）流动人口合法权益仍被排斥在流入地社会的制度建构之外

前些年，我们主要从流动群体对城市的影响，如社会治安、公共资源占有等方面来认识流动人口这一特殊群体，而没有从经济、社会、文化和心理方面包容的角度了解、认同他们的贡献和需求，多数流动人口尤其是城乡流动人口仍被排斥在流入地社会的制度建构之外。一是从被调查对象的角度看，流动人群融入现居住地的比例非常大了，也就是说流动人群对城市或现居住地的认同感和归属感明显增强。如"我很愿意融入本地人当中，成为其中一员"这个说法"完全同意"的占49.3%，"基本同意"的占43.4%；"我觉得我已经是本地人了"这个说法"完全同意"的占33.1%，"基本同意"的占48.5%；在符合本地落户条件下，"不愿意"把户口迁入本地占42%，表示"愿意"仅占25.6%。二是从参加社会治理角度，2016年以来在本地参加过组织活动的有2037人，占40.7%。主要参加的活动是"同学会"和"老乡会"，分别占参加人数的48%和43.8%；没有过"给所在单位/社区/村提建议或监督单位/社区/村务管理"行为的人数是4639人，占92.8%；没有过"通过各种方式向政府有关部门反映情况/提出政策建议"行为的人数是4778人，占95.6%；没有过"在网上就国家事务、社会事件等发表评论、参与讨论"行为的人数是4708人，占94.2%；没有过"主动参与捐款、无偿献血、志愿者活动等"行为的人数是3209人，占64.2%；没有过"参与党/团组织活动，参与党支部会议"行为的人数是4727人，占94.5%。三是从现居住地政策融入来看，仅以流动人口参加医疗保险为例，除了参加城镇职工医疗保险和有公费医疗的以外，调查对象参加新型农村合作医疗保险的有3765人，占75.3%。在参保对象中，有3374人是在户籍地参保的，占89.6%；调查对象参加城乡居民合作医疗保险的仅有123人，占2.5%。在参保对象中有92人是在户籍地参保的，占74.8%；调查对象参加城镇居民医疗保险的有239人，占4.8%。在参保对象中，有155人是在户籍地参保的，占64.9%。由此可以看出，在流入地生活又没有正式户口和市民身份，既不能在流出地行使政治权利，也不能参与流入地的政治生活，成为"政治边缘人"；在公共服务领域，流动人口不能享受到与流入地本地市民同样的权利和福利，具有作为外来人（和农村人）的双重弱势；在社会交往方面，他们在流入地的社会关系、社会网络和人际交往

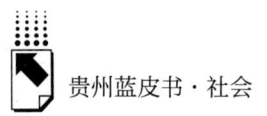

规模小、紧密度高、趋同性强、异质性低,主要围绕着血缘、地缘等同质关系构成,通常难以在流入地获得有效的社会支持。

三 加强对流动人口卫生计生服务的对策建议

党的十九大报告提出,加快农业转移人口市民化和到2035年基本公共服务均等化基本实现,这是党中央对当前社会发展形势和流动人口发展诉求的明确回应,也是目标人群一直向往享有与本地城市居民平等的公共服务和福利待遇的最核心诉求。报告指出,"实施健康中国战略。人民健康是民族昌盛和国家富强的重要标志"。随着新生代流动人口成为流动人群的主体,他们对公共健康服务的形式和内容提出了更高要求。为此,结合2017年流动人口动态监测调查,课题组从体制和政策层面探求改良之道、回应其核心发展诉求,作为一个关键而又迫切的研究课题,提几点建议意见供参考。

(一)完善支持环境,构建流动人口健康保障机制

流动人口在城市建设、经济发展、社会服务等方面发挥了重要作用,要将流动人口健康服务工作纳入地方经济社会发展总体规划和党委、政府的重要议事日程,各级宣传、综治办、人社、民政、财政、卫生计生、公安、体育等部门要加强协作,建立完善以政府主导、部门合作、社会参与的健康促进工作机制。按照"政府协调、部门参与、街道负责、社区落实"的原则,将流动人口健康服务纳入基层综治工作平台、农民工综合服务中心、流动人口服务中心、社区卫生计生服务机构等职责之中,出台有利于推动流动人口均等享有基本公共卫生计生服务的政策。按年度流动人口规模,将流动人口健康教育与服务经费纳入流入地财政预算。建立涵盖疾病预防控制、健康教育、医疗、药品、基层卫生、妇幼卫生基本公共服务体系,把流动人口纳入基本卫生计生服务范围,确保流动人口健康服务工作落到实处,实现政策保障下的健康促进服务新格局。

(二)强化健康教育,提升目标人群健康意识

健康教育是公民素质教育和公共卫生建设的重要内容,是一项最经济有效

的卫生保健政策。要通过完善健康教育体系建设，引导流动人口树立科学的健康理念，普及健康知识，倡导科学的生活方式，提高全民健康水平。要树立大卫生健康观念，发挥部门优势和作用，在各级政府部门、企事业单位内和街道（乡镇）增设或明确健康教育职能，建立健康教育联席会议、联络员制度，做到有计划、有丰富内容、有场地、有编制、有经费和有独立的工作范围职责，通过健全制度、保障投入、营造氛围等措施，唤醒全民健康意识，在全社会真正形成人人重视健康教育，人人接受健康教育的新局面；各级医疗机构应设立健康教育科室和健康教育专干；各级教育主管部门和学校应认真贯彻《学校卫生工作条例》，把健康教育纳入学校教学计划，小学侧重于卫生健康技能知识，中学及大学则侧重于生殖健康、疾病传播、心理辅导、体育运动、环境保护等健康知识的引导，与文化课教学同计划、同安排、同考核，提高在校学生卫生知识知晓率和端正健康行为；针对新生代农民工、流动育龄妇女、青少年的不同健康需求，进行重大传染病防治、慢性病防治、职业病防治、妇幼健康、心理健康等相关知识和政策的宣传教育，让更多的人认识到健康知识的重要性，养成健康的生活方式和良好的生活习惯。

（三）着眼长治久安，推进流动人口社会融合

我国正处在社会转型时期，人群之间的角色转型一方面具有市场机制作用下自主选择的特点；另一方面还受到计划体制各种制度的约束和影响，这就决定了流动人口的社会融合将是一个更为复杂和漫长的过程，不可能一蹴而就。一是从服务管理角度，要主动帮助流动人口摆脱既进不了城也回不去乡的困境，帮助他们与流入地居民加强联系和沟通，建立和谐、融洽、友爱的伙伴关系和同事关系，与户籍人口共同享受基本公共卫生服务、各类医疗保险等，并通过构建这种关系找到"组织"，获得归属感，从而尽快在行为和文化上、生活上、政治上实现融合，满足社会需求，构建新时代流动人口健康服务及关怀关爱的氛围。二是从体制机制角度，必须减少促进流动人口社会融合的制度障碍，改革当前城乡有异、内外有别的劳动就业、社会保障、公共福利等制度，促进流动人口及随迁家属身心健康和社会融入，解决因户籍而人为造成的不同身份人群在公共资源和社会福利享有方面的不公，改变城市体系对保障流动人口医疗卫生和健康权益的制度安排极端薄弱的状况，加快将流动人口制度化地

纳入城市管理体系，为流动人口在城市的发展打造一个公平、公正的环境，实现经济社会的和谐发展。三是从健康保障角度，要把卫生计生免费服务项目全部融入流动人口健康服务范畴，切实做好流动人口健康教育、流动孕产妇和儿童健康管理、避孕药具发放、计划生育免费技术服务及慢性病防治、青春期健康教育和老年人保健等基本公共服务。要加快城乡居民基本医疗保险制度整合，落实流动人口基本医疗保险关系转移接续和异地就医结算办法，使流动人口在流动过程中接续获得各项基本公共卫生计生服务。同时，把流动人口列入家庭医生签约服务中，让他们同当地城乡居民一样拥有自己的家庭医生。

（四）明确主体责任，建立企业社区健康关爱机制

企业、社区是流动人口的用工或管理主体，要充分发挥自身优势，采用医企、医社共建模式，建立流动人口亚健康关爱中心，为员工或流动居民提供健康筛查、生殖保健、日常疾病诊疗等健康服务。同时，要将健康服务融入企业管理、社区治理制度中，分层次、分重点推进流动人口家庭和谐发展，包括以婴幼儿早期教育为重点，开展学前教育、健康指导、智能开发等婴幼儿早期发展指导服务；以育龄妇女生殖保健为重点，组织流动人口育龄妇女免费参加生殖健康检查等；以健康促进教育为重点，开展健康教育知识培训、健康咨询等活动。此外，用工企业、社区还应积极拓展健康救助内涵，通过实施社会捐助、企业赞助等筹资措施，设立企业员工、流动人口健康关爱基金，对流动人口职工和居民实施大病救助、危难救济等关爱服务。当生存和社会需求得到满足后，流动人口就会成为流入地社会的一分子，享有平等的各方面权利，最终实现身份认同。

B.15
贵州省农民工家庭变迁的实证分析*

刘玉连 周芳苓 郭飞 杨春香**

摘 要： 基于"贵州农民工及家庭变迁状况"问卷调查数据研究发现，30余年来贵州农民工家庭经历了"速度快""变动大""程度深"的变迁过程，并在家庭模式、家庭就业、家庭收入、家庭消费、家庭教育、家庭关系、家庭伦理七大内容的变迁上，依次呈现出"核心化""非农化""差异化""小康化""边缘化""复杂化""危机化"的特征。从未来发展看，要充分利用好农民工家庭"杠杆"撬动新型城镇化战略的步伐，贵州尚需切实关注好、研究好、解决好有关农民工家庭变迁过程中的一系列问题。

关键词： 农民工家庭 变迁 实证考察 贵州

一 贵州农民工家庭变迁的条件

改革开放以来，经济、政治、文化、社会等领域深度改革的加速推进，催生整个经济社会的深刻转型，并共同构成农民工家庭变迁的社会条件；而建立在"经济社会发展"和"政策体制改革"双维因素驱动下的整个社会结构变

---

* 本文系贵州省社科规划课题"贵州农民工家庭变迁及社会影响研究"（项目编号：14GZYB24）的部分成果。
** 刘玉连，贵州民族大学社会学系主任，副教授、硕士生导师，研究方向为经济社会学、城市社会学；周芳苓，贵州民族大学社会学博士研究生，贵州省社会科学院研究员，硕士生导师，研究方向为应用社会学；郭飞、杨春香，贵州民族大学民族学与社会学学院硕士研究生。

迁，则为农民工家庭的发展变迁提供了强劲的动力机制与支撑平台。贵州地区从"传统农业社会"向"现代工业社会"转型、"计划经济"向"市场经济"转轨的过程，既为该地区经济社会的全面发展提供了强劲动力，也为农民工家庭的变迁创造了有利的基础性、结构性条件。家庭结构作为社会结构的一个有机组成部分，其变迁过程同样适用于有关社会结构变迁的动力机制的解释逻辑，贵州农民工家庭的嬗变历程，正是"经济社会发展"与"政策体制改革"双维驱动的结果。

一个国家或地区的工业化、城镇化、市场化、现代化进程（简称"四化"，下同），对于该国或地区社会结构尤其是家庭结构的发展与变迁具有直接或间接的促进作用。进一步看，农民工家庭变迁的实质是社会分工与社会流动的重要体现，而社会分工又是经济社会发展的直接后果，表现为工业化、城市化、市场化共同促进产业结构的变化，并通过推动劳动力转移引起就业结构的变迁，进而加快社会劳动的分化与新职业的形成，最终影响社会结构的变迁。农民工家庭及结构的变迁，不仅仅是工业化、城市化和市场化推动的结果，也是社会政策体制不断调整和影响的结果。总之，改革开放30年的伟大历程，促使贵州地区逐步实现着现代化和市场化取向的"双重"转型。所有这些转型与变动，共同驱动着贵州地区农民工家庭结构的优化与调整，逐渐呈现出"趋高级化"的态势，并将继续成为驱动贵州产业结构升级、职业结构优化等方面的重要力量。

贵州地区社会结构的变迁过程，从某种意义上讲也是一个制度政策变迁的过程，两者之间相互关联。改革开放以后，为适应新时期、新阶段经济社会发展的客观要求，与全国一样，贵州地区也逐步改革和调整了原有的一些不合理的制度设置和政策安排。其中，户籍制度、劳动制度、人事制度、保障制度等方面，就是制度改革和政策调整的几个重要环节。也正是伴随着这一系列制度政策的改革和松动，不仅逐步打通了社会流动的渠道、加快了职业分化的步伐，也为职业结构的变迁提供了制度支持与政策保障。由此可见，贵州农民工家庭的形成与发展过程，正是在诸多政策体制改革的驱动下得以实现的。

二 贵州农民工家庭变迁的过程及特征

伴随着"四化"进程的加快，贵州社会结构随之发生了巨大的变迁。作为社会结构的有机组成部分，改革开放以来农民工家庭受到来自内部和外部的双重冲击，从而导致了其家庭的空前变迁①。贵州农民工家庭变迁既体现在家庭模式、家庭关系、家庭教育、家庭伦理的自身变迁之上，又体现在家庭就业、家庭收入、家庭消费的社会变迁之上，并整体呈现出速度快、变动大、程度深的格局。

（一）农民工家庭模式变迁

改革开放以来，从整体上看，贵州农民工家庭模式的变迁过程，呈现出家庭规模"小型化"、家庭类型"核心化"的特征。

1. 家庭规模变化

伴随着"民工潮"牵引着大量的农村人口流入城市，贵州省农民工家庭教育孩子和赡养老人的意识逐渐增强，农民工家庭规模已逐渐呈缩小的趋势，结构更趋于简单。问卷调查数据②统计显示，2003～2016年，贵州农民工家庭规模发生了明显变化，其家庭平均人口从2003年的4.84人（均值）减少为2016年的4.48人（均值），整体减少了0.36人；家庭最大人口数由2003年的10人减少为2016年的7人，减少了3人。具体来看，问卷统计显示，2003年时农民工家庭中"5人""6人""7人及以上"的比例分别为23.8%、12.7%和10.6%，到2016年时"5人""6人""7人及以上"的比例分别为22.4%、10.8%和7.0%，三项比例依次分别减少了1.4个、1.9个、3.6个百分点；2003年时农民工家庭中"5人""6人""7人及以上"的累计比例为47.1%，到2016年时"5人""6人""7人及以上"的累计比例为40.2%，经过13年后三项累计比例整体缩减了6.9个百分点。这表明，十余年来贵州农民工家庭中拥有5人以上的"大家庭"比例明显降低，而拥有4人以下的"小家庭"比例却不断提升。

2. 家庭类型变化

家庭模式通常区分为核心家庭、主干家庭、扩大家庭等几种不同的类型，

---

① 岳庆平：《家庭变迁》，民主与建设出版社，1997，第3页。
② 问卷调查数据：2003年"贵州城市农民工与城市居民关系状况"问卷抽样调查数据，样本规模200份，回收有效问卷184份；2016年"从'嵌入'到'融入'：贵州农民工市民化状况"问卷抽样调查数据，样本规模600份，回收有效问卷500份。

这是对传统家庭的理解。随着社会结构的变迁,传统家庭类型演变成了现今的更加多元化的家庭模式。除了以上三种传统的家庭类型以外,还包括单亲家庭、单亲家庭、重组家庭、丁克家庭、空巢家庭、421家庭等类型。就农民工而言,在早期身份还是农民的时候,其主要以主干家庭和扩大家庭为主。随着大量农村剩余劳动力转移到城市,有的农民工完全不携带家人,有的部分携带家人,有的完全携带家人。然而,在城市工作生活的时间长了,农民工越来越感受到家庭成员长期分离之痛,加上受到城市经济、政治、文化、社会的多重影响,主客观因素共同驱动着农民工家庭的发展变迁,其家庭模式已呈现出明显的变化,过去以主干家庭、扩大家庭为绝对主体的家庭模式,如今已逐渐被核心家庭所取代。

在贵州,经过30年来发展,农民工家庭已经演化成为以"核心家庭"为主体的家庭类型,其比例超过六成。具体来看,2016年问卷统计显示,在被调查农民工家庭中,表示家庭属于"双亲核心家庭""单亲核心家庭"的分别占44.1%和20.1%,表示属于"双亲主干家庭""单亲主干家庭"的分别占8.2%和6.9%,表示属于"双亲联合家庭""单亲联合家庭"的分别占7.2%和1.3%,表示属于"兄妹家庭""单亲家庭""隔代家庭""其他家庭"的依次为2.3%、7.2%、0.3%、2.3%。由此可见,到2016年时贵州农民工家庭类型已高度集中在"核心家庭"上,其累计比例已高达64.2%;而"主干家庭""联合家庭"的累计比例分别仅为15.1%和8.5%,两者之和已不足农民工家庭的1/4。这表明,经过几十年发展后,贵州农民工家庭模式已经发生了巨大变化,并向着"核心化"方向演进。

(二)农民工家庭就业变迁

作为一种经济活动的载体,与农民工家庭就业有关的组成部分至少包括就业类型、行业分布、职业分布等内容。① 分析表明,改革开放以来,贵州农民工家庭就业的变迁过程,整体上呈现出"非农化"的特征。

1. 家庭就业类型变化

农民工从农村进入城市,其经历着从农业到非农业的转变。贵州农民工

---

① 周芳苓:《农民工:城镇化进程中的边缘群体》,贵州大学出版社,2012,第35页。

的就业类型呈现出的自身特征，表现为从传统的单纯的农业发展转化成多元化非农业的发展模式。2011年问卷调查数据显示，贵州省农民工中51.3%的人认为其从事的是"非正规行业"，居于首位；处于第二位的是"弹性就业"，占28.9%；"不充分就业"占13.2%；属于"阶段性就业"的较少，其比例为6.1%。①

通过上述数据表明，贵州农民工尤其以非正规就业为主的农民工，绝大部分分布在非正规部门就业，而这些生产部门又是以从事商品生产、流通、服务为主的第二、三产业为主。进一步分析发现，农民工从传统的第一产业跨越到第二、三产业，再经历从允许流动到民工潮再到常住某地，尽管其就业形势逐渐呈现出从乐观到不太乐观的趋势，然而这并没有打破大多数农民工对城市务工的美好梦想，他们仍在乐观中保持着对城市工作生活的向往与追求。

贵州农民工在城市务工，其主要分布在制造业、建筑业、服务业等领域，而很难进入党政、事业、社团等公共部门就业。

表1 2011年贵州农民工的行业分布

单位：人，%

行业类型　基本状况	频数	百分比	有效百分比	累计百分比
农、林、牧、渔业	33	3.7	3.8	3.8
采矿业	48	5.4	5.5	9.3
制造业	122	13.8	14.0	23.3
建筑业	150	16.9	17.3	40.6
交通运输、仓储及邮政业	38	4.3	4.4	45.0
批发和零售业	104	11.7	12.0	57.0
住宿和餐饮业	133	15.0	15.3	72.3
居民服务和其他服务业	189	21.3	21.7	94.0
其他	52	5.9	6.0	100.0
总计	869	98.1	100.0	
缺失值	17	1.9		
合计	886	100.0		

资料来源：2011年"贵州城市农民工生存与发展状况"抽样调查数据。样本规模886人，有效样本869人。周芳苓：《农民工：城镇化进程中的边缘群体》，贵州大学出版社，2012，第36页。

① 周芳苓：《农民工：城镇化进程中的边缘群体》，贵州大学出版社，2012，第35~36页。

从表1数据可以看出,当今城市社会的发展已经离不开农民工这支队伍,而制造业、建筑业、服务业这三大产业则逐渐成为农民工就业的首选,并呈现出"一升两降"的分布格局。通过2011年问卷调查数据显示,贵州农民工中占21.7%的人从事居民服务和其他服务业,17.3%的人从事建筑业,15.3%的人从事住宿和餐饮业,14.0%的人从事制造业,其中批发和零售业占的比重也相对较高,其比例为12.0%,农民工在这五个行业中所占的比例非常高,达到80.3%。

2. 家庭职业分布变化

贵州农民工从事的职业变动明显,并呈现出由"单一"向"多样化"的职业转变。这种转变贯穿于贵州经济社会快速发展、城镇化步伐加快的整个过程。

问卷调查数据显示,从职业分布看,在被调查农民工中高达24.3%的人认为自己属于"工人";处于第二位的是"无稳定职业者",占13.6%;排在第三位的是"商业服务业人员",占12.9%;"专业技术人员""个体劳动者"排在第四、五位,分别占10.3%和10.2%;"办事人员"占9.8%,排在第六位。同一调查结果显示,从岗位层次看,在接受调查的农民工中,属于"普工"所占比例过半,高达59.5%;属于"熟练工(无技术等级)"的占13.6%,位居第二;"一般管理人员""初、中、高级技术工人""专业技术人员"排在第三、四、五位,但比例均较小,分别只有7.6%、6.7%和3.8%。①

从劳动类型看,统计数据显示,目前贵州农民工中大部分以从事体力型劳动为主,而从事脑力、半体力型劳动的比例不足。具体来看,2016年问卷统计显示,在被调查农民工中,表示主要的工作或劳动属于"以体力型为主"的高达59.8%,占近六成;属于"以半体力型为主"的占29.5%,不足三成;而属于"以脑力为主"的仅占一成(10.7%)(见表2)。显然,这一现状,表明贵州省农民工仍主要从事低层次的工作岗位,而从事技术和管理岗位的人较少。

---

① 周芳苓:《农民工:城镇化进程中的边缘群体》,贵州大学出版社,2012,第40~43页。

表2 目前,请问您主要的工作或劳动属于哪一种类型?

单位:人,%

劳动类型 \ 基本状况	频次	百分比	有效百分比	累计百分比
以体力型为主	296	58.5	59.8	59.8
以半体力型为主	146	28.9	29.5	89.3
以脑力为主	53	10.5	10.7	100.0
总 计	495	97.8	100.0	
缺失值	11	2.2		
总 计	506	100.0		

资料来源:2015~2016年"贵州农民工及家庭变迁状况"问卷抽样调查数据[①],样本规模506份,有效问卷495份。

贵州农民工在职业流动上主要表现为"内生性流动"增强而"外生性流动"减弱的特征。值得指出的是,大量农民工外出务工的动机发生了变化,过去是为了满足生存需要,现在是以追求目标为目的;一些身份制度因素也不再成为限制农民工找工作的因素,而主要看自身的职业技术和工作意愿。

(三)农民工家庭收入变迁

与全国尤其是东部发达地区相比,受欠发达、欠开发等多重因素的影响和制约,贵州农民工家庭收入的整体水平偏低,并呈现出行业性、地区性、贫富化等本土化特征。[②] 在这里,笔者着重从农民工收入构成、工资收入变化的角度入手,对贵州农民工家庭收入的变迁进行相关的考察。分析表明,改革开放以来贵州农民工家庭收入变迁的过程,整体上呈现出"差异化"的特征。

1.家庭收入构成变化

从收入来源看,当前贵州农民工收入主要有三大来源:一是农村务农收入,

---

① 问卷抽样调查数据:2015~2016年"贵州农民工及家庭变迁状况"问卷抽样调查数据,其范围涉及贵阳市、遵义市、黔东南州、铜仁市、毕节市艾地区,调查样本涵盖不同性别、民族、年龄、职业、收入的农民工。在具体实施问卷调查的过程中,正式发放调查问卷506份,回收有效问卷506份,有效回收率100.0%,符合大型社会调查的要求与标准。若无特殊说明,本研究中的数据资料均来自此次抽样调查数据(后同)。
② 周芳苓:《贵州"新生代"农民工的收入分布与生活水平分析——基于"贵州'新生代'农民工生存与发展状况"调查数据的考察》,《毕节学院学报》2012年第12期,第87页。

约占30%；二是务工收入，占40%；三是自主创业、经营、工资收入，接近30%。具体来看，2016年问卷统计显示，在被调查农民工中，表示以"城镇自主创业收入""城镇自主经营收入""城镇单位工资收入"为主要收入来源的分别占5.4%、12.6%和9.0%，三者合计27.0%；以"城镇务工收入""本地做临工收入"为主要收入来源的分别占21.9%和19.1%，二者合计41.0%；以"农村务农收入"为主要收入来源的占32.0%。这表明，尽管贵州农民工的收入来源已大致形成"三足鼎立"的格局，但其在收入来源上的市民化程度仍是较低的，仅为33.43分，因此，如何更多实现由务农、务工收入向自主创业、经营或工资性收入的转变，是农民工市民化过程中值得关注的重要环节。

从收入构成看，当前贵州农民工收入形成以非农业收入为主、农业收入为辅的发展状态。具体来看，2016年问卷统计显示，在被调查农民工中，表示收入构成"以农业收入为主"的占27.7%；而表示"以非农业收入为主"的占50.7%；此外还有21.6%表示"两者各占一半"。这说明，目前贵州农民工收入构成已经发生了较大变化，一方面顺应了收入边际效率增加的要求，另一方面顺应了城市化进程中农民工收入非农化的发展预期。

2. 家庭工资收入变化

从总体来看，贵州农民工家庭的工资性收入水平呈上升状态，并与农民工的工资性收入水平之间呈正相关关系。问卷调查数据显示，2010年贵州农民工的平均工资收入为1450.22元/月（均值）；2011年贵州农民工的平均工资收入为1672.24元/月（均值）；2016年贵州农民工的平均工资收入为1837.94元/月。具体来看，2016年问卷统计显示，在被调查农民工中，表示平均工资收入为"1000元/月及以下"的占1/3（33.2%）；介于"1001~3000元/月"的超过1/2（53.9%）；"3001元/月以上"的仅占12.9%（见表3）。

通过比较可发现，与同期城镇职工的工资收入水平相比，当前贵州农民工的平均工资收入（1837.94元/月），远远低于同期城市职工工资水平（5012元/月[①]），前者尚未达到后者的四成（实为36.67%）。这表明，与城市职工相比，贵州农民工的收入水平是较低的，其存在的差距也是明显的。

---

① 2016年贵州城镇在岗职工月均工资为5012元。

表3　从个人看，您平均每月的劳动收入或工资收入大概是多少元？

单位：人，%

收入水平　　基本状况	频次	百分比	有效百分比	累计百分比
200元及以下/月	31	6.1	6.4	6.4
201~500元/月	35	6.9	7.3	13.7
501~800元/月	43	8.5	8.9	22.6
801~1000元/月	51	10.1	10.6	33.2
1001~1500元/月	64	12.6	13.3	46.5
1501~2000元/月	75	14.8	15.6	62.1
2001~2500元/月	62	12.3	12.9	75.0
2501~3000元/月	58	11.5	12.1	87.1
3001~4000元/月	26	5.1	5.4	92.5
4001~5000元/月	15	3.0	3.1	95.6
5001~6000元/月	6	1.2	1.3	96.9
6001元及以上/月	15	3.0	3.1	100.0
总　计	481	95.1	100.0	
缺失值	25	4.9		
总　计	506	100.0		

资料来源：2015~2016年"贵州农民工及家庭变迁状况"问卷抽样调查数据，样本规模506份，有效问卷481份。

调查还发现，因农民工所从事行业、岗位等方面的不同，加上自身文化素质与技能的差异，致使贵州省农民工群体内部的收入分化日趋明显、贫富差距不断扩大。调查数据显示，2010年在贵州农民工中，"20%最高收入组"的平均工资收入高达2589.39元/月，而"20%最低收入组"的平均工资收入仅为772.88元/月，前者是后者的3.35倍。到2011年调查结果表明，在贵州农民工中，"20%最高收入组"的平均工资收入高达3005.11元/月，而"20%最低收入组"的平均工资收入仅为828.41元/月，前者是后者的3.63倍。不难看出，2010~2011年，贵州省农民工中"20%最高收入组"的平均工资收入增加了416元，增长了16.1%，而"20%最低收入组"的平均工资收入仅增加了56元，增长7.2%，前者增速是后者增速的2.24倍，进而促使彼此之间的收入差距由3.35倍扩大到3.63倍，整体扩大了0.28倍（见表4）。

表4 贵州农民工中最高收入组与最低收入组之间的差距及变化

单位：元/月

年份 基本状况	收入指标	
	月均工资收入（均值）	差距（倍数）
2010年：20%最高收入组	2589.39	3.35
20%最低收入组	772.88	
2011年：20%最高收入组	3005.11	3.63
20%最低收入组	828.41	

资料来源：2010年"贵州省农民工状况"抽样调查数据；2011年"贵州城市农民工生存与发展状况"抽样调查数据。

由此可见，贵州省农民工群体内部的经济分化已趋于明显化，其贫富差距达到相当高的程度。对此，应引起相关部门的关注与重视。

（四）农民工家庭消费变迁

改革开放以来，贵州农民工家庭经过从"贫困"到"温饱"、再"温饱"到"小康"的转变，然而这一过程是艰难的、漫长的。[①] 与农村居民家庭一样，30年来贵州农民工家庭在消费支出、消费结构上大致经历着相同的变迁过程。需要说明的是，由于无法在历年贵州统计年鉴资料数据中剥离出农民工消费的专项数据，因此我们仅用全省农村家庭消费结构变迁的数据予以代替。30余年来，从整体上看贵州农民工家庭消费的变迁，呈现出"小康化"的特征。

1. 家庭消费支出变化

农民工家庭消费性支出状况。从总体上看，改革开放以来，贵州农民工家庭人均生活性消费支出保持着持续快速的增长。这一方面得益于改革政策的积极推进，另一方面取决于农村经济的快速发展。具体来看，1978~2016年，贵州农民工家庭人均生活性消费支出由1978年的104.52元增长到2016年的6645.00元，增长了52.72倍，平均每年增长35.63元，年均递增11.70%。与

---

① 周芳苓、刘玉连：《从"贫困"到"小康"：贵州城乡消费结构三十年变迁研究》，《贵阳市委党校学报》2015年第3期，第2页。

同期城镇居民人均生活性消费支出的增速（12.13%）相比，略显慢了一些。①值得指出的是，伴随着人均生活性消费支出的快速增长，客观上促进了贵州农民工家庭生活质量的改善和消费水平的提高，诸如摩托车、电冰箱、洗衣机等耐用品逐渐进入普通农民工的家庭。

农民工家庭食品性消费支出状况。改革开放以来，伴随着农民工家庭人均消费支出的快速增长及拉动，贵州农民工家庭人均食品性消费支出也获得了较快增长。从整体上看，这一增长过程呈现出波浪式上升的趋势，一方面得益于改革政策的积极推进，另一方面取决于农村经济的快速发展。改革开放30余年来，与食品支出一样，在农村居民人均消费支出的快速增长及推动下，贵州农村居民人均非食品性消费支出也获得了快速增长。从总体上看，贵州农村居民人均非食品性消费支出的增长过程，呈现出平稳增长的态势。② 具体来看，在1978～2016年，贵州农民工家庭人均非食品性支出由1978的72.20元增长到2016年的2644.71元，绝对值增加2572.51元，增长了35.63倍，平均每年增长67.70元，年均递增10%以上。与同期贵州城镇居民人均食品性支出的增速相比，略显慢了一些。③

2. 家庭消费结构变化

尽管农民工收入增长、消费支出增加等方面的速度都较快，但受历史与现实因素的影响，加上制度政策建立的缺陷，致使贵州农民工家庭消费水平难以提高、消费结构难以优化。伴随着农村经济增长与惠农政策的双重叠加，大大加快了贵州农民工家庭消费水平提高和消费结构优化的步伐，为实现从"温饱"向"小康"的转型升级提供了条件。④

从表5中可看出，贵州农民工家庭仅用八年，便实现恩格尔系数由2002年58.14%下降到2010年46.26%的目标。这一巨大变化，正式标志着贵州农

---

① 周芳苓、刘玉连：《从"贫困"到"小康"：贵州城乡消费结构三十年变迁研究》，《贵阳市委党校学报》2015年第3期，第2页。
② 周芳苓、刘玉连：《从"贫困"到"小康"：贵州城乡消费结构三十年变迁研究》，《贵阳市委党校学报》2015年第3期，第2页。
③ 周芳苓、刘玉连：《从"贫困"到"小康"：贵州城乡消费结构三十年变迁研究》，《贵阳市委党校学报》2015年第3期，第3～4页。
④ 周芳苓、刘玉连：《从"贫困"到"小康"：贵州城乡消费结构三十年变迁研究》，《贵阳市委党校学报》2015年第3期，第3～4页。

民工家庭在解决温饱问题的基础上,进一步实现向"小康"转型的升级。目前,尽管该"小康"尚处于初级阶段,但与1978~2001年实现从"贫困"向"温饱"转型的情况相比,该过程具有时间短、转型快的特点。值得指出的是,自2009年贵州农民工家庭恩格尔系数下降到45.17%后,该系数继续缩小,到2016年时已缩小为39.80%。这表明,贵州农民工家庭已经实现了消费水平上的"小康"目标①。

表5 贵州农民工家庭恩格尔系数的变化(1978~2016)

单位:元,%

消费结构 年份	生活支出	食品支出	恩格尔系数
1978	104.52	72.20	69.08
1985	254.58	177.83	69.85
1990	403.28	281.92	69.91
1995	930.59	661.85	71.12
2000	1096.59	687.32	62.68
2005	1552.39	819.87	52.81
2010	2852.48	1319.43	46.26
2016	6645.00	2644.71	39.80

资料来源:根据历年贵州统计年鉴资料数据进行整理和计算。2016年"贵州农民工与家庭变迁状况"问卷调查数据。

(五)农民工家庭教育变迁

30年来,贵州农民工家庭成员受教育程度不断提高,整体文化程度上升一个台阶,表现在农民工自身的文化程度实现了从"小学"向"初中"水平的转型,而农民工子女的文化程度则实现了从"初中"向"高中"水平的升级。值得指出的是,尽管从整体上看,贵州农民工家庭的代际教育呈现出整体优化的特质,但家庭代际教育的区域性差异也十分明显。改革开放以来,贵州农民工家庭教育变迁的过程,整体上呈现出"边缘化"的特征。

---

① 周芳苓、刘玉连:《从"贫困"到"小康":贵州城乡消费结构三十年变迁研究》,《贵阳市委党校学报》2015年第3期,第3~4页。

1. 农民工文化教育变化

几十年来，贵州农民工的受教育程度不断提高，整体文化程度上了一个等次，实现了从"小学"向"初中"水平的提升。

到 2016 年，贵州城市农民工的受教育水平已得到较大的提高，其平均受教育年限达到 8.3 年①。与 2003 年的调查结果（农民工的平均受教育年限为 6.5 年②）相比，贵州农民工在 13 年间的整体受教育水平提高了 1.8 年，年均提升 2.05%。具体来看，2016 年调查数据显示，在贵州农民工中，小学及以下文化程度占 29.4%，初中文化程度占 44.2%，高中文化程度占 12.5%，中专（或中技、职高）文化程度占 6.5%，大专（或高职）文化程度占 4.4%，大学本科文化程度占 3.0%。这表明，当前贵州省农民工的整体文化结构获得了较大的改善，已跨过"初级"水平，并逐步向"中等"水平迈步。在农民工中，已有超过 1/4（26.4%）的人接受了高中及以上文化的教育，这一比例远远高于 2003 年贵州农民工的相应比例（7.0%）；更值得一提的是，在贵州省农民工中已有近 1 成（7.4%）的人达到大专及以上文化程度。

与全国相比，贵州农民工的平均受教育年限（8.3 年）比同期全国农民工的平均受教育年限（8.4 年）要低一些，两者相差 0.1 年；从初中及以上文化程度看，贵州农民工的比例（70.6%）低于全国农民工的比例（84.1%），前者比后者低 13.5 个百分点。

2. 农民工子女教育变化

调研表明，越来越多的农民工家庭希望自己的子女通过接受更好的教育，以便以后有机会从事以脑力劳动为主的工作，有一定的社会地位。换句话说，农民工认为只有"真才实学"才能改变自身的命运。如今，大部分农民工家庭都把子女一起带进了城市，在城市接受更好的教育。在农民工看来，相对于农村而言，城市的教育资源总是比农村丰富的、好的，其教育方式方法也是较先进的。

调研发现，随着有关农民工子女教育政策的出台与实施，广大农民工子女

---

① 根据 2015~2016 年"贵州农民工及家庭变迁状况"问卷抽样调查数据进行推算。
② 根据 2003 年贵州省社科规划课题"贵州城市农民工与城市居民关系状况"抽样调查数据进行推算。

在接受教育的条件与机会上,都呈现出良好的态势。而贵州实施的"大教育"行动,则为农民工子女不仅提供了全面免费接受九年义务教育的政策保证,更是为农民工子女免费接受"9+3"教育提供了机会。换句话说,在不久的时间里(2020年以前),贵州农民工子女就有机会全面免费接受"中等"程度以上的教育水平,这是贵州教育发展史上的第一次,它必将有利于推动贵州"大健康""大教育""大扶贫"等战略目标的达成。

也正是从国家到地方有关农民工子女教育政策的极大改善,客观上促进了农民工子女教育水平的快速提高。以笔者所带的硕士研究生刘某为个案①,该学生的教育成长过程,从某种程度上反映了广大农民工子女教育发展的一般形态,具有一定的代表性。

(六)农民工家庭关系变迁

我们着重通过对农民工家庭中夫妻关系、亲子关系、其他成员关系的考察,来揭示农民工家庭关系变迁的真实形态及特征。30余年来,从整体上看贵州农民工家庭关系的变迁,呈现出"复杂化"的特征。

1. 家庭夫妻关系变化

在现实中,农民工在外出务工流动中,往往分为全流动家庭与半流动家庭两种形式。农民工在流动过程中,其家庭夫妻关系最易发生变化的是半流动家庭,虽然这种家庭夫妻关系并不是绝对主体的部分,但其所造成的影响却不容小视。目前,就农民工的流动情况看,"90%以上是妻子留在家中"②。随着劳动力的转移,夫妻双方角色转变,一般情况下妻子担任了家庭的主要角色;夫妻双方的城市化步伐不同;缺少面对面的沟通交流;双方对社会的认识步伐也不同,在城市务工的夫妻一方受到城市现代化影响,思想认识进步要快。配偶之间不同的心理认同等障碍,造成了大多数农民工夫妻关系很难有不同程度的增进。不仅如此,大部分外出务工家庭还往往因为经济收入、职业身份、社会认识等方面的不同,加剧了农民工家庭夫妻关系的恶化。

---

① 刘某,女,1991年出生,现为贵州某大学硕士研究生,贵州毕节人,父母从其出生后就在城市务工;父亲刘某,1967年出生,初中文化水平;母亲朱某,1968年出生,小学文化;妹妹刘某,1995年出生,现就读于某大学本科。

② 周伟文、严晓萍、刘中:《生存在边缘——流动家庭》,河北人民出版社,2002,第46页。

没有建立在婚姻基础上的生产生活,就不能算作一个完整的家庭。农民工是为了整个家庭发展而远离故土外出务工的,然而在奔往城市务工的同时,他们的婚姻关系也随之发生了程度不同的变化,尤其在夫妻一方到城市务工而另一方却在农村务农的情况下,其夫妻关系往往变化会更为突出。首先,农民工家庭中的主要角色和支配角色发生了改变,一般情况下,家庭中主要以女人留在家里务农,女人在家庭角色中从支配角色变成了主要角色,传统的女人在家庭功能中扮演的角色和地位发生了变化。其次,农民工家庭中夫妻双方受城市化步伐的影响程度不同,进而造成夫妻之间观念、意识、想法等方面的差距。最后,由于农民工夫妻间经常分离,缺乏面对面的沟通和交流,加上对婚姻态度的逐渐变化,进而造成了彼此之间的矛盾和冲突。在夫妻分离与城市化的共同影响下,加上文化素质普遍偏低,因此农民工家庭婚姻问题往往会朝着负面的方向发展,如夫妻双方不尊重婚姻,出现了出轨的行为,有的农民工妇女在外务工中跟着别人"私奔",还有的留守妇女被迫遭受到来自农村非法的性侵等。所有这些,都造成了不少农民工对婚姻态度的变化,有的尽管仍以孩子为纽带勉强维持着低质的婚姻关系,但其夫妻之间的婚姻关系实际上也是名存实亡。

值得注意的是,目前尽管越来越多的农民工家庭实现了"举家迁移",但其中仍有相当一部分农民工家庭因为主观或客观条件的制约,无法实现"举家迁移"的目标,这就必然继续造成农民工夫妻之间的长期分离。在这一背景下,为了寻求生理、心理、情感等方面的需求,诸如临时夫妻、搭伙夫妻等现象便不断增多,并严重冲击着现有的农民工家庭的婚姻稳定。

2. 家庭亲子关系变化

众所周知,亲子关系的好坏,对一个孩子的健康成长至关重要。然而,从现实情况看,亲子关系在农民工家庭中因父母的长期外出及角色扮演的失败,原本脆弱的亲情关系逐步遭受到削弱,直至亲子感情互动的荡然无存。在广大农村地区,越来越多的留守子女仍旧继续遭受着"有爹妈生没爹妈养"的不幸童年。一方面是亲子间感情互动的缺失,另一方面是农民工亲子之间的交流障碍因城乡不同文化的影响而产生新的矛盾心理。这一现状实际上加剧了当下农民工家庭中本就危机重重的亲子关系。

调查发现,长期的亲子分离不仅造成农民工家庭子女学习状况欠佳、心理健康失衡、道德行为失范、监护管理不力、人际交往畸形等方面的不良状态,而且也不利于化解父母与子女之间的矛盾与隔阂。① 通过调查还发现：很多农民工子女反映自己的父母不管自己，总是关心他们之所想；而不少农民工家长也反映自己的孩子越来越叛逆，不听话等情况。

事实上，大多外出父母能考虑到外出务工会给孩子的生活和学习带来影响，但却很少意识到家庭不完整还会对孩子的心理健康产生影响。② 一项有关农村留守儿童心理感受的问卷调查数据显示，父母外出打工后，农村留守儿童中高达53.7%的人表示"孤独无助"是最主要的心理感受；表示"痛苦""恐惧""绝望""忧虑""被遗弃""压力大"的累计比例占到25.9%；而表示感到"自由开心""没感觉，无所谓"的比例分别仅占2.3%和5.7%。③ 显然，这种心理健康失衡，加上"孤独无助"成为主要感受的影响，对于广大农民工留守子女而言是一个沉重的"包袱"，其极有可能随时被压垮。

3. 其他成员关系变化

对农民工家庭中的老人赡养关系予以考察，并让其成为农村倍受关注的焦点问题之一，这也是"三留守"问题中必须予以研究解决的重要内容。众所周知，人与人之间的关系离不开长期的沟通与来往，如果长期不联系，随着时间的流逝家庭关系会变得越来越生疏。农民工经常在外务工，与父母、兄弟姐妹等其他家庭成员之间的往来甚少，家庭成员之间的关系也因彼此所接触的社会文化、社会工作等性质不同而逐渐产生分歧，甚至产生矛盾冲突。不仅如此，如果农民工不能与其他家庭成员之间正常的沟通与联络，那么传统的赡养关系、互帮互助关系等也将逐渐被淡化。这也是造成农民工家庭中婆媳关系、兄弟姐妹关系、妯娌关系等方面出现大松动的原因所在。

（七）农民工家庭伦理变迁

"家庭伦理是一种调节家庭关系的行为规范和道德准则，通常把伦理与道德共

---

① 刘玉连、周芳苓：《西部民族地区农村"留守儿童"的生活状态及成长困境分析——以贵州省为典型个案》，《江西农业学报》2011年第6期，第197页。
② 刘玉连、周芳苓：《西部民族地区农村"留守儿童"的生活状态及成长困境分析——以贵州省为典型个案》，《江西农业学报》2011年第6期，第198页。
③ 刘玉连、韦利余、周芳苓：《农村留守儿童生存困境及发展对策研究——以贵州为典型样本》，《农村经济》2016年第3期，第120页。

用。家庭伦理的内容大体可以分为两大部分：夫妻伦理和亲子伦理。"① 然而，当下日趋复杂的农民工家庭关系，已使该类家庭伦理面临着多重的挑战与危机。如何重视和消弭这挑战与危机可能带来的不利影响，是不可回避的一个现实问题。改革开放以来，贵州农民工家庭伦理变迁的过程，整体上呈现出"危机化"的特征。

1. 夫妻伦理的变化

随着社会改革的深入，城镇化步伐的加快，农民工家庭伦理关系发生了较大的变化，夫妻关系逐渐淡化，夫妻之间聚少离多，夫妻之间缺乏面对面的交流，双方不能尽其该尽的义务。同时，不能履行好赡养老人和抚养子女的义务，对留守老人缺乏精神上的关爱，也不能有效地教育子女，使留守儿童出现心理、教育、生活上的问题，也加剧了留守老人的赡养问题。农民工与家庭成员之间的关系，因长期在外地务工，缺乏与家庭成员之间的交往与沟通，彼此的关系越来越生疏。显然，这些事实的存在，都是对农村传统夫妻关系的巨大冲击，并使其夫妻伦理遭受到严重的现实挑战。

值得指出的是，在大量外出务工的农民工人群中，一部分人从事着不少违背家庭伦理的活动，如卖淫、涉毒、偷盗、抢劫等。这些现象的出现，不仅严重影响整个社会的秩序，带来了治理危机与风险；而且也严重违背了家庭伦理的规范范畴，对农民工家庭乃至整个社会将造成多重危害。以农村流动人口中的打工"问题妇女"为例，在自身文化素质低、劳动技能缺乏的局限下；在城市制度和就业政策的歧视与排斥下；在过高心理预期、城市生活诱惑及城市参照群体优越条件等多种因素的共同影响下；在急功近利、物欲至上价值观的驱动下；在崇尚"个性"、追逐"自由"等极端享乐主义人生观的侵蚀下，一部分进城打工妇女走向了堕落，并产生卖淫、吸毒、贩毒、拐骗、偷盗等越轨行为，成为农村打工"问题妇女"②。农民工家庭中这些突出问题的产生，都将对农民工夫妻伦理提出挑战。

2. 亲子伦理的变化

贵州农民工流动在增添农村经济发展活力、改善着农村家庭物质生活的同时，也由此造成了农民工家庭在抚养子女功能上的弱化，导致"留守儿童"问

---

① 张富东：《农民工家庭伦理问题研究》，西南政法大学，硕士学位论文，2006。
② 周芳苓、史昭乐：《"两欠"地区流动人口中的农村"问题妇女"研究——以贵州省为研究重点》，《前沿》2011 年第 14 期，第 117~119 页。

题突出,并因亲情的长期"断绝"而不断挑战着中国家庭伦理及人性的底线。

问卷调查显示,在农民工家庭中"父母亲都在外打工"高达52.4%,显居首位;表示"只有父亲在外打工"占27.0%,处于第二位;排在第三位的是"只有母亲在外打工",占11.1%。① 农民工家庭的这一现状,必然会造成严重的亲子互动缺失、身心呵护缺陷等突出问题。

事实上,无论家庭亲子互动的"缺失"还是"缺陷"问题,对农民工家庭来说,尽管情非得已,但却不能隐藏因父母长期外出务工给留守子女造成的伤害。这种伤害足以损毁一个孩子一生的幸福,让孩子一生伴随着心理健康的缺失而艰难成长,并有可能为后续人生留下"危机与隐患"。

三 结语与思考

贵州农民工家庭的变迁史,从某种意义上讲也是贵州省城镇化的发展史,二者如影随形、相互交融。从总体上看,30余年来,正是"经济社会发展"与"政策体制改革"的双维驱动下,贵州农民工家庭经历了"速度快""变动大""程度深"的变迁过程,并体现在自身变迁和社会变迁两个层面上。从自身层面看,在经济转轨、社会转型的冲击下,贵州农民工家庭的内部已发生了一系列变迁,主要体现为家庭规模小型化、家庭结构核心化、家庭关系复杂化、家庭观念现代化、家庭收入差异化等方面;从社会层面看,由于家庭是社会的基本细胞,贵州农民工家庭的外部同样发生了一系列变迁,主要体现为家庭就业非农化、家庭主义个人化、家庭组织业缘化、家庭男女平等化、家庭婚姻自由化等方面。

参考文献

周芳苓、史昭乐:《农民工问题的学术回顾与研究展望——"西南民族地区城市化

---

① 刘玉连、韦利余、周芳苓:《农村留守儿童生存困境及发展对策研究——以贵州为典型样本》,《农村经济》2016年第3期,第118页。

中农民工问题"研究综述》,《前沿》2017年第4期。

李强:《关于"农民工"家庭模式问题的研究》,《浙江学刊》1996年第1期。

岳庆平:《家庭变迁》,民主与建设出版社,1997。

何芸:《中国家庭结构变迁对养老保障的影响》,辽宁大学硕士学位论文,2007年第4期。

杨菊华、何炤华:《社会转型过程中家庭的变迁与延续》,《人口研究》2014年第2期。

周芳苓:《农民工:城镇化进程中的边缘群体》,贵州大学出版社,2012。

周芳苓:《贵州"新生代"农民工的收入分布与生活水平分析——基于"贵州'新生代'农民工生存与发展状况"调查数据的考察》,《毕节学院学报》2012年第12期。

周芳苓、刘玉连:《从"贫困"到"小康":贵州城乡消费结构三十年变迁研究》,《贵阳市委党校学报》2015年第3期。

周伟文、严晓萍、刘中:《生存在边缘——流动家庭》,河北人民出版社,2002。

刘玉连、周芳苓:《西部民族地区农村"留守儿童"的生活状态及成长困境分析——以贵州省为典型个案》,《江西农业学报》2011年第6期。

刘玉连、韦利余、周芳苓:《农村留守儿童生存困境及发展对策研究——以贵州为典型样本》,《农村经济》2016年第3期。

张富东:《农民工家庭伦理问题研究》,西南政法大学博士生论文,2006。

周芳苓、史昭乐:《"两欠"地区流动人口中的农村"问题妇女"研究——以贵州省为研究重点》,《前沿》2011年第14期。

B.16
全面二孩时代老带孙生活研究报告*

杜双燕**

摘　要： 二孩新时代人口发展新格局，具有"低生育水平与快速老龄化并存""新型城镇化与迁移流动并存""性别平等与家庭发展矛盾并存"等新特点。"老带孙"现象作为中国普遍的代际亲情关系体现，也发生了一些新的变化和面临新的问题："老带孙"带来了新的家庭居住方式的变化、子代对父代的育儿依赖更加严重、父代带孙时间的延长、空间分离状况更加普遍，导致父代抚育精力严重不足、情感上的漂泊感更加强烈、父代地位和权威弱势、带孙回报的普遍缺失和倒置、无法满足多个子女家庭的育儿需求等问题，呈现出"子代依赖与嫌弃并存、父代付出与焦虑并存"的老带孙境况，为了实现父辈对美好生活的追求和子代能够"想生、能生、生好"的目标，在父代之外的支持系统普遍缺失的前提下，必须加大国家政策的支持力度，完善社会层面的育儿支持，提高家庭发展的能力，减缓二孩生育对父辈的代际依赖，让双方都可以自由选择适合的"带孙"方式，促进子代和父代美好生活的实现。

关键词： 二孩时代　老带孙　代际依赖

---

* 本文系2015年国家社科基金项目"二孩生育的家庭代际依赖研究"（15XRK001）部分研究成果。
** 杜双燕，贵州师范大学喀斯特研究院/国家喀斯特石漠化防治工程技术研究中心博士研究生，贵州省社会科学院副研究员。

党的十九大报告中指出，带领人民创造美好生活，是我们党始终不渝的奋斗目标。特别强调要使人民获得感、幸福感、安全感，更加充实、更有保障、更可持续。同时提出实施健康中国战略。促进生育政策和相关经济社会政策配套衔接，加强人口发展战略研究。积极应对人口老龄化，构建养老、孝老、敬老政策体系和社会环境，推进医养结合，加快老龄事业和产业发展。"全面二孩"政策实施两年以来，总体上二孩生育的状况符合预期，但是仍然存在诸多"想生不敢生"的状况，育儿成本占到我国家庭平均收入近50%。因为经济负担、太费精力和无人看护而不愿生育第二个子女的分别占到74.5%、61.1%、60.5%，是约束二孩生育的重要因素。据统计，我国80%的婴幼儿皆由祖辈参与照顾，"老带孙"现象在中国已属普遍现象，然而二孩新时代的来临无疑极大加剧了这一效应，加上当前二孩政策的响应群体以"70后""80后"为主，父母的年龄都已达到老龄或高龄状态，在照顾婴幼儿方面存在诸多隐患，祖辈对于美好生活的向往与照顾孙辈捆绑之间形成了较大矛盾，不利于整体上家庭的和谐、社会的进步和国家的繁荣，因此有必要加强对这一问题的重视，既要让祖辈能够自主选择自己的美好生活，又要让诸多的目标家庭可以在政策内生育，从而促进人口全面发展。

一 "老带孙"的代际关系变迁

"老带孙"现象在今天的二孩时代与传统社会有所区别。在传统社会"联合家庭"为主的时代，父母和多对已婚子女组成的大家庭是主要存在形式，父代、子代（兄弟姐妹）、孙代集中居住在一起，家庭生命周期较长。子代结婚成家时间长幼有序，存在一定的时间差，同住家庭成员较多使孙代可以获得不同代际家庭成员的照护，甚至拥有来自家族宗族的庇护，因而可以分摊一定的养育成本，有效减轻父母照顾子女的责任重担，使其能够专心进行生产和工作。随着社会转型发展，计划生育的实施，家庭规模小型化，家庭子女数减少，家庭生命周期逐渐缩短，核心家庭的数量多、比重大。在城市和农村形成不一样的结局：农村地区人口大量外流，婴幼儿多由父代照护，形成了大量留守儿童和老人，给农村社会经济发展造成了诸多不良影响。城市社会在所谓的"单位人"时代，单位办社会，婴幼儿的托儿体系比较完善，大多可以靠单位解决，祖辈起辅助作用。到"社会人"时代，特别是二孩时代，许多家庭功能在向社会转移，生育孩子完全是家庭私域问题，在育儿、托幼、保姆等市场体系不尽完善，特别是保姆、幼儿园虐儿事件频频发生的今天，儿童安全已经是最低底线；迫于经济压力、安全担忧、工作约束等原因父代成为子代唯一可以信任和求助的对象，"老带孙"群体压力更大，挑战更多。

二 "二孩时代"老带孙生活特点

二孩时代的"老带孙"生活有一些新的特点和需要面对的新问题。这里之所以强调二孩并非意味着一孩时代对父代的代际依赖不强，而是出于对中国传统文化认同，一孩作为家庭完整度的考量，一般都必须生（除丁克外），但二孩生育上就具有更多的可选择性和灵活的自由决策。另外由于"全面二孩"政策的目标人群主要是以体制内公职人员为主，因此本文的研究对象也以此类人群为主。"二孩时代"不仅改变了持续多年的"421"家庭结构，而且要面临一些新的变化，也会遇到更多更复杂的问题。

（一）新居住方式的改变

二孩时代"老带孙"呈现不同的居住方式。第一种是最普遍的共同居住照料，即父代投奔子代家庭与年轻夫妻一起照料。一孩照料的压力相对要小，一般主要由单方父代支持就好，然而二孩时代使很多家庭出现男女双方父母与青年夫妻共同居住照料的状况。尽管是短期的或阶段性的，但也悄然改变了原有的家庭结构，家庭结构的演变经历了"2"—"2+1"—"1（2）+2+1"—"1（2）+2+2"—"4+2+2"的过程，从核心小家庭变成了一个较为复杂的主干家庭。

案例1：胡阿姨，东北人，三线建设时期定居贵州都匀，上有年迈的父亲需要照顾。独生女儿婚后定居贵阳，由于女儿和女婿都是医生，工作节奏快，闲暇时间少，因此外孙子女的照料主要由姥姥姥爷承担。但在大孙女四岁时小孙子出生，自此亲家（爷爷奶奶）也加入到照顾行列。原本三室两厅的住房骤然显得特别拥挤，男性老人基本处于打地铺、睡沙发的状态，而女性老人一人分带一孙住客房，原来的小家庭一下子变大了。胡阿姨喜吃面食的习惯一直传承下来，女儿、孙子女都爱吃，而女婿家是遵义人，喜欢吃麻辣味较重的食物。每天家庭成员间因为吃饭问题都能上演诸多大戏。女儿、女婿也很为难，不知如何去协调双方父母的关系，反正居住在一起就是有很多不和谐的地方，矛盾较多，但大家都选择为了孙辈隐忍，只能以对外人抱怨的方式发泄一下不满情绪，日子还得过。

第二种方式是父代为了照顾子代，先迁居异地，然后在异地定居。仍然保留原来的小家庭结构，这样的选择有利于相互之间不打扰，既独立又能相互照顾，也是目前城市家庭越来越倾向选择的居住模式。对于子代与双方父母在同一城市的也是多相互独立，就近居住，共同照顾孙代。

案例2：赵阿姨一家为了帮在贵阳的儿子带两个孙子，毅然从河北老家迁居到贵阳，最初与儿子儿媳合住，后发现生活矛盾较多不好协调。赵阿姨在贵阳生活一段时间后也还比较适应，就在儿子所在小区购买了一套小户型房子，其亲家也选择了同样的方式。最终两亲家各买一套同小区的小户型，两个孙子轮流带，分着带，既能减轻子代夫妻的压力，又能避免出现更多的同住矛盾，配合比较好！

可以自由选择"分而不离"的居住方式是目前"老带孙"群体最好的选择，但并不是所有的家庭都能承受高房价压力，例如想要在北上广深等一线城市实现这种居住愿望就很不现实。

第三种方式则是父代单独居住，独立"老带孙"。一是对于父代依赖性极强且责任感较差的子代会将孙代丢给父代单独照顾，仅定期或不定期探视。二是子代夫妻异地工作，无力照顾孩子，孙代单独和祖辈一起生活，夫妻定期或不定期探视。

（二）子代对父代的育儿依赖更加严重

笔者调查显示，问及"若没有双方父母的支持和帮助，您会生二孩吗"？仅有26.32%的人群毫不犹豫地选择"会"的答案，其余49.8%的对象肯定地回答"不会"，19.03%选择"不知道"，也就是说育龄人群中半数以上的人群对家庭的代际依赖非常强烈，假如没有双方父母帮助，二孩生育行为是不可能实现的。总体而言就是基于经济压力过大、女性必须工作、养育时间精力成本过高、社会支持严重不足等方面的原因。调研中有诸多案例都是子代通过多方协商、父代答应帮助照顾孙代之后才计划怀孕生子的。当问及"您觉得二孩生育必须依赖双方父母的帮助吗"？回答"没有父母支持，实在生不起"的占比25.91%；选择"必须的，年轻人压力太大"的占比24.7%；选择"有代沟，不愿父母帮忙""无所谓，可以找月嫂、月子中心和保姆""有亲戚朋友可以帮忙"及其他选项的占比合计10.12%。综上，在当前的二孩目标人群中，有至少一半以上的家庭认为必须依赖双方父母的帮助才可能生育二孩。最迫切的需要是希望在二孩生育过程中得到各种支持：帮忙带孩子占比达56.68%；经济支持、伺候月子、料理家务、带孩子都需要的占比16.6%，也就是说高达73.28%的被访者认为家庭生育二孩是离不开父母帮助的。

二孩时代子代对父代的育儿依赖更加严重。主要表现在：一是原本夫妻二人可以尽力协调去照顾一个小孩，但是照顾两个小孩在"男性普遍缺位"的中国社会，妻子一人难以承担；二是两个孩子的年龄差距导致的需求不同使唯一的照护人分身乏术，必须依赖两个及以上的人照顾；三是作为体制内公职人员，女性产假之后都必须回到工作岗位，面对两个孩子育儿精力和时间严重不足。但双方父母是否可以依赖还取决于"父母的身体是否健康""父母是否愿意帮助""父母的年龄大小""父母与自己家的空间距离"等，还有父母家庭的经济状况，与双方父母关系的好坏，其他兄弟姐妹的意愿等都会影响到父母的决策。

（三）父代带孙时间延长

一孩时代大多父代认为只要帮助子女将孙子带到3岁左右能够入托就可完成这一任务，继续享受自己的老年生活。但事实是到3岁入托之后父代仍需负责家务劳动、接送孙代等事务，无法完全脱身。即使只有一孩父代仍需付出多年的时间直到孙代能够自主上下学为止，还得视子代工作性质而定，若子代属于长期出差不能顾家的状态则基本上孙代的生活长期都由父辈来照料。城市与农村的唯一区别是城市家庭子代不会长期缺席，孙代也不会沦为留守儿童，但大多数父母事实上也只能是"周末父母"的角色。二孩时代老年人带孙的时间自然延长且是双重叠加,这视老大与老二的年龄差而定。若老大基本可以自己照顾自己,那么老年人的压力稍微小一些,只负责带老二;但是若两个小孩年龄差距不大,则是同时监护两个小孩,精力和体力上都有吃不消的感觉。大多父代是把老大刚带到可以入托的年龄,老二就出生了,那么在抚育时间上至少延长三年及以上,也就是说父代为子代的隔代抚育时长至少在六年以上,这还是一般状态,事实上大多数不止这个年限。

(四)空间分离更加普遍

《中国流动人口发展报告2016》显示,我国流动老人将近1800万人,其中专程来照顾晚辈的老人比例高达43%。空间分离有几种类型:第一种是子女与单方父母在同一城市,那么孙代就主要由单方父母照料。青年夫妻白天上班,晚上回到父母家吃饭陪孩子,然后回到自己的小家;第二种是子女与双方父母在同一城市,那么孙代由双方协商照料,或一方出钱一方出力,或双方父母轮流照料;第三种是子女与双方父母都不在同一城市,在二孩抚育上的高风险家庭,也是对父代依赖性最强的家庭类型。孙代的照料要么直接送到"老家"由父代照顾,要么父代迁居至子代城市协助照顾。流动老人中43%的比例都是属于父代为了照顾孙子女迁居异地的。某些空间距离较远的父母甚至为了子代在异地买房定居,当然这是在经济条件能够承受的基础之上,也要视迁居城市的房价而定。如某对老年夫妻从东北迁居到贵阳专门照顾孙子,后来发现贵阳气候、居住体验都不错,女儿所住小区环境也还不错,房价每平方米5000元左右也能承受,于是就在同一小区购房定居,与女儿保持"一碗汤"的距离,这无疑是较为圆满的选择。但是假如从三线城市迁居至北上广深等一线城市的老年人,恐怕就不能随心所欲地买房定居了,反而还要为了子女的安家定居、学区房等操碎心,不仅要拥挤同住更要省钱支持子代,这种房价差距导致的空间差异会对老年人与子女同住的体验产生较大影响。

(五)男性参与比例有所提高

一直以来,中国传统社会男性育儿的参与比例都非常低,这是中国历史长期男权社会所导致的"男性权威""男主外、女主内"的社会性别分工造成的，也是父权至上的不良亲子关系体现，"丧偶式婚姻"的存在更是其突出体现。二孩时代，作为父亲的男性由于受教育程度较高，对亲子关系更加关注，对成功、幸福等的界定与理解有所改变，加上男性陪产假的推出等，从观念意识上对父亲角色的认知有所改变，参与家庭育儿活动的比例逐步提高。作为爷爷外公的父辈男性由于二孩照料的压力较大，原本单独由女性老人支持的状态无法维系，主动或被动地参与到孙代的育儿照料中，也是一种将为人父亲时的遗憾移情到孙代身上进行代际补偿的一种体现，或谓之"隔代亲"。但是仍然受到传统社会性别分工的影响，男性多承担接送孙子、购物等家庭外事务，家务主要还是女性老人承担。所以总体上在二孩时代，男性参与率都有所提高，即使男性不能直接参与到衣食住行的照料，至少陪伴的职责履行不少。

三 老带孙生活存在的问题

"老带孙"或者叫"隔代抚育"的弊端一直以来都是备受关注的，大多集中在对孙辈成长的不利影响方面，但在此我们更关注的是老年人自身感受和他们的真实状态。

（一）父代的抚育精力不足

第一，由于二孩政策的目标人群多为"70后""80后""90后"群体，而目前迫切生育二孩的"70后"和"80后"，其父母的年龄普遍较大，多为老龄和高龄，自己都需要子代的照顾，就更别说帮助照顾孙代了，所以很多家庭是没法依赖高龄老人来带孩子的。第二，对于老龄父母而言，即使能帮上忙，大多患有诸如高血压、心脏病、糖尿病等老年疾病，在精力和体力上都难以肩负照料两个孩子的重任。正如调研中当问及"请问您双方父母目前的状况能否帮您带孩子"时，由于客观的年龄、身体等原因无法提供帮助的占比也较大，达40.49%。第三，在孙代成长的不同时期对监护人体力和精力的要求不同。如一岁之前的婴儿时期主要是家庭内护理为主，户外活动时间相对较短，婴儿体重较轻，父代还能承受；但是到幼儿时期属于大运动神经发育关键阶段，幼儿强大的运动力和旺盛的精力与老年人日渐衰退的体力正好呈反差，很多老年人在幼儿学走路时期就明显感觉体力不支，更别说其他的各种陪玩。第四，由于现代社会的育儿要求远远高于传统社会，很多老龄父代无法满足和适应子代的诸多育儿要求。如在孩子不同成长阶段添加不同的辅食，而辅食的加工都需要精细化多样化；包括在婴儿车的使用、餐具的消毒、尿布的更换、穿衣的原则、早教开发等诸多细节方面，很多老年父母都无法适应这种复杂的要求，感觉现代社会"照书养"和传统"照经验养"的差别太大，往往产生家庭的代际矛盾。传统社会的育儿多为"放养型"，而现代社会都是"圈养型"，由于拐卖、坠楼、交通意外等各种高风险因素的制约，使孩子的安全监护成为全家都焦虑的问题，孩子的活动空间极度受限，不管是在家里还是小区楼下活动随时身边都必须有成年人的安全监护，无形中极大提高了育儿的时间和精力成本，父代在"陪玩"上的体力和精力很有限，超出了身体承受力。第五，"1+1>2"的效应对父代抚育精力提出了更高的要求。民间俗语"一只羊是赶，两只羊也是看"的说法其实是针对农村地区粗放式放养型的育儿方式，但是今天的城市家庭没有谁会认为带两个孩子比一个更轻松的，往往都觉得超出两倍的付出，1+1远远大于2。无论两个孩子年龄差距多大，需求总是不同，除了要满足孩子不同年龄阶段需求之外还需随时协调两个孩子之间的关系，怕厚此薄彼造成不良的心理影响，原本那种放心甩手"老大带老二"的历史画面不复存在，使两个孩子的照料日程排得满满的，应接不暇。可见虽然父代只是帮助子代带孙，但事实上由于当今子代工作节奏和压力，晚上下班后回到家和孩子互动游戏的时间和精力都很有限，大部分时间都是父辈照料，远远超出八小时工作制，很多青年父母都表示周末陪孩子比上班还累，对年轻父母而言都如此，何况是老龄祖辈。

（二）情感上的漂泊感更加强烈

按照全国流动老人43%的比例计算，2016年至少有774万老年人为了照顾孙辈而远离家乡，迁居异地，形成了所谓的老漂族——"指为支持儿女事业、照顾第三代而离乡背井，来到子女工作的大城市的老年人"。第一，"没有朋友、想家、孤独"是这些老年人普遍的生活状态。离开家乡之后的父代群体与原来的社会支持系统完全脱离，没有老熟人、老同事、老朋友的精神情感支持，若与子代之间又缺乏交流和沟通，更会加剧这种孤独感，感觉自己完全没有存在感和幸福感。第二，二孩时代会加剧老年人的漂泊频率。第一种类型：独生子女家庭的父代。对于独生子女而言，父代从开始"漂泊"就保持在子女定居地基本不变，采取与子代同住或近距离分住的方式，在孙辈照料上也没有其他子女不满的状况发生，相对比较纯粹。第二种类型：多子女家庭的父代。由于多子女家庭的子代年龄差距都不大，在生育二孩的时间间隔也不长，因此父代就成为"漂泊候鸟"，必须兼顾儿子、女儿各家的育儿需要，子女间甚至为了获得老人的照顾相互协调生育时间，老人就在这种"预订"中被动漂泊，北京、上海、成都的到处漂，每个地儿待上两三年，与家乡原有的亲朋好友等社会关系也逐渐疏离，生活空间急剧变窄最后就只剩下照顾孙辈的日子了。在多子女家庭中甚至会出现子女之间相互争夺"老人劳力资源"产生矛盾冲突的情况，老人由于无法平衡各子女需求从而加剧老年人心理上的负罪感。第三，老年夫妻分居两地。在迁居异地照顾孙辈的老人中，女性占比更大，这是由女性的社会性别角色决定的，这些女性成为母亲几十年后，再次扮演起"母亲"的角色。所以"老漂族"中有很大部分不是夫妻结伴而行的，分居两地状况普遍，会让身在异地的"老漂族"异常牵挂。男性老人由于自身不擅长带小孩、不愿离开家乡、家中还有牵挂脱不开身、适应不了异地的气候饮食等原因都多留在老家，女性老人则无论是否适应都必须承担起照顾孙子女的责任。第四，"老漂族"融入迁居地生活不易。老年父母在异地无医保、无户口，就医困难，老年病又较为普遍，但因为害怕异地报销耗时耗力，自费又昂贵，大多只能自己忍着。若是省内、市内流动的老年人，在气候饮食等方面比较容易适应，乡音不改，也比较容易与小区里的老年人相处，不至于太孤单。但是若跨省流动或跨国流动的老年人，则会存在很大的融入障碍，不管是语言还是环境、饮食等。缺乏休闲娱乐活动的生活会让异地"老漂族"更加孤单和焦虑，表面上他们是所在城市较为普遍而自然的一部分，但并不属于这里。第五，"老漂族"与子女间亲子关系受损。带孙过程中意见不合、观念差异、习惯不同、沟通不畅等会造成老漂族与子女间原本亲密的亲子关系受损，从而加剧老漂族的孤独感和挫败感。苗瑞凤调研发现：没来子女家之前，69%的老人对于在子女家生活持比较乐观的预期，认为能够和"有了出息"的子女愉快共处，约23%的老人愿意在城市子女家养老，但是在子女家居住一段时间后，上述两项比例明显下降。在300名50岁以上从外地到武汉投奔儿女的"老漂族"中，65.2%的老年人觉得子女不够重视他们，42.3%的老年人不满意目前的生活，79.2%的群体感觉到很孤独。① 当这些老人遇到不顺心的事情后，一半以上都会选择憋在心里，从而诱发一些心理疾病。

（三）父代地位和权威的弱势

在传统社会，由于父代通常拥有房子，合住是"子代"投奔"父代"的选择，体现出"父代权威"的代际关系模式，父代是家庭的投入和决策重心，且子代有实际代际继承得利，所以父代的地位高且具有权威性。随着时代发展，亲代对子代的关照较多，而子代对亲代的回馈则并不很强。亲子生活单位、居住单位和收支单位由一体变为独立，逐步形成了普遍的"重幼轻老"现象。一是父代在经济资本上的话语权缺失。由于时代背景、能力强弱、社会资本等差异，父代与子代之间在经济实力上差距较大，特别是能在大都市立足并进入体制内的人士多比父代强，因此在成家立业、生儿育女上基本是不依赖父母经济支持的。尽管今天的老年父母在经济上对子代的依赖也越来越弱，但是父代帮忙抚养孙代的婚后合住是"父代投奔子代"的"子代权威"代际关系模式，家庭投入和决策的重心在于子代，父代在经济支持、资本获取等方面都不具有话语权和决策权。即使父代在二孩养育中有相应的经济投入和支持，子代也会将其视为"天经地义"的义务之举或者是爱孙之举。当老人带着孙子女奔波在各大补习班、兴趣班，看着大笔大笔的费用如流水般流出时、看着子女为了买高价学区房节约省钱时也不能不感叹现代社会养育孩子的成本实在是太高了。二是父代的传统养育与子代的现代育儿矛盾导致其从属地位。父代认为延续当年养育子代的方式来养育孙代没有任何问题，"蜡烛包"、捂被、捂汗治感冒、婴儿把尿、按摩刮痧、多穿捆脚、少睡午觉、多吃多好、嘴喂等各种现代宝妈们鄙视的习惯在父代养育中或多或少都存在，往往成为家庭矛盾的导火索，在不断的沟通或争吵中最后父代只能表示屈从，因为必须按照现代育儿观来调适，被迫学习各种各样技能，如辅食机、果汁机、喂药器、吸鼻器等的使用，饮食的营养搭配，抱孩子之前洗手液洗手消毒、湿巾擦手、分杯分碗分食等，他们也纠结为何当年子女可以一岁就吃大米馒头粗粮长大，现在孙子女喝奶粉喝到三岁吃的都是进口的却经常生病。

---

① 《"老漂族"成为精神疾患高发人群》，新华网，2012年11月2日。

三是父代身体健康每况愈下,能力衰减。父代老龄化势不可挡,衰老速度加快,无形降低老年人任何的可行性能力,从而间接地使他们在各方面受到限制。加上祖辈在今天的信息化时代无法跟上社会发展的节奏和步伐,在孙辈成长中遇到任何问题求助的渠道异常欠缺。所以在育儿过程中,基本都是完全顺从子代的决策和权威,避免坚持己见对孙代造成不利影响。网络流行语"说是主人吧,说了都不算;说是客人吧,啥活都要干;说是佣人吧,一分钱没得赚,外搭钱还不算;是志愿者吧,还没人点赞!"正是很多带孙老人们的处境。

(四)带孙回报的普遍缺失和倒置

原本"老带孙"并非父代的义务和责任,然而由于中国传统文化中"一以贯之的责任意识"也可谓之"家庭中的利他主义",隔代抚育却被视为必需的义务。大多父代都表示,即使不适应异地迁居生活,但只要子女需要自己的帮助,自己还是能够在子女家生活的。这里隐含着一种人生观,即所有的社会成员要将他们的体力和心智都毫无保留地贡献给所在的社会,通过参与力所能及的活动,老年人才不会产生无用和被抛弃的感觉,不管其地位是多么卑微。但是老人的付出却达不到子女的标准,子代不但不感恩,还会将孙代成长中的问题归结到父代的养育不当上,要么嫌弃老人太娇惯孙子,要么嫌弃与其共同居住影响了夫妻感情。有关数据也显示,老年抑郁症患者中,尤以流动老人居多。"老漂族"在迁居地照顾晚辈的忙碌生活让其有了充实感,对子女家庭的依赖程度较高,阶段性居住的老人在遭遇心理和精神困扰之后,由于无法自我调适,会选择回到老家,但由于想念子女或子女需要等因素,又会重新踏上迁居之路。总之,"老带孙"不但没有多少感恩的回报反而受到更多的责难,功少过多。在广西陆川县就曾发生过子代不但不感激爷爷带孙反而不给抚养费不孝敬的案例,最终爷爷诉诸法院索要"带孙费",法院给予支持,判决子代付给爷爷多年的带孙抚养费。在笔者调研中,问及"您认为父母帮忙带孩子应该付酬劳吗"?回答"亲情无法用金钱来衡量,不好操作也不适用"的占39.27%,认为"不应该,本来就是为了减轻家庭压力"的占比4.45%,回答"应该,但现实情况不允许,可通过其他方式弥补"占比46.15%。所以整体上国人心里都认为父代帮忙带孙代是无须支付报酬的,正如女性承担生儿育女的职责一样无可厚非,将父代的责任义务倒置了,更有甚者(完全依赖型家庭)感觉是为了父代才生孩子的,父代就必须为其抚养。

(五)多子女家庭存在资源分配不公问题

对于多子女家庭而言,如果几个孩子在相近的时间生育二孩,父母的压力非常大,尽量想做到不"顾此失彼""一碗水端平",但往往会让父代疲于奔命,要么辗转奔波于不同城市的子女家,要么就是招致其他子女的埋怨和不满。这种状况多存在于农村家庭或只有一方父母可以依赖的家庭。特别是农村由于女儿是没有继承权和赡养义务的,那么兄嫂就会认为父母帮助女儿家带外孙不是"天经地义"的,继而会以"不赡养老人"为要挟,某些父代本身也有"外孙不是孙"的根深蒂固的观念,对姓氏、冠名非常重视和在意。且认为女儿再怎么优秀都是外人,不如儿子,民间"宁跟乞丐儿,不跟做官女"正是这种思想真实的写照。所以在这种情境之下,一般女儿就不能期望娘家父母帮忙带孩子,因为"名不正,言不顺"。即使全是儿子的家庭,父母也难有自己的话语权和选择权,大多都只能任劳任怨。

案例3:陈女士,26岁,其公婆在其新婚时就已去世,只有娘家老人可以依靠。然而由于大哥家在深圳、二哥家在成都,都处于生育二孩的阶段。其母亲具有根深蒂固的"外孙不是孙"的观念,因此只是在其月子期间辅以照料,一个月后即奔赴大哥家照顾已经上幼儿园的孙子。陈女士(非体制内)没有办法只得辞职在家当全职主妇,全家的经济重担就落到丈夫(体制内)一个人身上,要养两个孩子又只有一个人的收入,压力巨大,因此女婿对丈母娘的做法很反感也有诸多抱怨,继而导致夫妻关系受损,与丈母娘家、两个哥哥家的关系也渐行渐远。

(六)子代的依赖与嫌弃并存

如前所述,二孩时代子代对父代的依赖程度是更加严重的,这不仅是由于二孩时代育儿成本的提高和加剧,更是因为育儿作为家庭私欲问题没有得到国家层面的有力支持,家庭功能的社会化转移也并未完成,现阶段家庭的育儿成本占家庭收入的50%以上，极大消耗了家庭的现有资源，自然而然就会导致必须求助父母甚至是普遍"重幼轻老"现象的出现。子代基于缩减成本减轻压力的考量依赖父母帮忙带孩子在中国具有存在的合理性，但是依赖与嫌弃并存却是当前的现实写照，"不帮有错，帮了更错"。产生的原因如下：一是子代离开原生家庭多年后已经完成了蜕变，重塑了自我，在价值观、责任认同、生活习惯、科学认知等方面实际上与父代有很大的差距，与父代原有的认知体系形成极大反差；二是父代基于时代性形成的认知体系也不会、不可能发生较大的适应和转变，难以达到子代的各种要求，不仅是育儿还有其他社会交往、生活习惯等，缺乏了相互交流的平台，沟通无力；三是父代在迁居异地过程中，随着年龄的增长、观念的变化，自身性格、做事方式等也会发生一些变化，与子代记忆中的父母反差极大。调研中就有位女士表示，发现母亲同住后的做事方式从以前记忆中的雷厉风行变成拖拖拉拉，性格从能干要强变成了懒散啰嗦，母女间越来越缺乏可以交流的话题，关系反而变差了。调研显示，两代人在带孩子上，80%的家庭都存在分歧，只有50%的家庭通过沟通可以达成一致意见，部分家庭出现极端：拗不过老人的，最后按照老人的想法做；反之，拗不过年轻人的，老人们最终主动或被动不带孩子。这样往往会引起两代人间的矛盾冲突，影响家庭关系。

（七）父代的付出与焦虑并存

"焦虑、纠结、想放手又不忍心"是大多带孙老年人的心理状态。"带孙焦虑"泛指因为带孙子导致的体力精力上吃不消，腰酸背痛，无食欲，睡眠障碍，胸闷、心慌，委屈、高血压、脑出血等疾病，是生理和心理的双重叠加。六七十岁的老人，大多患有老年病，自己都需要人照顾，还要每天承担长时间的带孩子任务。安全员、保姆、教育家等多重身份为一体，每个环节都怕出错，否则就怕给孙子造成终生的不良后果，加上观念习惯上与子代的矛盾冲突，心理压力巨大，继而焦虑抑郁。特别是独自带孙的老年人更害怕监护失当导致孙子患病、意外等无法向子女交代。而"老漂族"除此之外更有生活环境、气候、饮食、社交等各方面的不适和牵挂，都很想家，希望能早点放下这个担子，过自己想要的自由生活，现实却是放不下，丢不开。二孩时代诸如"老漂族"、"带孙焦虑"、"被分居"、代际冲突等现象更加剧烈，往往父代就在这种追求美好生活与现实的困境中不断地调整、适应,以期早日完成带孙任务。总之,二孩新时代"老带孙"呈现出父代的"付出与焦虑"和子代的"依赖与嫌弃"并存的状态。

(八)父代之外的支持系统缺失

若有选择,事实上父代不愿意与儿女同住,更不愿意自己的老年生活被"带孙绑架",子代也喜欢有自己独立的空间,按照自己的意志来带孩子,不受父代的影响和约束。父辈为什么会"想放手又甩不开",关键原因还是国家政策缺位、社会承接家庭功能的转移不够完善,家庭仍然是二孩生育的唯一载体,所有重负都集中在家庭层面,压力过大是制约国人二孩生育行为的重要因素。笔者调研设计中关于"除父母外,面对二孩生育的家庭压力和困难,您还有谁可以求助"? 回答"没有任何人"的占比高达62.75%,可以求助"兄弟姐妹"的占比22.27%,可以求助其他亲戚的占比9.31%,好朋友占比6.88%,社区占比2.43%,政府占比4.05%;也就是说,总体上在二孩生育困境上,父代是子代唯一可靠放心的支持源泉,其他支持都很薄弱甚至没有。例如可以求助亲戚兄弟姐妹的前提肯定不是长期带孩子,最多是短期照护,而且必须在同一城市;基于现代高风险社会的压力,原本同事、朋友等社会关系在照护孩子上也是不可依靠的。在中国缺乏二孩生育家庭福利制度和政策、全社会公共资源匮乏,尤以医疗、教育资源为最;全社会缺乏尊重和照顾孕产妇、母婴的社会环境,儿童优先理念淡漠。托育服务短缺非常严重,0~3岁婴幼儿在我国各类托幼机构的入托率仅为4%,远低于一些发达国家50%的比率。基于政策支撑缺位、社会支持不足、女性回归职场、育儿成本过高和不放心、家庭经济压力过大、男性育儿缺位等各种因素,家庭成为二孩生育唯一的支撑和保障,压力巨大,尤以女性为最,唯一的可靠支持就只能是来源于父母,所以父代就被"带孙"绑架了。

四 促进二孩时代"老带孙"美好生活的对策建议

为什么"老带孙"普遍? 为什么子代与父代间矛盾不断还非绑在一起? 原因不外乎就是在二孩时代父代之外的育儿支持要么缺失、要么不可靠、要么承受不起,所以才会有极强的代际依赖。只有将父代之外的社会支持系统完善起来、重塑起来、可靠起来,家庭的代际依赖才会减轻,"老带孙"生活才会更美好。这是一个需要国家、社会、社区和家庭等各个层面共同努力推进的事情。

(一)国家分摊一定的生育成本,减轻二孩家庭压力

高生育成本可谓是制约生育行为的最主要因素,尽管中国基本国情决定其不能实现向欧美国家一样的生育福利政策,但是可以逐步制定鼓励二孩生育的一些措施,在公共服务特别是教育、医疗等方面继续加大公办教育减免力度,促进教育资源的均衡发展,避免择校等带来的高昂成本;加快公共服务容纳能力建设,有效应对生育政策调整对公共服务带来的挑战。及时解决医疗资源、教育资源总量不足,优势资源分布不均衡的问题,妥善处理城镇化导致农村教育需求减少与加快农村教育设施建设政策导向之间的矛盾,进一步加快医疗卫生资源建设和妇幼保健工作,加快城镇教育基础设施建设和师资力量配套。至少可以先从健全公共场所各种母婴配套设施设备入手,超市、车站、码头、社区卫生服务中心、游乐场等地最先设置母婴室,配套电梯、扶梯等无障碍通道,便利出行。针对"老带孙"居住方式的改变,在"房住不炒"的大政方针指导下,房地产业多开发适于父代与子代"分而不离"居住方式实现的小户型产品,租售并举,并在一定的条件下对此类家庭实行物业管理费的优惠补贴等。

(二)推进托幼事业的普惠型发展

笔者调查显示,当前的母婴托幼机构的收费远远高于当地的平均收入水平,大多家庭无力承担。以贵阳某月子中心收费标准为例:36800~68800元,28天;带有医护项目的高达12万元/月;最低价格在2.5万元左右;月嫂8000元左右,保姆(仅带孩子)4000元左右。某托管中心收费标准:全日托5500元/月,全月托8500元/月,临时日托300元/天,临时时托30元/小时。以贵阳市2017年平均工资4489元计算,夫妻双方一个人的收入根本无力支付孩子的托儿费,经济压力很大。如果没有父代的帮助,诸多高知女性在生子后只能回归家庭抚育子女,辞职回家当全职主妇,无形中又加剧了家庭的经济压力,对女性人力资源也是极大的损失和浪费。中国孩子0~3

岁的公办托幼机构是没有的，但这三年却是最耗费青年夫妻抚养精力和时间的阶段。因此建议从国家层面考虑重新发展普惠型的托幼机构，像以前的托儿所一样，公益性收费，让大多家庭都能承受，并加强监管，重塑信用和良知，让家长可能够托付、放心托付。3岁之后到小学之前的学前教育，也应该加大普惠力度，提高覆盖率。现在的趋势是农村地区的幼儿园收费低、覆盖率高，城市反而以私立高收费为主，让诸多工薪阶层负担加重，养育两个小孩的经济压力巨大。国家可以考虑对更多公办托幼机构加大扶持和补贴，在一定程度上减轻家庭压力。

（三）重塑孝道文化及代际责任认同的理性化

1. 重塑孝道文化

著名学者孙立平认为：中国社会溃败的趋势日益明显，中国最大的威胁是社会溃败问题，这不得不发人深省。传统优秀文化的逐渐衰退使"百善孝为先"的孝道文化也受到极大的冲击，视"老带孙"为"理所当然"之事的子代就是缺乏"孝道"认知的人群，"重幼轻老"的社会不良之风不仅是家庭有限资源约束下的选择，更是一种不尊重老人、不孝顺老人的体现。因此必须在精神文化领域重塑孝道文化、良性的生育文化等社会价值，发扬中国优良的传统文化示范作用。将"带孙"与"养老"二者割裂开来，而非将代际亲情体现变成了代际交换关系。

2. 代际责任认同的理性化

责任的一般定义是指个人分内应做之事，代际责任关系是家庭成员责任关系的主要表现。家庭内的代际责任履行更多地受民俗、习惯、宗规族训约束，而不受或很少受法律干预。[①] 随着时代的发展，父代在帮忙带孙的过程中不断受到子代的嫌弃和责难，不满情绪不断累积，由此发生争吵、离家出走、弃之不管、焦虑抑郁等现象逐渐增多，从而也导致父代在带孙问题上的代际责任认同发生了变化。原本充满期望的"含饴弄孙"的美好生活与现实的不适应、不开心形成了鲜明的对比，诸多父代就在重新审视自己一贯全情付出的价值到

---

① 王跃生：《中国家庭代际关系内容及其时期差异——历史与现实相结合的考察》，《中国社会科学院研究生院学报》2011年第3期。

底在哪里？他们牺牲了美好自由的老年生活，被道德绑架，却又不能从中找到价值感、幸福感，从开始"儿女感恩戴德，父母欣喜万分"的状态变成了"感恩变成了抱怨，欣喜变成了委屈"，有些子女认为父母帮忙带孩子是天经地义的事情，最好还"能干话少"，甚至有子女威胁父母："你不帮我带小孩，我就不养你，不回去看你。"

因此越来越多的父辈已经"觉醒"，不愿意再承担不是自己责任范围内的带孙事务，要么直接不管要么辅以经济支持，出钱给子代请月嫂、请保姆等表达自己的爱孙之情。子代在责难父母的同时也逐渐意识到"生儿育女是为人父母天经地义的责任"，而非父代的职责。尽管从情理和伦理上讲，"老带孙"有存在的合理价值，是基于家庭成本最小收益最大的选择，也是代际关系中亲情的体现，但从法理上讲，老人是没有法定义务帮忙带孩子的，他们也有权要求"带孙费"，有权选择自己的老年生活。子女只有清晰地认识到养育儿女是自身分内之事，是自己的责任，就不会对父代那么苛求、责难。

（四）"老带孙"群体的社区关注

"老漂族"属于中国流动人口大军中的重要组成部分，"被分居"老人则是老年流动人口产生的结果，两类人群都是社区基层大量存在的群体，只有基层组织能够有效发挥照顾关爱功能。一是社区可以将"老漂族"纳入流动人口关爱体系中。为其融入当地生活提供尽可能多的便利，如多组织社区活动，发动"老漂族"和社区原住老人互动，形成良好的社区邻里关系。同时也可以借助文体活动、老年娱乐室的平台搭建"老漂族"寻找易于融入的老乡团体。调研显示：身在异地的老人在小区通过"找老乡"形式形成了"东北帮""湖南帮""老四川"等，这种同乡认同及同乡情感在中国城市中是一大特色，在很大程度上能够缓解"老带孙"群体的漂泊感和失落感。二是将"被分居"老人纳入常住人口服务中，加以照顾。对"被分居"老人、带孙焦虑群体提供更多的人文关怀服务。三是借助社工平台，对"老漂族""带孙焦虑"群体、"被分居"老人、代际矛盾突出的家庭进行社工介入和干预，加强心理疏导。帮助各人群明确自身责任，定位自我要求，调试心理状态。实现"子代要感恩，依赖不嫌弃；父代要调适，付出不焦虑"的其乐融融的带孙状态，才能共享天伦之乐。

（五）健全家庭发展福利政策，加强家庭发展能力建设

无论如何，育儿职责最终都将落地于家庭，只有家庭能够实现财务自由、减轻经济压力，才能在代际依赖中做出灵活自由的选择，因此必须加强家庭发展的能力建设，提高家庭抗风险能力，才能促进育儿的长足发展。

1. 健全家庭发展视角下的各种福利政策

人口再生产事关国家命运，民族存亡，并非是单一的家庭内部问题，但是中国一向缺乏以家庭为核心的福利制度，在生育行为上，为减缓家庭的生育压力，应以家庭发展为核心，建立健全各种福利制度，包括生育奖励、补贴和税收减免等相关政策。促进家庭成员的充分就业和创业，提供相关支持和帮助，完善家庭相关教育政策，提供充足的教育资源，减免教育费用；促进家庭成员整体健康，包括孕产妇筛查、婴幼儿体检、医疗保险等；完善促进家庭发展的各种政策体系，包括税收、金融等政策；建立和完善二孩生育家庭临时困难救助的长效机制。

2. 加强家庭发展能力建设

围绕"科学育儿、家庭保健、养老照护、家庭文化"等为核心，以育儿为抓手，将家庭保健、养老照护、家庭和谐文化建设等融为一体，疏导和化解"老带孙"生活中存在的各种代际矛盾和问题。针对逐年上涨的物价水平，公职人员较为固定的工资性收入根本无法收支平衡，国家层面应注重顶层设计，指导各地出台促进公职人员有条件地自主创业、增加非工资性收入的相关政策和措施，为普通职工家庭创收增收，增强抵御风险的能力。同时开发更多更丰富的保险产品，应对二孩家庭在高风险社会抵御育儿风险的能力。

从新中国成立前传统时期到当代，亲代义务、责任和亲情付出不仅没有减少，而且有强化的趋向；子代义务和责任则呈现弱化之势，二孩生育更是加剧了这一趋势。"老带孙"从亲情奉献变成责任义务，从开始"儿女感恩戴德，父母欣喜万分"的状态变成"感恩变成了抱怨，欣喜变成了委屈"，如此种种都是不利于二孩政策的实施，不利于代际关系的融洽，也不利于家庭、社会的和谐发展，与新时代追求美好生活的愿望背道而驰。因此子代应充分认识到自身的代际责任，要勇于承担育儿责任和义务，体谅父代帮忙带孙的艰辛劳苦，加强沟通调试，共同促进家庭幸福，实现美好生活。

B.17
全面二孩政策下的母婴安全

牟鸿江 韩燕 朱玲 黄太华 杨梅 张玲*

摘　要： 全面二孩政策实施以来，贵州乃至全国母婴安全面临严峻挑战，危重孕产妇、新生儿救治压力空前增加。孕产妇死亡率、婴儿死亡率和5岁以下儿童死亡率是国际上公认的基础健康指标，也是衡量一个国家或地区社会经济发展和人类发展的重要综合性指标。本文通过对比分析全面二孩政策实施前后贵州省孕产妇死亡率、5岁以下儿童死亡率以及主要死因构成的变化情况，结合实地走访调研，对贵州省全面二孩政策实施以来的母婴安全现况、主要影响因素进行了分析，对如何提高危重孕产妇、新生儿救助能力，保障母婴安全提出了政策建议。

关键词： 全面二孩　孕产妇死亡　新生儿死亡　母婴安全

2015年10月29日，党的十八届五中全会胜利闭幕，会议决定：全面实施一对夫妇可生育两个孩子政策，积极开展应对人口老龄化行动。2015年12月31日，中共中央国务院印发了《关于实施全面两孩政策　改革完善计划生育服务管理的决定》，从2016年1月1日起，全面实行"一对夫妇可生育两个孩子政策"（简称"全面二孩政策"）。这是继2013年，党的十八届三中全会决定启动实施"单独二孩"政策之后的又一次人口政策调整。

可以预见，二孩政策的全面实施，将会对我国社会经济发展产生重大而深

---

* 牟鸿江，贵州省疾病预防控制中心妇幼保健所所长，硕士研究生导师，主任医师，中国妇幼保健协会常务理事，主要研究方向为公共卫生、妇幼保健及妇幼卫生管理。

远的影响，人口结构、性别结构将逐步得到优化，社会保障体系更加健康发展，房地产、妇婴用品等相关产业也将迎来发展机遇。但是，随着累积生育需求的集中释放，产科、儿科服务需求将大幅增长，大中城市产科床位"一床难求"的现象将愈演愈烈，母婴安全也将迎来严峻挑战。为此，课题组通过对比分析全面二孩政策实施前后贵州省孕产妇死亡率、5岁以下儿童死亡率以及主要死因构成的变化情况，结合实地走访调研，拟对贵州省全面二孩政策实施以来的母婴安全现况、主要因素及政策建议进行探讨。

一 母婴安全现况

健康权首先是生存权，衡量母婴安全的指标主要是孕产妇死亡率、婴儿死亡率和5岁以下儿童死亡率，它们不仅仅是医学指标，更是衡量一个国家或地区社会经济发展的重要指标。2000年，世界各国首脑聚会纽约通过的《联合国千年宣言》，将"2015年，孕产妇死亡率在1990年的基础上下降四分之三"纳入联合国"千年发展目标"。因此，我们对全省近阶段的孕产妇死亡率、婴儿死亡率和5岁以下儿童死亡率进行分析，以研究贵州省母婴安全现况。

（一）2000~2010年全省妇幼卫生主要指标变化情况

1. 孕产妇死亡率变化情况（见图1）

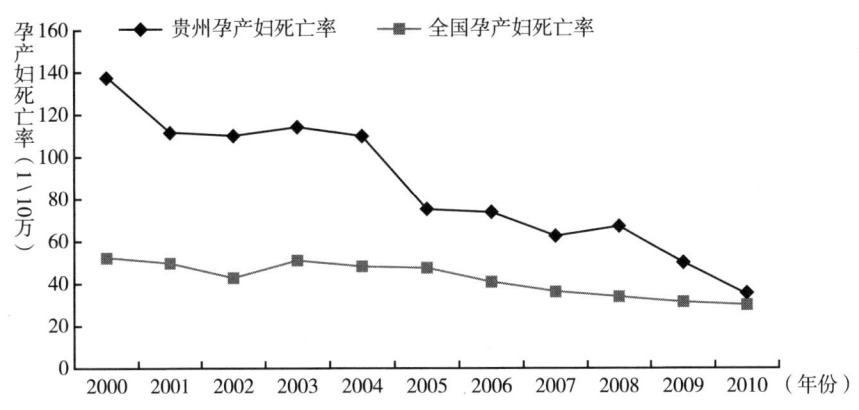

图1　2000~2010年贵州省与全国孕产妇死亡率变化情况

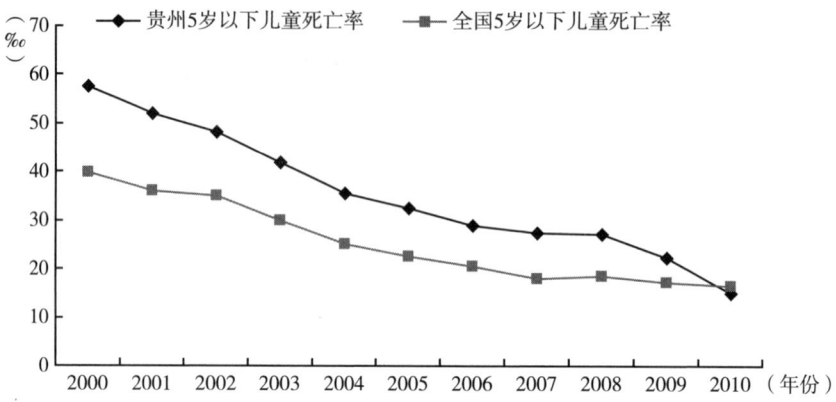

图2 2000~2010年贵州省与全国5岁以下儿童死亡率变化情况

2.5岁以下儿童死亡率变化情况

从图1、图2可见，21世纪初期，贵州省孕产妇死亡率、5岁以下儿童死亡率从远高于全国，到2010年接近全国平均水平。2001年以来，通过实施"降消"项目（降低孕产妇死亡率，消除新生儿破伤风），广泛宣传、动员孕产妇住院分娩，对来不及住院分娩的孕产妇实施新法接生，对经济困难的农村孕产妇实行贫困救助。全省孕产妇住院分娩率，特别是农村孕产妇住院分娩率逐年提高，孕产妇死亡率、儿童死亡率逐年下降，母婴安全长期滞后于全国的局面得到很大改观。

特别是从2010年起，贵州省政府首次将"住院分娩率、孕产妇死亡率、婴儿死亡率和新生儿破伤风发病率"纳入政府年度考核目标，各级政府之间以及各级政府与各级卫生行政部门之间，层层签订了目标责任状，明确奖惩制度、逐级分解落实、确保目标实现。随着"降消"项目和农村孕产妇住院分娩补助项目实施范围的扩大和补助资金的增多，加之新型农村合作医疗，基本实现了农村孕产妇平产住院分娩基本免费，危重症孕产妇得到及时救治并减轻医疗负担。根据妇幼卫生年报数据，全省孕产妇住院分娩率从2000年的24.2%提高至2010年的88.07%，提高了63.87个百分点；孕产妇死亡率从2000年的137.9/10万下降至2010年35.4/10万，下降了74.33%；婴儿死亡率从2000年的44.79‰下降至2010年的11.86‰，下降了73.52%；5岁以下儿童死亡率从2000年的57.46‰下降至2010年的14.99‰，下降了73.91%。

以上数据显示，2000~2010年，贵州省妇幼卫生指标显著改善，提前实现了《贵州省"十一五"卫生事业发展规划》中"2010年婴儿死亡率下降至25‰，五岁以下儿童死亡率下降至26‰；孕产妇死亡率下降至82/10万"的规划目标，圆满实现了国务院2001~2010年"妇女发展规划纲要"和"儿童发展规划纲要"（简称"两纲"）要求的"孕产妇死亡率以2000年为基数下降四分之一""婴儿及5岁以下儿童死亡率以2000年为基数下降五分之一"的目标，母婴安全形势显著改善。

（二）全面二孩政策实施前后的母婴安全形势

1. 2011~2016年孕产妇死亡率变化情况

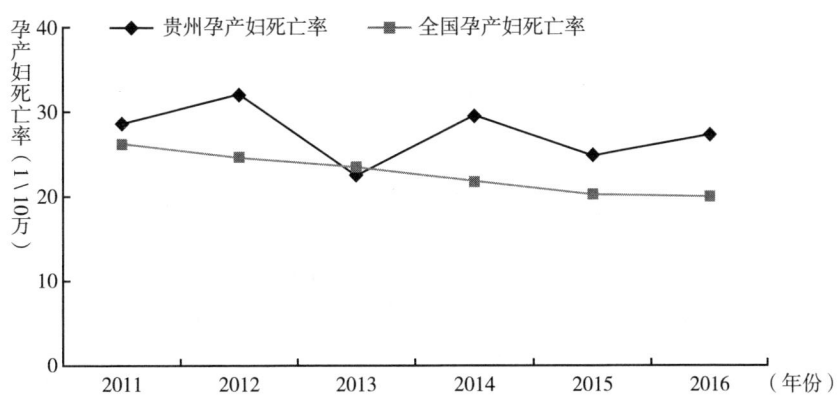

图3　贵州与全国孕产妇死亡率对比（2011~2016年）

2. 2011~2016年5岁以下儿童死亡率变化情况

从图3、图4看，全国孕产妇死亡率从2011年的26.1/10万逐年稳步下降至2016年的19.9/10万，5岁以下儿童死亡率从2011年的15.6‰逐年稳步下降至2016年的10.2‰，尽管2016年实施全面二孩政策，全国的孕产妇死亡率、儿童死亡率也没有出现反弹。

从贵州省的变化趋势看，5岁以下儿童死亡率逐年下降的趋势非常明显，尽管个别年份（如2014年）略有反弹，但2016年实施全面二孩政策对儿童死亡率的影响仍不明显，在2015年12.22‰的基础上稳步下降至2016年的10.91‰，接近全国同期平均水平（2016年全国为10.2‰）。

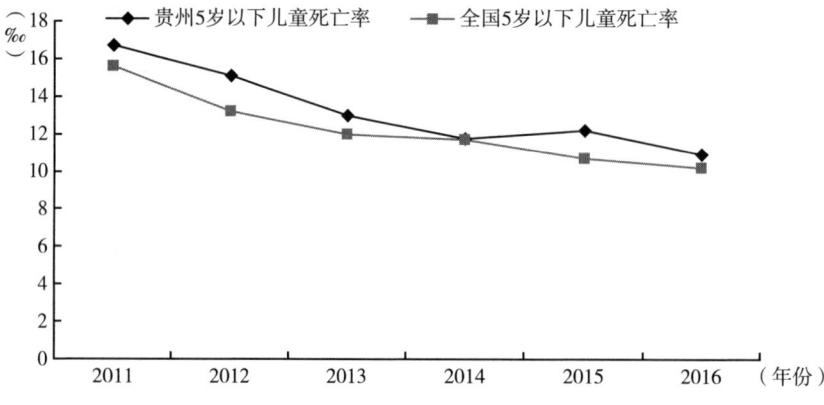

图4 贵州与全国5岁以下儿童死亡率对比（2011~2016年）

但是，贵州省孕产妇死亡率的变化却不像2000~2010年逐年下降，2011~2016年虽总体呈下降趋势，但期间有多次反弹，特别是从2015年24.64/10万上升至2016年27.25/10万，几乎回到2011年（28.54/10万）水平。

3. 2014~2016年全省各市州孕产妇死亡率分布及变化情况

表1 各市、州孕产妇死亡率

单位：人，1/10万

地区	2014年			2015年			2016年		
	活产数	死亡数	死亡率	活产数	死亡数	死亡率	活产数	死亡数	死亡率
贵　阳	38998	10	25.64	36644	8	21.83	46043	9	19.55
遵　义	68118	16	23.49	65513	7	10.68	77634	15	19.32
安　顺	29561	7	23.68	26886	7	26.04	28468	5	17.56
六盘水	26187	8	30.55	24117	6	24.88	30025	8	26.64
毕　节	70103	22	31.38	69605	20	28.73	76346	18	23.58
铜　仁	42380	5	11.80	40010	7	17.50	40909	14	34.22
黔　南	42487	15	35.30	41951	7	16.69	43546	8	18.37
黔东南	44643	8	17.92	41504	7	16.87	44042	8	18.16
黔西南	33127	15	45.28	32825	6	18.28	36349	7	19.26
贵安新区	—	—	—	1781	0	—	1949	1	—
仁　怀	7329	2	—	7946	5	—	8960	2	—
威　宁	11456	3	—	10771	2	—	12850	5	—
合　计	414389	111		399553	82		447121	100	

从表1可见，在实施全面二孩政策的前两年，全省孕产妇死亡数已从2014年的111例下降至2015年的两位数（82例），2016年又再次回到三位数。从市州分布看，贵阳市、毕节市、黔南州、黔西南州近三年孕产妇死亡率呈逐年下降趋势，2016年反弹不明显，特别是黔西南州、毕节市近三年孕产妇死亡率降幅较大。但铜仁市、遵义市、黔东南州出现了明显反弹或波动，特别是铜仁市，2016年与前两年相比几乎上升了一倍。

二　孕产妇、儿童主要死因分析

（一）孕产妇主要死因分析

1. 2011~2016年全省孕产妇主要死因分析

表2　2011~2016年贵州省孕产妇主要死因统计

死亡原因	2011年 人	构成比	2012年 人	构成比	2013年 人	构成比	2014年 人	构成比	2015年 人	构成比	2016年 人	构成比
直接产科因素：	77	70.64	72	62.60	68	69.38	79	71.82	45	58.44	51	52.04
产科出血	45	41.28	47	40.86	45	45.92	48	43.64	27	35.06	30	30.61
妊娠期高血压疾病	10	9.17	14	12.18	10	10.20	16	14.54	7	9.09	6	6.12
产褥感染	2	1.83	2	1.74	1	1.02	2	1.82	4	5.19	0	0.00
羊水栓塞	14	12.84	9	7.83	8	8.16	9	8.18	6	7.79	15	15.31
其他产科原因	6	5.52	0	0.00	4	4.08	4	3.64	1	1.31	0	0.00
间接产科因素：	32	29.36	43	37.45	30	30.62	31	28.18	32	41.56	47	47.96
静脉血栓形成与肺栓塞	6	5.48	7	6.14	7	7.15	3	2.72	3	3.90	6	6.12
心脏病	5	4.68	4	3.48	6	6.13	8	7.27	9	11.69	8	8.17
肺炎	4	3.62	—	0.00	1	1.02	1	0.91	1	1.30	0	0.00
肺结核	—	—	3	2.61	1	1.02	1	0.91	—	—	3	3.06
蛛网膜下腔出血	2	1.83	1	0.87	—	—	3	2.73	0	0.00	1	1.02
特发性脂肪肝	2	1.83	3	2.61	1	1.02	2	1.82	3	3.90	2	2.04
急、慢性病毒性肝炎	—	—	—	—	3	3.05	1	0.91	3	3.90	2	2.04
癫痫	—	—	—	—	—	—	—	—	2	2.59	2	2.04
甲亢	—	—	—	—	—	—	—	—	1	1.30	1	1.02
支气管哮喘	—	—	—	—	—	—	—	—	1	1.30	0	0.00
过敏性休克	—	—	—	—	—	—	—	—	1	1.30	0	0.00
其他血液病	—	—	—	—	—	—	—	—	0	0.00	2	2.04
其他疾病	13	11.92	25	21.74	11	11.23	12	10.91	8	10.38	20	20.41

从表2可见，2011～2016年全省死亡孕产妇的主要死因构成呈现"直接产科因素逐年降低，间接产科因素逐年上升"的流行特征，2011年70.64%死于直接产科因素、29.36%死于间接产科因素，到2016年直接产科因素和间接产科因素约各占一半。也就是说，过去死亡的孕产妇大多死于产科出血、妊娠期高血压疾病、羊水栓塞、产褥感染等与产科直接相关的疾病，但近几年死亡的孕产妇越来越多地死于静脉栓塞、肺栓塞、心脏病、肺炎、肺结核、支气管哮喘等内科、传染科等非产科疾病。这一流行特征的变化对产科而言具有挑战性，提示需高度关注和提高危重孕产妇的综合救治能力。

在直接产科因素中，尽管近年来构成比逐年下降，但产科出血依然是最主要的致死因素。2011年死亡孕产妇中41.28%死于产科出血，2016年30.61%，仍高居第一位死因。值得注意的是，羊水栓塞构成比在2016年上升至15.30%。

在间接产科因素中，死于心脏病的构成比呈逐年上升趋势，由2011年的4.89%上升至2016年的8.16%，几乎增加了一倍。另外，前几年很少发生的导致孕产妇死亡的疾病如肺结核、特发性脂肪肝、病毒性肝炎、血液系统疾病、癫痫等，近两年逐渐增多，成为孕产妇死亡的重要因素，值得关注和研究。

2. 2014～2016年全省产科出血死亡率（1/10万）分布及变化情况

表3 2014～2016年贵州省产科出血死亡率分布及变化情况

单位：人，1/10万

地区	2014年			2015年			2016年		
	活产数	产科出血死亡数	死亡率	活产数	产科出血死亡数	死亡率	活产数	产科出血死亡数	死亡率
贵　　阳	38998	6	15.39	36644	2	5.46	46043	1	2.17
遵　　义	68118	5	7.34	65513	2	3.05	77634	3	3.86
安　　顺	29561	1	3.38	26886	3	11.16	28468	4	14.05
六 盘 水	26187	3	11.46	24117	3	12.44	30025	3	9.99
毕　　节	70103	15	21.40	69605	8	11.49	76346	4	5.24
铜　　仁	42380	4	9.44	40010	1	2.50	40909	5	12.22
黔　　南	42487	4	9.41	41951	2	4.77	43546	1	2.30
黔 东 南	44643	3	6.72	41504	3	7.23	44042	4	9.08
黔 西 南	33127	5	15.09	32825	3	9.14	36349	2	5.50

续表

地区	2014年			2015年			2016年		
	活产数	产科出血死亡数	死亡率	活产数	产科出血死亡数	死亡率	活产数	产科出血死亡数	死亡率
贵安新区	—	—	—	1781	0	0.00	1949	0	0.00
仁 怀	7329	0		7946	0	0.00	8960	0	0.00
威 宁	11456	3	26.19	10771	0	0.00	12850	3	23.35
全 省	414389	49	11.82	399553	27	6.76	447121	30	6.71

产科出血作为全省孕产妇第一位死因，各地死亡率分布及变化特征尤需关注。从表3可见，2014~2016年，贵阳市、遵义市、毕节市、黔西南州、六盘水市、黔南州六个地区的产科出血死亡率呈下降趋势，铜仁市、安顺市、黔东南州产科出血死亡率无明显下降甚至不降反升。威宁县一直处于较高水平。产科出血死亡率水平及变化特征，直接反映一个地区的产科医疗资源配置、产科质量和产科出血防治水平。

3. 2012~2016年全省孕产妇主要死亡原因顺位

从表4可见，2012~2016年贵州省死亡孕产妇中前五位主要死因略有不同，主要有以下特点：①第一位死因一直是产科出血，但构成比逐年降低；②妊娠合并心脏病有逐年增加趋势，主要死因顺位逐步前移；③羊水栓塞作为病死率很高的产科并发症，一直位居前三位；④静脉血栓形成、肺栓塞、特发性脂肪肝和急、慢性病毒性肝炎等非产科疾病已跻身前五位，且构成比有增高趋势。

表4 2012~2016年孕产妇主要死因及顺位

单位：%

	第一位		第二位		第三位		第四位		第五位	
2012年	产科出血		妊娠期高血压疾病		羊水栓塞		静脉血栓形成及肺栓塞		妊娠合并心脏病	
	人	构成比	人	构成比	人	构成比	人	构成比	人	构成比
	47	40.86	14	12.17	9	7.83	7	6.09	4	3.48
	第一位		第二位		第三位		第四位		第五位	
2013年	产科出血		妊娠期高血压疾病		羊水栓塞		静脉血栓形成及肺栓塞		妊娠合并心脏病	
	人	构成比	人	构成比	人	构成比	人	构成比	人	构成比
	45	45.92	10	10.21	8	8.16	7	7.14	6	6.12

续表

	第一位		第二位		第三位		第四位		第五位	
2014年	产科出血		妊娠期高血压疾病		羊水栓塞		妊娠合并心脏病		静脉血栓形成及肺栓塞	
	人	构成比	人	构成比	人	构成比	人	构成比	人	构成比
	48	43.64	16	14.54	9	8.18	8	7.27	9	2.73
2015年	第一位		第二位		第三位		第四位		第五位	
	产科出血		妊娠合并心脏病		妊娠期高血压疾病,羊水栓塞(并列)		产褥感染		静脉血栓形成与肺栓塞,特发性脂肪肝,急、慢性病毒性肝炎	
	人	构成比	人	构成比	人	构成比	人	构成比	人	构成比
	27	35.06	9	11.68	6	7.79	4	5.19	3	3.89
2016年	第一位		第二位		第三位		第四位		第五位	
	产科出血		羊水栓塞		心脏病		妊娠高血压疾病		静脉血栓形成及肺栓塞	
	人	构成比	人	构成比	人	构成比	人	构成比	人	构成比
	30	30.61	15	15.31	8	8.16	7	7.14	6	6.12

（二）儿童死亡率分布及主要死因

1. 2014～2016年全省5岁以下儿童死亡构成及变化情况

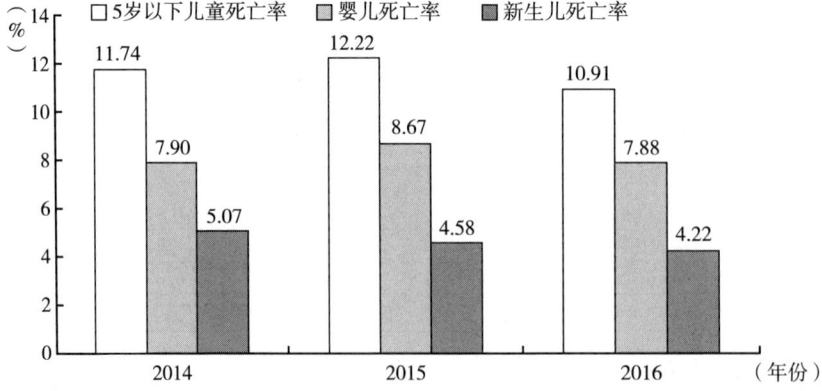

图5　2014～2016年全省5岁以下儿童、婴儿、新生儿死亡率变化情况

表5 2014~2016年全省5岁以下儿童死亡年龄构成比

单位：%

年龄	2014	2015	2016
新生儿	42.60	39.70	41.90
婴儿	66.50	70.90	72.40
1岁	10.20	10.90	10.00
2岁	11.60	8.40	7.90
3岁	6.00	5.50	5.90
4岁	5.60	4.20	3.90
0~4岁	100.00	100.00	100.00

注：婴儿数包括新生儿数，0~4岁构成比不再重复计算新生儿。

从图5、表5可见，2014~2016年全省5岁以下儿童死亡率、婴儿死亡率、新生儿死亡率均有下降，其中，婴儿死亡率占5岁以下儿童死亡率的构成比由2014年的66.50%，逐年上升至2015年的70.90%、2016年的72.40%，也就是说，贵州省死亡的5岁以下儿童70%以上是不满一岁的婴儿；新生儿死亡率占5岁以下儿童死亡率的构成比由2014年的42.6%，下降至2015年的39.70%、2016年的41.90%，换句话说，贵州省5岁以下儿童的死亡近40%发生于不满28天的新生儿。

因此，要降低5岁以下儿童死亡率，关键在降低婴儿死亡率，特别是新生儿死亡率。

2. 2014~2016年全省5岁以下儿童死亡城市与农村构成及变化情况

表6 2014~2016年全省5岁以下儿童、婴儿、新生儿死亡率城市和农村分布

单位：‰

	5岁以下儿童死亡率			婴儿死亡率			新生儿死亡率		
	2014	2015	2016	2014	2015	2016	2014	2015	2016
全省	11.74	12.22	10.91	7.90	8.67	7.88	5.07	4.58	4.52
城市	7.01	10.29	7.50	4.73	7.57	5.54	2.86	4.23	3.50
农村	14.15	13.21	12.66	9.52	9.23	9.07	6.20	4.75	5.04

从表6、图6可见，2014~2016年全省5岁以下儿童死亡率、婴儿死亡率、新生儿死亡率农村均高于城市，2014年农村地区的5岁以下儿童死亡

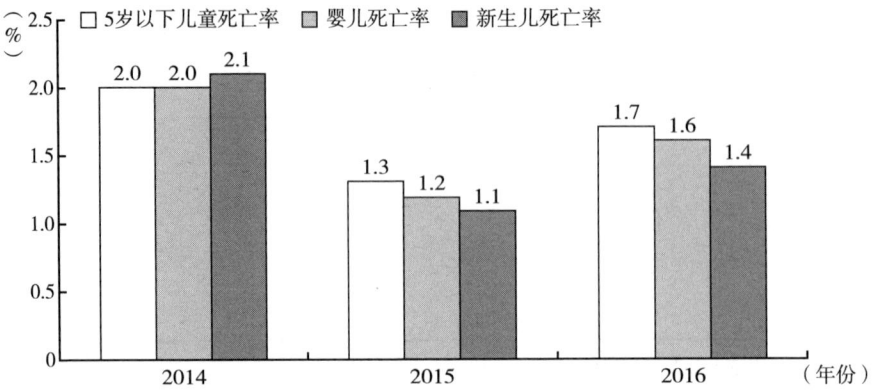

图6 2014~2016年全省5岁以下儿童死亡率的城乡差异倍数变化情况

率、婴儿死亡率、新生儿死亡率几乎都是城市地区的2倍,但近两年这种差异在缩小。

3. 2014~2016年全省5岁以下儿童主要疾病死因别死亡率(1/10万)和顺位

表7 2014~2016年全省5岁以下儿童主要疾病死因别死亡率和顺位

单位:1/10万

位次	2014	2015	2016
第一位	肺炎(234.00)	肺炎(207.50)	肺炎(161.30)
第二位	早产或低出生体重(153.60)	先天性心脏病(102.30)	先天性心脏病(106.70)
第三位	意外窒息(106.70)	早产或低出生体重(100.80)	出生窒息(101.60)
第四位	出生窒息(102.60)	出生窒息(96.30)	意外窒息(78.80)
第五位	先天性心脏病(90.30)	意外窒息(91.90)	早产或低出生体重(76.20)

从表7可见,2014~2016年全省5岁以下儿童前五位疾病和死因别死亡率(1/10万)出现一些变化,具体特征是:①尽管肺炎作为第一位死因没有变化,但死因别死亡率却明显逐年降低;②先天性心脏病位次前移,且死因别死亡率有逐年上升趋势;③早产或低出生体重位次后移,且死因别死亡率有明显逐年降低趋势,2016年在2014年基础上下降了50.39%;④出生窒息位次及死因别死亡率没有明显下降;⑤意外窒息虽仍位于前五位死因,但死因别死亡率却逐年下降。

4. 2014~2016年全省婴儿主要疾病死因别死亡率（1/10万）和顺位

表8 2014~2016年全省婴儿死亡主要疾病死因别死亡率

单位：1/10万

位次	2014年	2015年	2016年
第一位	肺炎(176.50)	肺炎(170.40)	肺炎(123.20)
第二位	早产或低出生体重(115.00)	早产或低出生体重(100.80)	出生窒息(101.60)
第三位	出生窒息(102.60)	出生窒息(96.30)	先天性心脏病(77.50)
第四位	意外窒息(94.40)	先天性心脏病(83.00)	早产或低出生体重(76.20)
第五位	先天性心脏病(53.40)	意外窒息(80.00)	意外窒息(66.10)

从表8可见，2014~2016年婴儿死亡的第一位因素仍然是肺炎，但死因别死亡率呈逐年下降趋势；出生窒息仍居前三位死因，且死因别死亡率无明显下降；先天性心脏病位次不断前移，死因别死亡率有上升趋势；早产或低出生体重位次逐渐后移，且死因别死亡率逐年降低。

5. 2014~2016年全省新生儿主要疾病死因别死亡率（1/10万）和顺位

表9 2014~2016年全省新生儿主要疾病死因别死亡率

单位：1/10万

位次	2014年	2015年	2016年
第一位	早产或低出生体重(110.80)	出生窒息(96.30)	出生窒息(101.60)
第二位	出生窒息(102.60)	早产或低出生体重(90.04)	早产或低出生体重(73.70)
第三位	肺炎(94.40)	肺炎(71.10)	肺炎(53.30)
第四位	意外窒息(49.03)	新生儿呼窘(41.05)	先天性心脏病(36.80)
第五位	新生儿呼窘(24.06)	先天性心脏病(32.60)	新生儿呼窘(35.60)

从表9可见，新生儿主要死因不同于婴儿和5岁以下儿童，主要有以下特点：①出生窒息占第一位死因，且近三年死因别死亡率无明显下降；②早产或低出生体重虽死因别死亡率逐年降低，但依然稳居前两位死因；③肺炎虽一直居第三位死因，但死因别死亡率却呈逐年下降趋势；④新生儿呼吸窘迫综合征和先天性心脏病有位次前移、死因别死亡率逐年上升趋势。

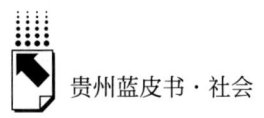

三 主要影响因素

(一) 累积生育需求大幅度增长与医疗资源配置、医疗服务提供不足的矛盾

据统计，2010~2015年贵州省卫生资源总量逐年增加，每千人口卫生机构床位、医院卫生院床位、卫生技术人员、执业（助理）医师及注册护士数均呈现上升趋势，平均增长分别为12.95%、13.61%、12.46%、8.17%和15.77%，其中每千人执业（助理）医师数增长速度较缓，医护比仍低于1:2标准（见表10）。

表10 2010~2015年贵州省每千人口主要卫生资源拥有量分布情况

单位：张，人

年份	卫生机构床位	医院卫生院床位	卫生技术人员	执业（助理）医师	注册护士	医护比
2010	3.03	2.81	2.95	1.21	1.04	0.85
2011	3.39	3.11	3.24	1.27	1.20	0.95
2012	3.92	3.72	4.38	1.41	1.40	0.99
2013	4.66	4.45	4.47	1.60	1.70	1.06
2014	5.18	4.96	4.84	1.65	1.91	1.16
2015	5.57	5.31	5.31	1.80	2.16	1.20

由于卫生专业技术人员培养周期长，千人执业医师数不太可能在短时期内快速增长，特别像妇产科临床这类专业性强、技术要求高、医疗风险大的临床医生，更不可能在短期内大幅度增加。但据妇幼卫生年报数据显示，贵州省2015年活产数为39.95万人，2016年上升至44.71万人，2017年更是增加至57.75万人（此数据尚未质控，可能有变化），按此计算，全省活产数三年增加了17.8万人（44.55%）。这也解释了贵州省县级以上综合医院、妇幼保健院特别是三级医院等"优质医疗资源"产科床位一床难求的现象。我们在调研中时常看到怀孕的医务人员挺着大肚子给孕产妇服务的情况，贵州医科大学附属医院等三甲医院产科病房走廊上经常加床，产科床位使用率甚至超过150%。不仅增加了产科医

护人员的工作量,同样也增大了医疗安全风险。由此可见,孕产妇死亡率上升的首要因素是医疗卫生资源不能满足短期内快速增长的产科需求所致。

(二)高龄、高危孕产妇数量及比例均显著增加,不良妊娠风险加大

1. 高龄孕产妇增多

据全省2014~2016年孕产妇死亡病例评审分析数据显示,2015、2016年二孩政策实施后,35岁及以上年龄的孕产妇均较2014年大幅上升,并存在地区差异,以贵阳市、毕节市增加最多;同时,年龄偏高的30~35岁组,也有所增高,小于20岁变化不大。

表11 2014~2016年全省死亡孕产妇年龄构成变化情况

地区	<20岁			30~34岁			35岁以上		
	2014年	2015年	2016年	2014年	2015年	2016年	2014年	2015年	2016年
贵　阳	0.00	0.00	0.00	3.64	0.00	1.02	0.91	5.19	5.10
遵　义	0.91	1.30	2.04	6.36	1.30	3.06	1.82	3.90	3.06
安　顺	0.00	0.00	1.02	1.82	0.00	1.02	0.00	1.30	0.00
六盘水	1.82	1.30	0.00	2.73	1.30	0.00	0.91	1.30	3.06
毕　节	3.64	3.90	1.02	2.73	1.30	2.04	2.73	11.69	3.06
铜　仁	0.00	0.00	1.02	0.91	1.30	4.08	0.91	3.90	1.02
黔　南	0.91	0.00	0.00	4.55	1.30	2.04	0.91	2.60	1.02
黔东南	1.82	1.30	0.00	4.55	5.19	4.08	2.73	0.00	2.04
黔西南	0.91	1.30	2.04	2.73	0.00	1.02	3.64	1.30	0.00
贵安新区	0.00	0.00	0.00	0.00	0.00	0.00	0.00	0.00	0.00
仁　怀	0.00	0.00	0.00	0.00	0.00	1.30	0.00	2.60	1.02
威　宁	0.00	1.30	3.06	0.00	0.00	0.00	0.00	0.00	1.02
合　计	10.01	10.40	10.20	30.02	12.99	19.38	14.56	33.78	20.40

2. 危重孕产妇比例增加

据贵州省10家医院危重孕产妇监测结果(见表12),2012~2016年孕产妇中有妊娠合并症或并发症的比例从40.55%增加至63.53%,危重症发生率从0.6%增加至0.91%。按此比例计算,贵州省57万名孕产妇中有36万名有妊娠合并症或并发症,出现危及生命的危重症患者高达5000多例,妊娠风险显著增加。

表12 2012～2016年全省危重孕产妇医院监测结果

单位：%

年 份	2012	2013	2014	2015	2016
危重症发生率	0.60	0.66	0.71	0.76	0.91
合并症/并发症发生率	40.55	40.55	50.61	52.24	63.53

（三）产前保健覆盖不足，孕期高危筛查与管理有待加强

从2014～2016年贵州省孕产妇死亡评审结果看，死亡孕产妇中仍有20%以上孕期没有建卡、没有接受产前检查，真正按《孕产期保健规范》要求接受5次及以上产检的孕产妇只有23%（见表13）。

正是由于部分孕产妇主动接受产前保健的意识不强，孕期未到医疗保健机构建卡、产检，一些孕期合并症/并发症未能及时发现、规范治疗，最终发展成危重症而导致死亡。

表13 2014～2016年死亡孕产妇产前保健情况

产检次数	2014年		2015年		2016年	
	人	构成比	人	构成比	人	构成比
0	30	30.61	32	29.09	20	20.41
1～2	29	29.59	23	20.91	31	31.63
3～4	18	18.37	25	22.73	24	24.49
≥5	21	21.43	30	27.27	23	23.47
不详	—	—				
合计	98	100	110	100	98	100

四 政策建议

（一）实施医疗保健服务供给侧结构性改革，补短板、强服务，逐步缩小产儿科服务需求增长与服务提供不足的差距

2015年9月28日，贵州省委、省政府召开了"全省医疗卫生事业发展大

会",这在贵州省历史上尚属首次。陈敏尔书记作了"举全省之力打造健康贵州、以全民健康助推全面小康"的重要讲话,指出了制约贵州省医疗卫生事业发展的主要因素是医疗卫生资源供给不足,明确提出了"像抓教育一样抓好医疗卫生工作"。近两年来,通过实施"医疗卫生五大建设工程""百院大战""黔医人才计划""五个全覆盖""五个全民建成"等重大举措,全省医疗卫生资源短缺的问题得到一定程度缓解,全省总体医疗服务能力有效提升。但是,妇产科、儿科、新生儿科等临床科室由于专业性强、辛苦程度高、医疗风险大、医患纠纷多、待遇相对低等特点,成为医疗卫生资源短板中的短板。

以全省98家妇幼保健机构为例,根据每年一次的妇幼保健机构监测结果,2015~2016年在市县级妇幼保健院、计划生育服务站整合的情况下,2016年市(州)级床位仅增加22.7%,县(区)级床位仅增加19.5%,目前仍有3家市级妇幼保健机构和近1/3的县级妇幼保健机构不能开展产科服务,贵州省甚至没有真正意义上的省级妇幼保健院。产儿科医疗服务能力薄弱,不仅不能有效满足全面二孩政策实施后累积生育需求集中释放所带来的产儿科服务需求增长,也难以实现国务院《妇女儿童发展规划纲要(2011~2020)》提出的"到2020年,省、市、县分别建成政府举办的、标准化妇幼保健院"的目标要求。

因此,建议各级政府相关部门关注、支持妇幼保健体系建设,按照国家发改委《全民健康保障工程建设规划》(发改社会〔2016〕2439号)、国家卫计委《各级妇幼健康服务机构业务部门设置指南》(国卫办妇幼发〔2015〕59号)、贵州省医改领导小组"关于切实加强新形势下妇幼健康工作的意见"(黔医领办发〔2016〕1号)等要求,加大投入和支持力度,切实加强妇幼健康服务体系建设,下大力气补强妇幼卫生这块短板,才能有效满足广大群众日益增长的妇幼健康服务需求,保障母婴安全。

(二)提升基层卫生机构妇幼健康服务能力,规范开展早孕建卡、高危筛查、体弱儿管理等妇幼健康管理服务,关口前移、抓早抓小、减少妊娠合并症/并发症风险

从贵州省危重孕产妇医院监测结果可以看出,2012年以来,孕产妇中妊娠合并症/并发症比例逐年增加。如果孕产妇都能够在孕12周内到乡镇卫生

院、社区卫生服务中心建卡，并接受规范的产前检查服务，孕期发生的高危因素就可以及时发现，通过相应的干预措施，相当一部分高危因素可以消除，或者不进一步发展到危重孕产妇而影响生命安全。因此，建议各级政府和卫生计生行政部门，在农村地区乡镇卫生院和城市社区卫生服务中心实施"两个规范"、搞好"两个结合"，规范开展妇幼健康服务。

（1）实施"两个规范"：就是要在乡镇卫生院和城市社区卫生服务中心开展"规范化孕产保健门诊""规范化儿童保健门诊"建设。2017年，省疾控中心妇幼保健所按照省卫生计生委妇幼处安排，依据《国家基本公共卫生服务规范（2017版）》，国家卫计委《孕产期保健规范》、《儿童保健规范》等，制定了贵州省"规范化孕产保健门诊""规范化儿童保健门诊"标准，在环境布局、房屋设置、设施设备、人员配置及服务内容、服务流程等方面做出了明确要求。希望通过在全省范围以县为单位广泛开展"两个规范化门诊"创建活动，促进地方党委政府和卫生计生行政部门重视、支持基层卫生机构妇幼健康服务能力建设。

（2）搞好"两个结合"：就是指"规范化孕产保健门诊"要与妇产科临床相结合，"规范化儿童保健门诊"要与"规范化数字预防接种门诊"相结合。目前，一些地方片面理解《国家基本公共卫生服务项目》中的孕产妇健康管理和0~6岁儿童健康管理，将孕产妇建卡、产前检查、产后访视等孕产妇健康管理内容与妇产科临床分离，出现了"孕产妇健康管理"就是"健康档案管理"的错误认识，安排公卫医生或者护理人员、甚至村医从事孕产妇健康管理。由于专业的局限性，不可能承担孕产妇规范产前检查、全面健康评估、高危因素筛查等职能，高危识别、高危筛查流于形式，高危管理仅仅是"档案管理"而不是"健康管理"。同时，也正是由于基层卫生机构妇幼健康服务能力薄弱，部分孕产妇不愿到乡镇卫生院建卡、产检，而是挺着大肚子舍近求远去大医院产检，或者是自己觉得没什么不适根本就不去建卡、产检，孕期高危因素未能及时发现、干预。因此，必须切实加强农村乡镇卫生院和城市社区卫生服务中心的妇幼健康服务能力，才能切实做到国家卫计委《孕产妇妊娠风险评估与管理规范》要求的"基层首诊筛查、二级医院评估管理"，对孕产妇实行五种颜色分类筛查、分级管理，切实管控高危风险，实现"关口前移、抓早抓小、减少妊娠合并症/并发症风险"目标。

对于"规范化儿童保健门诊"与"规范化数字预防接种门诊"结合的问题，国家《儿童保健规范》中儿童保健的内容就包含了预防接种，《国家基本公共卫生服务项目》中0~6岁儿童健康管理的时间和频次与预防接种完全一致，并且2017年最新修订的《国家基本公共卫生服务规范》明确要求"先健康体检、再预防接种"，因此，儿童健康体检与预防接种联系十分密切，不可人为分开。但在现实工作中，部分地方却出现了儿童保健与预防接种分离的情况。今年省政府重大民生工程中"基层卫生机构五个全面建成"，其中就包含了乡镇卫生院"全面建成规范化数字预防接种门诊"。我们在现场调研中发现，部分地方的"规范化数字预防接种门诊"区域没有儿童保健室，服务流程中也没有儿童健康体检后再接种疫苗的内容。这样就导致部分儿童家长（特别是祖辈）打完预防针就直接回家，忽略了健康体检，使一些生长发育偏离、营养不良、甚至已经患病的儿童未能及时发现，错过了早期发现、早期干预的最佳时期，影响儿童的生存、保护与发展。

（三）加强"两个中心"建设，提升危重孕产妇、新生儿救治能力

危重孕产妇、新生儿救治能力直接决定生与死，是保障母婴安全的最后一道屏障。《"健康中国2030"规划纲要》将孕产妇死亡率、婴儿死亡率作为主要健康指标，提出了明确的任务目标。

全面二孩政策实施以来，贵州乃至全国母婴安全面临严峻挑战，危重孕产妇、新生儿救治压力空前增加。2016年以来，国家卫计委妇幼司先后印发了《关于加强妇幼健康领域风险点防控的通知》《关于切实做好高龄孕产妇管理服务和临床救治的意见》《关于加强母婴安全保障工作的通知》等一系列文件、规范，明确将母婴安全列入防控清单，要求各地全面梳理排查，做好高危孕产妇筛查管理及危重症救治工作。2016年5月，省卫生计生委印发《危重孕产妇和新生儿救治工作实施方案》，明确要求全省每个县至少建成一所"危重孕产妇救治中心"和一所"危重新生儿救治中心"（简称"两个中心"），并结合国家卫计委要求，制定了"两个中心"建设标准、考核验收办法。目的是通过加强两个中心建设，在急救设施设备、人员配置、院前急救及院内急救、急危重症救治及转诊机制等方面，补强短板、规范运行，提高全省危重孕产妇、新生儿救治成功率。

在危重孕产妇、危重新生儿救治能力建设方面，贵州省基础较弱、亟待加强。特别是危重新生儿救治，贵州省目前仅有贵阳、遵义等城市的少数三甲医院、保健院配备有新生儿转运车辆外，大部分地区缺乏新生儿转运车辆、无创呼吸机等急救转运设备，大部分地区县级医疗机构新生儿科能力较弱。因此，建议各级卫生计生行政部门重视、关注重症医学科特别是危重孕产妇、危重新生儿救治中心建设，按照填平补齐的办法，对各级救治中心配置必要的设施设备，加大急救人才引进、培养力度，提高全省救治能力。

同时，建议各级政府财政提供一定数额的贫困救助资金，对经济困难的贫困孕产妇、新生儿家庭提供救助保障，避免因经济原因导致的救助障碍。

参考文献

吴洁：《全面二孩政策对经济社会发展的影响分析》，《新西部》2016年第33期。

中共中央国务院：《关于全面实施二孩政策 改革完善计划生育服务管理的决定》，新华网，2016年1月5日。

联合国：《千年发展目标报告》2015。

徐东雨、王舰：《我国大陆地区孕产妇死因构成的聚类分析》，《中国卫生统计》2016年第5期。

宣兆宇：《行政干预对降低孕产妇死亡率的意义》，《中国卫生产业》2015年第19期。

江震、鞠丽荣、王志锋等：《中国中西部农村地区孕产妇保健覆盖现况研究》，《中国妇幼保健》2013年第31期。

B.18
贵州省老龄化进程与老龄人口健康研究

陆卫群[*]

摘　要： 研究老龄化进程与老龄人口健康，是解决老年群体养老、医疗、社会服务等问题所必需的手段，同时也是评价老龄人口生存状况的重要、有效方法。贵州省政府按照国家要求制定国民经济和社会发展规划、老龄事业发展规划，不能没有贵州老龄化进程数据研究的支撑。本研究将为此提供翔实、可靠的依据。

关键词： 贵州　老龄化进程　老龄人口健康

一　贵州省老年人口历史回顾

（一）老年人口占人口总数的比例

自我国1982年有较完整记录的人口统计数据以来，贵州省的老年人口比例和全国一样，随时间推移逐渐增加。从历史看，贵州省人口老龄化低于全国平均水平，但有逐步接近的趋势。2000年以前，贵州人口尚未进入老龄化阶段，而此时，全国已进入老龄化阶段。2010年人口普查，贵州省60岁和65岁以上老年人口比例分别达12.84%和8.71%，均已达到老龄化水平。贵州省老年人口增长幅度高于全国，1990~2000年增长幅度比全国平均水平高0.14；2000~2010年增长幅度更高，比全国高出了1.18。贵州省的老年人口比例逐年向全国平均水平靠拢，到2010年已经十分接近（见图1、图2）。

---

[*] 陆卫群，贵州大学公共管理学院社会学教授，博士。

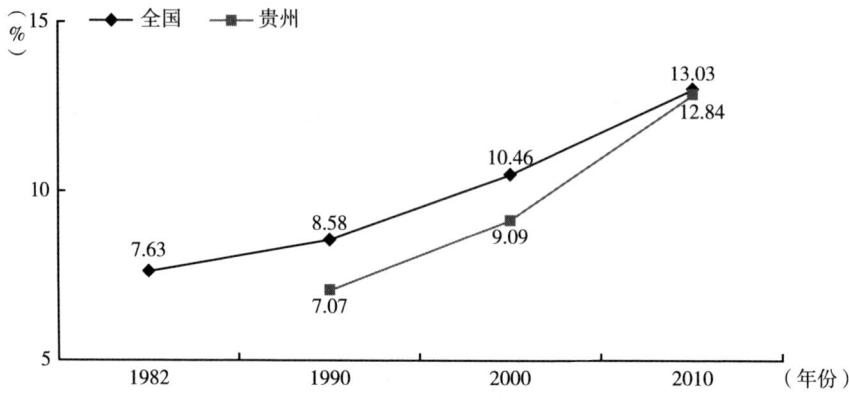

图1　全国和贵州省60岁以上老年人口比例

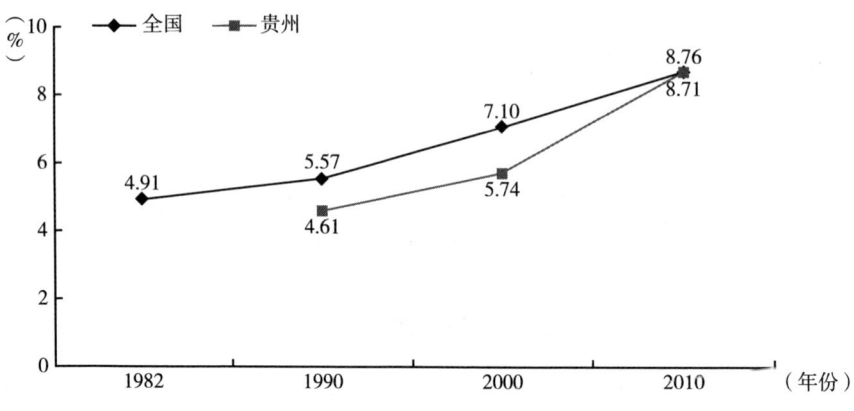

图2　全国和贵州省65岁以上老年人口比例

（二）老年人口数量

和全国一样，贵州省老年人口数量也随时间推移不断增加。2010年，贵州省60岁以上老年人人口数为446.13万人，为全国的2.57%；65岁以上老年人人口数为302.62万人，为全国的2.59%（见表1）。随着贵州省人口预期寿命的不断提高，高龄老人数量也不断增多，老年人口比重持续上升，老龄化程度加深。

表1 近30年全国和贵州60及65岁以上人口

单位：人

年份	全国		贵州	
	60岁以上人口	65岁以上人口	60岁以上人口	65岁以上人口
1982	76637753	49275549	—	—
1990	96969646	62993392	2289776	1493874
2000	129977870	88274022	3307252	2102966
2010	173391597	116522256	4461272	3026181

（三）老年人口的增长幅度

全国老年人口的涨幅在2010年趋于平缓（大约在1.33%），而贵州的还在增长，尤其是65岁以上老年人口，增长幅度达到1.51%（见图3、图4）。从老龄化速度来看，1990~2000年，贵州省的总人口与老龄人口比例的年平均增速分别为1.31%和3.37%，2000~2010年则是0.85%与4.16%，说明贵州省在总人口增速不断降低的情况下，老龄人口比重年均增速在不断加快，在双向作用的推动下老龄人口增速呈现加速状态。

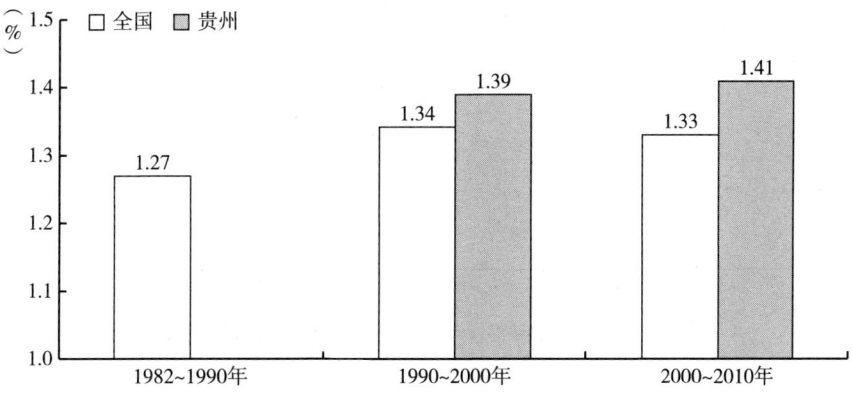

图3 全国和贵州省60岁以上老年人口增长幅度

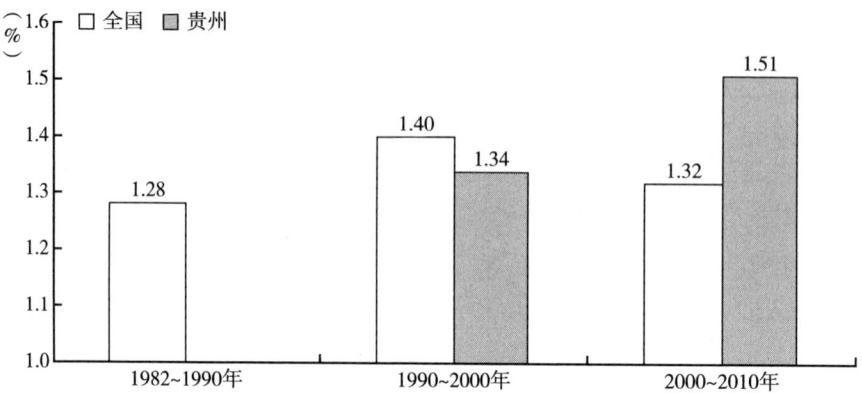

图4　全国和贵州省65岁以上老年人口增长幅度

（四）老年人口性别比

老年人口随年龄增长性别比不断下降。60岁老年人口性别比为1左右，100岁为0.4左右（见图5）。老年人口女性多于男性，是全世界的普遍规律，中国的统计数据也普遍显示这一规律性，其原因可能是女性较男性有一定的生存优势。从2010年数据看，贵州老年人口各年龄段的性别比略高于全国平均水平。

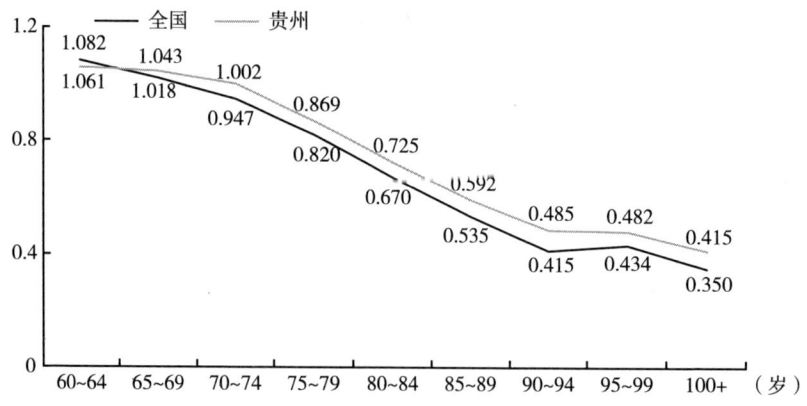

图5　2010年全国和贵州省老年人口分年龄段性别比

2000年五普调查数据显示，贵州省60岁以上和65岁以上老年人性别比分别为0.9867和0.9467，到2010年这一指标分别为0.9567和0.9278，呈下降态势。全国2000~2010年60岁以上老年人口性别比下降幅度较缓（见表2）。

表 2　全国和贵州省老年人口性别比

普查年度	全国		贵州省	
	60 岁以上	65 岁以上	60 岁以上	65 岁以上
2000 年	0.9612	0.9268	0.9867	0.9467
2010 年	0.9518	0.8956	0.9567	0.9278

（五）老年死亡人口与死亡率

与全国一样，2010 年贵州老年人口死亡率比 2000 年明显下降。死亡率随着年龄的增长而增长。从各年龄段看，贵州老年人口死亡率略高于全国平均水平，90 岁以上老人死亡率低于全国平均水平（见图 6、图 7）。

老年死亡人口全国、贵州都在增加（见表 3）。2000～2010 年的 10 年间，全国每年老年人口死亡人数增加了 13.31%，贵州省仅增加了 9.87%，究其原因有可能是贵州老年人口平均年龄偏低，还不到死亡年龄。人口普查调查到的老年死亡人口占全部死亡人口的比例贵州省远低于全国平均水平（见表 3）。

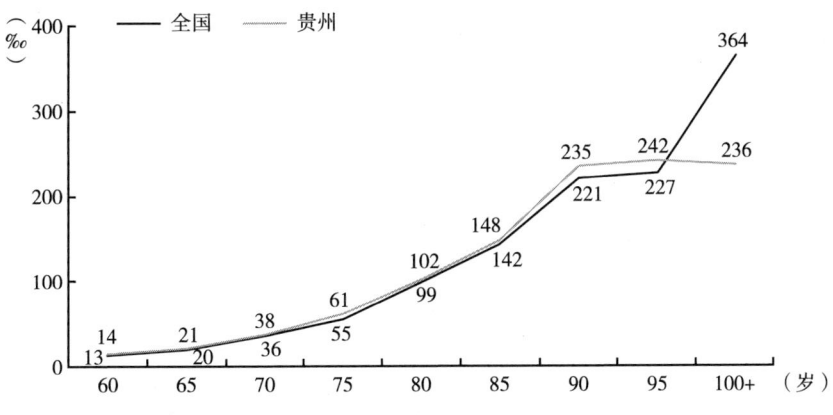

图 6　2000 年全国和贵州省老年人口分年龄段死亡率

表 3　全国和贵州省 60 岁以上老年人口死亡人数及其所占全部死亡人口比例

	全国		贵州	
	2000 年	2010 年	2000 年	2010 年
老年人口死亡人数(人)	4926982	5583118	125443	137829
占全部死亡人口比例(%)	67.37	75.22	49.47	65.42

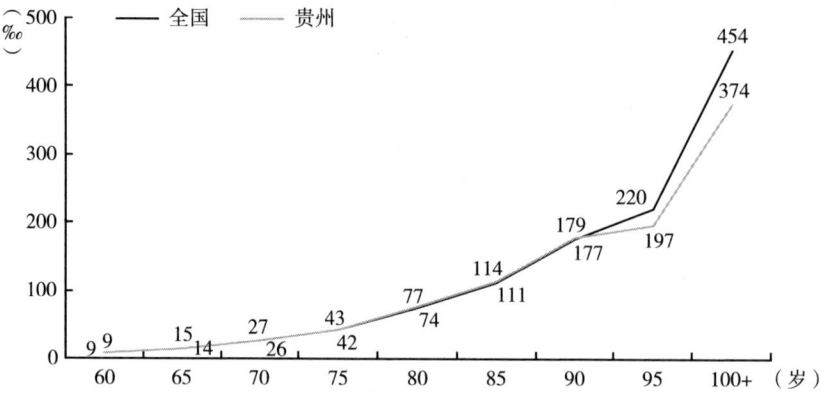

图7 2010年全国和贵州省老年人口分年龄段死亡率

（六）老年人口健康状况

2010年人口普查结果显示（图8、图9）：贵州省老年人口自述健康和基本健康的占81%，低于全国平均水平（83%）；生活不能自理的占3%，比全国平均水平高；总体来说2010年贵州老年人自述健康水平比全国平均水平低。

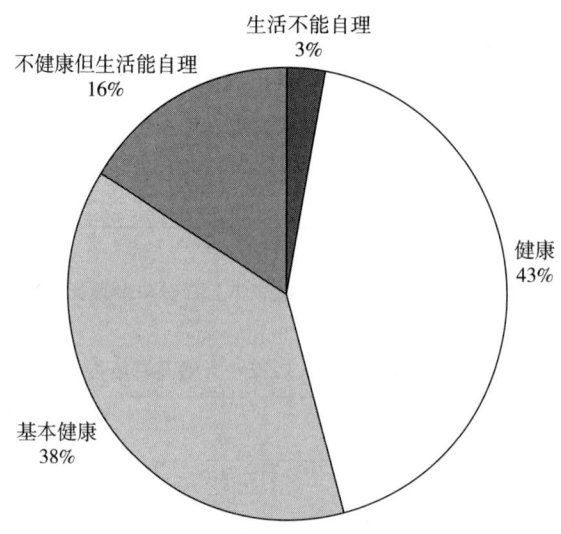

图8 贵州省2010年老年人口自诉健康状况

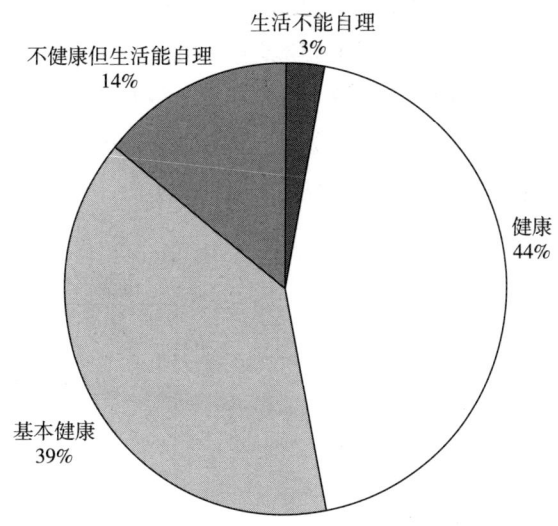

图 9 全国 2010 年老年人口自诉健康状况

不论是全国还是贵州,都存在着男性老年人口自述"健康"比女性的多,而自述"基本健康""不健康但生活能自理""生活不能自理"的女性老年人口多于男性。即:老年男性人口自觉健康状况要比女性好。

二 2015年抽样调查结果

(一)老年人口所占人口比例

本次 2015 年抽样调查表明:老年人口所占人口比例在 2010 年的基础上继续增加(实际上贵州省各地(州市)在 2010 年人口普查时就已经进入老龄化阶段),2015 年,60 岁以上及 65 岁以上老年人口所占比例比 2010 分别提高了 1.24 和 0.73 个百分点(如图 10)。就 60 岁以上老年人口比例来看,全省九个州市当中已有五个州市的老年人口比例超过了全省平均水平,依次为:遵义 16.45%、铜仁 15.84%、黔东南 15.70%、黔南 14.73%、安顺 14.63%;其余四个州、市的老龄化程度低于全省平均水平,分别为:毕节 11.34%、六盘水 12.37%、黔西南 12.91、贵阳 13.49%。就全省各州市 65 岁以上老年人口比例来看,全省也有 5

个地区比例超过了平均水平,依次为:黔东南10.92%、遵义10.79%、铜仁10.42%、安顺10.21%、黔南10.03%。65岁以上老年人口比例排前的这五个地区60岁以上老年人口所占比例同样排前。65岁以上老年人口占比较低的四个地区依次为:毕节7.44%、六盘水8.41%、黔西南8.94%、贵阳市9.14%。其中毕节市这一指标低于全省水平2.04个百分点(见图11、图12)。

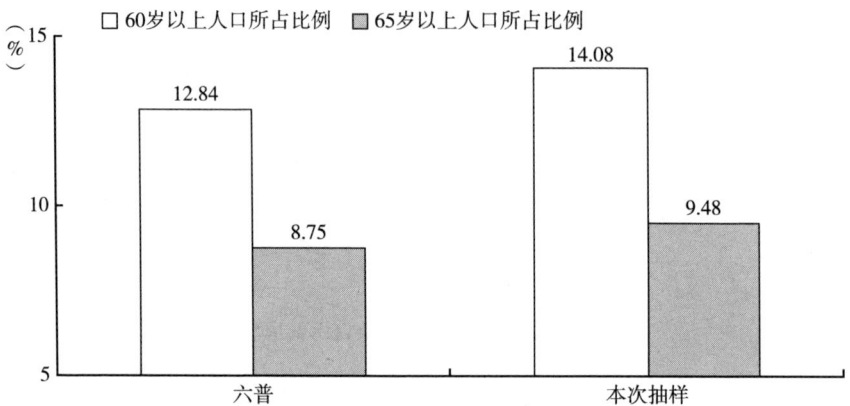

图10 2010年人口普查和2015年贵州省1%人口抽样调查老年人口占比

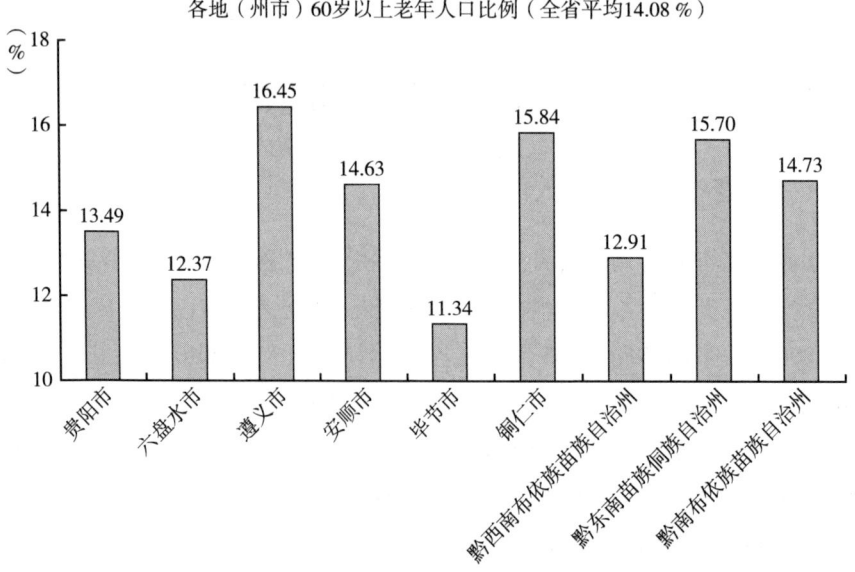

图11 2015年贵州省1%人口抽样调查各地(州市)老年人口占比(一)

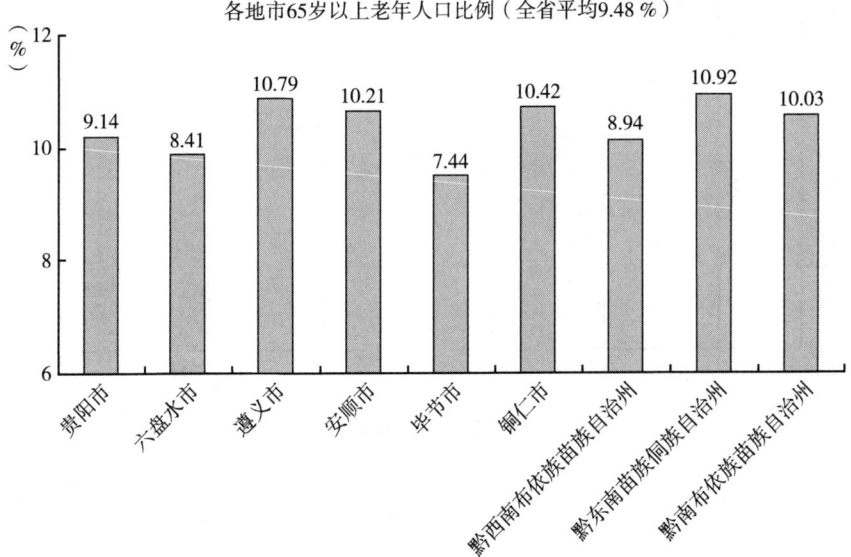

图 12 2015 年贵州省 1% 人口抽样调查各地（州市）老年人口占比（二）

（二）老年人口性别比

2015 年 1% 抽样调查揭示：与全国相比，贵州省 60 岁以上老年人口性别比持续下降，自 2010 年至今 60 岁以上及 65 岁以上老年人口性别比分别下降了 0.063 与 0.047（见图 13）。在全省各州市中，老龄人口性别比高的 0.976，低的为 0.848，两地相差 0.128。有 4 个州市的老年人口性别比高于全省平均水平。全省从高到低性别比排序依次为：遵义 0.976、毕节 0.960、铜仁 0.957、六盘水 0.951、贵阳 0.907、黔东南 0.904、安顺 0.869、黔南 0.860、黔西南 0.848（见图 14）。

（三）老年人口死亡率

2015 年抽样调查发现，老年人口年龄别死亡率进一步降低（见图 15）。

各地（州市）60 岁以上老龄人口死亡率高的为 29.06‰，低的为 18.73‰，从高到低依次为六盘水、黔南、铜仁、黔西南、遵义、毕节、黔东南、安顺、贵阳，各地区间的老龄人口死亡率差异较为明显，尤其是全省最

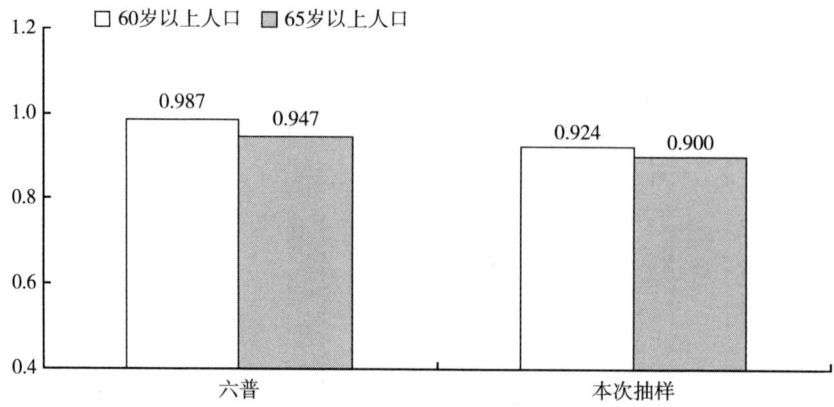

图13 2015年1%人口抽样调查贵州老年人口性别比

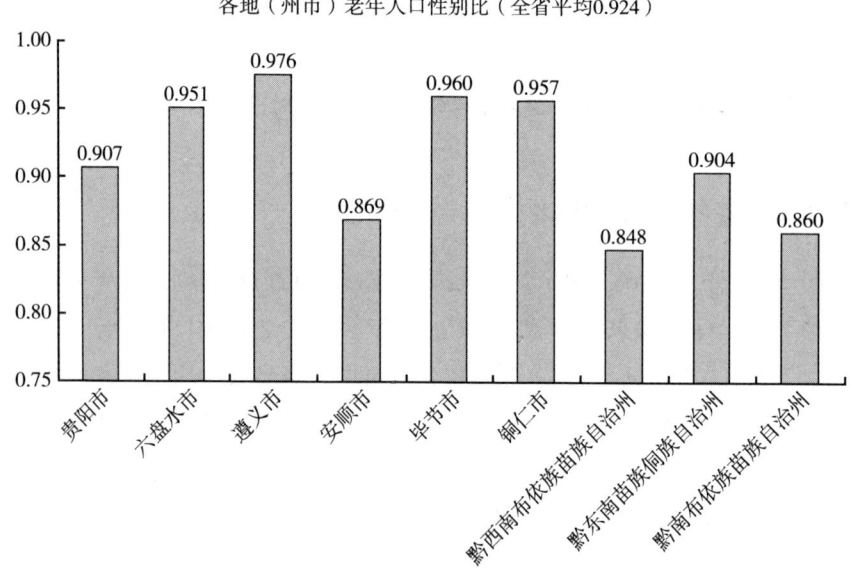

图14 2015年1%人口抽样调查贵州各地（州市）老年人口性别比

高与最低的六盘水市与贵阳市两地间相差10.33个千分点。65岁以上老龄人口死亡率最高的为黔南38.25‰，最低的为贵阳市24.18‰，相差14.07个千分点。从高到低依次为黔南、六盘水、铜仁、遵义、毕节、黔西南、安顺、黔东南、贵阳（见图16）。可以看出，贵阳市为当前贵州省老年人口死亡率

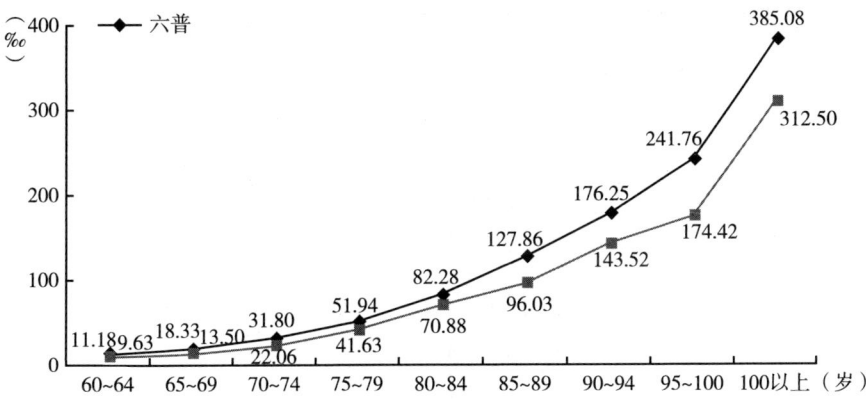

图 15　2015 年 1%人口抽样调查贵州省老年人口年龄别死亡率

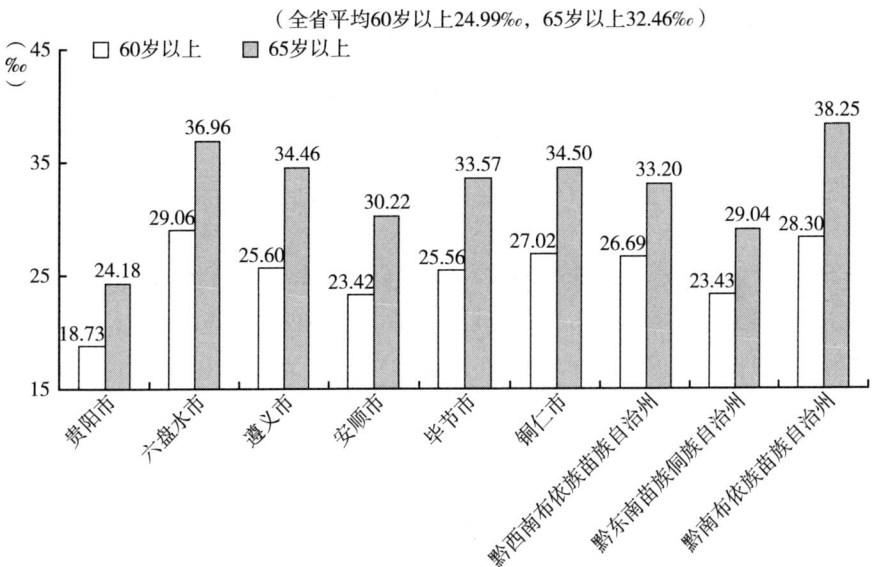

图 16　2015 年贵州省 1%人口抽样调查各地（州市）老年人口死亡率

最低的地区，这可能与近年来该地区的经济迅速发展、医疗水平提升及生活水平提高存在着一定关系。

（四）老年人口健康状况

2015 年抽样调查全省 60 岁以上老龄人口自述健康状况（见图 17），认为健康和基本健康的占84.17%,认为不健康且生活不能自理的为1.95%,且女性老年人口占比较高。

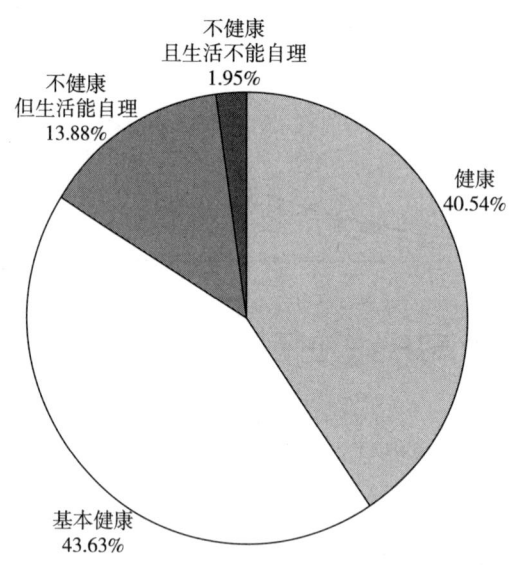

图17　2015年1%人口抽样调查贵州省老年人口健康状况

2015年抽样调查全省地(州市)60岁以上老龄人口自述健康状况(见图18),感觉最好的是贵阳市,认为健康和基本健康的达到91.25%,不健康且不能自理的仅为1.3%;感觉差的为铜仁市,认为健康和基本健康的仅占76.06%,而六盘水市反映不健康且不能自理的老年人口达到3.08%,为全省最高。老年人口健康状况随年龄的增长而下降。如图19,自诉"健康"的老人随着年龄增加所占比例不断减少;自诉"基本健康"的基本持平;自诉"不健康但生活能自理"和"生活不能自理"的老人随年龄增长所占比例明显增加。

三　关于贵州省老年人口死亡水平的讨论

(一)老年人口死亡和病死原因

根据《全国第三次死因回顾抽样调查报告》(陈竺,2008),中国老年人

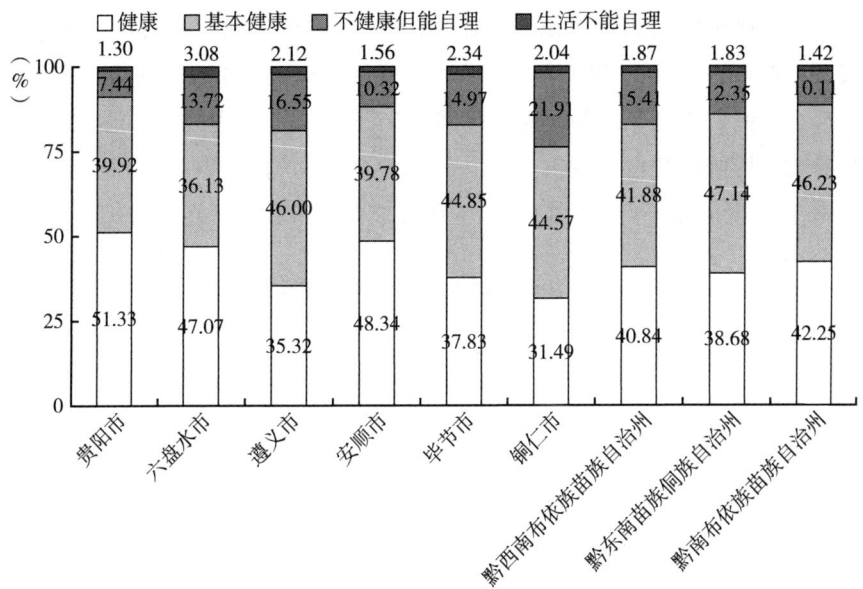

图18 2015年贵州省1%人口抽样各地（州市）老年人口健康状况

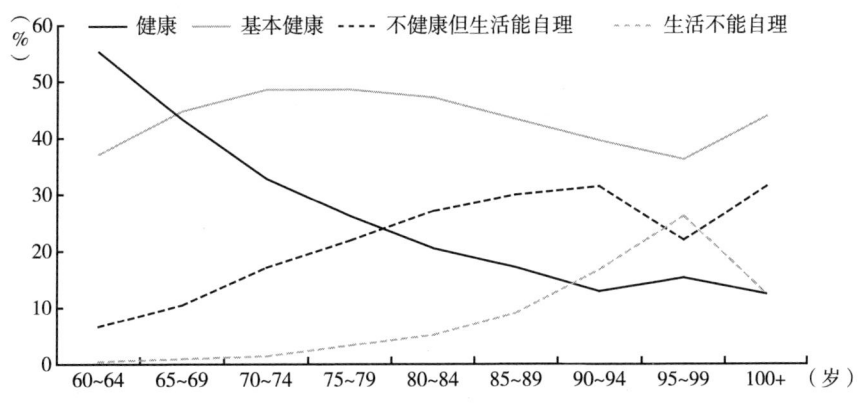

图19 2015年1%人口抽样调查贵州省老年人口健康随年龄变化情况

口前六项（病）死因见图20。其中以循环系统、呼吸系统疾病导致的死亡居多，其次为肿瘤。在循环系统导致的死亡疾病中，又以脑血管疾病（占循环系统病的56.85%，占全死亡病因的23.85%）和心脏病（占循环系统病的

36.87%，占全死亡病因的15.47%）居多；在呼吸系统导致的死亡疾病中，以慢性下呼吸道病（占呼吸系统病的85.77%，占全死亡病因的24.38%）和肺炎（占呼吸系统病的10.0%，占全死亡病因的2.84%）居多；肿瘤死亡主要是恶性肿瘤，占老年人肿瘤死亡病因的97.9%（占全病因死亡的12.9%），恶性肿瘤中因肺癌死亡的约占23%，因胃癌死亡的约占22%，因肝癌死亡的占16%，因食道癌死亡的占13%，还有约25%是因其他恶性肿瘤死亡。

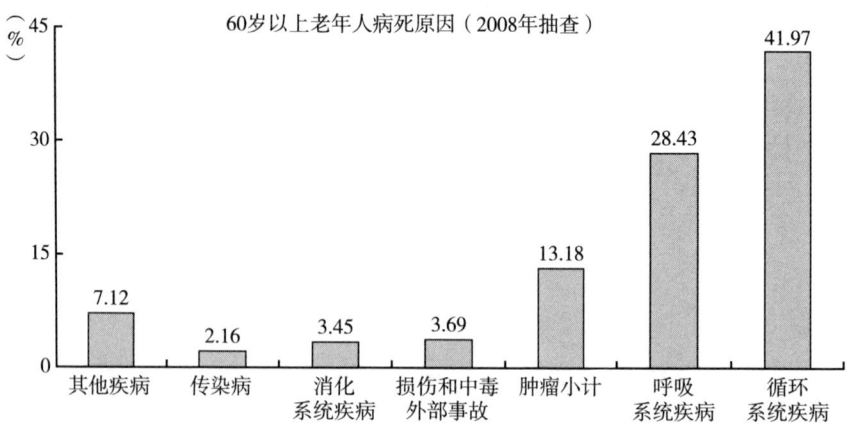

图20 中国老年人口主要死因

呼吸系统疾病是一种常见病、多发病，主要病变在气管、支气管、肺部及胸腔，病变轻者多咳嗽、胸痛、呼吸受影响，重者呼吸困难、缺氧，甚至呼吸衰竭致死。在城市的死亡率中占第3位，而在农村则占首位。由于老年的机体免疫功能低下，且易引起吸入性肺炎，即使各种新抗生素相继问世，肺部感染仍居老年感染疾病之首位，常为引起死亡的直接因素。循环系统疾病，又称为心血管疾病，主要包括心脏、血管（动脉、静脉、微血管）等病，如心脏病、高血压、高血脂、粥状硬化等。老年人血管、脏器老化，易发生循环系统疾病，这是老年人致死率极高的疾病。

（二）老年人口死亡率

死亡率是某时期内（通常是一年）死亡人数与总人口之比。本研究所指"老年人口死亡率"是指人口普查（或抽查）数据中60岁以上死亡人口与60

岁以上存活老年人口之比。死亡率还有年龄别死亡率一说，本研究中所说某年龄段死亡率（如 65~69 岁死亡率，80 岁以上老人死亡率等），是指该年龄段死亡人口与该年龄段存活人口之比。

死亡率是衡量人口健康状况的重要指标，也是老年人口研究十分关注的问题。在生产力水平低下，医药卫生条件差的地方，死亡率较高。19 世纪以前，世界各国的死亡率普遍在 30‰以上。中国在 1949 年以前死亡率长期处于较高水平。民国期间死亡率高达 28‰~33‰。中华人民共和国成立后，死亡率迅速下降。1949 年为 20‰，1957 年降到 10.80‰，1970 年降到 7.60‰，1977 年降到 6.87‰，1986 年为 6.69‰，1990 年为 6.67‰，2000 年为 6.45‰，2010 年为 5.58‰，在全世界处于低死亡率的水平上。

分年龄的人口死亡率一般新出生婴儿较高，随后降低，到青、少年时代最低，而后逐渐升高，到 60 岁一般都要升到 10‰以上（见图 6、图 7）。60 岁以上老年人口死亡率在 25‰以上（见图 21）。从 2000 年以来人口普查的情况来看，贵州老年人口死亡率低于全国平均水平（见表 3）。

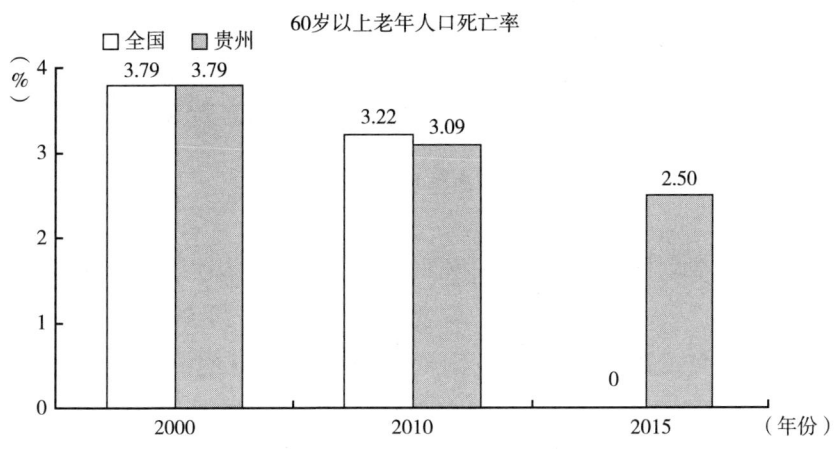

图 21　全国和贵州省老年人口死亡率

（三）死亡人口峰值分析

老年人口死亡率随着年龄增加而升高，100 岁以上老年人口死亡率最高，但并不等于死亡的老年人口是 100 岁以上的多。哪一个年龄段死亡的老年人口最多是我们所关心的,它类似于人口预期寿命指标,可以衡量老年人口的死亡水平。每一次死亡人口调查都会给出各年龄段(或年龄别)的死亡人口数,可以连接成一条曲线,从中可以看出死亡人口的峰值年龄。图22是贵州省2000年、2010年人口普查和2015年抽样调查的分年龄段的老年人口死亡数的峰值(2015年的数据扩大了80倍)。可见,2010年与2000年相比,老年人口死亡人数峰值从70~74岁提高到75~79岁,说明老年人口的存活生命得到明显提高。2015年和2010年相比,峰值的位置虽然还在75~79岁的区间内,但向右移动的趋势明显,说明老年人口的存活生命有了进一步的改善。

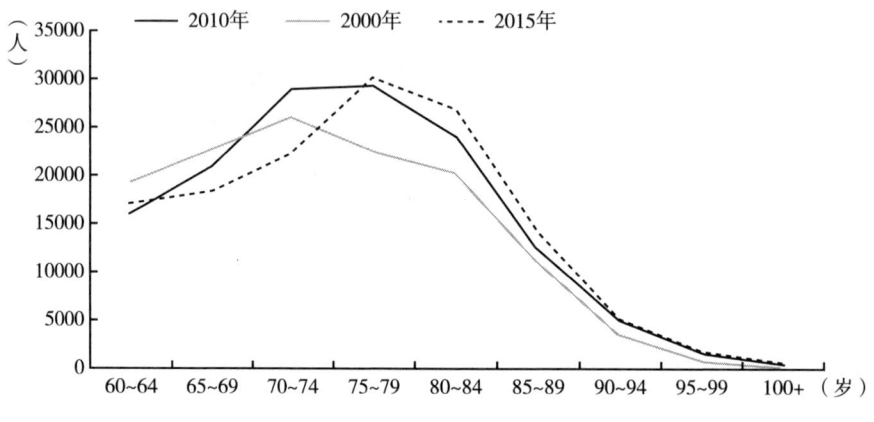

图22 老年死亡人口峰值

借用统计学软件SPSS,将上述死亡数据代入到"描述统计"中进行"峰度"和"偏度"分析是有意义的。峰度分析可以让我们了解图22的峰值曲线的尖锐程度,峰度数值越接近于0则越尖,说明数据越集中;偏度数据越小,则图22的数据越向左边集中,说明低年龄的老年人口越多。

表4是2000~2015年全国和贵州省60岁以上死亡老年人口的描述统计分析结果。可见:随着时间推移,峰度越来越向0靠近,说明死亡老龄人口有向死亡峰值年龄集中的趋势,在偏度为负的情况下,峰值以前死亡的老龄人口越来越少。死亡人口峰值年龄也有所提高;偏度越来越大,整个峰状线向右移动,说明死亡老龄人口的死亡年龄越来越高;贵州在2000年老年死亡人口的偏度劣于全国平均水平,2010年则好于全国平均水平。

表 4 将死亡老年人口代入 SPSS 进行"描述统计"得出的结果

统计年份	和(人)	偏度	峰度	极大值	对应年龄段(岁)
贵州 2015	1690	-0.137	-1.330	377	75~79
贵州 2010	137829	-0.144	-1.612	29296	75~79
贵州 2000	125443	-0.407	-1.853	25912	70~74
全国 2010	5583118	-0.230	-1.369	1162694	75~79
全国 2000	4926982	-0.246	-1.726	1029811	70~74

(四)累积死亡人口

图 22 所示的峰值曲线左、右是不对称的,且偏度值小于 0,说明峰值左边死亡人口数少,右边多。具体相差多少呢?通过死亡人口累积分析(见表 5),可以了解死亡峰值左、右死亡人口数量相差多少。

表 5 2015 年老年死亡人口累积分析

年龄段	死亡人口	占比(%)	向上累积比(%)	向下累积比(%)
60~64 岁	213	12.60	12.60	100.00
65~69 岁	228	13.49	26.09	87.40
70~74 岁	276	16.33	42.42	73.91
75~79 岁	377	22.31	64.73	57.57
80~84 岁	333	19.70	84.43	35.27
85~89 岁	174	10.30	94.73	15.56
90~94 岁	62	3.67	98.40	5.27
95~99 岁	22	1.30	99.70	1.60
100+	5	0.30	100.00	0.30

(五)各地(州市)死亡率及其与经济指标、生存指标的关系

贵州省各地(州市)老年人口死亡率存在差异,从最高的 29.06‰ 到最低的 18.73‰ 相差 55% 以上。死亡率的差别与经济指标"人均 GDP"、老年人口生存指标(如文化程度、退休保障、婚姻状态等)有无关系?本研究采用 SPSS 中"相关分析"对数据进行了分析,结果整理如表 6。

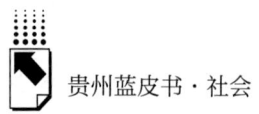

表6 各地（州市）死亡率差异与相关因素

相关因素	Pearson相关性	显著性（单侧）	相关因素	Pearson相关性	显著性（单侧）
人均GDP	-0.527	0.072	未上过学	0.748*	0.010
未婚	0.455	0.109	小学	0.015	0.485
有配偶	-0.351	0.177	初中	-0.816**	0.004
离婚	-0.644*	0.031	普通高中	-0.817**	0.004
丧偶	0.487	0.092	中职	-0.828**	0.003
劳动收入	0.642*	0.031	大学以上	-0.876**	0.001
离退休金养老金	-0.765**	0.008	健康	-0.432	0.123
最低生活保障金	0.560	0.058	基本健康	0.053	0.446
财产性收入	-0.472	0.100	不健康	0.534	0.069
家庭其他成员供养	0.596*	0.045	生活不能自理	0.593*	0.046

注：（1）人均GDP采集自《贵州省统计年鉴2015》；（2）表中数据带"**"的表示密切相关，带"*"的表示一般相关。

从表6可以看出，（1）死亡率与学历密切相关：死亡率越高，学历越低；（2）死亡率与收入来源相关：有"离退休金"（密切相关）和有"劳动收入"（一般相关）的死亡率低，靠"家庭其他成员供养"（一般相关）和靠"最低生活保障金"（可能相关）的死亡率高；（3）死亡率与老年人自诉健康状况可能相关，"生活不能自理"的（一般相关）和"不健康"的（可能相关）死亡率高，"健康"的（可能相关）死亡率低；（4）死亡率与婚姻状况可能相关："有配偶"和"离婚"者死亡率低，"未婚"和"丧偶"者死亡率高；（5）死亡率与人均GDP成负相关性，死亡率越高的地区人均GDP越低。

（六）关于贵州省死亡水平的讨论

"水平"一词常指（某人或某事）在某一方面所达到的程度、高度，"死亡水平"即指某一群人死亡的程度。从表象上看，它是死亡人口和人口死亡率，但实际上它与人口构成及其所处环境都有关系。

从已有的普查、抽样调查数据看，贵州省老年人口的死亡率2000年与全国平均水平持平，2010年略低于全国平均水平，同时贵州省老年人口15年来死亡率下降幅度明显比全国平均水平要快；从老年人口分年龄的死亡率看，贵州省90岁以上老年人口死亡率比全国平均水平低,60~89岁老年人口死亡率稍高于全国平均水平。60岁以上老年人口(粗)死亡率贵州省低于全国平均水平,有可能是贵州省90岁以上老年人口死亡率低于全国平均水平所致。

老年人循环系统疾病、呼吸系统疾病的预防大多与生活环境、生活习惯、工作压力等有关。"颐养天年"是老年人健康长寿的秘诀。老年人的退休生活保障、医疗保障等是确保低死亡水平的基础条件。贵州省委、省政府高度重视养老服务事业,各地通过直接投资建设、政府补贴等方式,大力发展国办福利机构、民办养老机构等多种类型的养老服务机构,初步形成了以居家养老为基础、社区养老为依托、机构养老为支撑的养老服务格局。到2015年,基本形成制度完善、组织健全、规模适度、运营良好、服务优良、监管到位、可持续发展的社会养老服务体系[①]。全省共有各类养老服务机构804个,拥有养老床位数177348张(含社区服务设施中日间照料和留宿收养床位数89140张,未投入使用项目建设床位数25780张),比上年增长38.1%[②]。全省每千名老年人拥有养老床位数达到35.3张,已经高出全国平均水平(30.31张)[③],老龄人口事业发展取得了可喜成绩。

本研究分析表明,死亡率与经济收入、受教育程度等有显著关系,有离退休金的老龄人口和学历高的老龄人口与死亡率呈负相关。贵州省老龄人口的受教育程度低于全国平均水平,有离退休金的老龄人口所占比例也低于全国平均水平。需采取一定的手段,如增加老龄人口生活补助等,来降低老龄人口的死亡水平。到2014年底贵州省有79个县(市、区,占88个县级行政区的89.8%)在省级补贴的基础上建立100岁高龄补贴制度;66个县(市、区)建立了90~99岁高龄补贴制度;51个县(市、区,占88个县级行政区的57.9%)建立了80岁以上老年人高龄补贴制度[④]。前述贵州省高龄老年人口死亡率低于全国平均水平,可以说高龄补贴措施起到一定作用。结合贵州省实际情况,建议继续加大老年人口补贴投入,将该措施向60岁以上老年人

---

① 《贵州省社会养老服务体系建设规划(2011~2015年)》,http://gzll.gz0851.cn/show-13-34-1.html。
② 《贵州省2015年度民政事业统计年报分析》(统计部分)。
③ 《中国统计年鉴》,2016。
④ 贵州省加快发展养老服务业新闻发布会,2015年4月27日。

延伸。

家庭是社会的细胞,作为社会的基本功能单位,它不仅有繁衍子代的作用,还具有赡养父辈的功能。中国有数千年的家庭自给自足的自然经济社会历史,子承父业、养儿防老成为天经地义的信条,家庭养老是中国各族人民的共同特色。在养老方式上,中国老年人基本上是同子孙后辈们一起生活,由子女们赡养、照料。人口调查数据表明,贵州省2015年60岁以上老年人与子女同户的占65.17%,为多数。在经济发展相对落后的形势下,"居家养老"是切合实际的养老方式。加强宣传教育,提倡敬老、爱老、养老的传统美德,鼓励家庭成员给予老年人在物质生活上优于家庭人均生活水平的待遇,要求儿孙们在精神上对老人敬重、爱戴,适当建立赡养老人的村规民约,是当前降低贵州省老年人口死亡水平的重要、有效方法。

同时,我们也应该清楚地认识到,经济的发展、现代化的来临,也带来了生活方式的转变。中国传统的"联合家庭""主干家庭"正在越来越多地向"核心家庭"转变。数据表明,2000年全国65岁以上独立单过(含单身老人和双老)的老龄人口户占25.05%,2010年这一指标达到33.53%;贵州省该指标更是由2000年的20.28%上升到2010年的32.75%。时代的进步对养老方式提出了更高的要求。此外,中国在新中国成立后鼓励多生多养,而后又有了长达20年的计划生育政策,给人口结构带来了不小影响。今后20年是老年人口增长喷发期,而且形成了"一家四老"的尴尬局面。2010年贵州省有老年人口的户仅占全部登记户数的30.08%,2015年贵州省有老年人的户数上升到34.66%。养老方式必将由传统的"居家养老"向现代化的"社会养老"方式转变。35‰左右的养老床位远远不能满足社会养老要求。加大养老事业投入,加快养老院、敬老院等养老设施建设与养老机构建设,是压低今后贵州省老年人口死亡水平的必要手段。

B.19 贵州省失能老年人研究报告*

高圆圆 范绍丰**

摘　要： 随着我国老龄化程度不断加深,老年人的多层次需求逐渐凸显出来。特别是对失能老年人来说,年老后身体机能衰退易发病,使其生活能力呈半失能状态或者完全失能。为了保障失能老年人能够老有所养、老有所医、老有所乐,政府和社会需要发展老年人福利事业以应对失能老年人美好的老年生活需求。当前,由于受经济发展水平、政策导向等因素限制,贵州省在失能老人的生活照料、健康护理、精神慰藉等方面的服务水平还有待提高。需要加快建立政府、家庭、社会组织三位一体的养老服务模式,满足失能老人在生活照料、健康护理、精神慰藉等方面的多样化、个性化需求,提高失能老年人幸福指数,推动贵州老龄事业的健康可持续发展。

关键词： 失能老人　生活保障　健康护理　精神慰藉

一　问题的提出

老年人的患病率、残疾率远高于其他群体。随着我国老龄化程度加深,生

---

* 基金来源:国家社科基金青年项目"开发性福利对残疾人就业能力的作用机制研究"(批准号为14CSH053);教育部人文社会科学基金青年项目"我国残疾儿童福利制度评估与转型研究——基于培育残疾儿童参与社会能力的视角"(批准号为12YJC630052);贵州省教育厅人文社会科学研究项目"积极福利视角下残疾人居家就业的困境及对策研究"(批准号为2017SSD05)。

** 高圆圆,管理学博士,贵州大学公共管理学院副教授、硕士生导师,主要研究社会保障理论与政策;范绍丰,贵州大学公共管理学院社会保障硕士研究生,主要研究社会保障理论与政策。

活自理能力缺失的老年人群规模不断扩大。贵州作为我国西部地区欠发达的省份，经济发展水平较低，却已成为"未富先老"的省份。自2003年起，贵州已进入老龄化社会①，截至2016年底，贵州省60岁以上的人口554.22万人，占年末常住人口比重为15.59%。据统计，2016年贵州省失能和半失能老人达到105万人，占老年人总数的18.9%。与发达地区相比，贵州省经济总量小、人均收入低、老龄工作基础薄弱，特别是在社会养老服务机构建设方面，远落后于中国平均水平。

面对严峻的人口老龄化形势，贵州通过加快推进适度普惠型老年福利制度建设、加快养老机构建设、加快创新服务模式等推动养老服务业发展以及出台一系列政策法规保障失能老年人的生活，为失能老年人的生存和发展提供了较好的条件。截至2015年底，贵州省建成农村居家养老服务站3203个，覆盖全省19%的农村社区；建立农村互助幸福院3204个，覆盖全省所有乡镇，全省建立城市社区居家养老服务中心（站）1011个，覆盖49.6%的城市社区，其中社区老年人日间照料中心329个，通过为失能或半失能老人提供生活照料、膳食供应等服务，有效保障了部分失能老人的基本生活。但是，受经济发展水平、发展惯性的影响，失能老年人生活质量难以提高，多样化的养老需求依然无法得到满足。十八届五中全会提出探索建立长期照护保险制度，并在15个城市进行了长期照护保险制度的试点工作。党的十九大明确指出，要健全老年人关爱服务体系，实施健康中国的伟大战略。这意味着对失能老人群体开展研究尤为必要。

近年来我国学者围绕失能老年人的研究主要涉及以下三个方面。一是对失能老年人照护问题研究，其中包括对失能老人生活保障问题、健康护理问题的研究。多数学者认为目前失能老人存在缺乏长期照护保险、家庭养老功能的弱化以及照顾规范化、人员队伍专业化职业化严重缺位等问题。二是对失能老年人照护的对策研究。从制度设计层面，学者们提出应构建长期照护保险制度，增强社会力量对失能老人照护服务的支持。有学者认为在照护保险之外还需制定长期照护津贴政策等措施，以应对失能老人面临的各种风险。还有学者提出

---

① 按照联合国的传统标准是一个地区60岁以上老人达到总人口的10%，贵州省2003年60岁以上老人达到总人口的12.46%。

实施针对失能老人的医疗救助，推动"医养结合"的失能老人照护模式，发挥基层医疗卫生机构作用，以分级诊疗制度推进"医养结合"模式。从服务供给主体层面，学者提出将物联网应用于失能老人的长期照护服务体系建设，在家庭、社区及机构三大供给主体的基础上增加物联网，达到优化养老资源配置、提高效率的目的。三是对失能老年人精神慰藉的研究。有学者指出失能老人心理健康水平低于一般老年人群，社会支持是影响失能老人心理健康状况的重要因素。有必要拓宽其现有的社会支持渠道。还有学者指出加强心理研究专业机构或高校的联系与合作，为失能老年等群体提供稳定的、持续的精神文化养老服务。以上研究，为正确认识贵州省失能老年人问题提供了有效的分析框架，本研究分析失能老人的生活、护理、精神几个方面，分析其存在的问题，并提出具有可操作性的方案，希望为推动贵州老龄事业提供借鉴。

二 贵州失能老年人生活的现状

考虑到失能老年人面临的困难主要是基本生活能否得到保障，健康需求能否得到保障，以及精神文化需求是否能够满足。因此，以下主要是从失能老人的生活保障、健康护理、精神慰藉等三个方面展开。

（一）贵州省失能老年人生活保障方面

1. 以失能老年人的生活救助和社会福利津贴为主

政府对失能老年人的救助主要包括三个方面。一是制定法规条例保障失能老人的权益。例如2017年《贵州省老年人权益保障条例》对失能老人的社会保障、社会服务、社会优待等权益做出规定。该条例规定："对无劳动能力、无生活来源且无法定赡养、扶养义务人，或者其法定赡养、扶养义务人无赡养、扶养能力的特困老年人，各级人民政府应当给予供养或者救助。""农村敬老院对经济困难的失能、半失能农村留守老年人提供低收费或者免费照料服务。"二是通过社会救助保证失能老人的基本生活。一方面，将部分失能老年人纳入城乡低保范围，实现应保尽保。据民政部门统计，2017年全省农村低保平均标准提高到3580元/年，城市低保平均标准提高到561元/月。另一方面，将部分特困农村失能老人纳入五保供养。黔南州2016年全州各县（市、区）农村五保集中供养标准为4800元/年，分散五保供养标准为2400元/年。《贵州省人民政府关于进一步健全特困人员救助供养制度的实施意见》对60周岁以上三无老年人提供基本生活条件。包括供给粮油、副食品、生活燃料、服装、被褥等日常生活用品和零用钱以及通过配租公共租赁住房、发放住房租赁补贴、农村危房改造等方式给予住房救助。三是发放社会福利津贴。贵州《关于建立经济困难的高龄失能老年人补贴制度的通知》提出在2015年底全省建立经济困难高龄、失能等老年人补贴制度。贵阳市中重度失能的老年人可申请享受失能老年人居家照护服务补贴，每月可享受最高额度为400元的居家照护服务补贴。黔南州提出，轻度失能老年人每人每月不低于50元；中度失能老年人每人每月不低于80元；重度失能老年人每人每月不低于100元。

2. 家庭保障的作用突出

有学者对贵州省九个地区43个县的调查发现，60岁以上老人养老方式以家庭养老为主，社区养老及机构养老程度低。传统的孝道伦理观念一直强有力地支持着老年人与子女之间的这种内在的血缘关系、经济联系和其他联系的亲情关系和社会关系。在传统家庭伦理观念的熏陶下，中国社会形成了区别于西方的养老模式，即反哺模式。子女在抚育下一代的同时也承担着赡养父母的义务，基于这样的反哺式养老模式，养老送终、养儿防老始终成为中国家庭式养老的主要理念。在贵州许多地区，家庭成员在失能老人的日常生活中发挥着不可替代的作用。

（二）贵州失能老年人健康护理服务现状

1. 贵州省政府及有关部门的政策服务

人社部2016年《关于开展长期护理保险制度试点的指导意见》提出后，贵州省也积极探索建立长期护理保险制度，通过发放护理补贴或者实施政府关爱工程等方式。鼓励有条件的地方开展政策性长期护理保险试点。（1）探索建立护理补贴制度。根据《贵州省人民政府关于印发贵州省困难残疾人生活补贴和重度残疾人护理补贴制度实施办法的通知》和《省民政厅、省财政厅、省卫计委、省老龄办关于建立经济困难的高龄失能等老年人补贴制度的通知》要求，对城乡低保对象中高龄、失能老人给予护理补贴，重度失能每人每月

50 元，中度失能每人每月 40 元，轻度失能每人每月 30 元①。贵阳市委、市政府出台了《关于实施"老有所养"行动计划的意见》，半自理、不能自理特困老人每人每月发放 200 元护理补贴。（2）实施失能老人关爱工程。贵州省民政厅《关于印发贵州省"十三五"养老服务体系建设规划的通知》提出，提升养老机构康复护理型床位的设置比例及康复护理服务水平；引导非营利性养老机构重点增强养护功能，注重发挥其医疗、照护等为老服务功能在社区内的辐射作用，将社会力量兴办的养老机构管理人员、护理人员及其他各类提供养老服务组织的从业人员纳入政府培训教育规划，并将推动基层医疗卫生服务延伸至社区、家庭，在 2017 年内实现贵州省老年人 60% 的家庭医生签约覆盖率。（3）探索医养结合的护理模式。医养结合模式将传统的单一养老功能与护理结合起来，为失能老人提供全方位的服务。贵州省第一家老年护理院在贵阳市云岩区成立，是集专业养老护理、慢病管理、疾病康复、健康档案管理等多功能健康养老服务为一体的综合老年病机构，对失能、半失能、高龄老年人和需要专业护理的患病老人，不用出养老院即可享受专业的医疗资源。

2. 失能老年人的家庭照护

家庭是为失能老人提供照护服务的主体。对于失能老人而言，多数人的健康护理多数来自家庭。目前，贵州省有 90% 的老人在家养老，失能老人更愿意选择家庭照护模式。选择家庭照护的方式，不仅可以不离开自己熟悉的环境和家人，还能充分利用家庭资源，减少护理费用的支出。失能老年人健康护理服务的内容，包括家庭成员对失能老人进行清洁卫生等生活起居护理，防止失能老人因为久卧引发褥疮等疾病；营养护理，补充足够营养，促进失能老人机体恢复；等等。

3. 社会组织的健康护理服务

为鼓励引导社会力量发展养老服务业，贵州省政府颁发了《省人民政府关于加快发展养老服务业的实施意见》《关于支持社会力量发展养老服务业的政策措施》等文件。民办养老机构为失能老人提供了较好的照料服务。以

---

① 《县人民政府办公室关于印发玉屏侗族自治县困难残疾人、高龄和失能老人生活与护理"两项补贴"实施方案的通知》，2016 年 7 月 16 日，http://www.yuping.gov.cn/YPGK/C/02/160176.shtml。

贵阳市为例，截至2014年底共有养老机构140家，其中民办养老机构74家。由贵阳红十字会、贵阳曜阳养老服务中心发起"曜阳·筑梦"关爱基金，为低收入、重度失能老人等群体提供医疗救助资金，为每位低收入失能老人提供价值2万元的免费医疗卡和免费养老卡；重度失能老人则获得价值1万元的免费医疗卡和免费养老卡。贵阳市云岩区中心敬老院康园老年公寓有200余张床位，基本全部住满。其中失能老人占到60%，半失能老人占30%，只有10%的老人能自理。84岁老人程某琨在公寓已经住了三年多，她说，"在家里走进走出都是一个人很孤单。在这里住两人间，护工护理得好，卫生干净"。92岁的李艺老人住在贵阳市曜阳养老服务中心，老伴今年初过世后就搬到这里。她对记者说，"我在这里吃得好、住得好，最好的是生了病就能马上看医生"。贵阳观山湖区采取区域化养老服务中心照料，为老人提供托养服务，给子女减少负担和心理压力。

（三）贵州失能老年人精神慰藉服务现状

1. 政府提供的失能老年人精神慰藉服务

政府失能老年人精神慰藉服务建设体现如下。（1）建立健全农村老年人文化娱乐设施。贵州省于2010年启动农村居家养老，2013年，贵州省启动农村幸福院建设工程，为农村老年人提供白天相聚交流、娱乐消遣、互相帮助照料的精神慰藉场所。（2）对居住于城市地区的失能老人，通过在社区成立社区日间照料中心，配备文体活动室、棋牌室、阅览室、书画室等设施，方便失能老人在社区享受精神文化生活。积极组织老年人艺术团队参加"贵州省第四届'福彩杯'老年文化艺术节"书法、绘画、摄影、诗词楹联展和声乐、舞蹈大赛，在贵阳会议中心举办贵阳市第一届老年人文艺表演大赛，组织全市21支老年人文艺团队，近400名爱好文艺表演的老年人踊跃参加比赛。（3）社区干部对失能老人的慰问。农村村干部和扶贫干部在节日对高龄失能老年人进行慰问，给予精神慰问和经济慰问。

2. 家庭对失能老年人精神慰藉

以血缘和姻缘为基础的家庭在养老过程中发挥着重要的精神慰藉作用。子女和配偶的精神支持是老年人居家养老的重要支持力量。在大部分老年人与子女分居的现状下，配偶的精神支持成为老年人居家养老的主要支持力量。事实上，在儒家文化背景下老人对子女的尊敬、慰藉、体贴有深刻期待，养老伦理责任在中国的经典表现为父母年轻时对子女成长过程中的教育投资、结婚投资不计回报，在城市家庭的养老方面，这种"责任伦理"表现为大多数老年人都是依靠自己来解决生存必需的经济来源和日常生活照料，但子女在父母的期望下成长、经常来电话、经常探望、对生病父母的照顾成为责任伦理下子女给予父母的回馈。

3. 社会组织对失能老年人精神慰藉服务的支持

2015年，贵州省政府办公厅印发《关于支持社会力量发展养老服务业的政策措施》，对提供养老服务的社会力量给予资金、场地、税收等优惠政策，促进了社会组织积极参与对失能老年人精神慰藉的服务。比如文化类的社会组织主要有社区老人自发组织的队伍——老年人协会、老年模特队、老年舞蹈队，老年人依据自身的兴趣爱好，加入相应的组织，丰富精神生活，让老人实现"老有所乐"，也实现了"老有所为"。贵阳市某社区内的"乐龄之家"，设有娱乐室、休息室、阅览室等，为社区失能老年人提供文化娱乐等服务，极大充实了老人的精神生活。贵阳兴隆社区某家政公司的员工和社区志愿者免费为贵阳市区30户空巢、低保、失能、困难老人提供精神慰藉等服务，以陪聊天、缝被子、擦玻璃、抹桌椅等形式，为老人提供服务。以上案例表明，社会组织通过直接为失能老人提供专门服务，有效满足了失能老人的精神需求。

三 贵州失能老年人面临的问题

失能老人在政府、家庭和社会的支持下，各方面的需求得到基本保障。但是，仍然存在一些问题。主要包括部分失能老人生活较为困难，健康护理、精神慰藉等高层次需求未得到有效满足等。

（一）生活保障方面的问题

1. 政府对失能老年人生活保障不足

当前政府对失能老人生活保障存在覆盖面较窄、力度小等问题。其一，失能老人同其他老人相比，具有更迫切的医疗保健、康复护理需求，医疗卫生支出更高。但现有生活补贴制度瞄准对象限于高龄或者困难的失能老人，还未建立普惠性失能老人生活补贴制度,部分中低收入家庭的失能老人处于生活保障边缘。其二,保障水平低,难以满足失能老人更高层次的需求。农村老人吴奶奶今年90岁,两腿残疾。有两个儿子,一个外出务工,另一个因车祸去世。吴奶奶如今和儿子一起生活,其收入来源主要为农村低保金,每月不超过100元的保障金,根本难以满足生活需要。一次住院就会使全家陷入贫困状态(案例来源于实地访谈资料)。案例表明,低层次的保障水平,可能无法维持失能老人的基本生活。

2. 家庭对失能老年人生活保障作用的弱化

家庭是失能老人赡养的主体,但以下原因导致家庭对失能老人的生活保障出现弱化。第一,家庭小型化。计划生育政策使家庭规模缩小,特别是独生子女一代逐渐进入中年,4-2-1结构家庭日益增多。家庭呈现小型化导致家庭对失能老人赡养精力、时间、金钱的成本上升,家庭功能快速退化,形成一种恶性循环。第二,子女在外工作人数增多。随着我国经济社会的不断发展,以及城市化进程的不断加快,贵州省尤其是贵州省农村地区呈现青壮年劳动力流动性强、流动周期长、流动地距离遥远的特征。青壮年劳动力的外流,造成大量的空巢老人尤其是空巢失能老人的生活得不到保障。第三,孝道观念弱化。"孝道"观念淡化、亲情淡漠导致社会中各类拒绝赡养父母、手足反目的现象频发。这都使失能老人养老服务缺乏坚实有力的经济条件。吴奶奶由于儿子进城务工,所以吴奶奶也随儿子来到城市,和儿媳、孙子在一起。吴奶奶说儿子常年在外务工,儿媳妇偏重自家父母,很少给自己花钱(案例来源于实地访谈资料)。

3. 社会组织在失能老人生活保障的缺席

贵州省对失能老人提供生活保障的社会组织少,民营养老机构不多。目前全省民办养老机构仅有100家左右,多为租房开办,设备设施较为简陋,床位不到1万张,仅占总床位数的6%左右。这与100多万失能老人的总量形成巨大的供需结构矛盾。同时,许多养老机构拒绝收纳失能老人。养老服务机构表示只接收生活能自理的老人或接收自理老人为主,不收住失能老人,许多农村养老机构基本不能对失能老人提供长期供养,也基本没有在设备添置和人员安排上做好收住失能老人的准备,很多养老机构直接拒绝接收失能老人。黄爷爷生前有七个儿子、两个女儿,由于意外事故黄爷爷已有三个儿子逝世,从黄爷爷家属那里了解到,黄爷爷从失能到逝世从未进过养老机构,失能康复治疗都是在家里完成(案例来源于实地访谈资料)。在农村,社区自治组织责任缺失,较少提供系统全面的社区照护服务,养老方式更多的是邻里互助,这样的邻里互助也是建立在熟人关系和价值交换的基础上的。

(二)贵州失能老年人健康护理服务存在的问题

1. 政府在失能老年人健康护理服务中的作用有待提高

贵州尚未建立统一的失能老人护理津贴制度,只有少数地区给予失能老人护理补贴,无法满足失能老人的康复护理需求。调查发现,一名被调查的83岁老大爷,生了一场大病紧接着就失去了生活的自理能力,由膝下的四个儿子轮流照料,每家照顾十天,每到十天结束,老人就被背着辗转于各个儿子家中,政府并没有对该老人提供帮助,老人最终没能摆脱病魔的困扰,短短的几个月内就去世了。这个案例反映出目前我国政府对于农村失能老人康复护理方面的福利制度建设严重不足。同时,目前针对失能老人的护理补贴标准较低。以黔东南州玉屏侗族自治县为例,重度失能每人每月50元护理补贴,中度失能每人每月40元,轻度失能每人每月30元,如此较低的水平根本无法满足失能老人的康复护理需求。

2. 家庭缺乏对失能老年人的健康护理服务

贵州农村的失能老人普遍存在失能周期短的问题。黄爷爷在自己86岁高龄时逝世,生前有七个儿子、两个女儿,其中三个儿子由于意外事故逝世,黄爷爷从失能到逝世只有几个月的时间(案例来源于实地访谈资料)。案例反映出由于就医不积极,贵州失能老人失能期呈现较短的特点,探究其个人原因,一方面是目前医疗费用较高,另一方面是很多老人担心在医院去世。而究其家庭原因,一是家庭成员缺少护理时间。以家庭养老为主的方式加重了家庭成员的养老负担,家庭小型化进一步加剧了亲属的照护压力,然而子女需要外出工作,配偶可能因年老无法正常地为老伴进行护理,导致失能老年人得不到有效的护理服务。儿媳妇对婆婆忤逆,没实际关心老人真正需求(谈到此老人非常伤心)。在谈及一天三餐的过程中,老人说自己儿媳妇、孙子做的话就吃点,不做的话自己想吃也没办法(案例来源于实地访谈资料)。二是家庭成员缺乏专业的护理技能、知识等。子女受文化水平、专业技能等限制,缺少对失能老人基本的护理意识，在失能老年人的照顾与护理方面做得不够专业，不具备专业的护理知识，不能给失能老年人带来较为精致的护理服务。

3. 社会组织缺少专业性的健康护理服务

第一，缺乏专门从事护理服务的机构。对失能老人提供护理服务的社会组织较少，根据2016年民政部门统计，贵州省现有6785家社会组织，卫生类156个，占总数的2.3%。目前许多民办养老院还不具备对失能老人进行护理的基础条件，总体规模小、床位极其紧缺，失能老人一般住院天数过长，床位周转率极低，医养结合的护理型床位比重低。第二，缺少专业性的健康护理服务。有学者经调查后发现，失能老人一般只有在医院才能够享受到专业的、全方位的照护，而养老机构和居家养老的照护者一般是没有接受过专业培训的亲属或者保姆。他们无法给老人提供康复和医学护理。社区护工人员仅能为失能老人提供一些简单的服务，比如洗衣服、扫地、做饭等日常服务，社区内缺乏用于医疗护理的专业人员。一般的民营养老机构护理人员专业性能力不高，对失能老人提供的多为短期护理服务。从教育体制上看，我国的老年护理学教育刚刚起步，老年护理的继续教育也较薄弱，绝大多数的护理人员未经过老年护理的正规培训，观念落后是制约老年护理专业的重要因素。养老机构缺乏一支素质过硬、技术性强的人员队伍，特别是缺乏医疗、护理、心理、营养、社会工作等方面的人员，将老年护理误解为保姆式的照顾，认为让接受照顾的老年人吃饱、穿暖、住好即可，没有考虑到老年人的医疗服务、康复等深层次的需求，缺乏高水平的护理服务。

（三）精神慰藉服务存在的问题

美国医学家詹姆斯对老人进行长达14年的调查研究得出结论：孤独隐居者死亡的可能性是爱交往人的两倍，癌症发病率也是正常人的两倍。当子女由于工作、学习、结婚等原因而离家后，独守"空巢"的失能中老年因此而产生的心理失调症状，称为家庭"空巢"综合征。

1. 政府缺少对失能老年人精神慰藉服务

十九大报告指出，我国社会主要矛盾已经转化为人民日益增长的美好生活需要和不平衡不充分的发展之间的矛盾。新时代下应尊重老年人的精神文化需求，全面提高老年人生活质量。贵阳市85岁的王大爷，双腿由于生病高位截肢，出行仅仅依赖智能程度较低的轮椅。因行动不便，难以同一般老人一样参与社区文化活动，只能在家或者较小的范围内活动。然而，长此以往会使老人产生孤独、抑郁等症状。王大爷说"未退休前在大学干行政工作，退休后每月有4000～5000元的退休工资，物质生活水平较高。自从退休以来，领导很少来慰问、关怀。自己是退休职工，生活保障都能够享受到。但是，在精神需求方面还是缺乏关怀"（案例来源于实地访谈资料）。可见，退休的失能老人虽然物质条件富足，但是精神需求得不到满足。

尽管一些社区文化娱乐活动开展得如火如荼。但是，许多活动只能由身体康健、腿脚灵活的老年人参加，针对失能老人设计的精神文化活动较少。空巢化失能老人的精神文化问题也亟待解决。被调查的王阿姨未退休前是政府工作人员，物质生活较为充裕。但儿女不在身边，常感到孤独，社区也缺少为他们设计实施的文化娱乐活动，每天只能在楼下聊天来打发时间（案例来源于实地访谈资料）。农村地区精神文化建设滞后，加之外出务工人员增多，留守农村失能老人的文化精神生活以聊天、听广播、看电视为主，形式也较为单一。

2.家庭对失能老年人的精神慰藉服务作用减弱

家庭是老年人生活的主要场所，家庭的结构、家庭成员之间的关系、老年人在家庭中的作用，与老年人的身心健康有着密切的关系。从全国失能老人调查来看，失能老人的心理需求基本上只有家庭给予满足，政府、社区、养老机构、社工及公益组织等介入非常少，在大部分农村地区基本上没有，社会性的心理支持系统缺失。王阿姨膝下有两个儿子、一个女儿。女儿离王奶奶家很远，两个儿子各有家庭也都没在王奶奶身边，所以王奶奶的生活起居等各方面日常都交给保姆。到目前为止，王奶奶已经换了两次保姆。第一个保姆因为途中生病去医院治病，之后没有来了；第二个保姆由于在照顾她的过程中没有礼貌，平时也交流得少，一次王奶奶开了个玩笑，结果保姆生气不来了。当谈及现在第三任保姆时，老人说，保姆刚来的时候还不错，每天的交流还是比较多的。但随后，保姆与她的交流越来越少，做好事务之后很少与她交谈（案例来源于实地访谈资料）。这种现象比较普遍，在子女无暇顾及的时候，子女往往给父母聘请护工。但是，依旧无法弥补亲情之间的交流。这些失能老人长期卧床，最需要的则是子女的照顾和问候。

3. 社会组织缺少有针对性、个性化的精神慰藉服务

许多民办养老机构以"养"为主，精神慰藉服务项目很少。失能老人入住养老机构，会更加思念亲人，情感变得脆弱。很多养老机构提供的只是棋牌室、报纸。在农村，社区社会组织缺乏，失能老人精神文化类的设施更为缺乏。贵州省"十三五"养老服务体系建设规划明确将按照资源整合、就近就便、功能配套、方便实用的要求，在城市社区，新、改、扩建具有精神慰藉等多种功能的社区服务站或日间照料中心500个；在农村计划建成2500个农村幸福院，积极动员村民和社会力量参与运营服务，为农村老年人提供休闲娱乐等综合性日间照料服务。但是，农村幸福院实际使用率却很低。很多农村的幸福院空无一人。即使偶有老人，也少见失能老人出现在那里，更不用提见到健康老人照顾失能老人的景象。

四 对策建议

通过发挥政府主导作用、家庭的基础作用、社会组织的辅助作用，构建三位一体的失能老人养老服务模式，满足失能老人在生活照料、健康护理、精神慰藉等方面的需求，提高失能老人的幸福感。

（一）发挥政府主导作用

要扩大对失能老人生活保障的覆盖面。通过健全相关法律和政策，保证中低收入家庭的失能老人的基本生活。将经济困难、高龄失能老人补贴的对象范围逐步调整为中低收入家庭的失能老人；要提高失能老人生活保障水平，根据当地物价上涨指数、失能程度、家庭经济水平等指标确立不同层次的保障体系，以分类、分层次地给予失能老人不同标准的生活补贴；以财政预算与税收优惠等方式为社区、社会组织、养老机构等服务主体提供资金、人才支持，激发各主体参与对失能老人养老照护服务的积极性、主动性和创新性。健康护理方面，应针对失能老人的特殊需求做出相应的制度安排。借鉴上海、重庆等地的实践经验，探索建立长期护理保险制度，用提供护理服务替代现金补贴的给付方式，鼓励老年人以选择护理服务的形式获取保险给付；建立不同的康复护理服务模式，加大医养结合模式的推广力度。可学习青岛模式采取医疗护理费

用实行定额包干管理。针对居家失能老人，依托社区医疗机构建立登门服务的"居家护理"模式，包干标准为每天50元；针对终末期及临终关怀老人，依托养老护理院建立"护理院护理"模式，标准为每天65元；针对重症失能老人，依托二、三级医院建立"医疗专护"模式，标准为每天170元；针对农村失能老人，依托村级卫生室建立"社区巡护"模式，标准为每年800~1600元。精神慰藉方面，应针对下肢行走困难的失能老人提供棋牌、手工、书画等娱乐活动；加快社区和家庭无障碍设施改造，方便失能老人的出行；可以通过公益创投等形式提供专业化的、个性化的精神慰藉服务；加强农村地区公共文化均等化服务建设。民族地区可以通过发展当地的民族文化，在农村幸福院等场所，组织文艺会演，将失能老人组织起来参与文艺表演，丰富老人的精神生活。

（二）发挥家庭的基础作用

应该推动传统孝道文化的弘扬，加强道德教育；在本地开发岗位让农村低龄老年妇女为附近有需求的老人提供有偿照料确保家庭养老持续发挥作用，推动家庭养老由"德治"走向"法治"。在社区以定期开展讲座、实践操作等形式对家庭成员进行基础护理培训。由专业护理人士对家庭中老年人可能出现的问题进行学习。在社区建立上门康复云养老服务平台。以"上门服务"为核心，负责评估和解决失能老人在家康复或养老期间的护理问题，帮助他们继续执行医院的医嘱，并对家属传授必要的护理知识；精神慰藉方面，家庭赡养承担着对失能老年人身体和心理、物质与情感的双重保障，尤其是在精神上给予老人慰藉。应该从法律层面上强化成年子女对老人的心理关怀责任。比如在外工作子女要定期通过电话等形式对老人给予关心、心理疏导。

（三）发挥社会组织的作用

社会力量应大力建立养老服务机构，针对失能老人的不同需求发掘多样化的服务项目。依托社区建立社区服务站、托老所，完善日间照料中心，培育和吸纳社会组织为社区失能老人提供照料服务，发展营养膳食、生活照料等社区上门照料服务；推广社区智能化养老形式，贵阳市云岩区民政局和贵州都市报96811开发了为老服务新形式，老人只需用手长按手机上的"＊"号键，就可以请人打扫卫生、修理家电、家庭用品配送等，日常生活服务就能送上门。

社会服务类的社会组织借鉴沿海城市先进经验，为失能老人提供护理服务。学习厦门莲花爱心护理院开创以"医、养、护"三结合为一体的养老模式，对患有各种慢性疾病的老人进行定期检查，对有身体不适或病情变化的老人实行床边即可治疗，避免家属送医院请假照顾老人的不便。一位70多岁的老大爷严重骨折后卧床不起，厦门莲花爱心护理院组织专家认真会诊，对老人成功施行全髋关节人工置换手术，很快使老人下地行走。还可以学习上海市长期护理保险定点服务机构，提供包括协助进食进水、身体清洁等项目清单，还有日常临床护理包括鼻饲、导尿等护理服务项目清单。考虑到农村地区经济条件有限，可推广家庭医生签约模式和精准康复计划，为农村失能老人建立健康档案，提供及时的护理服务。社区服务站为老人提供诸如健康教育、咨询服务、简单康复训练、情绪辅导等服务；社区医院根据失能老年人的特殊需要提供上门诊疗服务、家庭服务及救助服务等。

可针对老年精神慰藉的实际需要推介政府购买服务项目。选择有资质的社工机构，如社工师事务所，通过主动介入、社区及老年人自身求助等方式，提供承接老年精神慰藉服务，一是设置专业院校社会工作专业和心理专业学生的社区实习基地，在实习的同时为老年人提供相应的精神文化服务，还可引导和培训轻度失能老人在居家养老服务中实现就业。二是通过手机、书法等技能教学为失能老人提供读书念报的服务。减少失能老年人与社会的剥离感，满足老人沟通交往的情感需求，使其老有所学，老有所乐；借助团体辅导和视频音频等形式，为机构老年人传递养生知识，教授易学的保健技能，提高他们对疾病的风险防范意识与身体健康水平，从而以积极的心态面对未来的生活。三是专业社工组织老年互助队，健康老年人帮助失能老年人，使失能老人融入社区的老年文化生活中。

参考文献

《2016年贵州省国民经济和社会发展统计公报》，2017年3月22日，http：//news.gog.cn/system/2017/03/22/015512345.shtml。

《贵州"省级医养结合"建成15个试点》，2017年7月20日，http：//www.gz.

xinhuanet.com/2017-07/20/c_1121350016.htm。

《关于印发贵州省"十三五"养老服务体系建设规划的通知》，2017 年 11 月 20 日，http://www.gzsmzt.gov.cn/xxgk/xxgkml/zcwj/fgwj/201711/t20171120_2851813.html。

赵向红：《城市失能老人长期照料问题的应对之策》，《贵州社会科学》2012 年第 10 期。

徐国娇：《浙江嘉兴市：失能老人照护问题与对策》，《社会福利》2013 年第 10 期。

张思锋、唐敏等：《基于我国失能老人生存状况分析的养老照护体系框架研究》，《西安交通大学学报》（社会科学版）2016 年第 2 期。

张玉琼、许琳：《家庭政策视角下的失能老人养老服务研究》，《残疾人研究》2016 年第 2 期。

赵银侠、余晓艳：《西部农村失能老人养老照护服务实证研究——以西安市农村为例》，《陕西行政学院学报》2015 年第 2 期。

刘军、程毅：《老龄化背景下失能老人长期照护社会政策设计》，《云南民族大学学报》（哲学社会科学版）2017 年第 4 期。

苏群、彭斌霞等：《我国失能老人长期照料现状及影响因素——基于城乡差异的视角》，《人口与经济》2015 年第 4 期。

吴宏洛：《论医疗保险制度设计对失能老人的救助功能——基于医养结合长期照护模式的考察》，《福建师范大学学报》（哲学社会科学版）2014 年第 2 期。

马广斌：《论医养结合探索的新突破——以分级诊疗推进失能老人医养的深度结合》，《劳动保障世界》2017 年第 14 期。

席恒、丁一、翟绍果：《物联网应用于失能老人长期照护体系的模式探讨》，《山东社会科学》2014 年第 11 期。

张国琴、王玉环：《失能老年人社会支持与心理健康状况的相关性》，《中国老年学杂志》2011 年第 11 期。

王深远：《关于养老机构老年人精神文化建设的思考》，《社会福利》（理论版）2015 年第 10 期。

《贵州省老年人权益保障条例》，2016 年 11 月 30 日，http://www.gzrd.gov.cn/dffg/sgdfxfg/26036.shtml。

《贵州省 2016 年人力资源与社会保障事业统计公报》，2017 年 6 月 26 日，http://www.gzrs.gov.cn/GZGWYGOV/Q/4264.shtml。

贵州省民政厅省财政厅省扶贫办关于印发《贵州省 2017 年城乡低保提标方案》的通知，2017 年 3 月 27 日，http://www.mca.gov.cn/article/yw/shjz/dfzc/201703/20170300003881.shtml。

《黔南州 2016 年城乡低保提标工作方案》，2016 年 1 月 4 日，http://www.qiannan.gov.cn/doc/2016/01/04/244780.shtml。

《贵州省人民政府关于进一步健全特困人员救助供养制度的实施意见》，2017 年 3 月

15日，http：//www.mca.gov.cn/article/yw/shjz/dfzc/201703/20170300003659.shtml。

《西城区发布中重度失能老人补贴办法　最高月补400元》，2016年10月11日，http：//www.gygov.gov.cn/art/2016/10/11/art_10688_1046307.html。

《黔南州人民政府办公室关于印发黔南州经济困难高龄失能老年人补贴方案的通知》，2016年10月25日，http：//www.qiannan.gov.cn/doc/2016/10/25/589113.shtml。

吴蓉、唐琳昭：《贵州省养老现状及对机构养老需求的调查研究》，《黔南民族医专学报》2014年第12期。

刘晨光：《传统家庭伦理与现代养老观念的变迁——基于全国31个省区市民众的调查》，《重庆广播电视大学学报》2017年第4期。

人力资源和社会保障部办公厅：《关于开展长期护理保险制度试点的指导意见》，http：//www.mohrss.gov.cn/gkml/xxgk/201607/t20160705_242951.html。

《贵州省"十三五"养老服务体系建设规划》，2017年11月20日，http：//www.10zk.com/news/656736.html。

《县人民政府办公室关于印发玉屏侗族自治县困难残疾人、高龄和失能老人生活与护理"两项补贴"实施方案的通知》，2016年7月16日，http：//www.yuping.gov.cn/YPGK/C/02/160176.shtml。

《医养结合开启养老新模式！贵州首家老年护理院落户云岩区》，2017年7月5日，http：//www.sohu.com/a/154655429_119565。

《贵州大力发展医养结合提升老年人生活"获得感"》，2017年7月28日，http：//llw.lishui.gov.cn/llgz/jyjl/201707/t20170728_2169824.htm。

《贵阳成立"曛阳·筑梦"关爱基金资助贫困失能老人》，2016年9月22日，http：//www.gywb.cn/content/2016-09/22/content_5278972.htm。

《"养老院就是我的家"——贵州探索多种形式"医养结合"力求让老人安享晚年》，2017年10月28日，http：//www.gz.xinhuanet.com/2017-10/28/c_1121870466.htm?from=groupmessage&isappinstalled=0。

《观山湖区区域化养老服务中心智慧护失能，爱心暖夕阳_贵州爱银发养老》，2017年10月18日，http：//blog.sina.com.cn/s/blog_17cccc9980102xahr.html。

贵州省政府办公厅印发《关于支持社会力量发展养老服务业的政策措施》，2015年2月12日，http：//www.cncaprc.gov.cn/contents/12/73378.html。

《贵阳市家政公司和志愿者上门为30名困难老人服务》，2015年11月4日，http：//www.gywb.cn/content/2015-11/04/content_4087849.htm。

《2016年民政事业统计年报分析》，2017年8月10日，http：//www.gzsmzt.gov.cn/xxgk/xxgkml/tjsj/ndtjsjjfx/201708/t20170810_2767098.html。

吕金利、顾丽慧等：《失能老人护理状况调查》，《中华全科医师杂志》2012年第9期。

《山东青岛率先建立长期医疗护理保险制度》，2017年1月4日，http：//

www.mof.gov.cn/xinwenlianbo/shandongcaizhengxinxilianbo/201612/t20161201_ 2471088.htm。

刘丹：《福利多元主义视角下我国农村老年长期照护服务问题研究》，《南京大学》2014年第5期。

《一部手机解决老人生活需求 96811创新养老服务模式》，2014年4月10日，http：//dsb.gzdsw.com/html/2014-04/10/content_ 276956.htm。

《十年躬身为民，誉满和谐社会》，2009年11月19日，http：//news.sina.com.cn/o/2009-11-19/174516635570s.shtml。

马向东：《长期护理保险的改革路径》，《中国保险报》2017年第8期。

B.20
贵州省老年人精神文化生活状况研究*

王武林 杜志婕 纪庚**

摘 要： 老年人精神文化建设是落实十九大报告提出的"老有所养"和积极应对人口老龄化的重要措施。本文从老年人精神文化生活基础设施和老年人精神文化生活内容两个角度对老年人精神文化生活进行了分析，研究发现，存在老年人精神文化生活基础设施建设滞后、老年人精神文化生活内生动力不足、老年人信息获取能力有限等问题。为满足老年人精神文化需求，提高老年人精神文化生活质量，应加大老年人精神文化基础设施投入，增强精神文化需求供给能力，增强老年组织发展能力，建立与完善老年关爱服务体系，加快完善老龄政策体系等。

关键词： 老年人 精神文化需求 老年关爱服务体系 老龄政策体系

"十三五"时期是我国人口老龄化快速发展的阶段，也是国家老龄事业发展和养老服务体系建设的关键时期。民政部《2016年社会服务发展统计公报》显示，2016年中国60岁以上的老年人口达到2.3亿人，占总人口的16.7%，65岁以上的老年人口达到1.5亿人，占总人口的10.8%。老年人口规模大，老龄问题严峻。习近平总书记对我国老龄事业做出了重要批示，提出要"坚

---

* 基金来源:2014年度国家社科基金青年项目"西部贫困地区农村留守老人信教状况与关爱服务体系研究"（项目编号:14CSH057）。
** 王武林，博士，教授，硕士生导师，西部之光访问学者，贵州省社会工作协会秘书长；杜志婕，2017级在读硕士研究生；纪庚，2017级在读硕士研究生。

持党委领导、政府主导、社会参与、全民行动相结合，坚持应对人口老龄化和促进经济社会发展相结合，坚持满足老年人需求和解决人口老龄化问题相结合，努力挖掘人口老龄化给国家发展带来的活力和机遇，努力满足老年人日益增长的物质文化需求，推动老龄事业全面协调可持续发展"。可见，党和国家对我国老龄事业的高度重视，积极应对人口老龄化已经成为全社会的共识。因此，关注老年人的精神文化生活是积极应对人口老龄化的需要，是破解老龄问题的体现。

我国专家学者对老年人精神文化生活的研究起步较早，根据论文发表量和相关领域的研究进展可以分为三个时期，第一是20世纪80年代到21世纪以前，这个时期大多数学者通过介绍老年人自身开展的文化娱乐活动来反映精神文化生活对于老年人生活的重要性，研究对象主要是一些企业机关退休职工的精神文化生活。学者认为老年人口的社会参与包括参与社会经济发展活动、家务劳动、社会文化活动、人际交往、旅游活动和在家庭范围内参与文化娱乐活动，充分说明了老年人精神文化生活的重要性。第二是21世纪前十年，这个时期学者关注到老年人精神文化需求问题，主要集中于精神文化生活的内涵。如有学者认为老年人精神文化生活包括看电视、阅览报纸、文体健身活动和知识学习四方面，还包括感情需求、娱乐需求、求知需求、交往需求和价值需求等五个方面。第三是2011年至今，这个时期对老年人精神文化生活的研究不仅在内涵上有了拓展，涉及体育文化、教育、文娱活动等，而且对精神文化生活概念进行了规范性界定，研究对象覆盖整个老年群体，从多学科、多视角研究老年人的精神文化生活。

综合来看，随着我国人口老龄化快速发展，老龄问题日益突出，我国专家学者对老年人精神文化生活的研究不断深入，取得了较为丰硕的研究成果，为积极应对人口老龄化，完善社会养老服务体系，健全社会保障制度等提供了借鉴和参考。

贵州省自2003年进入老龄社会以来，专家学者研究重点是老年人数量、人口结构变化、养老服务体系、养老模式、医养结合等领域，这些研究取得了一定的成果。虽然有学者已经关注到老年人生存发展需求类型已经变化，但对老年人精神文化生活领域研究却不足。据贵州省统计局数据，2015年，贵州60岁及以上人口达534万人，占总人口的15.1%，65岁及以上人口达360万人，占总人口的10.2%。因此，在贵州人口老龄化问题日益凸显的形势下，调查研究老年人精神文化生活状况，揭示老年人精神文化生活存在的问题及原因，为相关部门做好老龄工作提供参考和建议，对贵州省建立老年人关爱服务体系，促进老龄事业健康持续发展，积极应对人口老龄化有重要意义。

一 贵州省老年人精神文化生活现状

（一）资料来源

本研究报告数据收集主要采用问卷调查法，调查对象是60岁及以上的老年人，调查涉及老年人的基本情况、健康状况、社会保障情况、收入与支出情况、养老服务设施情况、养老意愿与养老需求、精神文化生活等方面的内容。课题组对贵州省老年人进行随机抽样调查，共调查650人，其中有效问卷627份。

（二）贵州省老年人的基本特征

1. 老年人性别结构

本次调查中男性335人，女性292人，分别占53.4%和46.6%（见表1）。贵州省统计局《贵州省人口变化调查统计报告》显示，2016年全省常住人口中，男性人口为1833.45万人，占总人口的51.6%；女性人口为1721.55万人，占总人口的48.4%。由此来看，本次调查具有一定的代表性。

表1 老年人的性别结构

单位：人，%

性别	人数	比例
男性	335	53.4
女性	292	46.6
合计	627	100.0

资料来源："贵州省社会养老服务体系研究"调查。

2.老年人年龄结构

本次被调查对象都是60岁及以上的老年人。60～69岁的老年人占52.3%；70～79岁的老年人占35.6%；80岁及以上的老年人占12.1%，其中65岁以上的老年人有389人，占样本总人数的62.4%（见表2）。

表2 老年人的年龄结构

单位：人，%

年龄	人数	比例
60～69岁	326	52.3
70～79岁	222	35.6
80岁及以上	75	12.1
合计	623	100.0

资料来源："贵州省社会养老服务体系研究"调查。

3.老年人户籍结构

城镇户口的老年人较多，农村户口的老年人占样本量的1/4。样本中包含了农村户口、城镇户口和外来务工人员，其中城镇户口的老年人占68.7%；农业户口的老年人占24.6%，外来务工者占6.7%。城镇户口老年人比例比农村高44.1个百分比（见表3）。需要注意的是，农业户口的老年人基本上是农村留守老年人。

表3 老年人的户口性质

单位：人，%

户籍	人数	比例
城镇户口	425	68.7
农业户口	152	24.6
外来务工人员	42	6.7
合计	619	100.0

资料来源："贵州省社会养老服务体系研究"调查。

4.老年人婚姻状况

一半以上的老年人处于在婚状况，丧偶老年人占1/3。被调查的老年人中，初婚有配偶者占58.8%，丧偶老人占33.6%，离婚老人占2.4%，未婚老人占0.7%，再婚老人占4.5%（见表4）。可见，老年人的丧偶率较高，这部分老年人的精神文化生活应当重点关注。

表4　老年人的婚姻结构

单位：人，%

婚姻状况	人数	比例
初婚有配偶	339	58.8
丧偶	194	33.6
再婚	26	4.5
离婚	14	2.4
未婚	4	0.7
合计	577	100.0

资料来源："贵州省社会养老服务体系研究"调查。

5. 老年人的受教育程度

老年人的受教育程度较低。被调查的老年人中，没有接受过正规教育的老人占18%，接受小学教育的老人占22.1%，初中文化的老人占23.7%，高中文化的老人占12.9%，专科的老人占9.6%，专科以上的老人占13.7%（见表5）。小学及以下文化的老年人比例为40.1%，可见，老年人的受教育程度较低。

表5　老年人的受教育程度

单位：人，%

文化程度	人数	比例
没有接受过教育	109	18.0
小学	135	22.1
初中	144	23.7
高中	78	12.9
专科	58	9.6
专科以上	83	13.7
合计	607	100.0

资料来源："贵州省社会养老服务体系研究"调查。

6. 老年人的居住方式

老年人的居住方式以夫妇户和三代户为主。在调查的老年人中，与配偶居住的老人占39.7%，与儿子及其子女居住的老人占39.8%，与女儿及其子女居住的老人占11.1%，独自居住的老人占4.3%，与女儿居住的老人和与儿子居住的老人分别占2.1%和3.0%（见表6）。与儿子和女儿及其子女居住的老年人比例为50.9%。可见，当前老年人的居住方式以夫妇户和三代户为主。

表6 老年人的居住方式

单位：人，%

居住方式	人数	比例
与配偶居住	240	39.7
与儿子及其子女居住	241	39.8
与女儿及其子女居住	67	11.1
独居	26	4.3
与女儿居住	13	2.1
与儿子居住	18	3.0
合计	605	100.0

资料来源："贵州省社会养老服务体系研究"调查。

7. 老年人的住房情况

绝大多数老年人拥有自己的住房。被调查的老年人中，自有住房的老人占67.3%，房屋属于子女的老人占19.2%，租房的老人占7.8%，其他占5.7%（见表7）。可见，绝大多数老年人拥有自己的住房。

表7 老年人的住房情况

单位：人，%

住房	人数	比例
自有住房	412	67.3
子女住房	117	19.2
租房	48	7.8
其他	35	5.7
合计	612	100.0

资料来源："贵州省社会养老服务体系研究"调查。

（三）贵州省老年人精神文化生活设施状况

精神文化生活设施是精神文化活动的载体，完备基础设施是老年人精神文化生活的保障。

1. 老年服务中心建设状况

一半以上的老年人住所周边没有建立老年服务中心。老年服务中心是提供多元化老年人精神文化生活的主要场所。调查显示，老年人住所和生活周边有老年服务中心的占49.2%，没有老年服务中心的占50.8%（见表8）。在调查中发现，一些城市老年人居住社区内建有老年活动中心，主要开展棋牌、培训、宣传等活动，但由于后期缺乏管理、缺少经费等，老年活动中心被承包给个人开展经营性活动。在一些农村地区，老年人所属的村委会所在地建有老年活动中心，由民政部门出资购买必要的活动设备、设施和图书，绝大多数老年人活动中心主要在大型节日时才开展相关活动。这个比例，还不能达到满足老年人的精神文化生活所需要的程度，其中调查结果显示有一半的老年人表示周边没有老年服务中心。老年服务中心的建立为老年人社会参与提供了场所和平台，有利于丰富老年人的精神文化生活。当前，老年服务中心还处于起步发展和建设阶段，缺乏管理、缺少经费、缺少活动、缺少服务等问题亟待解决。

表8 老年服务中心建设状况

单位：人，%

	人数	比例
没有	304	50.8
有	294	49.2
合计	598	100.0

资料来源："贵州省社会养老服务体系研究"调查。

2. 老年大学开办状况

老年大学开办少，辐射范围有限。老年教育是满足老年人精神文化生活的一个重要途径，通过继续教育，满足老年人学习需求，丰富文化生活。调查发现，仅有22.5%的老年人住所周边开办了老年大学，77.5%的老年人生活周边没有老年大学（见表9）。可见，一方面老年大学开设较少，另一方面老年大学有限资源难以满足广大老年人学习需求。

表9 老年大学开办状况

单位：人，%

	人数	比例
没有	466	77.5
有	134	22.5
合计	600	100.0

资料来源："贵州省社会养老服务体系研究"调查。

3. 老年人运动健身设施建设情况

近六成老年人住所附近建有运动健身设施。老年人运动健身实质是社会参与的一种方式，通过运动健身不仅有利于身体健康，而且有助于老年人建立和维持社会网络，获取非正式支持，保持晚年正常的社会生活。调查发现，老年人周边有运动健身设施的占58.9%，没有的占41.1%（见表10）。可见，老年人运动健身设施有待进一步加强建设。

表10 老年人运动健身设施

单位：人，%

	人数	比例
没有	248	41.1
有	355	58.9
合计	603	100.0

资料来源："贵州省社会养老服务体系研究"调查。

4. 公园覆盖情况

绝大多数老年人生活周边有公园，公园覆盖率较高。逛公园是老年人文化生活的重要内容。目前，绝大多数公园对老年人实施了减免门票等优待政策，保障了老年人权益。调查发现，老年人周边有公园的占81.7%，没有公园的仅占18.3%（见表11）。可见，公园的覆盖面比较广。

表 11　公园覆盖情况

单位：人，%

	人数	比例
没有	112	18.3
有	499	81.7
合计	611	100.0

资料来源："贵州省社会养老服务体系研究"调查。

（四）贵州省老年人家庭代际关系

1. 老年人子女孝顺情况

老年人子女孝顺度极高。调查发现，67.4%的老年人觉得子女很孝顺，31.0%的老年人觉得子女比较孝顺，觉得不孝顺的老年人仅占1.6%（见表12）。可见，老年人中觉得子女孝顺的比例达到98.4%，这一比例超出调研组预期。这一方面说明，老年人与子代之间的关系良好，另一方面，受传统文化观念的影响，老年人与子代之间的矛盾不愿意让外人和旁人知道。因此，子女孝顺程度较高。子女对老年人精神文化生活特别是精神慰藉具有无可替代的价值和作用，当前子女孝顺程度较高，表明整体上老年人与子女关系融洽，代际关系未出现矛盾冲突。

表 12　子女孝顺情况

单位：人，%

	人数	比例
很孝顺	418	67.4
比较孝顺	192	31.0
不孝顺	10	1.6
合计	620	100.0

资料来源："贵州省社会养老服务体系研究"调查。

2. 老年人与子女的沟通方式

电话已经成为老年人与子代沟通的主要工具。调查表明，老年人中子女通过电话与他们沟通的为43.5%，通过上门探望的为39.0%，通过电脑沟通的为1.9%，通过其他方式的占15.6%（见表13）。这表明打电话是子女和老年人进行信息和感情交流的主要方式。虽然当前现代信息沟通手段相当发达，子女可以通过电话、微信、QQ等与老年人进行语音和视频交流，而且方便、快捷、成本低，但是这种隔空式的交流难以替代面对面的情感交流，无法达到上门探望的效果。

表13　老年人与子女沟通方式

单位：人，%

	人数	比例
电话	254	43.5
上门探望	228	39.0
电脑	11	1.9
其他	91	15.6
合计	584	100.0

资料来源："贵州省社会养老服务体系研究"调查。

子女探望老年人的时间周期长，面对面沟通频率低。调查结果显示，从子女探望老年人的频率来看，平均每天探望的占9.7%，每周探望一次的占12.1%，每月探望一次的占20.0%，半年或一年探望一次的占12.1%，一年以上探望一次的占46.1%（见表14）。半年以上探望一次的比例达到58.2%，可见，子女与老年人见面的时间周期较长，面对面沟通的频率低。因此，电话等现代通信手段逐步取代了传统的代际沟通方式和交流方式，这种趋势将大大降低老年人的主观幸福感。

表14　子女探望老年人频率

单位：人，%

	人数	比例
每天一次	32	9.7
每周一次	40	12.1
每月一次	66	20.0
半年或一年	40	12.1
一年以上	153	46.1
合计	331	100.0

资料来源："贵州省社会养老服务体系研究"调查。

3. 需要子女陪伴的意愿

老年人需要子女陪伴的意愿强烈。调查结果发现，表示需要子女陪伴的老年人占89.8%，不需要子女陪伴的老年人占10.2%（见表15）。这表明，绝大多数的老年人都需要子女陪伴的意愿非常强烈。家庭成员特别是子女对老年人精神生活非常重要，子女陪伴在很大程度上可以缓解老年人的精神和心理的孤独感，增强老年人主观幸福感。但是通过调查发现，有子女陪伴的老年人较少。

表15　子女陪伴老年人意愿

单位：人，%

	人数	比例
愿意	547	89.8
不愿意	62	10.2
合计	609	100.0

资料来源："贵州省社会养老服务体系研究"调查。

（五）贵州省老年人精神文化生活状况

老年人问题的实质就是满足老年人的各方面需要，不仅包括物质需要，更要注重老年人的精神文化生活需要，这样才能提高老年人的生活质量。其中，老年人的兴趣爱好是精神文化生活的一个重要方面，且老年人对精神文化生活的需求意愿是老年人精神文化生活的基础。

1. 老年人的兴趣爱好

老年人的主要兴趣爱好是聊天、读书看报和看电视。文化娱乐是人的普遍需求，更是老年人精神生活不可缺少的重要组成部分。调查发现，老年人的兴趣爱好中，与人聊天的老年人占38.4%，读书看报的老年人占17.6%，看电视的老年人占13.7%，种花养草的老年人占6.8%，打牌的老年人占8.4%，文体活动的老年人占5.7%，外出旅游的老年人占4.8%，其他的占4.6%（见表15）。可见，当前老年人的兴趣爱好主要集中于传统的聊天、看报、看电视等领域，而参与文体活动、外出旅游等领域的比例较低。文化娱乐活动的内容还不够丰富，主要通过和人聊天来打发时间，社会公共文化娱乐活动参与程度还比较低。

表16 老年人的兴趣爱好

单位：人，%

	人数	比例
与人聊天	238	38.4
读书看报	109	17.6
看电视	85	13.7
打牌	52	8.4
种花养草	42	6.8
文体活动	35	5.7
外出旅游	30	4.8
其他	28	4.6
合计	619	100.0

资料来源："贵州省社会养老服务体系研究"调查。

2. 老年人的精神文化需求

老年人对精神文化需求关注度低。对老年人精神文化需求的调查显示，有心理支持需求的老年人占11.2%，有教育服务需求的老年人占8.4%，有文化服务需求的老年人占14.7%，不清楚自己是否需要的占28.2%，表明自己无任何需求的老年人占比高达37.5%（见表17）。这表明大部分老年人不关注自身的精神文化生活需求。

表17 老年人精神文化需求

单位：人，%

	人数	比例
心理支持	68	11.2
教育服务	51	8.4
文化服务	89	14.7
不清楚	171	28.2
不需要	227	37.5
合计	606	100.0

资料来源："贵州省社会养老服务体系研究"调查。

（六）贵州省老年人宗教信仰和宗教参与

研究表明，参与宗教活动给老年人提供了精神上的娱乐和休闲，缓解了来自生活的压力和焦虑，老年人信仰宗教以后，能感受到一种超自然力对自己的爱、眷顾和保护，弥补了现实中的感情缺失，从而获得强烈的归属感和安全感。老年人是一个特殊群体，对于死亡、疾病、安全等老年风险的恐惧，需要一种心理支持和精神支撑，宗教信仰具有很强的心理调适功能，因此，宗教文化比较受老年群体的欢迎。

1. 老年人的宗教信仰

近三成的老年人有宗教信仰或民间信仰，老年人主要信仰佛教。调查结果表明，信仰宗教的老年人占29.9%，其中信仰佛教的占14.8%，信仰道教的占0.7%，信仰天主教的占0.2%，信仰基督教的占1.0%，信仰伊斯兰教的占1.0%，民间信仰的占12.2%，无宗教信仰的老年人占70.1%（见表18）。可见，老年人中有宗教信仰的比例较高，每10个老年人中就有3个有宗教信仰或民间信仰。这一方面说明宗教文化对老年人吸引力较强，另一方面也说明当前文化供给的严重不足。

表18 老年人的宗教信仰

单位：人，%

宗教信仰	人数	比例
佛教	88	14.8
道教	4	0.7
天主教	1	0.2
基督教	6	1.0
伊斯兰教	6	1.0
民间信仰	73	12.2
无宗教信仰	417	70.1
合计	595	100.0

资料来源："贵州省社会养老服务体系研究"调查。

2. 老年人信仰宗教的原因

老年人信仰宗教主要受民族传统因素的影响。调查发现，在信仰宗教的老年人中，因家人或本人生病信仰宗教的占10.5%，因亲人亡故婚姻不幸信仰宗教的占6.5%，因缓解压力充实生活信仰宗教的占13.7%，因民族传统影响信仰宗教的占69.3%（见表19）。除受民族传统影响外，30.7%的老年人是因为各种原因信仰宗教，而这些原因大多与老年人的心理需求、心理慰藉、情感支撑、充实晚年生活相关。宗教信仰在一定程度上可以弥补现实社会"无情世界"的情感缺失，从而满足他们的精神文化生活的需求，信仰宗教的老年人的主观幸福感高于没有宗教信仰的老年人。

表19 老年人信仰宗教的原因

单位：人，%

原因	人数	比例
家人或本人有病	16	10.5
亲人亡故婚姻不幸	10	6.5
缓解压力充实生活	21	13.7
民族传统影响	106	69.3
合计	153	100.0

资料来源："贵州省社会养老服务体系研究"调查。

3. 老年人宗教参与

老年人宗教参与较为活跃。调查结果显示，在信仰宗教的老年人中，定期参加宗教活动的老年人占17.6%，需要时参加宗教活动的老年人占32.8%，从不参加宗教活动的老年人占18.3%，其他占31.3%（见表20）。宗教参与是社会参与的一种方式，老年人通过宗教参与能获得认同感、归属感、成就感等，同时，通过宗教参与，老年人能获得一定的老年服务、生活关爱、精神支持。

表20 老年人宗教参与情况

单位：人，%

宗教参与	人数	比例
定期参加	23	17.6
需要时去	43	32.8
从不参加	24	18.3
说不清	41	31.3
合计	131	100.0

资料来源："贵州省社会养老服务体系研究"调查。

（七）贵州省老年人了解社会的途径

满足老年人精神文化生活的需求，不仅要完善基础设施建设，更加需要老年人主动参与了解社会的各种活动。老年人参与社会发展，共享社会发展成果，为国际社会所普遍倡导，也是老年人实现自我需求和精神需求、提升生活质量和生活品质的重要途径。

老年人主人通过传统媒体了解社会。对老年人了解社会途径的调查显示，通过每天看电视来了解社会的占82.4%，通过与人聊天的方式了解社会的占32.4%，通过阅读报纸来了解社会的占44.6%，使用电脑了解社会的老年人占7.1%，通过收听收音机来了解社会的占7.2%（见表21）。可见，电视、报纸等传统媒体仍然是老年人了解社会、获取信息的主要途径，老年人使用电脑、手机等现代化通信设备获取社会信息的比例还比较低。这也恰好说明，老年人需要继续学习和继续教育，掌握信息社会获取信息的技能，提高老年人了解社会发展、国家政策等的能力。

表21 老年人获取信息的途径

单位：人，%

获取信息		人数	比例
电脑	没有	575	92.9
	有	44	7.1
	合计	619	100.0
聊天	没有	420	67.6
	有	201	32.4
	合计	621	100.0
收音机	没有	576	92.8
	有	45	7.2
	合计	621	100.0
报纸	没有	344	55.4
	有	277	44.6
	合计	621	100.0
电视	没有	109	17.6
	有	511	82.4
	合计	620	100.0

资料来源："贵州省社会养老服务体系研究"调查。

二 贵州省老年人精神文化生活存在问题及原因

（一）贵州省老年人精神文化生活存在的问题

1. 老年人精神文化生活基础设施滞后

老年人精神文化生活基础设施建设滞后，老年人精神文化生活失去了硬件基础，无法开展满足老年人精神文化生活的相关活动，从而严重影响老年人精神文化生活质量。调查发现，有50.8%的老年人生活环境中没有建立老年服务中心，健身器材和设施不全，没有足够的场所开展相关老年活动，而且已建老年活动中心和老年服务中心开展的老年活动有限，甚至一些活动流于形式，没有起到实质作用，根本难以满足老年人精神文化生活需求。

2. 老年教育场所缺乏

老年教育是老年人精神文化生活的一个重要内容，是老年人参与社会的有效途径，也是老年人在掌握新知识、新技能的同时，扩大交际圈，找到生活乐趣，提高生活质量，融入社会，获得成就感和存在感，丰富精神文化生活的方法。调查发现77.5%的老年人周边没有老年大学，老年教育场所的严重缺乏，导致开展老年教育事业失去了基础，难以满足老年人继续教育、继续学习的需求，影响老年人精神文化生活质量。

3. 老年人精神文化生活权益未得到充分保障

改善老年人精神文化生活状况，首先要保障老年人的精神文化生活权益。调查发现，享受老年优待政策的老年人不到20%，这一数据说明贵州省老年优待政策覆盖面窄，老年人难以享受到政策规定的老年权益。老年人的权益涉及老年人的健康、医疗、照料、精神、文化等方面，无论是城市老年人还是农村老年人，老年精神文化生活权益都未得到充分保障，特别是在家庭结构变化、家庭功能弱化背景下，空巢老人、独居老人、失能老人、留守老人等老年群体的精神文化生活问题更加突出。

4. 老年人兴趣爱好单一

老年人兴趣爱好越广泛，老年人参与涉老精神文化活动就越多，越能提高老年人的精神文化生活水平。但调查发现，老年人兴趣局限于聊天的比例接近

40%，参与老年文体活动和外出休闲旅游的仅占10.5%，这说明贵州省老年人兴趣爱好单一，日常生活内容单调。这一方面说明缺乏老年人精神文化生活组织，没有相关组织或老年组织统一组织老年人开展相关老年活动；另一方面说明老年人精神文化生活需求虽大，却未能充分激发。

5. 老年人精神文化需求内生动力不足

调查发现，老年人需要心理支持、教育服务和文化服务的比例较低，而且老年人不清楚或不需要相应老年服务的比例高达65.7%。这说明大多数老年人还没有关注自身内在需求，将更多的精力和注意力关注家庭、子女、孙辈等方面的事务，对于自身生活、发展、养老等方面的需求和服务关注不够。老年人精神文化需求内生动力不足，不仅影响老年人自身精神文化生活质量，而且导致社会对老年人精神文化生活的忽视，形成老年人养老主要是物质满足，解决养老问题就是解决老年人生存问题的错误观念。

6. 宗教信仰成为老年人满足精神文化需求的重要途径

老年人进入老年期后，由疾病、孤独、死亡等带来的老年风险日益提高。老年人空巢期、丧偶期、失能期的延长，增加了老年人无尽的孤独感。调查发现，除了受传统民族因素影响而信教的老人外，因为其他原因信仰宗教的老年人占约30%，可见，宗教信仰已经成为老年人满足精神文化需求的重要途径。通过信仰宗教或宗教参与，老年人既获得了参与社会活动的满足感、存在感和归属感，而且获得了一定的宗教关怀、宗教服务和宗教资本。这说明，如果不关注老年人的精神文化生活需求，老年群体将被宗教作为传教的主要发展对象。

7. 老年人获取经济社会信息能力有限

老年人主要通过传统媒体获取社会信息，了解社会的途径单一，获取信息能力有限。调查发现，老年人主要通过电视和报纸两种手段获取经济社会信息。在当前信息极度发达的社会，某种程度上可以说获取和掌握经济社会信息的能力决定了老年人的精神文化生活质量。因此，老年人需要学习获取信息的现代方式和方法，不断紧跟时代步伐和经济社会发展，维持高质量的文化生活方式。

（二）老年人精神文化生活问题的成因

1. 老年人精神文化生活基础设施投入不足

老年人精神文化生活需求的满足需要老年文体设施、老年活动中心、老年活动室、老年图书室、老年大学等，但政府在社区涉老设施方面投入不足，导致老年活动场所建设经费缺乏，老年活动基础设施缺乏管理、维护等费用。所以，老年精神文化生活基础设施不仅少，而且管理不能落实，一旦毁坏，维修困难。

2. 老年人精神文化生活被忽视

一方面，老年人精神文化需求内生动力不足，自身对自己精神文化生活关注较低。另一方面，老年人精神文化生活被家庭、子女、社会甚至是国家忽视，对老年人精神文体生活需求关注不足，普遍存在重物质关怀轻精神文化关爱的现象。虽然社会倡导关注老年人精神文化生活，但缺少具体措施。国家层面高度重视老有所养问题，但地方在贯彻落实过程中总会遇到这样或那样的问题。

3. 老年组织发展滞后

目前，贵州从上到下都建立了省级、县级、乡镇级和社区（村）级老龄工作委员会，各地在老龄工作委员会的指导下开展老龄工作，不断完善了老龄工作机制体制，建立了老龄工作网络。各地在老龄委的推动下建立了老年组织，但老年组织发展相对滞后，主要表现在政府依赖严重、活动自主性有限，开展老年活动少、活动形式单一，组织能力弱、老年人距离感强。这也是部分老年人信仰宗教的重要原因。老年组织应具有自主性、自发性、自治性，在老龄委或有关部门指导或引导下老年组织开展符合老年人特征、满足老年人需求的老年活动。

4. 老年关爱服务体系尚未建立

老年群体需要关爱，特别是精神文化生活领域。老年人精神文化需求呈现多样性、层次性和发展性的特征，因此，需要根据老年人精神文化需求特征构建老年关爱服务体系。目前，老年关爱服务主要是针对物质生活、疾病医疗、生活照料等生存领域存在困难需要帮助的老年人，而老年人精神慰藉、文化教育等内容尚未被纳入。

5. 老龄政策体系尚未形成

老龄政策是解决老龄问题的顶层制度，对保障老年人精神文化生活有重大作用。当前，贵州省出台了一些老龄政策，但碎片化严重，未能形成老龄政策体系。当前的一些老龄政策主要针对老年人健康医疗和基本生活保障，尚未深入触及老年人的精神文化生活领域，特别是针对老年教育、老年旅游、老年活动、老年组织、老年服务等方面的政策缺乏，鲜有一些政策，仍未形成全方位覆盖老年人精神文化生活的老龄政策体系。

三 丰富贵州省老年人精神文化生活的对策建议

（一）加强老年基础设施建设

随着贵州省人口老龄化速度加快，老年人口规模日益扩大，老年人精神文化生活需求将不断增强，因此，需要加强老年基础设施建设，建设友好型老龄社会。加强老年基础设施建设，需要加大对老年精神文化生活硬件环境或条件的投入，在城乡有条件、老年人比较集中的地区通过新建和改造两条途径建设老年服务中心、老年活动中心、老年大学、老年健身康复中心等，让老年群体拥有满足自身精神文化生活需求的硬件基础。

（二）增强老年人精神文化需求供给能力

进入老年期以后，老年人的需求类型、需求层次在不断变化，需要不断拓展老年需求供给渠道才能满足广大老年人的需求。老龄问题已经成为社会问题，老龄社会是需要靠子女、家庭、社区、政府等多个领域、多个部门的合力才能应对的事情。因此，要增强老年精神文化需求供给能力，首先需要多元主体重视老年人的精神文化需求，充分认识精神文化需求对老年人生活质量的重要性，积极发挥各自在精神文化需求供给过程中的作用和优势，增强精神文化需求供给能力，为老年人精神文化生活提供相应的资源。

（三）增强老年组织发展能力

增强老年组织发展能力，激发老年组织的活力和潜力，组织开展多种老年活动，满足老年人精神文化需求。当前，在各地建立老年协会、老龄工作委员会的基础上，动员社会力量，开发老年人力资源，调动老年人成立老年组织、丰富老年人晚年生活、发挥老年人优势的积极性。政府和老龄工作委员会一方面在经费上给予老年组织一定的保障，另一方面在老年活动上给予一定的指导和引导，同时，建立老年组织持续健康发展的运行机制，鼓励老年组织经常性开展多种活动，提高老年人的参与度，让老年人在老年活动中找到归属感、认同感、存在感和成就感。

（四）建立与完善老年关爱服务体系

满足老年人精神文化生活需求，需要建立和完善多层次、全覆盖的老年关爱服务体系。建立包括生活、健康、照料、权益、教育、精神、文化等方面内涵的覆盖城乡老年人的老年关爱服务体系，搭建老年服务平台，整合社会和政府资源，发挥大数据产业优势，为老年人精准提供个性化的老年关爱或老年服务，重点关注农村留守老年人、城乡低收入老年人、城乡失能老年人、城乡高龄老年人等老年群体，解决老年人生活困难、社会参与、继续教育、精神文化等方面存在的问题，整体提高老年群体生活质量。

（五）加快完善老龄政策体系

老龄社会是当前和今后很长一段时期贵州省情，将对贵州经济、社会、文化、产业等领域产生深远影响，同时，以老年人精神文化需求为代表的老龄问题将日益加剧，因此，必须立足长远，未雨绸缪，加快完善以人为本、适应地方经济水平、具有地方特色的老龄政策体系。当前，贵州省初步建立了自上而下的老龄政策，但这些老龄政策主要作为社会保障制度的配套政策出现，重物质轻精神文化，系统性和全面性不足，原则性较强，操作性有待进一步加强。而且，当前的老龄政策主要是作为中央有关文件的实施意见，缺乏针对贵州老年群体颁布出台的创新性政策。近年来，贵州省经济发展速度一直保持两位数增长，而且增速位居全国前列，这为加快完善老龄政策体系提供了经济支撑和物质保障。

参考文献

杨宗伟：《再论老年人口的社会参与》，《武汉大学学报》（人文社会科学版）2000

年第 1 期。

姚远:《丰富老年人精神文化生活》,《中国老年报》2017 年 10 月 18 日。

明艳:《老年人精神需求"差序格局"》,《南方人口》2000 年第 2 期。

杨春:《城市老年人心理和精神文化生活状况的调查分析——以江苏省为例》,《人口学刊》2011 年第 3 期。

王武林:《中国老年人的宗教信仰与主观幸福感》,《中国老年学杂志》2010 年第 12 期。

刘剑:《公共产品视阈下的中国老年教育》,《天津电大学报》2013 年第 1 期。

B.21
老年人养老方式选择意愿的研究
——基于贵州省赤水市的调研

张新 程华[*]

摘　要： 作为西部地区的贫困大省，贵州省老年人的主要养老方式依旧是传统的家庭养老。本文将养老方式列为"家庭养老"与"非家庭养老"两个选择，构建二元 Logistic 回归模型，探究影响老年人养老方式选择意愿的因素及其相互关系。通过研究发现与子女联系频率、文化程度及是否患有残疾对贵州省老年人养老方式选择意愿有显著影响。与子女联系频率高的老人更可能选择居家养老方式，文化程度低的老人往往比文化程度高的老人更倾向于居家养老方式，健康状况良好的老人比患有残疾的老人选择居家养老方式的概率更高。

关键词： Logistic 模型　养老方式　选择意愿

一　问题的提出与文献回顾

随着人口老龄化压力的增大和传统居家养老服务功能的日益弱化，老年人特别是高龄老人对社会福利和社区照料服务的需求不断增加，养老职能逐渐由家庭让渡给社会，社区养老与机构养老的兴起使养老方式朝着更加多元化发展，形成多元化养老服务体系。但有研究指出，目前我国老年人养老方式的首选依然是家庭养老，机构养老的需求并没有被释放出来从而导致市场并不发达。因此，近

---

[*] 张新，遵义师范学院管理学院院长，教授；程华，遵义师范学院管理学院2014级学生。

年来，不少学者针对"老年人养老方式选择意愿"进行研究，以分析老年人选择养老方式的主要影响因素，为政府发展多元养老事业解决养老问题提供数据支持和现实解释。大量研究表明年龄、经济收入、文化程度、婚姻状况、健康状况、与子女关系等是影响老年人养老方式选择意愿的显著因素，但现有研究多以东部发达地区，如北京、大连、上海等发达城市为对象，针对贵州省这样落后的西部地区老年人养老方式选择意愿的研究较少，且东西部地区由于经济、教育、文化等各方面发展程度不一，在老龄化现状与特点、老年人文化程度、生产资料、生产方式和生活习惯等方面都有所不同，其影响老人养老方式选择意愿的因素及其原因也有所差别，如有学者针对北京市区老年人调查结果表明，中上等经济收入老年人更倾向于选择机构养老，而另一关于贵阳市城乡老年人养老选择意愿的调查结果显示高收入老人选择家庭养老的可能性更高。

贵州省的人口老龄化形势比较严峻，早在2003年就进入老龄化社会，大量劳动年龄人口流出，加重了省内劳动人口的负担，减少了老年照料和服务的提供者，使老龄化社会提前到来，并呈加速发展状况，同时也使农村老龄化高于城镇，老龄化严重超前于经济发展水平，具有非常典型的"未富先老"特征。赤水市是贵州省县级市，位于贵州省西北部，据统计，目前赤水市60岁以上的老人有55103人，占全市总人口的17.4%，而全市3家社会化养老机构的老人总数还不到200人，到2030年，全市老龄人口将占全市人口总数的25%。作为一个正在蓬勃发展中的旅游城市，赤水大量劳动年龄人口的流出加剧了养老负担，且由于其宜居的良好环境，四川、重庆两省份大量老年人迁居至此养老，是贵州省"未富先老"典型代表城市，具有大量研究样本和现实的研究价值。本文结合赤水市现有养老服务方式，通过实地调研，以二元Logistic回归模型为主要方法，探究贵州省老年人在选择养老方式时重点考虑的因素及影响其做出选择的重要因素，为政府制定养老政策措施，促进体制机制创新，完善社会养老服务体系提供一定的参考。

二 资料来源与主要变量的界定

（一）资料来源

本文所使用的数据，均来自"赤水市养老服务体系构建研究"课题组的调研数据，分别对赤水市城镇社区、农村社区、养老机构内老人进行的抽样问卷调查，选取赤水市市中街道办事处辖区范围内的老城社区、太平社区、康乐社区和滨西社区，大同镇大同社区、大同敬老院及赤水市康养中心作为调研地点，主要调查对象为60岁及60岁以上且思维清楚，有独立回答能力的老年人，通过分层抽样的方式选择了调查样本。共发放600份问卷，回收524份问卷，问卷回收率约87%，其中有效问卷为510份。

（二）变量界定

1.因变量：老年人养老方式意愿的选择

本文主要研究老年人养老方式的选择意愿，贵州省现阶段的养老方式主要有家庭养老、社区养老、机构养老三种。其中家庭养老方式是指老人在家中，自我照顾或是依托子女提供养老照顾的传统养老方式；社区养老方式是在家庭养老的基础上，以社区服务为依托，为老人提供日间照料服务、医疗服务、娱乐文化服务等养老服务，促进老人老年生活，减缓家庭及子女养老负担的一种养老方式；机构养老方式是指老人入住养老院、敬老院、养老公寓等多种专业化养老机构，在机构内享受由机构提供的专业养老服务而安享晚年的养老方式。本文主要通过构建二元Logistic回归方程来探讨老年人养老方式的选择意愿，由于在三种养老模式中，选择家庭养老模式的比重最大，结合现实情况，将因变量设为二分类变量，即"家庭养老方式"与"非家庭养老方式"，选择家庭养老方式意愿的赋值为"1"，选择非家庭养老方式意愿的赋值为"0"。

2.自变量

根据已有文献对老年人养老方式选择意愿的研究成果来看，有学者认为年龄、受教育程度、子女数量等变量对其选择意愿产生了显著影响；也有学者认为文化程度、婚姻状况、健康状况等变量是影响老年人选择意愿的重要因素。成志芬在对北京市区老年人养老意愿研究的分析表明，文化程度很高（研究生及以上学历）以及很低（高中及以下学历）的老年人，健康状况一般的老年人，月收入在低等水平和中上等水平的老年人更倾向于选择养老机构养老。韦云波将养老方式设置为家庭养老与机构养老，针对贵阳市城乡老年人养老意愿调查表明，高龄、丧偶老人和农村老年人更倾向于选择机构养老，高收入老年人和与子女关系较好的老年人选择家庭养老的可能性要高于低收入老人和与子女关系不好的老人。

本文通过现有研究的总结,并结合贵州省与赤水市老年人实际生活现状,设置了"文化程度""性别""年龄""经济收入""婚姻状况""是否残疾"

表1 自变量基础数据

单位:人,%

变量	基本状况	频率	百分比	累计百分比
性别	男	188	36.9	36.9
	女	322	63.1	100.0
年龄	60~69岁	268	52.5	52.5
	70~79岁	143	28.0	80.6
	80岁及以上	99	19.4	100.0
文化程度	小学及以下	369	72.4	72.4
	中学/中专	132	25.9	98.2
	大学/大专	9	1.8	100.0
婚姻状况	已婚	312	61.2	61.2
	离异	14	2.7	63.9
	丧偶	150	29.4	93.3
	未婚	30	5.9	9.2
	其他	4	0.8	100.0
经济收入	无收入	152	29.8	29.8
	1000元以下	147	28.8	58.6
	1000~1999元	86	16.9	75.5
	2000~2999元	77	15.1	90.6
	3000~4000元	17	3.3	93.9
	4001元以上	31	6.1	100.0
是否残疾	否	468	91.8	91.8
	是	42	8.2	100.0
是否患病	否	108	21.2	21.2
	是	402	78.8	100.0
与子女联系频率	每天联系	177	34.7	34.7
	经常联系	220	43.1	77.8
	偶尔联系	77	15.1	92.9
	几乎不联系	36	7.1	100.0

注:样本数为510份。

"是否患病""与子女联系频率"等变量（见表1）。其中，"与子女联系频率"是对老年人与子女关系的侧面反映（与子女联系频率中，"经常联系"指每周一次或每月一次的频率，"偶尔联系"是指一月以上，"几乎不联系"指一年以上），"是否残疾"与"是否患病"（此处的患病指重大疾病、慢性病、难以痊愈的老年人常见病等）是对老年人健康状况的一个具体的细致的指标，通过细化其健康状态，以探究老年人残疾和患病各自与老年人养老方式选择意愿的关系。

三 统计结果与分析

（一）养老方式选择分析

从老年人对养老方式选择意愿的调查结果来看（见图1），选择家庭养老方式的老人有391人，占总调查对象的76.67%，4.90%的老人选择了社区养老方式，9.02%的老人选择机构养老方式，还有9.41%的老人是没有考虑过。

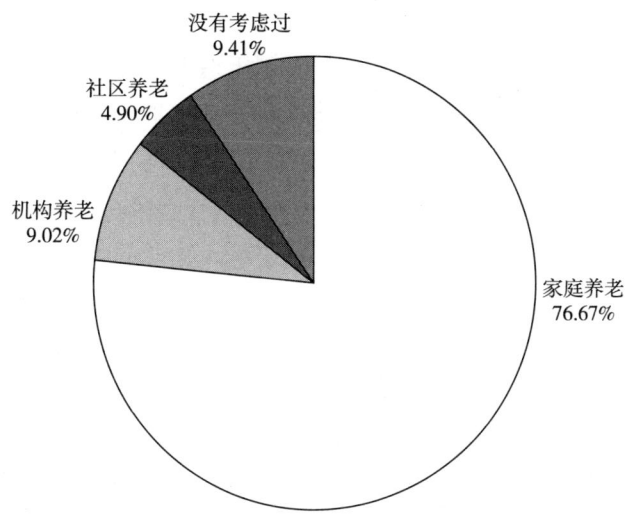

图1　养老方式的选择

家庭养老方式是绝大多数老年人的首选，选择社区养老与机构养老的比例较低。需要注意的是，在选择没有考虑过的老人中，很大比例上现阶段便是处于家庭养老方式养老中,对于现阶段状态比较满意,因此没有对此问题进行过思考;还有一部分是由于经济条件较差,生活维持已经比较困难,尚没有考虑其他养老方式。

在关于养老方式的选择上,为了解老人自身主观想法,并与介入模型后的分析结果进行比对,结合老人养老生活需求,针对"影响选择最重要的因素"与"养老生活中最在意的因素"进行了调查(见表2)。

表2 老人主观意愿选择

单位:%

影响选择的最重要因素	频率	百分比	养老生活最在意的因素	频率	百分比
资金	141	27.6	养老费用	225	44.1
子女态度	114	22.4	精神慰藉	61	12.0
身体状况	102	20.0	日常照料	110	21.6
政府政策	36	7.1	生病护理	50	9.8
居住环境	59	11.6	其他	64	12.5
其他	58	11.4			

为便于区分与识别,此处变量设置有别于纳入模型中的变量,在"影响选择的最重要因素"中,资金等同于老人的经济水平,子女态度侧面反映了与子女的关系亲密度及子女对老人的影响程度,身体状况是老人自身的健康水平,政府政策与居住环境是老人所处的整个宏观社会环境。

资金、子女态度和身体状况是老人认为影响其做出选择的比较重要的因素。经济状况是老人首先考虑的因素之一,由于大部分老人没有稳定的经济来源,对于养老资金方面的问题都比较敏感和在意,认为钱能够解决生活绝大部分的问题和需求。其次,子女态度也是老人选择养老方式的重要影响因素,由于传统思维所影响及文化程度低等原因,大部分老人在老年时更愿意听从子女的安排,在子女需要时提供帮助,若子女提出请求让老人独居自我照顾或是入住养老机构,老人则会站在子女的层面考虑并且接受请求。身体状况也是老人认为影响其做出选择的重要因素,不少老人表示,在身体健康尚能自理的前提下,更加愿意自我照顾或是与子女居住在一起,但随着年龄的增长,若是将来难以进行生活自理,则更愿意接受专业人士的照顾或是入住养老机构,同时也是不愿意成为子女的负担。

在养老生活最在意的因素中,44.1%的老人最在意的因素也是养老费用的问题,这也是由于大部分老人经济收入不高,养老费用多数来源于政府补贴或是子女补助,而往往高质量的养老服务和老年生活则意味着高昂的费用和开销。12%的老人最在意精神慰藉,21.6%的老人在意日常的生活照料,9.8%的老人更在意生病后医疗上的护理,需要指出的是,婚姻生活良好、家庭关系和谐的老人往往更为在意精神层面的养老照顾,现阶段患有慢性疾病或身体状况较差的老人,往往更在意未来在医疗上的护理。

(二)建模结果

建立回归方程,从显著度最小的自变量开始,这里的显著度通常默认为0.05,逐步纳入方程中,并逐步剔除。即先将最显著的自变量纳入方程中,然后由小到大,逐步将自变量纳入方程中,同时通过观测随着新的自变量的加入,之前加入的自变量的显著度、回归系数与似然值的变化,筛选变量。

表3 未纳入模型中的变量

		得分	df	Sig.
变量	年龄	0.557	1	0.455
	性别	8.123	1	0.004
	文化程度	14.620	1	0.000
	经济收入	0.002	1	0.963
	婚姻状况	34.699	4	0.000
	婚姻状况(1)	0.221	1	0.638
	婚姻状况(2)	3.379	1	0.066
	婚姻状况(3)	33.459	1	0.000
	婚姻状况(4)	0.006	1	0.937
	是否残疾	7.519	1	0.006
	是否患病	0.042	1	0.838
	与子女联系频率	31.857	1	0.000
	总统计量	70.509	11	0.000

表3是拟合包含常数项和任意一个自变量的Logistic回归模型时的得分检验统计量、自由度及Sig值。其中,由于"婚姻状况"这一变量属于分类较多

的定类变量，因此在这里给它设置哑变量，总自由度为4。由这里可以看出，"与子女联系频率"和"文化程度"的显著度小于标准值0.05，但"与子女联系频率"比"文化程度"得分检验统计值高，因此下一步这一变量将会被首先纳入模型中（见表4）。

在步骤1中首先输入了变量"与子女联系频率"，在步骤2中输入了变量"文化程度"，此时上一变量"与子女联系频率"的显著度依然低于标准值0.05，在步骤3中输入变量"是否残疾"，此时步骤1和步骤2输入变量的显著度依然低于标准值。通过逐步纳入方程对变量进行筛选，最终确定"与子女联系频率"、"文化程度"及"是否残疾"三个自变量对于因变量"养老方式选择意愿"的影响显著。

表4 纳入模型中的变量

		B	S.E,	Wals	df	Sig.	Exp(B)
步骤1[a]	与子女联系频率	-0.645	0.118	29.605	1	0.000	0.525
	常量	2.524	0.280	81.271	1	0.000	12.475
步骤2[b]	文化程度	-0.945	0.211	20.143	1	0.000	0.389
	与子女联系频率	-0.745	0.126	35.166	1	0.000	0.475
	常量	4.012	0.461	75.696	1	0.000	55.239
步骤3[c]	文化程度	-0.963	0.212	20.558	1	0.000	0.382
	是否残疾	-0.846	0.360	5.515	1	0.019	0.429
	与子女联系频率	-0.728	0.126	33.260	1	0.000	0.483
	常量	4.082	0.465	76.904	1	0.000	59.266

注：a 在步骤1中输入的变量：与子女联系频率。
b 在步骤2中输入的变量：文化程度。
c 在步骤3中输入的变量：是否残疾。

通过对步骤3内所有变量纳入方程后的结果进行解读，分析自变量与因变量之间的相关关系。Sig值为各变量回归系数显著性检验，一般默认显著度水平为0.05，显著度小于0.05时，则表明其关系越显著，显著度大于0.05时，则表明该变量与因变量关系不太显著，而Wals统计量越大，则该变量越重要。Exp（B）值表示相应变量的OR值（又叫优势比），即在其他条件不变的情况下，协变量每改变1个单位，事件发生的变化率。B值为最终模型参数估计值,若该变量 B 值小于零,则该变量与因变量呈负相关,若该变量 B 值大于零,则该变量与因变量呈正相关。通过对自变量 Sig 值的显著度比较与 Wals 统计量的比较,可知对于"养老方式选择意愿"的影响力为"与子女联系频率 > 文化程度 > 是否残疾"。

"文化程度"的 Exp(B)值为 0.382,即在其他协变量不变的情况下,这一变量每改变 1 个单位,从"小学及以下程度"变为"中学/中专程度"时,该样本改变选择的概率为 0.382 倍,即大概其他添加不变时,一名中学文化水平的老人选择家庭养老的可能性是小学文化水平老人的 0.382 倍。B 值为 -0.963<0,即文化程度与因变量"养老方式的选择意愿"呈负相关,即文化程度越高,选择家庭养老方式的可能性越低,文化程度越低,选择家庭养老方式的可能性越高,"文化程度"每增加 1 个单位,"家庭养老方式的选择意愿"就减少 0.963 个单位。

"是否残疾"的 Exp(B)值为 0.429,即在其他协变量不变的情况下,该变量每改变 1 个单位,其改变选择的概率为 0.429 倍。B 值为 -0.846<0,与因变量呈负相关关系,身体残疾的老年人选择家庭养老方式概率比身体不残疾的老年人选择家庭养老方式的概率低。

"与子女联系频率"的 Exp(B)值为 0.483,在其他协变量不变的情况下,这一变量每改变 1 个单位,其改变养老方式选择的概率 0.483 倍,即与子女联系频率为"经常"的老年人选择家庭养老方式的概率是与子女联系频率为"每天"的老年人的 0.483 倍。B 值为 -0.728<0,与因变量呈负相关关系,由于该变量的赋值是由高至低,相反的趋势(1=每天联系,2=经常联系,3=偶尔联系,4=从不联系),也就是说,老年人与子女在日常的联系频率越低,其选择家庭养老方式的可能性越低,老年人与子女日常联系频率越高,其选择家庭养老方式的可能性越高。

四 结论与讨论

通过对在赤水市实地进行抽样问卷调查所获得的数据资料的研究分析,探究了影响老年人养老方式选择意愿的影响因素及其关系,主要研究发现可归纳为以下几点。

（一）应加强子女对老人的关心，促进家庭关系

"与子女的联系频率"所反映的是老人与子女之间关系的亲密度，对选择养老方式的影响最为显著。中国传统的"氏族"思想，强调"宗族"，而在隔代关系上，则强调"养育"和"反哺"，使我国大部分老人，在老来后十分依赖子女，甚至是依附于子女，更愿意听从子女的安排，与子女孙辈共同居住，满足其对后辈承欢膝下颐养天年的期望和对家庭的依恋感。当子女在城市安家落户后，由于老人的日常生活照料和生病的护理，以及抱着为子女减轻生活负担的想法，帮助子女带小孩等原因，许多农村老人会搬入城市与子女共同居住，但在与原来习惯的生活方式脱离后，并不是所有老人都能够迅速地适应城市生活，找到能够日常唠嗑的同伴。对城市生活的不适应和不融入，则会转变为老人对家人的强烈依赖和需要。子女因为工作繁忙等原因，往往容易忽视老人在此方面的需求，从而造成对老人的"冷落"。而贵州劳动人口大量流失，年轻人选择在外打拼，导致老年人空巢现象严重，留守在家乡的老人长期与子女两地分开，见面时间少，联系频率低。所以应进一步加强子女对老人的关心，贯彻落实《老年人权益保障法》中"与老年人分开居住的家庭成员，应当经常看望或者问候老年人"等规定，从法律政策层面保障老人的合法权益。同时，丰富社区老年服务与老年活动内容，开展亲子活动、传统节日庆祝活动等，改善亲子关系，促进家庭成员之间的相互沟通，帮助农村老人适应城市生活，融入社区环境。

（二）文化程度对于老年人养老方式选择意愿有显著影响

首先，这与现阶段已有研究发现结果大致符合，由于我国封建社会时长期的小农经济都是以"家庭"为主要单位的生产方式，即使在改革开放几十年后的今天，尤其是在经济文化发展相对落后的西部地区，大部分老人受传统思想影响程度依然较高，对于家庭的依恋感强，并且坚信"养儿防老"的老话，在老年时都比较倾向于选择家庭养老方式。但与东部地区老年人受文化程度影响养老方式选择意愿所不同的是，在很大程度上，贵州地区老年人的经济收入与文化程度有着密切的关系。文化程度高的老人能够借此获得良好的工作及不菲的退休工资，并在退休后享受单位所提供的福利和照顾，而文化程度低的老

人，由于自身文化所限，难以拥有长期的稳定工作，经济收入不稳定，在年老后也没有退休工资，只能够通过打零工、子女补助或是政府救济维持生活。

其次，受教育水平的差距导致其获取资讯的途径和资源拥有的差距，文化程度低的老人因途径单一、掌握资源少，对我国社会养老现状并不清楚，对于机构养老的认识比较浅，对社区养老缺乏了解，导致老人们对新兴事物缺乏认知和产生了抵触心理，形成了定性思维。贵州省内大部分老人都是在农村长大，传统的"村落文化"致使老人们从众心理严重，加上受教育程度低，缺乏独立的思考与判断，容易受到周围大环境选择的影响。因此，当老人周围的大环境所表现出的对于机构养老的排斥与抗拒时，老人往往也会产生对养老机构的排斥与抗拒，把去机构养老看作人生的不幸，邻居朋友们也会认为子女送老人去机构是一种不孝顺的行为。

最后，老年人受教育程度低，素质普遍不高，缺乏了解资讯的渠道，受传统思维影响深，而这些都成为其根深蒂固的思维、价值观和行为准则，难以改变自身想法去接受新兴的养老方式。因此，政府应加强多元养老文化宣传，积极兴办老年大学，实现老年人再教育，提高老年人自主意识与文化素养。大力扶持社区发展养老服务，在社区内开展老年课堂、文化宣讲等活动，弱化老人对除传统家庭养老方式以外的养老方式的抗拒，填补老人对其余养老方式的"盲区"。

（三）高度重视残疾老人养老保障与服务

在过往研究里虽有结果表明健康状况、生活自理状况对老年人选择意愿有显著影响，但尚未具体到是否残疾这样的现实指标。身患残疾的老人在日常生活料理上的需求远远大于身体健全的老人，传统的家庭养老方式很难完全保障残疾老人的生活照料和其生活质量，因此，患有残疾的老年人选择家庭养老方式的可能性比未患有残疾的老年人的可能性更低。

对于残疾老人而言，家庭养老增加了家庭其余成员的负担，且家庭养老水平低；民营养老机构对残疾老人收费高，一般家庭难以负担，且失去生活自理能力的残疾老人入住的门槛较高，绝大部分机构仅接收能够生活自理老人或是半自理老人，拒绝接收需要由机构提供全护理的老人；福利院只接收"三无"老人，社区尚未建立起有效的居家养老服务机制，无法提供针对残疾老人的医疗护理服务和康复服务。

虽然在本次调查中残疾老人所占比例不高，约为8%，但此处需要特别注意的是，相对健全老人而言，残疾老年人外出的概率更低。因此在调查中所了解到的残疾人，相对而言尚能进行一定的户外活动，勉强能够维持生活半自理。此外，本次调研所采取的问卷调查法，主要针对群体是尚有判断能力和认知能力的老人，对于患有认知障碍的老人则不在调查范围内，因此现实中实际存在的残疾老人数量，应该是远远大于本文所调查数据。与残疾老人的大量需求相对应的是，贵州省现有养老体系内对于残疾老人并未有针对性的具体的养老服务和养老保障。尽管《贵州省国民经济和社会发展第十三个五年规划》中有强调，要支持残疾人事业发展，提高残疾人服务保障水平，提高社会福利水平，努力拓展残疾人社会福利覆盖范围，建立健全困难残疾人生活补贴和重度残疾人护理补贴制度。但残疾老人作为残疾人中的特殊群体，往往行动不便、文化程度低，尤其是失能失智老人，生活无法自理，难以进行劳动或是再就业，其日常生活护理及精神心理健康状态才是亟待解决的首要问题。

因此，为有效缓解残疾老人的养老负担，提高残疾老人生活质量，促进残疾老人身心健康发展，应全面提升针对残疾老人的医疗卫生服务能力和水平，加强残疾老人的护理制度建设，尤其是加强建立基层医疗护理与康复服务体系。在社区内提供日间照料、护理、康复等专业医疗服务，扶持本土养老机构发展，建立残疾老人的医护养老中心，关注残疾老人的精神赡养需求以及建立互助平台。从而确保残疾老人权益得到充分保障，使他们能够有幸福的晚年生活，提高这一弱势群体的幸福指数。

（四）老人主观选择与建模分析结果存在差异

通过前文可知，在对老年人的主观看法调查中，50%的老人认为养老比较看重的因素是经济因素，而在介入二元Logistic模型分析比较可知，经济收入对其选择意愿的影响并不显著。其潜在的根本原因是经济收入是其他许多因素的综合结果，文化程度影响着老人的经济收入，子女补助和政府补贴是许多老人日常开销的主要来源，与子女的关系和政府政策影响着老人的经济状况，而经济状况影响着老人的物质生活状态，只有物质生活达到一定标准时，老人才会在意精神层面的需求。

但对于大部分老人而言，由于文化素质不高，自身思维存在局限性，只能感受到经济状况所带来的生活的负面影响和对生活的制约，难以体会到更为深入的层面。农村老年人随着城市扩张步伐涌入城镇，或是由于子女而从农村转向城市居住，无论是由于失地还房的就地城镇化，还是由于异地搬迁、子女等原因搬入城市的农村老人，这一过程都使其失去了原有的唯一的生产资料和经济来源——土地，而由于城乡二元文化的不适应，他们也很难在短时间内找到合适的足以替代的新的生产方式，使他们在面临养老问题时，首要想到的问题便是"经济"。

在表2有关老年人主观意愿方面，认为影响其养老方式选择的重要因素里，22.4%的老人选择了"子女态度"。说明对于部分老人而言，子女的选择和态度是影响其选择的重要因素，而通过模型分析结果可知，"与子女的联系频率"对老年人养老意愿选择有着显著影响。随着经济的发展、交通通信的进步，老人与子女联系的方式变得多样化。在所有调查对象中，约77%的老年人与子女的联系频率为每天联系和经常联系，其中一部分老人是与子女共同居住在一起，一部分老人是单独居住但与子女居住地邻近，联系起来十分方便。老人与子女联系频率越高，关系越亲密就越倾向于传统的家庭养老，也就是说，这部分老人更加愿意听从子女的意见，抑或是愿意接受子女的选择。由于老年人文化程度普遍不高，受传统习俗的影响很深，独立生活的意识低，其在老年生活的选择和决策上，更愿意依从子女，而不是遵从于自己内心的想法和意愿。

（五）现阶段老年人养老意愿仍然以家庭养老方式为主

从调查结果来看，传统的家庭养老方式依然是贵州省老年人的主要选择，是来自文化程度、健康状态、与子女关系等多方面因素影响的综合结果。而相对于年轻群体而言，老年人更为念旧、固执、不易改变，尤其是农村老年人，更加不愿意踏出自身的"舒适圈"。此外，选择机构养老方式和社区养老方式的老人比例少，尤其是选择社区养老方式的老人仅有4.9%，这是因为老人对"社区养老"认识少，对"社区"的概念模糊，对于社区可提供的服务了解少。因此，在老年人主观意愿及其选择难以改变的条件下，应尽可能结合现实情况，尊重老年人的想法，建立"以家庭养老为主，社区养老为辅助，机构养老为补充"的多元养老体系，既满足老人在家庭颐养天年的期望，也减轻家庭的养老风险。

为此，地方政府要进一步完善关于家庭养老的社会政策、社会救助、社会保障等，提高家庭的养老功能，增强家庭抵御养老可能存在的问题和风险的能力；要在社区设置专业岗位与专业职员，为社区提供资金、人才等各方面的支持，建立社区居家养老的长效服务机制，替家庭承担一部分的养老照顾职责，为老人提供生活、文化、娱乐、医疗等多元化的综合服务；要培育和扶持本土居家养老服务企业和机构发展，改良机构内管理体系，改善服务质量，上门为家庭老年人提供助餐、助浴、助洁、助急、助医等定制服务，使社区居家养老真正成为老人愿意选择的养老方式及养老场所之一；要支持社区建立健全居家养老服务网点，引入社会组织兴办或运营老年供餐、社区日间照料、老年活动中心等多样化养老服务项目。

参考文献

成志芬：《北京市区老年人养老意愿影响因素的 logistic 回归分析——以朝阳区大屯街道为例》，《北京学研究文集 2009》，2009。

韦云波：《贵阳市城乡老年人养老意愿及影响因素》，《人口与社会》2010 年第 2 期。

韦璞、武学丽、程邦嘉：《贵州人口老龄化现状及中长期发展趋势研究——贵州人口老龄化现状及中长期发展趋势研究课题组》，《人口·社会·法制研究》2016 年第 2 期。

《贵州省国民经济和社会发展第十三个五年规划纲要》，《贵州日报》2016 年 2 月 17 日。

B.22
贵州省家庭暴力现状调查及防范对策研究

张菲菲 林 苑*

摘 要： 家庭暴力一直都是严重影响社会公共健康的社会问题。它也是世界各国普遍存在的现象。家庭暴力由于其隐蔽性、模糊性，已成为最难解决的社会问题之一。家庭暴力严重危害了受害者的身体与心理的健康，同时也侵犯了受害者的合法权益，破坏了社会的和谐发展。文章分析了贵州反家庭暴力工作面临的困难和问题，系统总结贵州反家庭暴力的经验，并提出相关对策建议。

关键词： 家庭暴力 现状调查 对策建议

一 贵州省反家庭暴力取得的成绩

贵州省妇联高度重视家庭暴力问题，特别是《中华人民共和国反家庭暴力法》（以下简称《反家暴法》）实施一年多以来，省妇联通过多举措致力于反家暴工作，并取得了显著成绩。

1. 从源头上预防和制止家庭暴力

自《反家暴法》实施以来，省妇联致力于从法律层面出台地方性反家庭暴力的法规和意见，促进贵州省反家暴法实施细则出台。2005年通过的《贵

---

* 张菲菲，贵州省社会科学院传媒与舆情研究所助理研究员；林苑，贵州省社会科学院社会研究所副研究员。

州省人民代表大会常务委员会关于预防和制止家庭暴力的决议》在当时是全国为数不多的出台反家暴法规性文件。决议明确了各级政府组织及职能部门,公、检、法、司、人民团体的工作职责。

2. 整合网络资源,形成反家庭暴力网络链

反家庭暴力工作需整合资源,多管齐下。贵州省先后建立了"维护妇女儿童合法权益联席会议"制度,开通了语音、人工、网络三位一体的妇女维权公益热线12338、在全省建立近200个"反家庭暴力庇护站",成立了"贵州德馨关爱妇女儿童服务中心"、贵州省维护妇女儿童权益联盟、女律师联盟、"反家庭暴力志愿者服务队"等组织,探索防范家庭暴力新路,贵州省建立反家庭暴力110联动报警中心和家庭暴力伤情鉴定中心,尝试探索防范和制止家庭暴力的新途径。

3. 积极加大对《反家暴法》的宣传力度

为加大《反家暴法》宣传工作,发动媒体宣传的优势,贵州省妇联通过多媒体平台,搭建贵州妇女维权微信公众平台,并开展宣传相关妇女维权知识,使妇女及时反映自身诉求。省妇联积极开展《反家暴法》进社区、进学校、进家庭"三进"等活动;其中,观山湖区开展了"反家庭暴力·建和谐社区"讲座,贵州思南倡导在婚姻登记时须签订反家暴承诺书,其目的是让新婚人不忘初心,牢记彼此的责任与承诺,并承诺遵守《反家暴法》《婚姻法》《妇女权益保障法》等相关法律法规,自觉成为和谐婚姻、和睦家庭的实践者与传播者。

4. 建立和完善反家暴综合协调解决机制

由于家庭暴力纠纷的特殊性,贵州省积极协调司法力量、行政力量、社会力量,不断完善多元力量结合的反家暴综合协调解决机制,着力保护妇女儿童的合法权益。

黔西南布依族苗族自治州成立了贵州首家家庭暴力致伤鉴定中心,毕节地区、六盘水市、安顺市先后成立了家庭暴力110联动报警中心,报警中心主要负责接受家庭暴力案件的投诉,通过出警方式来有效制止家庭暴力事件的解决。一年来,这些中心在防范和制止家庭暴力,维护妇女儿童合法权益方面取得了明显成效。

5. 深化家事审判改革

为不断推进司法体制改革，黔南州三都县法院启动家事审判改革试点工作，家事审判工作着力从审判方式、工作机制、队伍建设、组织保障、家庭和谐与家教、家风五个方面进行创新，通过相关案件的办理，三都县法院在家事审判工作中走出了一条具有自身特点"机制创新、多元联动、制止家暴、便民利民"的改革之路。

6. 女性维权意识增强

2016年全省妇联共收到家暴案例投诉达到939件，比2015年增加212件，与《反家暴法》颁布前相比，接待量明显增高，这反映了《反家暴法》实施以来，贵州省妇女对家暴的忍耐度明显降低，"忍忍就过了""家丑不可外扬"的思想也渐渐在改变。

二 贵州省家庭暴力现状

为全面了解和掌握贵州省反家庭暴力状况，省妇联采取发放调研问卷、访谈与入户调研相结合的方式在全省九个市（州）开展了反家庭暴力专项调研。

本次调查采用抽样调查的方式，对遵义市、铜仁市、毕节市三市进行问卷抽样调查。共计发放问卷1100份，回收问卷1031份，全部为有效问卷。其中遵义市共发放100份问卷，回收100份；毕节市发放问卷331份，回收331份；铜仁市共发放问卷600份，收回问卷585份。调查对象为街道和镇/社区的已婚女性和少部分男性。其中，被调查者中农村女性占70%以上，问卷也尽可能地反映出妇女受家庭暴力的状况。

1. 家庭暴力的主要类型

从问卷调查分析来看，贵州省的家庭暴力类型主要分为以下5种，分别是：丈夫对妻子、妻子对丈夫、子女对父母、父母对女孩和其他。从调查分析来看，位列前三的是：占比51.10%的是丈夫对妻子的家庭暴力，占比21.33%的是子女对父母的家庭暴力，占比16.80%的是父母对女孩的家庭暴力（见表1）。

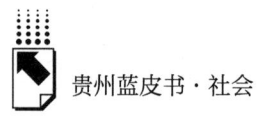

表1 被调查者所居住村主要家庭暴力类型

类型	比例(%)	类型	比例(%)
丈夫对妻子	51.10	父母对女孩	16.80
妻子对丈夫	6.94	其他	3.83
子女对父母	21.33		

2. 家庭暴力的主要表现形式:

(1) 家庭暴力从低文化水平向高文化水平蔓延

一般来说,家庭暴力与施暴者的文化教育水平有直接的关系,由于环境等种种原因,农村的文化水平总体偏低,文化水平越低,越容易产生家庭暴力。但是,从此次调查来看,家庭暴力有从低文化水平向高文化水平蔓延的趋势,如受访者中60%以上的具有高中以上学历,但遭遇过家庭暴力或者听说身边发生过家庭暴力问题的占50%。

(2) 妇女自我维权意识较强,对家庭暴力的认识较清楚

我国将家庭暴力界定为"在家庭中发生的身心和性方面的暴力行为",即分为身体暴力、冷暴力、经济暴力和性暴力。家庭暴力不仅侵害了家庭成员,特别是妇女、儿童和老人的人身权利,还造成了受害者的心灵创伤甚至扭曲变态。调查中多数人认为殴打、辱骂、训斥、长期不理睬对方、限制人身自由、强迫性生活等均属于家庭暴力行为。说明调查中的多数人有识别家庭暴力行为的能力。调查对象认为最易受到家庭暴力的对象包括配偶、子女等。可能造成的影响包括家庭成员之间情感变得淡漠、未成年子女的健康成长、导致离婚、严重威胁受暴者的身心健康、受暴者做出极端行为、造成社会不稳定等。调查对象对家庭暴力的认识情况见表2。

表2 妇女对家庭暴力的认知情况

对家庭暴力的认识情况	人数(人)	百分比(%)
遭受或目睹家庭暴力时应立即向有关机关反映	986	95.6
遭受家庭暴力后要有固定相应证据意识	986	95.6
解决家庭暴力的最好办法是向司法机关求助	722	70.0
了解人身安全保护令	722	70.0

表2显示，95.6%的调查对象认为遭受或目睹家庭暴力时应立即向有关机关进行反映，包括公安机关、政府相关部门、妇联等，并且这些部门应参与家庭暴力的预防同制止工作。95.6%的调查对象认为在遭受家庭暴力后要有固定相应证据意识。70%的调查对象认为解决家庭暴力的最好办法是向司法机关求助，通过法律途径解决。70%的调查对象了解人身安全保护令，并会选择人身安全保护令维护自身权益。

（3）妇女维权力度期望较高

不同于传统的妇女维权意识薄弱的现象，在此次调查中，82.6%的调查对象认为设置专门家事审判法院后家庭暴力问题会有所改善。100%的调查对象认为在家庭暴力处置时，加入心理治疗、社工服务等效果会更好。60.9%的调查对象认为妇联针对家庭暴力案件应当建立相关的档案制度，及时了解家庭暴力发生情况，并将接访的家庭暴力案件及时向公安机关反映。73.9%的调查对象认为公安机关在接待家庭暴力案件时，应当做好必要的出警记录，并对涉暴的家庭做好监控。52.2%的调查对象认为法院应当对做出人身安全保护令的家庭暴力案件及时做出反应，并且对于家庭暴力案件的解决予以必要的关注。65.2%的调查对象认为受暴人应当向有关部门及时反映遭受家庭暴力的情况，以便公权力的介入。69.5%的调查对象在目睹家庭暴力时应及时向有关部门反映存在家庭暴力情况（见表3）。

表3　妇女的维权力度期望情况

维权力度期望情况	人数（人）	百分比（%）
设置专门家事审判法院后家庭暴力问题会有所改善	852	82.6
心理治疗、社工服务等介入家庭暴力事件的处理过程	1031	100.0
妇联组织应当针对家庭暴力建立相关的档案制度	628	60.9
公安机关做好家庭暴力案件出警记录和监控	762	73.9
法院应对家庭暴力案件予以关注	538	52.2
遭受家庭暴力后应该及时向有关部门反映	672	65.2
目睹家庭暴力应及时向有关部门反映	717	69.5

（4）对于家庭暴力性质的认识不足，没有上升为法律意识

在对家庭暴力性质的界定上，有30%的人选择"违法行为"，有49%的人认为家庭暴力属于"家务事"，有21%的人选择"很难说清"（见表4）。

表4　妇女对家庭暴力性质的了解

选项	违法行为	家务事	很难说清
人数(人)	309	505	217
百分比(%)	30	49	21

从表4看出，被调查者对家庭暴力已有底线上的认识，但法律意识仍然不强。多数被调查者对女性遭受家庭暴力的行为认识依然停留在家庭事务层面，没有真正意识到这种行为已经触犯法律（但值得肯定的是城镇妇女认为家庭暴力属于违法行为的比例比农村妇女高）。

（5）家庭暴力呈经常性、多样化特征

在毕节市被调查的331人中，其中有12.4%（即41人认为家庭中存在暴力行为）。其中，表示经常有家庭暴力的有21人，占51.2%，表示家庭暴力的概率为偶尔的有18人，占43.9%，仅1次家庭暴力的2人，占4.9%（见表5），说明在大部分存在家庭暴力的家庭中，家庭暴力是经常性的。此外，对于家庭暴力原因的调研，选择因为家庭琐事、感情问题、经济问题、生活习惯或者一方有赌博、酗酒等恶习的人数比较平均，可见产生家庭暴力的原因是多样化的。

表5　毕节市家庭暴力发生情况

选项	经常	偶尔	仅1次
人数(人)	21	18	2
百分比(%)	51.2	43.9	4.9

（6）受家庭暴力者对于依靠公安和妇联解决家庭暴力的期待性最高

对于如果遭受家庭暴力，是否愿意寻求帮助这一问题，毕节市的问卷显示，有195人回答不愿意寻求帮助，占总人数331的58.9%。而对于如果遭受家庭暴力需要求助，认为由哪个部门出面解决最有效这一问题，331人中选择报警、向公安部门寻求帮助的人数最多，有168人，占总数的50.8%，选择向妇联求助的有140人，占42.3%，选择向亲戚朋友等求助的有23人，占6.9%。显示出关于家庭暴力的解决，公众对于公安和妇联的期待值最高，特别是公安，因为其具有直接执法的能力，成为受家庭暴力者的第一选择（见表6）。

表6　毕节市被调查者遭受家庭暴力时期望寻求的救助途径

选项	不求助	公安	妇联	其他
人数（人）	195	168	140	23
百分比（%）	58.9	50.8	42.3	6.9

3. 贵州省家庭暴力的主要特征

通过对易发生家庭暴力群体进行统计分析，我们发现，家庭暴力的发生主体呈现出一定的规律。

从群体来看，受害者以无业妇女、外来妇女为主。相比而言，在机关事业单位或者大型企业单位工作的妇女遭受家庭暴力现象极少。

从年龄结构上看，受害者以35~55岁年龄段的妇女人群居多。由于这个年龄段的家庭也是正好处于婚姻的动荡期，很多因素造成了家庭的不稳定。

从文化层次上看，遭受家庭暴力的妇女，由于自身的修养低、在家庭中处于劣势，又因为自身学历低，（在调查对象中学历在高中以下的占81%）。在处理家庭纠纷矛盾过程中又缺乏一种合理的方式方法。

从家庭暴力情节上看，暴力行为严重，影响较大。以七星关区市西办事处松山社区低保户林女士为例，林女士就经常遭受酗酒后的丈夫罗某某毒打，严重时甚至用菜刀将其手指砍伤，对此，当地相关部门多次介入调解仍无效，罗某某仍反复无常。通过此典型案例，我们不难看出：多数施暴者轻者出言不逊、拳打脚踢，重者棍棒铁器相加，特别是男性在酒后出手是家常便饭，毫无轻重，使受害者在肉体和精神上遭受了难以抚平的创伤，更使受害者的人身权利遭到严重侵害。

从参与者层面上看，家庭暴力施暴者范围更宽泛。大多数施暴者文化程度不高，且自身素质较低。76%的只有高中以下文化水平，以个体经营者、工人居多，其中也不乏无固定职业人员；通过调研还发现，18%的大专以上中高等学历（文化素质、知识水平都较高，国家干部、公司管理人员）且都具备一定的法律知识和文化水平的人，在家庭中家庭暴力也时有发生。

从影响程度上看，家庭暴力给受害者及家属产生了严重的不良后果，给受害者带来了生理和心理阴影与影响。同时也给孩子的身心健康留下阴霾，进而影响整个家庭的和谐稳定与发展，它也同时成为婚姻关系破裂的主要原因。

三 家庭暴力产生的主要原因

《反家暴法》实施以来,家庭暴力行为却仍屡禁不止,究其原因,通过与群众及相关部门的交谈和分析总结,发现主要有以下几方面。

(一)社会文化因素

几千年的封建专制主义传统思想和等级制度观念是家庭暴力的主要根源。在我国古代,孔子从等级角度强调了君臣、父子、兄弟、夫妇的尊卑地位,董仲舒以此为基础提出"君为臣纲、父为子纲、夫为妻纲"这一说法,更有甚者直接通过立法规定了家庭暴力的合法性。在这种观念的长期影响下,家庭中的最高统治者——父亲、丈夫理所当然地控制和支配妻子和儿女的生活,如果妻子和儿女违背他们的意志,那么他们就会用暴力来维护自己的权威。由于长期"父权"和"夫权"文化的根深蒂固与渗透,便成了今天漠视家庭成员人权、默许家庭暴力存在的根源。

1. 男尊女卑思想的根深蒂固

几千年的封建社会形成了"男尊女卑""夫为妻纲"的落后性别思想,产生了重男轻女的性别歧视现象。这种思想等同于认同妻子是丈夫的私有品、附属品,妻子对丈夫的意见和指令必须遵从,且处于被控制和服从的地位,价值低于男性。这种男权至上的文化认为家庭暴力是天经地义的,他人无权干涉。

2. 家丑不可外扬观念的禁锢

大众普遍认为,男性享有处理家族事务的权力,认为家庭矛盾、家庭纠纷乃至家庭暴力都只能在家庭内部解决,绝对不能被外人知道,否则就损害了家族的声誉。在这种观念的束缚下,女性在受害后往往被遮掩而不得声张,甚至被认为是理所当然。大部分受害者也不愿意向外界求助,而外界也不便插手,导致家庭暴力愈演愈烈,以致产生严重后果。

3. 清官难断家务事的"无理说辞"

人们认为家务事应该在家庭内部解决,即使交给审判机关也难以辨明是非。但是,我们应该意识到,家庭暴力不是普通的家务事,它是一种犯罪行为，受害者有权向国家相关机构寻求帮助，相关机构也应该给予相应救济。

（二）社会经济因素

男女经济地位不平等是诱发家庭暴力的重要因素。调查发现，经济收入水平越低、受教育水平越低的家庭，其家庭暴力的发生率远远大于收入水平较高、受教育水平高的家庭。在家庭分工上，丈夫主要是"对外"，往往承担着"养家糊口"的经济重任，决定着整个家庭的收入水平和物质条件，有着顶梁柱的作用；妻子则往往是"对内"，承担着养育子女、处理家务的责任。在一个家庭中，男性的收入和社会地位普遍高于女性，女性工资低，对家庭收入贡献少。由于经济收入差距的存在，很多妇女在经济上依附于丈夫，家庭地位低下，受制于人，在遭受家庭暴力后，既不懂得寻求法律帮助来主张自己的合法权益，又惧怕离婚后失去经济来源而难以生活，长此以往便助长了家庭暴力的频频发生。

（三）人格心理因素

从男性角度来说，当代社会竞争日益激烈，很多男性为了承担养家糊口的责任，承受的压力越来越大，当他们的压力长期积攒无法排解时，往往会对家庭成员实施暴力，以达到发泄的目的。个人特质也深深地影响着人们的行为，首先，当一个人过度自卑并且不能正视和面对的时候，往往会成为暴力行为的根源；其次是能力欠缺，施暴者很难考虑他人的感受，不能接受对自己的负面评价或者批评，从而产生施暴行为。从女性的角度看，女性性格内向，遭受家暴后不愿声张，妇女的忍气吞声使家庭暴力逐步升级，很多妇女为了孩子，不忍离婚。女性的这些弱点助长了施暴者的嚣张气焰。

（四）法律保障因素

由于立法的不完善，以及法律的宣传和预防不到位，很多人法律意识淡薄，对家庭暴力相关法律法规不了解。有些男性法律意识淡薄，"一家之主"的思想严重，对女性实施家庭暴力，便觉得是理所应当。而一些女性潜意识里认为自己是男性的依附，即使挨打，也无反抗意识，更不懂得运用法律来维护自身权益。执法不力也是家庭暴力产生的原因之一，在很多机构工作人员看来，家庭暴力是人家的家务事，不同于一般的案件，不便插手，于是对施暴者采取放任、漠视的态度，受害人的权益得不到保障。

四 反家庭暴力工作存在的主要问题

贵州省在预防和制止家庭暴力方面虽取得了一定成绩，但由于受传统观念的影响和人们认识上固有的一些误区，相关法律法规和政策措施的不健全、不完善，在预防和制止家庭暴力工作中仍然存在一些不容忽视的问题。主要表现在以下几个方面。

（一）机制层面的障碍

虽然《反家暴法》建立了一系列有针对性的、特殊的处置和救助制度和机制，但相关处置、救助机制的规定较为笼统，在实践中缺乏可操作性。比如强制报告、告诫书制度缺乏具体流程、内容、法律责任等规定。一个家庭暴力案件发生往往会涉及报警、求助、就医、伤情鉴定、庇护、人身安全保护、法律援助等诸多方面，多部门的协调与联动就尤为重要。《反家暴法》虽对相关责任部门的职责有所明确，但较为原则、笼统，多机构合作干预家庭暴力的工作机制没有得到明确。

（二）社会层面的障碍

一是社会大众观念误区，导致取证难、调处不力。人们对家庭暴力仍停留在"家务纠纷"层面上，外人不宜干涉。一些基层组织和干部因为当事人存在着"夫妻关系"，将许多违法事实淡化为"两口子的事"或"家庭纠纷"，对强制报告制度不熟悉、不了解。当有家庭暴力发生时，普遍做法是邻里不好劝、居委会不好问、单位不好管的"三不"现象。一旦受害妇女需要法律援助时，以上现象也加大了律师向受害妇女或亲朋邻居取证的难度，有些甚至拒绝作证，从而造成取证困难，受害妇女权利难以保障的事实，客观上也助长了施暴者的嚣张气焰和有恃无恐。二是司法机关对家庭暴力的理解和认定存在误区。一些执法人员不了解长期遭受家庭暴力的受害人的特殊心理状态，对受害人在处理施暴人和离婚上态度的反复不理解。损害程度较低的家庭暴力往往被简单视为家庭纠纷，介入家庭暴力案件态度比较消极；对家庭暴力案件一般采取家庭纠纷进行调解，实践中极少有施暴者因家庭暴力被采取拘留等强制措施。三是公权力介入家庭暴力的执行效果还有待提高。作为反家庭暴力法最重要的处置机制的告诫书、保护令目前还没有发出一份。警察介入、干预家庭暴力治安案件的查处与处理程序不够细化和清晰，缺乏针对家庭暴力的信息收集和统计系统。一些基层派出所工作任务重，警力不足，表示工作压力和强度都很大，对反家庭暴力工作心有余而力不足。

（三）个人层面的障碍

家庭暴力行为具有一定的不明显性，如受害人法律意识不强，制约反家庭暴力工作难以开展。由于施暴者和受害者均为家庭成员，受害者出于名誉、家庭等方面的考虑，长时间不报案，忍气吞声，甚至逆来顺受，使这一行为发生多次，持续很长时间仍不为人发觉，因而得不到应有的制止和制裁。不少受害妇女并不想以离婚来换取免受暴力，究其原因是，一是有的妇女对施暴的丈夫心存幻想，希望他们能"改邪归正"；二是有的妇女自己没有稳定的经济收入、无住房或受到丈夫的威胁等，从而导致家庭暴力屡禁不止、恶性循环。

五 预防和制止家庭暴力工作的相关建议

预防和制止家庭暴力，是贵州省积极呼吁、不懈努力的维权重点。为维护社会和谐和家庭稳定，家庭暴力问题已越来越得到社会的关注和各地的重视。为此，笔者建议如下。

（一）进一步完善反家庭暴力法实施细则

反家庭暴力法实施办法，要对各级职能部门相关职责和措施进行全面具体的阐释和规定。应加强牵头部门的力量，明确经费和人员保障，对各部门的职责进行更为明确具体的规定；对《反家暴法》中的预防和处置措施进行更为具体的规定，如完善家庭暴力案件的处理与统计、分析监测制度，制定弱势人群具体的保护措施，明确学校反家庭暴力教育的具体课时，建立多机构合作的干预家庭暴力的具体工作模式等。

（二）加快出台有关家庭暴力的地方立法

在《反家暴法》尚未正式出台之前，贵州省实际已在反家庭暴力立法工作中呈现地方先行的态势。2005年贵州省已出台《贵州省人民代表大会常务委员会关于预防和制止家庭暴力的决议》。虽然我国许多省份曾颁布反家庭暴力的地方性法规，但施行效果不尽如人意。由于各地在地方立法和司法层面上都存在较大差异，应尽快制定与《反家暴法》相配套的行政法规与条例，它既确保全国范围内《反家暴法》适用与执行的统一性；又对公权力、私权力的救济做了进一步规范。

（三）制定并完善家事审判等司法策略

设立家事审判制度，区分家事审判制度与普通民事审判制度的差异，强化法院在必要情形下的职权调查，合理运用多元机制，完善家事调解，妥善处理家庭暴力案件；关注家庭暴力问题对未成年子女抚养、财产分割等方面的影响。

（四）建立多机构协同干预家庭暴力的机制

多机构合作干预家庭暴力除了妇联、公检法司、民政、教育等多部门的配合，同时也应纳入社工、心理干预等社会支持力量，政府相关部门应该采取相关措施支持和培育专业性社会组织介入反家庭暴力工作，形成一套比较完备的，集预防、处置、救助为一体的多机构合作机制。进一步完善庇护机构的建设，形成庇护、社工、法律援助、心理咨询等一体化的庇护模式。

（五）加强反家庭暴力法的宣传和培训

加强整体性的公众宣传教育，改变人们对家庭暴力的传统观念和认识误区；同时也要加强对一些重点人群的宣传，比如老年人群、流动人口、农村和边远地区的妇女、在校学生等；要加强对公权力部门和专业社会组织的培训，包括反家庭暴力法具体内容的培训，家庭暴力知识和理念的培训，还有社工、心理方面的专业性培训等。

（六）加强反家暴专业化维权队伍建设

联合法律专家、心理咨询师、司法人员建立、设置渠道为当事人提供法律咨询、心理指导服务，与窗口维权、电话维权共同形成立体化维权工作格局，为来信来访妇女群众提供专业服务，特别是提供心理疏导服务，通过心理疏导，使来访的妇女群众能够用正常的眼光看待问题。

B.23
贵州社会力量参与社区矫正实践概况

哈洪颖*

摘　要： 社会力量参与社区矫正工作契合了行刑社会化、民主化和人性化的趋势。本文对社会力量参与社区矫正的贵州实践进行分析，并在此基础上提出优化社会力量参与社区矫正的政策建议。

关键词： 社会力量　社区矫正　实践

一　组织载体

按照司法部、中央综治办、教育部、民政部、财政部、人社部《关于组织社会力量参与社区矫正工作的意见》（司发〔2014〕14号）和《贵州省人民政府关于政府向社会力量购买服务的实施意见》（黔府办发〔2014〕39号）文件精神，贵州社会力量参与社区矫正工作的主要形式是鼓励政府购买服务，各市（州）则根据其辖区内实际情况引导社会组织参与，引导和动员基层群众自治性组织参与，组织志愿者队伍参与，加强部门联动。目前贵州省共有社会工作服务机构5家，分别是贵阳春阳社会工作公益服务中心、南明区"四叶草"法律心理服务中心、遵义市心理咨询师协会、盘州交警队社区矫正服务基地、盘州普古娘娘山高原湿地生态农业示范园区社区矫正服务基地。贵州省共有志愿者组织4家，分别是贵阳春阳社会工作公益服务中心、南明区"四叶草"法律心理服务中心、遵义市义工联合会、盘州团县委青年社区

---

* 哈洪颖，贵州师范大学法学院副教授，法学博士。

矫正工作志愿队。

目前，贵阳市参与社区矫正的两个公益性组织即贵阳春阳社会工作公益服务中心和南明区"四叶草"法律心理服务中心的运行效果较好，在司法行政机关开展社区矫正工作中发挥了重要的组织协调功能。如贵阳市司法局委托它们提供"实施心理矫治、完成辅助性任务、开展社会和心理学等专业知识培训"等都取得良好社会效果。

遵义市两家机构即遵义市心理咨询师协会和遵义市义工联合会都是从2014年开始参与社区矫正工作的，它们经常开展心理健康教育讲座、心理咨询、心理辅导等活动，定期邀请专家、学者、教师组织社区服刑人员开展法治道德教育和技能培训、定期深入社区开展社区服务、定期到烈士陵园、养老院、孤儿院等机构开展公益活动，对有困难的社区服刑人员开展"手拉手"互助帮扶活动以及就业推荐等工作。因此，这两家机构的参与进一步提高了遵义社区矫正教育矫正质量。目前，遵义市又在筹备建立遵义市社区矫正工作协会和社区矫正社会工作服务中心，现均已进入选举会长、理事长阶段。

另外，六盘水市盘州交警队社区矫正服务基地、盘州普古娘娘山高原湿地生态农业示范园区社区矫正服务基地和盘州团县委青年社区矫正工作志愿队在开展社区服务中把当前全市开展的"创建全国文明城市"和"三变改革"有机结合，切实增强社区服刑人员的法纪意识和责任意识，强化他们的悔罪意识和服务意识，巩固了社区矫正教育成果。

二 政策支持

2014年底，司法部、中央综治办、教育部、民政部、财政部、人社部联合下发《关于组织社会力量参与社区矫正工作的意见》（司发〔2014〕14号）后，贵州省司法厅及时将意见转发各市、州。根据贵州省实际情况结合2014年8月省委省政府印发的《关于进一步加强社区矫正工作的意见》（黔委厅字〔2014〕60号）通知精神，省司法厅于2015年与省财政厅、省综治办、省民政厅、省人社厅、省教育厅联合印发了《关于印发〈政府购买社区矫正服务实施方案〉的通知》（黔司通〔2015〕12号），随后贵州各市、州陆续根据本地区实际情况制定了相关文件。如贵阳市综治办、司法局、教育局、民政局、财政局、人社局联合下文转发司法部、中央综治办七部委《关于组织社会力量参与社区矫正工作的意见》，制定并出台向社会力量购买服务《实施方案》和《实施细则》，遵义市制定并印发《遵义市人民政府关于政府向社会力量购买服务的实施意见》（遵府发〔2015〕5号）、毕节市印发《毕节市人民政府办公室关于政府向社会力量购买服务的实施方案》（毕府办通〔2015〕46号）等文件，对贵州省深入推进社会力量参与社区矫正工作提供了坚实的保障。

据统计，截至2016年底，贵州省根据不同形式争取政府购买服务经费约3005.9万元，主要用于支付社会组织为社区矫正工作提供服务的酬劳、社区矫正公益性岗位聘用人员的工资等。其中遵义市就将公益性社工岗位经费按照每人每年2.8万~3.5万元标准纳入财政预算，服务类项目按照每名社区服刑人员每年1000~1200元标准纳入财政预算。安顺市从2015年起，按照市级承担每人每年400元和县级承担每人每年800元为最低标准将社区矫正工作经费列入财政预算，并随着财政收入的增长逐年增加。

三 实践方式

在社区矫正实践中，贵州省司法行政部门主要以政府购买社会服务、动员社会组织参与社区矫正、发挥基层群众力量，培育社区矫正志愿者、设置公益性岗位等形式动员社会力量参与社区矫正实践，取得了良好的效果。

第一，政府向社会力量购买社区矫正社会工作服务。政府向社会购买服务首先从遵义开始。2014年，遵义市就引入遵义市心理咨询师协会参与社区矫正工作，以"政府购买社会服务"的方式与遵义市心理咨询师协会达成协议，由该协会派驻心理咨询师到司法行政机关开展新进社区矫正人员的心理评估工作，给每个社区服刑人员建立心理健康档案，以解决县级司法行政机关自身缺少心理咨询专业人员的问题，确保每一名社区服刑人员都经过心理评估后再进入社区矫正程序，同时在社区服刑人员解矫时，再次进行心理健康测量，通过入、解矫测量结果对比，评估心理矫治工作质量。

2015年，贵阳市南明区司法局投入10万元与培育的社工组织南明区"四叶草法律心理服务中心"为社区服刑人员开展心理评估、咨询、诊断、治疗以及综合性培训为一体的心理矫治工作，让专业的心理服务工作者做专业的心理矫治工作。通过为社区服刑人员制订心理干预计划，定期有针对性地对其进行心理健康教育、心理危机干预等心理治疗，培养健康人格，促进其教育改造。目前，该局对在册的274名社区服刑人员进行了心理测评，对存在心理问题的社区服刑人员开展一对一帮扶矫治，对在册社区服刑人员心理健康档案建档率达100%，实现对社区服刑人员心理矫治的全覆盖。

第二，鼓励社会组织参与社区矫正工作。为壮大社区矫正工作力量，鼓励社会力量参与社区矫正工作，2014年10月，六盘水市盘州司法局与团县委联合招募青年社区矫正工作志愿者280名，主要负责参与社区服刑人员日常帮教工作，协助司法所做好社区服刑人员监督管理、教育矫正、奖惩考核等工作，积极反映、帮助社区服刑人员解决工作、生活、学习等方面实际困难和问题。2015年9月和2016年3月，盘州司法局分别在盘州交警队和普古娘娘山高原湿地生态农业示范园区建立社区矫正服务基地，通过定期组织社区服刑人员参加维护交通、园区劳动方式，实现其疏导社区服刑人员心理情绪、纠正行为偏差、修复家庭和社区关系、恢复和发展社会功能的作用。

第三，发挥基层群众性自治组织参与。龙里县、湄潭县、册亨县、关岭县等试点向村（居）民委员会购买服务，引导基层组织参与社区矫正工作。通过在村（居）设立社区服刑人员教育矫正室，由司法所工作人员主要负责，村（居）推荐政治素质过硬、文化程度较高、具有一定法律知识的人员作为社区矫正协管员，协助司法行政机关开展日常管理、教育矫治和社会适应性帮扶等非执法类工作，有效地防止社区服刑人员的脱管、漏管，减少社区服刑人员再犯罪行为的发生。

第四，培育壮大贵州社区矫正志愿者队伍。如，遵义市红花岗区试点通过政府购买服务方式，引入遵义市义工联合会参与社区矫正工作。遵义市红花岗区司法局推荐一批社区服刑人员，在义工的带领下，隐藏其罪犯"标签"，以义工的身份参加到义工联合会组织的各种义务劳动中，通过开展"敬老，爱老，孝老"、关心留守儿童、参与文明城市建设等公益性劳动，让社区服刑人员找回自信，找到社会存在感和自我价值感。截至目前，遵义市有150余名社区服刑人员的集中教育和社区服务委托遵义市义工联合会开展，义工联合会集中组织学习、服务达140余次，参加人数累计达6000余人次。从实施情况来看，义工们在劳动中的热情和真诚容易感化社区服刑人员，能迅速调动他们的劳动积极性，修复与社区群众的融洽关系。义工联合会、社区服刑人员、群众都对社区服刑人员以义工身份参加义务劳动的模式积极支持，既能完成社区矫正工作的劳动要求，又能帮助社区服刑人员重树自信。遵义市开展这项工作以来，已经有45名社区服刑人员通过与义工共同劳动，认识到义务劳动的积极意义，主动申请加入义工联合会。

第五，开发公益性社工岗位，充实社区矫正基层力量。为解决基层司法所人员不足、专业化水平不高等问题，贵州省司法厅先后联合贵州省人社、财政部门下文结合贵州省实际因地制宜开发2000多个公益性社工岗位充实基层社区矫正工作队伍，缓解了基层社会学、教育学、心理学、管理学等领域专业人才短缺的困境和专业人员不足的问题，为社区服刑人员提供专业化、全方位的帮助和服务，提升了专业化、个性化服务能力。

四 结论与展望

社会力量参与社区矫正工作在一定程度上弥补了司法行政工作的不足。因此，近年来，社会力量在推动贵州社区矫正工作稳步发展方面做了大量工作，发挥了重要的桥梁纽带作用。不过，同中东部发达地区和东南沿海地区相比，社会力量在贵州社区矫正工作中的参与深度和力度还非常有限。在社区矫正实践中，社区矫正小组的执行能力较弱、有偿服务机构供给的社区矫正服务难以跟进、无偿服务机构的供给服务难以持续①，这些状况在一定程度上制约了贵州社区矫正工作的常态化运行。

例如，贵州社会工作服务机构还正处在成长期。作为西部地区，贵州社会工作服务机构数量少、专业化水平低、具有社工证的专业人才少等问题显得尤为突出。比如，贵州省持有社工证的专业人员不足100人，贵州只有遵义市有46人持有社工证。贵州社会工作服务机构只有5家，志愿者组织只有4家，专业从事社区矫正社工服务的组织仅贵阳市有1家。同时，社区矫正起步晚，社会对社区矫正工作的认识不足，参与社区矫正工作的积极性不高，导致社区

---

① 哈洪颖、马良灿：《社会力量参与社区矫正遭遇的实践困境与治理图景》，《山东社会科学》2017年第6期。

矫正工作社会化程度较低。此外，政府投入经费不到位，政府购买服务经费往往是从行政经费列支，导致很多部门为了保运转而忽视了政府购买服务工作的重要性。

要使社会力量有效参与到社区矫正事务中，需要从政策层面给予支持。首先，要加强社会工作服务机构和专业社工队伍的建设，加大专业社区矫正社会工作服务机构的孵化，培育工作。制定并出台优惠政策，鼓励专业社会工作服务机构参与社区矫正工作。完善社工职业资格认证制度，通过职业资格鉴定，提高社工队伍的专业水平。加大专业社工人员、心理辅导人员的培养力度，制订人才培养计划，对社工师、心理咨询师等专业人员参与社区矫正工作给予一定的经费补贴。其次，要完善社工的教育管理制度，加强社工从业规范。一是加强社工注册管理制度的建设，规范社工的职业行为和工作操守，通过注册管理，建立社工信息档案，公开社工服务信息，接受义工咨询及社会监督等方式健全管理制度。二是加大对社工职业行为的监管力度，形成具有一定约束力的行业规范；通过规范从业，防止社工滥用职权，防止侵害义工权益；同时，还可以制定社工在义工使用方面的行为守则及工作指南，形成社工在义工服务中的行为准则。最后，要加大政府购买服务力度。把政府购买服务经费纳入财政预算，实行单独列项开支。明确承接政府购买服务的社会组织应具备的资质，合理确定购买方式。购买服务的过程对外公开，政府购买服务主体对项目实施进行全程监管，对社会组织履行协议的过程进行监督。制定绩效评价指标、标准、方法和内容，对政府购买服务项目实施绩效评价管理。

社会力量是社区矫正工作的一支重要力量，社会力量的参与极大地充实了社区矫正工作人员队伍。社会力量介入社区矫正，拥有政府执行主体所不具备的先天性优势。社会力量以一种平等主体的身份帮助矫正对象，通常会更为尊重和体谅社区服刑人员的感受，工作方法也是建议性、说服性、接纳式、互动式，而非强制性的，容易使社区服刑人员更为接受和认可，减少社区服刑人员潜在的抵触和戒备心理，往往可以收到良好的矫正效果，提高教育矫治的质量。随着社区矫正的全面试行，要及时建立一套征聘、培训、使用民间组织、志愿者的制度，充分发挥民间组织和志愿者在社区矫正中不可或缺的作用。

要逐步形成政府引导社会力量和社会资源参与社区矫正的良好态势。例如通过政府部分投入、签订合作协议、优惠政策回馈等方式，鼓励企业、教育培训机构、民间社团为社区服刑人员提供帮助与服务；充分发挥公益机构的作用，对社区服刑人员开展法律咨询和心理疏导，帮助社区服刑人员顺利融入社会，以提高社区矫正的社会公共参与度；争取相关行业协会、企业的支持，定点合作，参与社区矫正帮扶教育工作，适当解决社区服刑人员的困难和出路，同时开展公益劳动和教育学习工作，以达到更高效、良好的帮扶教育效果。但要深入整合社会公共资源，充分提升社区矫正社会公共参与度就涉及社会方方面面的产业及部门，这就需要政府的协调以及相关政策的扶持倾斜，整合优化社会资源，发挥其在矫正社区服刑人员这一特殊人群中的价值。

附录
Appendix

B.24
2017年贵州社会发展大事记

王 曼[*]

一月

1月3日

贵州省教育厅公布首批贵州省名校长,来自贵州省各个地州的25人被列入其中。

1月10日

贵州启用12110短信报警平台。

1月13日

《贵州省机关事业单位职业年金实施办法(暂行)》正式出台。

1月15日

贵州省民宗委、省教育厅命名兴义民族师范学院等72所学校为"十三

---

[*] 王曼,贵州省博物馆书记、研究员。

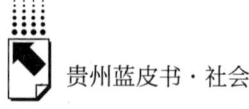

五"期间贵州省民族民间文化教育项目建设学校。

1月16日

贵州省第十二届人民代表大会第五次会议在贵阳召开,贵州省省长孙志刚作《政府工作报告》。

全国"2015~2016年度群众满意的乡镇卫生院"名单发布,贵州省贵阳市观山湖区金华镇中心卫生院等138所乡镇卫生院名列其中。

1月24日

全省卫生计生工作会议在贵阳召开。2017年贵州省将全面完成"55433"的目标任务。

二月

2月11日

贵州省森林公安机关百名民警刑事案件立案数、破案数、移送起诉数在2016年度全国森林公安机关办理破坏森林和野生动植物资源案件情况中,均排名全国第一,百名民警查处行政案件数居全国第三,取得贵州省森林公安成立以来的最好成绩。

2月16日

省政府出台《关于进一步健全特困人员救助供养制度的实施意见》,四类特困人员将获政府救助。

2月17日

省政府办公厅印发《贵州省精神卫生工作方案(2016~2020年)》。

2月21日

贵阳市公安局民爆物品管理平台正式启用。

三月

3月2日

贵州省出台关于《加快发展青少年校园足球的实施意见》。

贵州师范大学、贵州理工学院入选全国首批深化创新创业教育改革示范高校。

3月16日

贵州省委办公厅正式印发《贵州省科协系统深化改革实施方案》。

3月20日

贵州省妇女儿童发展规划（2016~2020年）由省人民政府正式颁布实施。

3月21日

中国农业发展银行贵州省分行正式批复教育扶贫贷款3亿元，用于支持黔东南州施秉县第一中学建设。该笔贷款是全国农发行系统落地的首笔教育扶贫贷款。

3月29日

省财政厅、省教育厅下达补助资金3.14亿元，用于全省农村学前教育儿童营养改善计划，将惠及全省65.4万名农村学前教育在园儿童。

四月

4月1日

川滇黔省革命委员会旧址、苟坝会议会址、红二红六军团盘县会议会址、红二红六军团木黄会师纪念馆、榕江红七军历史陈列馆和中共贵州省工委旧址6家省级爱国主义教育基地入选中宣部命名的全国爱国主义教育示范基地。至此，贵州省全国爱国主义教育示范基地从1997年命名第一批全国爱国主义教育示范基地以来的9家增至15家。

4月3日

印江自治县选送的《幸福百分百》获得"适道仁心向善暖医——第二届全国卫生计生微电影节"最佳剧情片提名奖。这是贵州省唯一在该电影节上获奖的作品。

4月7日

贵州省首个人工智能"大数据+"教育工程在清镇市正式启动。

4月10日

贵州师范大学挂牌成立传媒学院。

4月16日

中国共产党贵州省第十二次代表大会在贵阳召开。

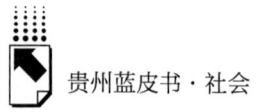

4月24日

"贵州亚青国际教育基地"在贵州商学院挂牌。

《贵州省2017年政务公开工作要点》公布,提出24个领域的80项重点工作任务。

4月27日

贵州医科大学附属医院首次与乡镇卫生院——贵安新区卫生院合作共建医联体。

五月

5月4日

省教育厅公布2017年一流学科立项名单。铜仁学院教育学学科位居全省地方新建本科高校人文社科类第一,是全省高校中唯一获此殊荣的教育学学科。

5月6日

贵州省毕节市织金县公安局特(巡)警大队、贵州省公安消防总队黔东南州支队台江县大队台江中队上榜由共青团中央、公安部等22个单位决定命名的1759个青年集体"2015~2016年度全国青年文明号"。

5月12日

2017年全省财政下达教育精准扶贫学生资助资金9.72亿元,对就读高中至本科阶段的建档立卡贫困户子女予以精准扶贫专项资助,扶贫部门确定的32.69万元全部资助到位。

5月22日

贵州省首个原生态文化旅游国家公园规划、首个以流域为中心做的旅游规划——《"都柳江生态文化国家公园"发展规划》出台。

公安部发布关于表彰全国公安系统优秀单位、优秀人民警察的命令,评选出安顺市公安局西秀分局等100个单位为全国优秀公安局;评选出贵阳市公安局经济开发区分局巡逻(特警)大队等500个单位为全国优秀公安基层单位;评选出镇宁县公安局民警韦兰等1100名同志为全国优秀人民警察。

5月23日

教育部同意设立茅台学院。茅台学院是全国首个白酒企业、贵州首家国有企业茅台集团规划出资18.79亿元举办的本科院校，占地面积1076亩。学校全日制在校生规模暂定为5000人。首批设置本科专业5个，即酿酒工程、葡萄与葡萄酒工程、食品质量与安全、资源循环科学与工程、市场营销。茅台学院于2017年秋季正式招生。

六月

6月7日

《贵州省全面改薄等教育工程项目管理办法》出台。

6月12日

贵州首个旅游景区"公共法律教育中心"在黔东南州雷山县西江千户苗寨成立。

6月15日

全国首个针对民族乡推出的法律条例《贵州省民族乡保护和发展条例》审议并通过。

6月16日

贵阳创建中国首个新型无现金城市。此前，贵阳市人民政府办公厅已经出台《贵阳市推动便捷支付工作实施方案》。

6月22日

贵州省政府办公厅下发《关于强化学校体育促进学生身心健康全面发展的实施意见》。

6月26日

《贵州省工匠（助优）基金管理暂行办法》正式下发，贵州省首次就工匠培养培育专门设立500万元"工匠基金"。

6月27日

省政府办公厅印发《贵州省进一步加强城乡集中式饮用水水源地保护管理工作方案》。到2018年，中心城市集中式饮用水水源地水质达标率继续保持100%，县城以上集中式饮用水水源地水质达标率达到99%以上。

6月28日起

贵州将53项医疗项目纳入新农合。

七月

2017年7月起，贵州省6项减税新政正式实施。

7月1日起

《贵州省预算审查监督条例》施行。

7月4日

省政府办公厅印发《贵州省深化医药卫生体制改革2017年重点工作任务》明确，2017年，城乡居民医保财政补助由每人420元提高到450元。

7月5日

省政府办公厅印发《贵州省第三期学前教育行动计划实施意见》。到2020年，全省学前三年毛入园率要达到90%，普惠性幼儿园覆盖率（公办幼儿园和普惠性民办幼儿园在园幼儿数占在园幼儿总数的比例）达到80%左右。

7月11日

国家第二批"大众创业、万众创新"示范基地的实施意见出台，贵州省的贵阳高新技术产业开发区、遵义汇川区两个区域性示范基地入围。

省政府批复同意撤销观山湖区百花湖乡，设立百花湖镇，撤销修文县谷堡乡、小箐乡，设立谷堡镇、小箐镇。

7月19日

贵州省教育厅下发公告，特别声明：贵州省教育厅未在任何互联网上开通中等职业教育学历查询认证服务，也从未委托和授权任何单位和个人开展中等职业教育学历查询认证工作。

7月27日

贵州省首次地理国情普查通过国家验收。

道真自治县县城及三江镇、棕坪乡分别获得"国家卫生县城""国家卫生乡镇"称号。

7月29日

"中国-东盟职教合作联盟"正式启动并发布了《中国-东盟职教合作联盟贵阳共识》。

中国医学科学院成体干细胞转化研究重点实验室在贵州医科大学附属医院揭牌。

7月底

截至7月,全省共完成农业转移人口及其他常住人口落户城镇167万人,户籍人口城镇化率从2015年的32.56%提升到36.1%。

八月

8月3日

《贵州省国家开发银行助学贷款还款救助操作细则》出台,确保两类借款学生可获还款救助,切实帮助特困借款学生解决经济困难。

8月4日

贵阳市交委出台《共享单车管理规范》。

8月7日

绥阳县郑场中学梁明超同学的作品《未来家庭感应电路装置》荣获第十三届宋庆龄少年儿童发明奖"创意奖"。指导教师罗云飞。

8月9日

贵州省黔西南州义龙新区(原试验区)教育局被国家教育部确定为"家庭教育立德树人实验基地"首批试点单位。

8月22日

贵州省制订的《云上贵州数据共享交换平台接入国家共享交换平台方案》,首个获得接入国家政务数据共享交换平台试点示范省份。

九月

9月6日

全省创建国家卫生城镇现场推进会在黔西召开。贵州省决定到2020年新创建13个国家卫生城市(县城)和307个国家卫生乡镇,建成10个健康城镇建设示范点。

贵阳市网络与信息安全通报中心正式揭牌成立。

9月8日

贵州省政府下发《关于统筹推进一流大学和一流学科建设的意见》,贵州将着力建设一批在国内或区域内具有明显优势和特色的学科。

9月12日

省政府印发《关于做好村庄规划加强农民建房和宅基地管理促进新农村建设的意见》。

9月14日

在全国爱国卫生运动委员会发布的《关于命名2017~2019周期国家卫生县城(乡镇)的决定》中,仁怀市茅台镇荣获"国家卫生乡镇"荣誉称号。

9月25日

遵义市、余庆县被中央综治委授予全国综治最高奖"长安杯"称号。

9月26日

《省发展改革委关于实施贵州省大众创业万众创新示范基地建设三年行动计划的通知》公布贵州省首批17个省级双创示范基地名单,贵州理工学院位列其中确定为省级高校和科研院所双创示范基地。

十月

10月1日起

《贵州省未成年人家庭教育促进条例》施行。将每年的5月15日定为"全省家庭教育日"。

10月16日

贵阳幼儿师范高等专科学校与贵阳花果园社区携手共建贵州省首家社区学院。

10月20日

贵州省首批电子导游证在遵义市率先发放。

10月28日

"首届家文化与生态文明论坛"在贵州省盘州市的"世界古银杏之乡"妥乐召开,发表了"首届中国家文化与生态文明国际论坛妥乐宣言"。

10月30日

贵州省首个教育类PPP项目取得阶段性进展,乌当区振新幼儿园暨乌当区拔萃幼儿园挂牌成立。

10月31日

省政府发布《省人民政府关于赤水市退出贫困县的公告》。赤水市是贵州省第一个通过国家考核验收并由省级人民政府正式批准退出的贫困县。

十一月

11月2日

省政府办公厅印发《贵州省风景名胜区综合整治提质升级三年行动方案（2017~2019年）》。

11月3日

"贵州省社区教育指导中心"在贵州广播电视大学正式成立。

11月5日

中国贵州大学·加拿大魁北克大学合作培养的2017届项目管理硕士（MPM）毕业典礼暨学位授予仪式在贵阳举行。中加合作举办项目管理硕士学位教育项目是目前贵州省唯一获得教育部正式批准的中外合作办学硕士学位教育项目、迄今已有九百余名毕业生。

11月10日

黔南民族师范学院正式揭牌成立贵州首个民族地区乡村振兴战略研究中心——"黔南民族师范学院民族地区乡村振兴战略研究中心"。

11月14日

贵州省道路交通事故社会救助基金启用，首例成功为伤者垫付了4.5万元的救命钱。

贵州省中小学名师联盟在贵州师范学院成立。

贵阳市教育局正式公布《关于贵阳市2018年中考有关工作的通知》。从2019年中考起，考生（也就是目前初二年级的学生）不再允许使用计算器。

11月17日

贵州省出台《关于全面加强文物工作的实施意见》，到2020年，将建立全省文物资源数据库，博物馆建设达到国家标准，实现县县有博物馆。

十二月

12月1日起

《贵州省高速铁路安全管理规定》施行。

12月6日

贵州师范学院、腾讯云、慧科集团签订三方共建"贵州师范学院·腾讯云互联网学院"合作协议。贵州师范学院·腾讯云互联网学院是全国第一所腾讯互联网学院,该学院将开设云计算、大数据、人工智能、智能设备等专业方向。

12月8日

三穗县被列入首批省级家长学校教育实验区。

12月9日

贵州2017年申报的22个县均达到国家规定的义务教育发展基本均衡县评估认定标准。

12月12日

艾瑞深研究院最新发布《2017中国大学评价研究报告》。2017贵州独立学院排名第一的是贵州大学明德学院,排名第二的是贵州师范大学求是学院,排名第三的是贵州大学科技学院。

社会科学文献出版社　　皮书系列

❖ 皮书起源 ❖

"皮书"起源于十七、十八世纪的英国，主要指官方或社会组织正式发表的重要文件或报告，多以"白皮书"命名。在中国，"皮书"这一概念被社会广泛接受，并被成功运作、发展成为一种全新的出版形态，则源于中国社会科学院社会科学文献出版社。

❖ 皮书定义 ❖

皮书是对中国与世界发展状况和热点问题进行年度监测，以专业的角度、专家的视野和实证研究方法，针对某一领域或区域现状与发展态势展开分析和预测，具备原创性、实证性、专业性、连续性、前沿性、时效性等特点的公开出版物，由一系列权威研究报告组成。

❖ 皮书作者 ❖

皮书系列的作者以中国社会科学院、著名高校、地方社会科学院的研究人员为主，多为国内一流研究机构的权威专家学者，他们的看法和观点代表了学界对中国与世界的现实和未来最高水平的解读与分析。

❖ 皮书荣誉 ❖

皮书系列已成为社会科学文献出版社的著名图书品牌和中国社会科学院的知名学术品牌。2016年，皮书系列正式列入"十三五"国家重点出版规划项目；2013~2018年，重点皮书列入中国社会科学院承担的国家哲学社会科学创新工程项目；2018年，59种院外皮书使用"中国社会科学院创新工程学术出版项目"标识。

中国皮书网

（网址：www.pishu.cn）

发布皮书研创资讯，传播皮书精彩内容
引领皮书出版潮流，打造皮书服务平台

栏目设置

关于皮书：何谓皮书、皮书分类、皮书大事记、皮书荣誉、
　　　　　皮书出版第一人、皮书编辑部

最新资讯：通知公告、新闻动态、媒体聚焦、网站专题、视频直播、下载专区

皮书研创：皮书规范、皮书选题、皮书出版、皮书研究、研创团队

皮书评奖评价：指标体系、皮书评价、皮书评奖

互动专区：皮书说、社科数托邦、皮书微博、留言板

所获荣誉

2008年、2011年，中国皮书网均在全国新闻出版业网站荣誉评选中获得"最具商业价值网站"称号；

2012年，获得"出版业网站百强"称号。

网库合一

2014年，中国皮书网与皮书数据库端口合一，实现资源共享。

权威报告・一手数据・特色资源

皮书数据库
ANNUAL REPORT(YEARBOOK) DATABASE

当代中国经济与社会发展高端智库平台

所获荣誉

- 2016年，入选"'十三五'国家重点电子出版物出版规划骨干工程"
- 2015年，荣获"搜索中国正能量 点赞2015""创新中国科技创新奖"
- 2013年，荣获"中国出版政府奖・网络出版物奖"提名奖
- 连续多年荣获中国数字出版博览会"数字出版・优秀品牌"奖

成为会员

通过网址www.pishu.com.cn访问皮书数据库网站或下载皮书数据库APP，进行手机号码验证或邮箱验证即可成为皮书数据库会员。

会员福利

- 使用手机号码首次注册的会员，账号自动充值100元体验金，可直接购买和查看数据库内容（仅限PC端）。
- 已注册用户购书后可免费获赠100元皮书数据库充值卡。刮开充值卡涂层获取充值密码，登录并进入"会员中心"—"在线充值"—"充值卡充值"，充值成功后即可购买和查看数据库内容（仅限PC端）。
- 会员福利最终解释权归社会科学文献出版社所有。

社会科学文献出版社 皮书系列
卡号：787545693369
密码：

数据库服务热线：400-008-6695
数据库服务QQ：2475522410
数据库服务邮箱：database@ssap.cn
图书销售热线：010-59367070/7028
图书服务QQ：1265056568
图书服务邮箱：duzhe@ssap.cn

S 基本子库
SUB DATABASE

中国社会发展数据库（下设 12 个子库）

全面整合国内外中国社会发展研究成果，汇聚独家统计数据、深度分析报告，涉及社会、人口、政治、教育、法律等 12 个领域，为了解中国社会发展动态、跟踪社会核心热点、分析社会发展趋势提供一站式资源搜索和数据分析与挖掘服务。

中国经济发展数据库（下设 12 个子库）

基于"皮书系列"中涉及中国经济发展的研究资料构建，内容涵盖宏观经济、农业经济、工业经济、产业经济等 12 个重点经济领域，为实时掌控经济运行态势、把握经济发展规律、洞察经济形势、进行经济决策提供参考和依据。

中国行业发展数据库（下设 17 个子库）

以中国国民经济行业分类为依据，覆盖金融业、旅游、医疗卫生、交通运输、能源矿产等 100 多个行业，跟踪分析国民经济相关行业市场运行状况和政策导向，汇集行业发展前沿资讯，为投资、从业及各种经济决策提供理论基础和实践指导。

中国区域发展数据库（下设 6 个子库）

对中国特定区域内的经济、社会、文化等领域现状与发展情况进行深度分析和预测，研究层级至县及县以下行政区，涉及地区、区域经济体、城市、农村等不同维度。为地方经济社会宏观态势研究、发展经验研究、案例分析提供数据服务。

中国文化传媒数据库（下设 18 个子库）

汇聚文化传媒领域专家观点、热点资讯，梳理国内外中国文化发展相关学术研究成果、一手统计数据，涵盖文化产业、新闻传播、电影娱乐、文学艺术、群众文化等 18 个重点研究领域。为文化传媒研究提供相关数据、研究报告和综合分析服务。

世界经济与国际关系数据库（下设 6 个子库）

立足"皮书系列"世界经济、国际关系相关学术资源，整合世界经济、国际政治、世界文化与科技、全球性问题、国际组织与国际法、区域研究 6 大领域研究成果，为世界经济与国际关系研究提供全方位数据分析，为决策和形势研判提供参考。

法律声明

"皮书系列"(含蓝皮书、绿皮书、黄皮书)之品牌由社会科学文献出版社最早使用并持续至今,现已被中国图书市场所熟知。"皮书系列"的相关商标已在中华人民共和国国家工商行政管理总局商标局注册,如LOGO( )、皮书、Pishu、经济蓝皮书、社会蓝皮书等。"皮书系列"图书的注册商标专用权及封面设计、版式设计的著作权均为社会科学文献出版社所有。未经社会科学文献出版社书面授权许可,任何使用与"皮书系列"图书注册商标、封面设计、版式设计相同或者近似的文字、图形或其组合的行为均系侵权行为。

经作者授权,本书的专有出版权及信息网络传播权等为社会科学文献出版社享有。未经社会科学文献出版社书面授权许可,任何就本书内容的复制、发行或以数字形式进行网络传播的行为均系侵权行为。

社会科学文献出版社将通过法律途径追究上述侵权行为的法律责任,维护自身合法权益。

欢迎社会各界人士对侵犯社会科学文献出版社上述权利的侵权行为进行举报。电话:010-59367121,电子邮箱:fawubu@ssap.cn。

社会科学文献出版社